中国经济法研究所

经济法前沿文库

中国创业板市场法律规制研究

张宇润 著

ZhongGuo ChuangYeBan SHiChang FaLv GuiZHi YanJiu

中国检察出版社

图书在版编目（CIP）数据

中国创业板市场法律规制研究/张宇润著. —北京：中国检察出版社，2008.3

ISBN 978-7-80185-920-4

Ⅰ. 中…　Ⅱ. 张…　Ⅲ. 资本市场-法规-研究-中国

Ⅳ. D922.280.4

中国版本图书馆 CIP 数据核字（2008）第 032755 号

中国创业板市场法律规制研究

张宇润　著

出 版 人：袁其国
出版发行：中国检察出版社
社　　址：北京市石景山区鲁谷西路 5 号（100040）
网　　址：中国检察出版社（www.zgjccbs.com）
电子邮箱：zgjccbs@vip.sina.com
电　　话：(010)68630385(编辑)　68650015(发行)　68650029(邮购)
经　　销：新华书店
印　　刷：河北省三河市燕山印刷有限公司
开　　本：720mm×960mm　16 开
印　　张：17.75 印张
字　　数：358 千字
版　　次：2007 年 12 月第一版　2007 年 12 月第一次印刷
书　　号：ISBN 978-7-80185-920-4/D·1896
定　　价：35.00 元

《经济法前沿文库》总序

经济法诞生于现代社会，是生产力进一步发展，商品经济演进为现代市场经济，国家以自己的意志直接参与、干预经济生活的产物。所以，经济法是市场经济充分发展的结果，是脱胎于现代市场经济的法制现象。

一般认为，现代意义经济法的产生，以美国1890年《保护贸易和商业不受非法限制与垄断之害法》，即《谢尔曼反垄断法》的颁布为标志，而现代经济法概念的形成，以及被作为一个独立的法律部门，则始于20世纪初的德国。与西方发达国家经济法的形成比较，中国经济法的发展和演进虽与西方经济法有相似之处，但差异也是明显的。其共同点在于，中西方经济法的产生、发展都与生产社会化和国家经济职能对社会经济生活的自觉干预相关。不同的是，中国经济法是在国家经济体制改革，即由计划经济向社会主义市场经济转轨中发展起来的，西方经济法则是在自由市场经济向现代市场经济演进中产生和发展的；中国经济法是在政府全面干预社会经济向减少政府干预的过程中发展起来的，西方经济法是在国家由放任政策向干预政策转变的过程中产生和发展的。中西方社会历史和经济生活条件的不同，形成了中西方经济法各具特色的发展轨迹。

虽然，中西方经济法的产生、发展历程有着较大的差异性，但中西方经济法的发展史告诉我们，中西方经济法都具有鲜明的现代性和关注社会前沿问题的特性。诸如政府介入经济生活问题、市场规制与监管问题、企业改革问题、经济全球化背景下国家的经济发展、经济安全问题、资源与环境保护问题、社会公平与社会保障问题、循环经济法制建设问题等，均体现了中西方经济法关注社会前沿问题的特性。正基于此，我们中国经济法研究所从自己的办所理念、办所宗旨出发，在充分酝酿和与有关经济法同仁磋商后，决定出版《经济法前沿文库》，以反映我们的目标追求，体现我们对社会的关注。

《经济法前沿文库》在把握人类社会发展大势、世界发展大势、中国社会发展大势的基础上，立足于国家发展、民族发展、社会发展，聚焦当今世界、当代中国经济法的前沿问题、热点问题，展现我所同仁的学术理念、学术追求，和对社会的关注、对基层的关注、对民众的关注。

《经济法前沿文库》在坚持学术性、前沿性、系统性、开放性、实践性、热点性的同时，还将以满足经济法理论界、实务界的需要，作为我们的努力方向。因而，《经济法前沿文库》不仅是反映我所同仁有关研究成果的平台，也是全国经济法同仁展示研究成果的平台。《经济法前沿文库》是一个开放性的法学园地，欢迎全国经济法同仁的加盟。

《经济法前沿文库》总主编　陶广峰
谨识于中国经济法研究所
2006年岁末　南京

序

陶广峰

一

自2000年5月深圳证券交易所为创业板的开市作制度上和技术上的准备以来，争论便一直没有停止过，其争论的重点便是创业板市场与法律制度的关系问题。

诚如有学者所认为的，创业板即便没有法律的规制也可在政府行政命令下推出。但由于行政命令如果没有法律的约束，容易陷入行政长官的个人意志，这也正是我们一再强调中国的创业板市场必须有法律、必须有制度作保障的原因。

我国主板市场设立之初，由于是在国家政策和行政计划指示下成就的，缺少法律的全面规制，具有较重的人治色彩，所以，每当股市暴涨，政府就出台政策压一压，而当股市暴跌，政府又出台政策扶一扶，因而被人讥为“政策市”。1998年12月我国出台了《证券法》，标志着我国主板市场开始了从人治向法治的迈进。也正因为如此，很难设想我国创业板市场能在没有法律规制的前提下实际推出。

正基于此，1999年12月，第九届全国人大常委会第十三次会议通过了修改《公司法》的决定，其关于高新技术企业发行上市的条件，授权国务院以行政法规规范。至2000年5月权威部门又传出信息，《创业板股票发行上市条例》正在制定中，国务院也已授权中国证监会组织设计创业板股票市场方案。其后，由于纳斯达克市场带动的世界创业板市场的暴跌，如欧洲创业板市场有的失败，有的被合并入主板市场。这一现象不仅引起我国监管层的警惕，还因此暂缓了我国的创业板进程。但另一方面，纳斯达克所创造的奇迹又是客观而现实的。可以说没有美国的纳斯达克，就没有美国发达的风险投资业，没有美国发达的风险投资业，也就没有美国硅谷经济奇迹，也就没有美国20世纪80年代后期的辉煌。由于我国没有创业板市场，代表我国新经济、最具活力的一批优质创新企业只得到海外资本市场上市，包括我国三家最大的互联网门户网站——新浪、网易、搜狐，全球最大的中文搜索引擎——百度，以及分众传媒、盛大、携程、如家、无锡尚德、新东方等知名创新型企业等，因而有学者问：如果我国有自己的创业板市场，这些企业又何必花费高于国内市场2～3倍的成本，万里迢迢到海外去上市呢？①

时至2004年，监管层终于设立了中小企业板，为创业板大门的开启创造了条件。2005年10月，修改后的公司法和证券法，又大大放宽了股份公司发行上市的门槛，为中小型公司到创业板发行和上市提供了法律条件。据有关媒体报道，《创业板发行上市管理办法（草案）》已于2007年8月22日获国务院批准，并云，中国证监会正在部署有关创业板的工作，创业板可能在明年上半年登陆深圳证券交易所。

证券市场经济是一种虚拟的经济形态，容易被市场垄断者控制。普通投资者处于市场力量对比中的弱势一方，因而必须把对投资者利益的保护作为证券法的宗旨。证券法律主要是通过禁止和制裁内幕交易、欺诈客户、操纵市场、虚假陈述等不正当证券行为来实现证券市场的总体心理平衡。法律要在市场主体之间寻找平衡点，既要激励创新类公司发展，为其提供融资的场所，又要满足投资者需求，保护其合法的权益。

由于创业板公司规模一般都比较小，因而，其股价往往容易被操纵。也正因为如此，在创业板法律机制的建立过程中，必须设立上市公司与股价之间的“防火墙”，坚决切断“庄家”与上市公司“配合”的关系。不仅如此，加之创业板市场风险多而复杂，所以，对于法律规则的制定者和监管者而言，其所能够解决的主要是制度风险，即尽量制定出相对完善的制度。至于市场风险本身则应由市场来承担，也即立法者和监管者的职能是制定游戏规则和当好裁判。倘如本属市场的事情，行政也来干预，其本质上不仅与法治原则相悖，也与我国建设市场经济的精神格格不入。

这即是中国的创业板市场为什么必须走向制度国的根本点所在。

二

我与宇润相识于20世纪80年代末。时我任教于兰州大学法律系（现为法学院），他为系里高才学生，因同乡故，他常同我讨论学术乃至家乡、国家、民族等论题，其间不乏思想火花。后我调入南京大学法学院任教，他又随我入南京大学学

① 陈孟工：“尽快建立创业板市场”，载《中国证券报》2007年10月9日。

习、研究经济法。此时宇润的思想已大为开阔、学术不仅颇有长进，且已渐成体系。宇润现任安徽大学法学院暨经济法制研究中心教授，经济法专业博士生导师。已出版《经济效率与社会正义》(合著)、《中国证券法：原理·制度·机制》、《金融创新和制度创新》(合著) 等学术专著，并在《法律科学》、《中外法学》、《法商研究》、《法学家》等全国重要法学学术期刊发表论文60多篇。可谓学有所长，术有专攻。

去岁，宇润拿来了《中国创业板市场法律规制研究》书稿，看后，觉得很有价值。遂又建议该稿在借鉴有关国家制度的同时，要关注中国文化传统、关注中国的本土资源、关注中国证券市场的实际，并以此研究、设计中国的创业板制度等。宇润深以为然。

《中国创业板市场法律规制研究》认为：中国创业板市场应该是一个独立的市场，创业板市场采取交易所模式，分成高级层次和低级层次（低级层次作为纯粹的创业板市场)，类似于纳斯达克的全国市场和小型资本市场。深圳证券交易所展现在世人面前的就是中国的纳斯达克，只不过采取的是交易所模式而已。纳斯达克市场虽然不承认自己是创业板，但世人一提起创业板的成功，就会联系到纳斯达克。同样，人们谈论纳斯达克的创业板地位也不仅仅是谈及它的小型资本市场。

该书稿认为，深圳证券交易所将以创业板而闻名于世，它的高级层次就是目前所谓的主板和中小板的融合，它的初级层次就是纯粹的创业板市场，两者的区别主要是上市门槛的不同。创业本身是一个动态的概念，从小到大是创业，从大到更大也是创业，如纳斯达克市场也有微软、思科等世界级企业等。上海和深圳证券交易所将会以各自的特色屹立于世界资本市场的舞台上，不同的是，上海证券交易所以主板市场为基础，外围联结着场外交易市场，而深圳证券交易所则以创业板的分层结构为基础，外围联结着场外交易市场。

该书稿认为：既然中国创业板市场采取交易所模式，就应立足于现有的主板市场包括中小板市场的制度资源，同时借鉴国际上创业板市场的制度经验。证券交易所是证券市场长期重复博弈的制度结晶，是证券市场的高级形态，其运行规则已经基本固定，创业板既然采取这种模式，其基本的交易规则应该是一样的。所以，只要遵循效率的原则，无论是创业板和主板市场，都可以进行创新，创业板可以结合中小型公司股本规模较小、公司基本面不太稳定，以及股价波动较大的特点进行创新。

该书稿认为，我国中小板市场本来是为创业板市场进行预演的，但其制度创新却为我国上海证券交易所和深圳证券交易所上市和交易规则的改革作出了重要贡献。同样，我国主板市场尤其是其中的中小板市场的制度实践，也为我国创业板市场的制度设计提供了基础。不仅如此，我们在主板市场上的监管实践，以及在总结监管经验和教训基础上所形成的监管智慧，定必也是我国创业板监管者所要汲取的巨大财富。

当然，我们关注和思考国际上创业板市场的制度经验和教训，无疑也将有助于我国创业板市场的制度建设。

中国的创业板市场设立，小者事关中国的经济发展、繁荣，大者事关中国的市场经济乃至国家、民族，因此，殚精竭虑，全力谋之，实学者之大事、学者之幸事。

《中国创业板市场法律规制研究》将付梓面世，是为序。

2007年10月16日

于南京大学中国经济法研究所

前　言

本书的主题主要是探讨中国创业板市场法律制度建设。由于中国创业板市场还没有真正建立，还谈不上有现实的创业板法律制度。但创业板市场却是我国中小企业实现飞跃的一个重要的平台，没有飞机场，就没有飞行事业的腾飞。实际上，我国创业板的建设已经从深圳中小板开始酝酿，虽然目前中小板还是属于主板市场，与严格意义上的创业板市场有质的区别。创业板与主板在其他方面还有很多不同的规定。从境外创业板的情况看，将来境内开设的创业板也必然会与主板有不同的规定。而目前推出的中小企业板块，由于“游戏”规则与主板基本相同，我们不能把它视做独立一“板”。但由于国务院《关于推进资本市场发展的若干意见》已要求“分步推进创业板市场建设”，我们把中小企业板块看成是创业板的孕育阶段，也有其合理的一面。

我国创业板市场要走纳斯达克那样独立发展的道路，形成创业板市场与主板市场的竞争格局。有竞争才有活力，对创业板和主板都有好处，让主板市场也要感到压力，不断地进行改革和创新。我们不要走创业板附属于主板的道路，那样是不好的，创业板市场就会变成主板市场的孵化器，自身永远不能强大。而主板市场则更可以高枕无忧了，大睡300年。我国创业板不要走纳斯达克的场外自动报价系统的发展道路，我国创业板要走证券交易所之路。证券交易所是证券市场高层次的制度形态，是市场经过长期重复博弈的最高选择。何况今天的证券交易所也不是过去那种纯粹的有形市场了，今天的纳斯达克已经实现了公司化改革，成为公司制证券交易所，并且成为上市公司。

我国主板交易所制度是在摸着石头过河的思路下一步一个脚印走出来的，取得了巨大的成就，但也付出了沉重的代价。我国创业板虽然也要选择交易所模式，但我国创业板不能像主板那样走那么多的弯路。主板的弯路主要在于没有成熟的制度做支撑，主要是靠实验进行推动的，发现了问题然后加以修补。主板市场十几年的实践和制度经验的积累，为创业板制度建设提供了很好的铺垫。既然是交易所模式，在这种模式下的一些基本规则应该是一样的，在交易方式和程序方面也具有很多共性，交易中所暴露出的问题也很多。

深交所从1998年开始研究进行创业板市场试点的可行性方案。与此同时，北京、上海等地也纷纷开始了对创业板“落地权”的争夺，这一争夺在2000年达到高峰，最终深圳以主板停发新股为代价，艰难地获得了创业板的“准生证”。与此同时，200多家企业开始了创业板上市的准备。然而2001年年初美国纳斯达克神话破灭，加上国内股市丑闻不断，创业板的“泡沫”会不会成倍放大成为争论的焦点，这导致创业板搁浅。①

我国深圳证券交易所在2004年推出了中小企业板板块，这为创业板市场作了很好的铺垫。深交所总经理张育军2007年3月7日在2007年第1季度深交所媒体交流会上表示，推进以中小企业板和创业板为重点的多层次资本市场体系建设，是深交所最基本任务和最主要工作内容。2007年年初该所已成立创业板筹备领导小组和工作小组，正在中国证监会多层次市场建设领导小组的指导下开展工作，将草拟方案、总结经验、梳理制度、摸清上市资源，全力以赴加快创业板市场建设。他指出，深交所对创业板已经筹备多年，技术方面准备已经到位，现时成立的领导小组和工作小组，将具体地推进创业板建设工作，包括完成创业板的规则、制度体系的起草修订工作，并做好对创业板上市资源的摸底准备，以形成资本市场新形势下创业板的建设和运行方案。

2007年7月29日，在2007年并购重组和私募股权投资高峰会上，深圳市创业投资同业公会秘书长王守仁表示，深圳设立创业板的方案已经上报国务院待批，预计2008年深圳将正式开设创业板。他指出，方案获批后，企业在创业板上市的具体条件、交易规则、信息披露等规则将陆续制定发布。目前，准备登陆创业板的企业已达1000多家。王守仁认为，主板目前和将来会在上海证券交易所进一步发展，而深圳证券交易所则以中小板、创业板为主。他还透露，证监会将会制定统一监管的OTC规则。② 看来，中国多层次的资本市场制度体系的架构越来越清晰。

---

① 黄河：“创业板，下一步”，载《南方周末》2006年6月1日。

② 参见《中国证券报》2007年7月30日。

目　录

第一章　创业板市场是制度实践的产物

笔者门前的院子里，银杏树已经有手腕粗了，已经超过二楼的高度了，看来，院子已容不下它了。想当初，它不过是从外面捡回的小树条，插进了泥土里，能不能活还是个问题。笔者陷入了沉思，它之所以长大，除了它自身的生命力，还有土壤、空气和阳光。企业的发展自然不同于自然界的生物，但企业的发展同样需要一个良好的制度环境，而且企业本身也是制度的产物。社会关系的最基本的构架就是制度，制度就好像一个人的骨架，社会是靠制度支撑起来的。任何社会都是在一定的制度范围内存在和发展的，企业当然也不例外。

一、内生性制度和外生性制度

所谓制度，是人们行为的一种规范，约束人们的行为。制度有内生性制度和外生性制度，内生性制度是行为本身的一种范式，是行为正常进行的内在要求的外在表现。它具有一定的相对稳定性和持续性。内生性制度是合理的行为规范，是人们交互性行为长期重复博弈的结果。通常人们把追逐反社会的目的或采取不正当的手段看成是不合理的。一个合理的人可社会化为一个社团的规范和惯例，因而他的目的符合公共的价值观，而他对这些目的的追求符合集体的规范。①

外生性制度是静态的由国家和政府制定的行为规范，最有效力的制度是法律制度，是国家制定的体现国家意志力的具有普遍约束力的强制性行为规范。本书所谈论的制度主要就是它。外生性制度安排很多是对内生性制度的确认，而在行为主体遵守法律做出行为时，又将外生性制度转换为内生性制度。法律上的理想决策者（无论是一个法官、陪审员、原告、被告、可能的原告、可能的被告）是合理的，因而符合这些社会规范。一般情况下这些规范包括经济理性的规范，尤其是一致性

① ［美］罗伯特·考特、托马斯·尤伦著，张军等译：《法和经济学》，上海三联书店、上海人民出版社1994年版，第14页。

和效率的规范。一个人要是合理的，必须是理性的（追求效率最大化）。① 另外，法律的出台，也是在经济和社会关系的需求下造成的，因为人们的内生性制度要求不能得到安全保障时，人们需要确认自己的财产，需要保障自己取得财产的方式，单靠自己的力量和行为者的自律已经无能为力时，就要求国家给予保障。国家本来就是众人的集合体，去除了所有个人的特殊性，留下了普遍性。如果个人的社会关系不稳定，而且这种不稳定性所产生的破坏性力量在不断地积聚，对整个社会的稳定性必然造成损害。这是国家的统治者所不愿意看到的，国家拥有最强大的能力，它颁布的法律具有强制力的保障。

在西方法治社会里，由于法律已经形成一种传统，深入到社会文化的土壤里，法律制度与内生性制度在很大范围里融为一体，比如西方人有很强的个人权利观念，与此相适应的是其发达的民商事法律制度，而且这些制度中任意性规范占有基础性地位。

有两种法律传统界定了现代世界的法律制度：普通法传统和民法传统。普通法传统肇始于英格兰（传统的起始日是1066年的诺曼底人入侵），现在正通行于英国、爱尔兰、美国、加拿大、澳大利亚、新西兰等国和一度是大英帝国的一部分的非洲和亚洲的部分国家和地区（如印度）。民法传统比普通法传统更为久远，其通行的国家和地区也更多。它的起源是“罗马法”，特别是公元533年公布的“加斯庭帝国法”，更重要的来源是18世纪晚期和19世纪早期革命的和民族的骚动。民法传统是大多数西欧国家、中美洲和南美洲、社会主义国家以及非洲、亚洲的大多数国家，甚至普通法世界里的不少地方（例如路易斯安那、魁北克和波多黎各）的主要法律传统。民法传统和普通法传统的主要区别在于法律的来源不同。普通法制度具有松散的等级关系上的多重来源：宪法（尽管普通法传统的发源地英国没有任何成文的宪法）、立法机关、执法部门和审判系统。普通法系最明显的特征是审判系统的存在，判例是普通法最重要的法律来源之一。相反，在民法法系中，法律的各种来源处于以立法机关为重的严格的等级关系之中。审判系统没有立法权，法官只运用立法机关所制定的法律。审判系统在普通法传统中和民法传统中的不同作用，在很大程度上反映着产生这两种传统的两个现代国家（英国和法国）的特定历史及有关的政治哲学。② 近来有一些比较法学学者认为普通法传统和民法传统

---

① ［美］罗伯特·考特、托马斯·尤伦著，张军等译：《法和经济学》，上海三联书店、上海人民出版社1994年版，第14页。

② 不少人认为，普通法传统和民法传统之间的一个重要区别在于是否有由立法机关提出的综合的法典。在历史上，民法国家的标准法典是加斯庭人的《民事法典》，在现代，是1804年的《拿破仑法典》。但很多普通法国家也有法典。例如，美国每个州都采用《统一商法典》，据说加利福尼亚有比任何一个民法国家都多的法典。而且，好几个民法国家（如南非）都没有法典。这些简短的例子说明与法典的有无相比，普通法传统和民法传统之间的区别主要在于法律的来源的情况。参见［美］罗伯特·考特、托马斯·尤伦著，张军等译：《法和经济学》，上海三联书店、上海人民出版社1994年版，第116页。

之间存在一种明显的趋同现象。他们指出，尽管决定法律及两种传统的其他方面的进程显著不同，但两种传统的权利和义务规则呈现出越来越多的相似性。①

内生性制度推动外生性法律制度的发展。内生性制度是市场规律的规则性要求，而法律制度是人为的，受到立法者本人的主观影响以及立法的时间差异的影响，必然不能达到与内生性制度完全相合状态。正因为如此，才存在法律的废、立、改活动。另外，民商事法律及其营造的制度氛围，使个人的自由得到充分发展，内生性制度的要素直接获得了法律的确认或承认，如民事法律行为，法律就赋予当事人的自由意志行为以法律的效力。

二、企业是制度的产物

（一）企业内生性制度的演变

社会财富是人创造的，但什么是财富？财富不是自封的，必须是他人承认才行。也就是说，它必须是商品。财富的要素包括两个方面：一是它的有用性，另一个是它具有价值。按照马克思的观点，价值是商品的最本质的属性，其衡量标准是劳动量，这个劳动量是社会必要劳动量——由社会必要劳动时间来衡量。正是因为商品的社会属性，在社会具有崇高的地位，就产生了商品拜物教。人们认为，谁获得的财富和占有的财富越多，谁就获得越高的社会地位，谁就能够有更多的享受的满足。货币出现了，财富的一切本质就在上面，它剥去了商品的丰富多彩的形式外壳，但它具有所有商品的能力，也就是说，它可以买来一切，它横行天下，畅通无阻。

人在追求财富和发展自我的同时，就确立了规范自我和约束他人的要求。

单个的人创造财富的能力是有限的，人们在商事交往中觉察组成团体可以避免和分散风险，发挥分工优势，并能够形成强大的团体力量。在中世纪，顺应着海外贸易和海上运输的需要，自然地形成了若干个商人或家族联合组成的组织，被称为“柯曼达”。这种组织还是组织体的最初形态，组织成员分别为财产的所有者，成员以自己的名义承担无限财产责任，成员个人的其他财产与投资到组织中的财产是不分开的。当时航海技术和造船技术比较落后，经营海上贸易的商人往往要冒倾家荡产甚至丧失性命的危险。为了避免这种风险，一些商人就将资本转移到他人的名下，由他人经营，自己只参与利益的分配，并以出资为限承担经营风险，这就是所谓的“隐名合伙”。随着商业的发达，在地中海地区又出现了一批商业城市，在城市中聚集着各地的商人，这些商人凭借手中的经济实力，逐渐从封建领主那里获得

① ［美］罗伯特·考特、托马斯·尤伦著，张军等译：《法和经济学》，上海三联书店、上海人民出版社 1994 年版，第 97～98 页。

了某些特权。他们组成了商人"基尔特"，管理着商人们的活动，并且根据特许的自治权和裁判权，订立自治规约和处理商人之间的纠纷。这些活动就产生了最早的商人习惯法，它主要包括买卖、证券交易、海商、破产等方面的内容。与此相适应，商人"基尔特"的裁判权逐渐发展成为商事法庭，商事法庭主要设立在商业发达的城市中，专司商人之间因贸易引起的纠纷。到公元11～14世纪，这些商人习惯法和商事法庭的判例已由商人汇编成册，形成了商人法典。此时的"商人法典"并不是国家制定的法律，而是商人组织制定的约束商人行为的习惯，商人大多遵守，因为它符合商人的自身利益和整体利益，其性质还是内生性制度。在商人习惯法时期，公司内生性制度的实践已经开始了，其发端于英国、荷兰、北欧等海外贸易比较发达的国家和地区。① 一般认为"规则公司"（Regular Company）的对外殖民贸易公司是现代股份公司的最初形态。所谓规则公司，就是比照中世纪早已存在的法人设立程序，由国王授予特许证的商业性公司。美国学者约翰·H. 克雷博指出："殖民主义时代导致了一种新的宏观经济秩序，它由贸易、海运以及其他全球性经济活动所组成，从事这些活动需要拥有超过个人财产承受力的资本基金的联合，传统的合伙形式又不足以满足这一需要，于是，新的商业组织形式——现代商事企业的先驱雏形——就应运而生了。这些由私人资本组成的企业，是由君主出于审慎的考虑或一时的感情而准予特许的，其中那些较为重要的企业，主要是参与官方和殖民地的贸易事务。"② 在荷兰、北欧以及英国，曾出现了许多这样的公司。以英国东印度公司为例，该公司于1600年获得第一张特许证，被授予在印度从事贸易的垄断权。最初，公司虽然也存在共同的股份，但是，它是一种成员间自愿认购的、以一次航程为期限的各种数额的股票。这种股份的合作并未在公司内部处于主导地位，大量的贸易仍是个人单独进行。1614年开始，该公司对认购股份有了限制，一般要求股权的存在以数年为一个周期，这种规则至1653年永久股采用才被废止。永久股的采用，实际上就是对那种为控制各项贸易而成立的公司的一种改良，它已经开始步入为成员共同利益进行贸易活动的阶段。与规则公司同时存在的，还有合股公司（Joint Stock Company）形态。合股公司是合伙与股份公司之间的一种过渡形态，股东以个人名义对公司财产享有共有权，股东对公司债务承担连带责任，在诉讼关系上，全体股东共同作为原告或被告。它不像股份公司那样是制定法的产物，而是股东协议的产物，被称为普通法意义上的股份公司，在当时的历史条件下，它没有受到国家的干预，只是适用中世纪沿袭下来的行会习惯规则。③

① 郑立、王益英主编：《企业法通论》，中国人民大学出版社1993年版，第27～30页。

② John Crab, French Business Enterprises, Littleton Cororado（1979）, pp. 3～4. 参见郑立、王益英主编：《企业法通论》，中国人民大学出版社1993年版，第32页。

③ 郑立、王益英主编：《企业法通论》，中国人民大学出版社1993年版，第31～32页。

不过，它为后来的公司法律制度以及规范的股份公司的出现奠定了内生性制度的基础。

（二）法律制度与企业内生性制度

法律制度是内生性制度发展的结果。团体与自然人不同，自然人是天生的，不是制度的产物。而团体的创立本身就是人们意识的产物，就是制度运作的结果。法律也是意识的产物，只不过是国家意志形式。只要国家法律关注这一领域，法人等团体的地位必然与法律相关联。但在不同的国家，由于历史条件的不同，内生性制度与法律冲突和融合的轨迹是不同的。

在英国，由于内生性制度推动了大量的公司的出现，而这些公司只是通过私人协议确立，很不规范，导致18世纪20年代著名的“南海泡沫”事件，引起了英国统治者对公司立法的第一次重视，结果出台了不是鼓励和保护公司发展的，而是抑制投机的“泡沫法案”，将股份公司限制在一个狭小的范围内。19世纪20年代，英国又掀起了一股铁路投机狂潮，迫使英国政府当局进行再次公司立法。1844年公司法确立了三个重要原则：一是规定了成员最低人数为25人，股份可以自由转让；二是确立了以登记方式成立公司的程序；三是确立了公司信息公开原则，保护公众投资者利益。这三项法律原则的确立，经历了大约一个世纪的艰难历程。到1855年《有限责任案》和1856年《股份公司法》的颁布，其公司法律制度日益成熟。①

而法国，由于文艺复兴人本主义思潮的冲击，个人本位在社会文化领域占了上风。法国1789年《人权宣言》的报告人杜雷曾说：“在这一点上，个人和团体在这方面的权利是有区别的，个人是存在于法律之前的，他们有天赋的、不因时效而消灭的权利，财产所有权就是这样；相反的，团体仅因法律而存在，团体所有的权利是依存于法律上的，法律可以把它改变，也可以把它不改变，也可以把它消除。”② 法国1794年的一项法令曾规定：“号称学术会议、人寿保险公司以及一切以不记名股份或者是记名但可以自由转让股份合资成立的团体，一概予以禁止。”③ 法国人看到了团体是人的行为的产物，是内生性制度的结果，既然不是天生的，法律当然可以不给以承认，尤其不承认其独立的人格。法国大革命带来的个人主义思潮以及与个人主义观念相一致的“私法自治”理念，在法律上个人是唯一的赋有

① 郑立、王益英主编：《企业法通论》，中国人民大学出版社1993年版，第32～34页。

② ［苏］弗兰西茨：《为垄断资本服务的资产阶级民法》，中国人民大学出版社1956年版，第4页。

③ ［苏］弗兰西茨：《为垄断资本服务的资产阶级民法》，中国人民大学出版社1956年版，第4页。

自由意志的实体，个人的财产神圣不可侵犯，个人具有天赋的自由意志和权利。既如此，个人自然可以自由地设立团体，虽然最终的后果是由个人来承担，因此，实际上法律还是承认团体的存在。1808 年法国商法典对以前存在的商业惯例和国王立法进行了肯定，在该法的第一编第三章规定了两种公司类型：人合公司和资合公司，虽然没有明确赋予这两种公司以法人地位。但随着公司制度的发展，公司在社会经济中发挥主导性作用时，已形成一种普遍的社会共识——团体的意志要独立。法国 1966 年颁布的《商事企业法》中，承认了除独资经营以外的一切企业的法人资格。法国商法典出台近一个世纪后，德国颁布了自己的新的商法典，它吸收和借鉴了近 100 年的历史经验和教训，因而其商法典更具有现实性和适应性，关于公司的立法也较为完备。法典第二编规定了无限公司、两合公司、股份有限公司和股份两合公司，其中股份有限公司和股份两合公司具有法人资格，它们在德国企业形态中也起核心作用。①

由此可见，公司内生性制度与国家意志的矛盾运动导致了公司法律制度的产生和发展。

另外，法律产生之后，又可以重新解释公司组织行为的效力。创办公司的过程实际上是一系列民事法律行为的组合。经济学家试图将组织解释为理性的、自私自利的个人之间的相互作用的均衡，他们把现代公司作为所有者、经理和工人之间的一个长期契约来分析，这种分析的基础与一个（比如说）煤矿向工厂送煤的长期合同并无二致。经济学家们已用这种办法发现了能解释和预见组织行为的规律和规律性。② 创办公众性公司主要由下列合同法律行为构成：(1) 发起人订立发起或募集设立公司的协议；(2) 发起人制定公司章程；(3) 发起人和认股人出资；(4) 聘请中介机构评估资产、验资；(5) 与银行签订代收股款协议；(6) 与证券承销商签订承销协议（公开发行股票的公司）；(7) 股东会或创立大会通过设立公司的决议等。

按照美国公司法学者弗兰克 · H. 伊斯特布鲁克（Frank H. Easterbrook）、丹尼尔 · R. 费舍（Daniel R. Fischel）的见解，公司法发挥着公司合同模本机制和漏洞补充机制的作用。就合同模本机制而言，公司法这一标准合同范本浓缩着公司参与方不间断地试错和纠错而累积的经验，即通过法院对成千上万案件的审理，将公司可能面临的问题及其解决途径，转化成公共产品，向公司参与各方提供。这样，公司法提供的一整套规则，如投票规则、派生诉讼持股数量最低限度规则、会议议事规则等，由于是不断地“试错”而总结成的成果，能够满足绝大多数参与方的要

① 郑立、王益英主编：《企业法通论》，中国人民大学出版社 1993 年版，第 35 页。

② ［美］罗伯特 · 考特、托马斯 · 尤伦著，张军等译：《法和经济学》，上海三联书店、上海人民出版社 1994 年版，第 259 页。

求，这样就有效地降低了协商成本，使他们能够将协商的焦点集中于特定的事项中。就漏洞补充机制而言，公司法发挥着对公司运作的拾遗补缺功能。公司参与方为促成合同，对一些遥远的、可能引发争议的偶然事件往往避而不谈，以免破坏交易达成的良好前景，这就产生了长期合同的缝隙。公司法通过“信义义务”规则赋予法院极其灵活的“临事裁判”机制，法院必须考虑如果降低交易成本不存在，当事各方将会选择何种合同条款。这样就较好地发挥了拾遗补缺功能，填补了公司参与方的合意空白。因而，公司法是一种开放式（open - ended）标准合同，它补充而不是替代了当事方的协商，还必须给当事人的意思自治留下足够空间。①

总之，企业内生性制度的发展和内在冲突的激化，导致团体自治性的商人习惯法，后来上升到国家意志的形式，变成外生性的制度安排。这样的制度安排的基础是充实的，有着很坚实的习惯存在，而且这种习惯是市场长期重复博弈的结果。但是资本主义有长期的历史演变过程和经历，作为刚刚起步的发展中国家，还能不能回到资本主义的历史起点，从那里出发去重新经历资本主义的几个阶段呢？如果是那样，发展中国家将永远步西方资本主义的后尘，永远也不能赶上它们。制度是历史形成的文化，这种文化作为人类的一种意识形态是完全可以被学习和掌握的。作为发展中国家，其生产力在短期内达不到发达国家水平，但其意识层次却不受物质世界的约束，完全可以与发达国家同步。发展中国家可以吸收发达国家的制度上的智慧，并融会贯通于本国的实践，建立优秀的制度，在这个制度环境内去激扬市场的个性，别人长期历史博弈的结果被拿来作为制度，以法律的形式表现出来，让制度发挥对人的巨大的反作用。我们已经知道了答案，再反推过程，不是很迅速吗？

（三）中小企业政策性法律制度

西方世界有众多的跨国性大公司，但数量最多的还是中小企业。事物总是由小到大的，西方国家的大企业都是从小企业演变发展起来的，那是自由竞争的结果。从自由资本主义到垄断资本主义这是个历史规律，问题是一旦垄断资本主义形成，自由资本主义还能自由发展吗？也就是说，让那些小企业自由发展，与大企业自由竞争。这样的结果，在很多情况下，小企业不是破产就是被大企业吃掉。因此，小企业除了自己更加努力，并寻找自己的市场优势之外，法律对小企业应给予更恰当和更方便的制度安排。大企业自我更生的能力和忍耐痛苦的能力显然高于中小企业，中小企业虽然创新能力较强，但接受外援的能力和抵抗风险的能力较弱，因此，需要给予更多的鼓励和优惠。所以外生性法律制度的作用十分巨大。

政府对中小企业法律政策主要是外部激励性和扶持性制度安排。新加坡为支持中小企业，在 2005 年 3 月宣布成立中小企业信贷局，以帮助中小企业更容易获得

① 罗培新：“公司法变，不要以瑕掩瑜”，载《南方周末》2005 年 4 月 7 日。

银行贷款。新加坡中小企业信贷局设立一个中央数据库，存入与中小企业有关的信贷数据，协助银行和其他借贷机构对中小企业的借款申请作出更好的评估。在美国，个人有强烈的创业冲动，小企业被认为是美国创业冲动的具体表现形式之一，美国人的创业梦想得到了美国小企业管理局（SBA）的支持。美国小企业管理局是政府专门设立的向小企业提供包括资金支持、技术援助、政府采购、紧急救助等全方位、专业化服务的机构，局长由总统亲自任命。1953 年 7 月美国《小企业法》正式实施，它赋予 SBA 的职责是“尽可能地帮助、援助、维护、保护与小企业密切相关的利益”。SBA 一般不直接向小企业贷款，主要是通过担保等信用加强措施，鼓励或发动金融机构发放小企业贷款或进行风险投资。在日本，专门为中小企业提供融资服务的政策性金融机构主要有国民金融公库、中小企业金融公库和商工组合中央金库三家。国民金融公库是 1949 年根据《国民金融公库法》由政府出资设立的，它主要向中小企业发放维护生产用的小额贷款、事业资金贷款及升学资金贷款。根据《中小企业金融公库法》，1950 年由政府出资设立中小企业金融公库，对所需长期资金有困难的中小企业提供信贷支持。商工组合中央金库是以中小企业协同组合及其他中小企业为融资对象的金融机构。其存、贷款对象限于出资团体和金库成员，是一种部门性金融机构，受到政府的特别关照。此外，日本还建立了中小企业信用担保体系，1958 年 9 月，日本政府颁布了《中小企业信用保险公库法》，并依据该法设立了中小企业信用保险公库（现为中小企业综合事业团），各都道府县都成立了信用保证协会，建立了中小企业信用担保体系。在法国，把扶持中小企业作为一项基本经济政策。法国中小企业设备信贷银行是专向中小企业提供专项资金的公营机构，其总部设在巴黎，在全国各地设有分支行。主要业务为融资，提供中、长期贷款，其中包括具有政策性的优惠贷款如设备专用贷款、补贴性贷款、再投资性贷款，它的利率均低于市场利率。此外，中小企业设备信贷银行还为政府合同提供预付款担保，在政府机构拨款和发放贷款时提出评审建议。德国政府主要通过两大政策性银行——德国复兴信贷银行和德国平衡银行来牵头实施扶植中小企业融资。其中复兴信贷银行重点支持有经营业绩的中型企业，平衡银行重点支持创立及巩固阶段的小企业。此外，在德国各州，还有储蓄银行和建设银行两个政策性银行对当地的技术创新、创业巩固、居民住宅等基建项目提供资金。目前，德国共有 2 万至 3 万家可资助中小企业创业者的银行机构，而且申请手续非常简单。①

作为经济中最具活力的成分，中小企业在各国经济发展中都发挥着重要作用，而中小企业融资难也是全球性问题。解决最早、效果最好的是美国，早在 1980 年

① 璩立国：“帮助中小企业融资，发达国家各有法宝”，载《中国证券报》2005 年 10 月 19 日。

1月，美国召开第一次白宫小企业大会，督促国会通过《小企业资本形成法》等一系列法案。美国证监会后来颁布相关条例，对小企业公募和私募发行的外部条件、注册豁免、直接发行方式做出规定。其后的里根、克林顿政府也一以贯之，效果逐步显现。1995年前的20年美国非农业部门生产率平均为1.4%，1995年到1999年平均达到2.8%，很大程度上是资本市场支持小企业发展的结果。欧洲的步伐比较缓慢，在2000年6月通过了《欧洲小企业宪章》，其中明确"改善小企业的融资途径，使小企业在整个生存周期都有渠道得到资金"。从各国实践看，中小企业股权融资的比例都在不断加大。各国都建立了多层次的资本市场，适应各个层次的中小企业的融资需求。其中，创业板市场就是比较成功的制度创造，培育和壮大了众多像微软、思科、英特尔等世界级著名大公司，甚至创造了知识经济的神话。2006年年底，美国证券交易委员会与公众会计公司监察委员会为改进《萨班斯—奥克斯利法案》加大公司上市特别是中小公司上市成本的被动局面，提出了"改进管理执行法案404条款指导细则"与"修改财务报告内容控制审计标准"两项建议。证券交易委员会在2007年5月21日通过了执行404条款新指导细则，标志着对该法案的修改进入实质性操作阶段。新指导细则在一定程度上减轻了公众公司尤其是中小型上市公司执行404条款不必要的成本，有助于这些公司的发展。

改革开放以来，我国中小企业成为推动经济发展的重要力量，伴随国有经济战略性调整，也成为扩大就业、维护社会稳定的重要力量。根据国家经贸委发布的《2001年中国中小企业发展报告》，我国中小企业以其48.5%的资产，安置了69.7%的职工就业，创造了57.1%的社会销售额，还为国家创造了43.2%的税收。但是，世行研究表明，中国私人公司的发展资金绝大部分来自业主资本和内部留存收益，包括信用社在内的银行贷款只占1/5左右，公司债券和外部股权融资不到1%。根据2001年年底的数据，据深交所对拟上市88家中小企业样本调查发现，第一大股东平均持股49.47%，处绝对控股地位，家族"一股独大"，家族式、家长式管理现象普遍，融资大部分来自裙带关系的亲朋好友，没有合同。在科技向现实生产力转变方面差距较大，我国每年省级以上科研成果有1万多项，专利超过2万，转化者不足10%，远低于发达国家60%～80%的水平。① 在我国直接融资的比重明显偏低的情况下，允许中小企业股权融资一定要开闸。2003年1月1日《中小企业促进法》正式实施，其中第16条规定："国家采取措施拓宽中小企业的直接融资渠道，积极引导中小企业创造条件，通过法律、行政法规允许的各种方式直接融资。"

中小企业如果要通过证券市场筹集资金，尤其是通过发行股票筹集资金，就必须达到公司的条件，而且是上市公司的条件。因此，公司法是最基本的法律。第九

① 张育军："拓宽直接融资渠道"，载《中国证券报》2002年7月23日。

届全国人大常委会第十三次会议日前以117票赞成、3票反对、23票弃权的表决结果，通过了《关于修改〈中华人民共和国公司法〉的决定》。江泽民于1999年12月25日签署主席令，发布了《〈公司法〉修正案》。修改后的《公司法》规定："属于高新技术的股份有限公司，发起人以工业产权和非专利技术作价出资的金额占注册资本的比例，公司发行新股、申请上市的条件，由国务院另行规定。"全国人大常委会在《决定》中特别强调：支持有条件的高新技术股份有限公司进入证券市场直接融资，有利于高新技术企业发展。对高新技术股份有限公司运用资本市场筹集发展资金，要坚持国家产业政策，符合高新技术股份有限公司的特点，其上市交易的股票在现有的证券交易所内单独组织交易系统，进行交易。鉴于此项工作还缺乏经验，加之风险较大，应当有计划、有步骤、积极稳妥地进行。

2005年10月修订的《公司法》取消或修改了原公司法在投资方式、对外投资比例、股东人数、注册资本数额、出资时间等多方面的规定，为中小企业的创业提供了良好的法律环境。① 新《公司法》降低了公司的资本门槛，将股份公司注册资本的最低限额降至500万元，有限公司注册资本的最低限额降至3万元，上市公司股本最低限额由5000万元降至3000万元，注册资本由实缴资本改为认缴资本制度，允许分期缴纳出资，适应公司经营对于资本的逐步扩大需求；扩展非货币财产的出资范围，使出资形式更为多元化。将股份有限公司发起人数由5人降为2人。新《公司法》放松了投资限制，该法第15条、第16条取消了原公司法第12条公司对外累计投资额不得超过本公司净资产50%的限制，而主要规定公司向其他企业投资或者为他人提供担保及其投资或担保的数额限制。新《公司法》取消了原法中"以工业产权、非专利技术作价出资的金额不得超过有限责任公司注册资本的20%"的限制性规定，放宽了知识产权的出资额，主要规定了"全体股东的货币出资金额不得低于有限责任公司注册资本的30%"。原公司法规定，公司发起人股自公司上市之日起3年内不得转让，这制约了创业投资基金的退出行为。新《公司法》规定，发起人持有的本公司股份，自公司成立之日起1年内不得转让，自公司股票在证券交易所上市交易之日起1年内不得转让。

三、证券市场也是一种制度安排

新制度经济学认为，在制度变迁中存在着报酬递增和自我强化的机制，这种机制往往是诱发一个企业乃至一个社会进行转型的重要原因。随着企业战略实践和时间的推移，人们逐渐认识到保持企业的可持续发展和竞争优势在于企业战略能够不

① 允许投资者分期缴纳，公司全体股东或发起人的首次出资额不得低于注册资本的20%，也不得低于法定的注册资本最低限额，其余部分由股东或发起人自公司成立之日起2年内缴足；其中，投资公司可以在5年内缴足。

断创新，从而形成一个富有效率的市场和独特的盈利模式。企业战略的创新旨在改变那些在我们看来已经习以为常的旧有经济模式、制度及其游戏规则，寻找一个与现行制度安排相适应的最佳盈利模式。同时，企业创新本身也不断地在现行制度的边界进行试探性点击，使制度的设计者感觉到市场本身的内在性冲动，这种冲动是否有必要给予维护？压抑是否会抑制市场主体的积极性？而压抑是否会使市场失去活力？失去活力自然会导致死水般的沉寂。

（一）内生性制度的要求

企业的发展需要寻找更好的道路，通过创新发挥最大的潜能。这就会冲突现有制度的框架，这需要一种意志力。这都是对传统的现存制度的一种挑战，要冲破现存制度所形成和包围着的思想意识，这种孕育新制度内在因素的意志力通过各种形式表达出来，朝着一个更高的层次，寻求一种新的平衡。我们以中国第一股的发展历程，看内生性制度的开拓精神。走进飞乐音响的办公楼层，走廊上挂着一幅黑白照片映入眼帘：邓小平微笑着与一位外国人握手。这个外国人是号称“新中国第一股”——飞乐音响股票的第一位外籍持有人——美国纽约证券交易所董事长约翰·范尔霖。1986 年 11 月，邓小平将飞乐音响最早发行的一张股票作为回赠礼品，送给了世界上最大的证券交易所的掌门人。① 这实际上也是向世界宣布：中国已经有了股票，不久的将来，将有中国的证券交易所。1984 年 8 月，上海市政府颁发了全国第一个《发行股票暂行管理办法》，大胆提出：“新办集体所有制企业可以发行股票。”三个月后的 11 月 18 日，上海《新民晚报》在头版头条刊登了一条没有署名的消息：上海飞乐音响公司 18 日开业。还有一个副题：接受个人和集体认购发行 1 万股每股 50 元。内容主要是“本市出现一家接受个人和集体自愿认购股票的新型公司——上海飞乐音响公司”。日本《朝日新闻》敏锐地注意到了中国的大动作，用很长的篇幅讲述飞乐音响发行股票的故事，评论其意义，预言中国企业将全面推行股份制，最终中国经济将走向市场化。1986 年 9 月 26 日，飞乐音响股票在中国工商银行上海静安信托业务部柜台首家挂牌交易——新中国股市便在这个仅有 20 多平方米的小房间里诞生了。② 1990 年 12 月 15 日，我国首家全国性的证券交易所上海证券交易所成立，四天之后，飞乐音响转至上海证券交易所上市，是该所首批交易的“老八股”之一。但股票这种被看做资本主义标志的东西，

---

① 原中国人民银行上海副行长周芝石，是当年邓小平赠送股票事件的亲历者，他受托将一张面值为 50 元的飞乐音响股票当面送到了范尔霖的手上，当时这张股票的户名是“周芝石”，所以才有了第二年范尔霖特意赴沪办理过户的故事。

② 特意跑到这里为获赠飞乐音响股票过户的范尔霖，当时鼓励中国同行说，美国最早的股市出现在华尔街边的一棵梧桐树下，还不如你们这间房子，你们会慢慢好起来的。

到底能在中国发展到什么程度，人们还是半信半疑，人们头脑里还没有那些存在于和围绕资本主义国家制度中的商事文化，人们并不敢去买股票。1992年春天，邓小平南方谈话中说："证券、股市，这些东西究竟好不好，有没有危险，是不是资本主义独有的东西，社会主义能不能用？允许看，但要坚决地试。"飞乐音响股本从1万（每股50元）增至50万（每股10元），1993年又将股票从10元拆细到1元，总股本猛增至500万股，此后实施配股300万股，送股200万股，总股本达到1000万股。一年内，资本实力就达到过去10年的两倍。到2004年，飞乐音响的总股数达到4.24亿股，总资产超过15亿元。① 被股民亲切称为"小飞"的飞乐音响，见证了千千万万股东的熙来攘往，目睹了一只只股票在沪深两个交易所挂牌上市，这期间，"小飞"也经历了控股股东的变更以及自身的不断发展壮大。1997年5月，上海仪电控股（集团）公司通过证券市场收购飞乐音响股票，成为公司第一大股东。控股股东的变化拉开了飞乐音响战略调整的大幕，公司通过大举兼并收购，进军高科技IC卡行业。2001年，公司又通过收购，进入电子产品加工行业。2002年，斥巨资收购上海亚明灯泡厂有限公司，从而挺进绿色照明行业，该公司曾为国庆50周年提供天安门照明系统。

无论是社会主义国家还是资本主义国家，人们追求幸福的愿望是一样的，财富是宝贵的东西。与财富运行规律相符合的制度规则也应当是通用的。证券市场表现出来的是一种制度规则体系，无论是西方还是东方，本质上应该是一样的。飞乐音响当初的公司也不过是一家小公司，其所以能够获得如此迅速的发展，与证券市场是分不开的。西方国家经过长期的发展，其原来的小公司已经发展成为大型公司，原来的证券交易所已经发展成为规模庞大的覆盖全球的证券市场，其吸引的都是本国和国际上的大型公司，那些中小型公司在那里显示不出光彩，其融资能力和对公众的吸引力远不如大公司。于是，在美国就创立了纳斯达克市场，专门为那些处于发展初期的中小型公司提供上市融资和发展的方便和机会。

单个的交易不过是合同当事人双方意志的碰撞，还不能构成市场。但一家公司发行股票，不是单个的合同，而是众多的合同聚集在一起，形成一个体系朝着一个方向运行，就形成了一个相对稳定的意识流，一种新的制度因此开始萌发，但这时还不能形成一种稳定的制度环境，还需要继续灌注社会意识流，在当时主要是依靠有识之士、国家领导人以及国家政策途径向中国社会传播的，于是中央领导层决定在上海和深圳试点，并制定了一些政策和法规。内在的冲动和外在的培育，逐渐使证券市场形成、发展和壮大，证券市场是证券发行和交易关系的物化存在，就是一种制度安排，如果国家通过法律正式承认和确立，就是一种法律制度安排。

---

① 范尔霖所持有的那张50元的股票，经过拆细、转赠、送股，已经衍生到2004年的1134股，市值6000余元，20年涨了120倍，还不算10万元的收藏价。

20世纪90年代初，上海和深圳两个证券交易所相继开张。位于改革开放前沿的这两个孪生儿，在联袂弄潮资本的同时，成为竞争对手。由于种种原因，深交所在1992年的“8·10”风波后，渐落下风。互联网的兴起和迅猛发展，更是给新兴创业资本市场带来了空前的光荣与梦想。纳斯达克的神来之笔创造了一个又一个的财富神话。在它的带动下，加拿大、德国、日本、韩国等大大小小的创业板市场纷纷牛气冲天。1999年秋天，中国证监会通知沪深两个交易所，着手筹备高新技术板块。但是，事情并不顺利。对于在一个主板市场上建立高新技术板块，没有人能说清楚如何搞，比如公司上市标准怎么定？如果另搞一套，两个交易所是用同一个标准还是各搞各的？这个板块的交易是继续放在现有市场，还是单独搞一个交易系统？衡量这个板块的指数是用统一的指数还是各搞各的指数？这些难处使得所谓的筹备，既无法筹划，更无法准备，只有等待。在等待中，发展中国新兴资本市场和建立多层次市场体系的必然趋使这第二条脉络逐渐显现。由于历史原因，上海和深圳两个证券交易所一开始就非常相像，同质竞争。1997年7月，国务院作出决定，两个交易所从过去的地方政府与中国证监会共同管理变成中国证监会直接管理。这样，两者竞争中的负面问题有所解决，但同质竞争这一不合理的局面仍未改观。到了2000年，当中央政府提出进一步发挥资本市场作用的命题后，问题的解决便有了积极而主动的方向。这个方向就是，在中国，要有一个像纳斯达克那样的创业板市场。从国家整体利益考虑，要把上海建成中国以至亚太地区的金融中心，就必然要在上海建设一个规模较大、辐射能力较强的主板市场。既然把上海证券交易所简称主板市场大局已定，那么，由深圳证券交易所来建设创业板市场也就成为必然选择。2000年7月，时任中国证监会主席的周小川传达了中央的精神：一是在深交所搞创业板；二是深交所现在主板不动，主板新公司到上海上市；三是将来条件成熟时，深圳的主板再合并到上海主板去。这就是后来圈内广为流传的“存量不动动增量”一说的来源。2000年8月底，深交所主板停止新股发行，他们得到的启示是：全力筹备，11月创业板开业。2000年11月，深交所关于创业板市场的筹备工作结束，等待开业的指示。然而，自2000年下半年以来，国际创业板市场风向发生逆转，泡沫破灭，2002年10月，纳斯达克综合指数创下1108.49点的最低点。这阻隔了中国政策决策者的思维进程，创业板市场建设进入等待期。然而，内在冲动一直在进行，2001年以后，中国经济的高速增长中，中小企业发挥了前所未有的作用。与此同时，中小企业融资难的问题引起了各方面的关注，建立多层次资本市场的呼声不绝于耳。2002年3月，全国“两会”期间，曾任广东省副省长的宋海联合30余名广东省人大代表向全国人大提出议案，要求尽快在深圳设立创业板市场。2002年11月，纳斯达克市场止跌回升，创业板全面崩溃的说法不攻自破，到2003年8月指数回升了63%。2002年年底，深交所副理事长陈东征提出分步实施创业板的方案，被决策层接受。2003年8月18日，全国人大副委员长成思危在一次研讨会上正式提出，应采取三步走的战略，推动在深交所建设一个类似于美国纳斯达克的多层次资本市场体系。就在同一个会上，中国证监会首任主席刘鸿儒提出，可考虑将5000万股以下具有成长性及科技含量高的企业集中在深交所发行上市。① 2004年2月1日，《国务院关于推进资本市场改革开放和稳定发展的若干意见》正式写道："建立多层次股票市场体系。在统筹考虑资本市场合理布局和功能定位的基础上，逐步建立满足不同类型企业融资需求的多层次资本市场体系，研究提出相应的证券发行上市条件并建立配套的公司选择机制。继续规范和发展主板市场，逐步改善主板市场上市公司结构。分步推进创业板市场建设，完善风险投资机制，拓展中小企业融资渠道。"内生性制度迫使政策制定者放宽管制边界，允许市场参与者试验。中国早期的证券市场带有很强的实验性，因为没有经验，事实上允许发生较大的误差，哪怕交出很高的学费也是可以理解的。多次试验又增加了内生性制度因子，又迫使决策者进一步思考和比较，交易所又经过了几年的准备，对外部制度安排的要求自然更高。

（二）法律制度可以提前安排市场

法律是国家制定的规范社会关系的具有强制力的行为规范，既然如此，法律制度可以提前设定和规范社会关系，只要这种社会关系能够在现有的社会关系中进行演变，有坚实的基础关系。我国与西方市场经济国家不同，西方市场经济国家的市场经济是在国家不干预的情况下，让市场自发演变，然后由法律给予被动地承认发展起来的。而我国，市场经济是在政府的推动下，通过立法和国家政策，学习西方和结合我国自身国情一步步发展起来的。我们移植了大量的西方市场经济法律，然后用于我国的市场经济改革实践，不断地试错，不断地总结经验教训，最终也取得了辉煌的成就。人类的意识是能够不断地对规律进行认识和再认识的，不断地从实践中得出正确的结论。而国家的立法活动汇集了专家的智慧和民众的智慧，自然可以对经济关系主体的内在需要和客观条件的供给进行把握，能够制定符合市场规律的法律制度。在法律制度下，市场关系可以获得充分的发展，并得到安全的保障。

现代各国进行重大的市场创新，首先都是先确立一个法律制度的框架体系。这是因为重大的市场创新是一个社会系统工程，涉及一系列制度安排，涉及众多人的利益，并不是单个的法律行为就能解决众多而复杂的问题的，需要发挥法律制度体系的功能。在美国，证券法不仅包括国会的立法，还包括证券交易委员会直接管理的法规，也包括大量的在证券交易委员会监管下运作的自律规则体系。② 就整个市

---

① 孙伶："走向创业板之路"，载《中国证券报》2004年5月18日。

② [美]托马斯·李·哈森著，张学安等译：《证券法》，中国政法大学出版社2003年版，第3页。

场体系而言，主要通过正式的法律文件（国家立法机关出台）进行安排，而某一局部市场的具体规则，则由自律组织进行规定，然后由监管机关批准或承认。比如我国香港创业板市场的设立就是先出台《创业板上市规则》，然后推出一批上市公司。香港《创业板上市规则》分为三个部分共35章：第一章至第九章载列一般性规定，即总则：释义；导言；创业板上市委员会、上市上诉委员会及创业板上市科的组织、职权、职务及议事程序；复核程序；董事、秘书及公司管治事宜；保荐人；会计师报告；物业的估值及资料；停牌、复牌、除牌及撤回上市地位。第十章及第二十一章载列适用于发行股本证券的规定：上市方式；上市资格；申请程序及规定；购买、出售及认购的限制；上市文件；招股章程；公布规定；持续责任；财务资料；交易；关联交易；期权、权证及类似权利；可转换股本证券；股份计划；海外发行人；在中华人民共和国注册成立的发行人。第二十六章至第三十五章载列适用于发行债务证券的规定：上市方式（选择性销售的证券除外）；上市资格（选择性销售的证券除外）；申请程序及规定（选择性销售的证券除外）；上市文件（选择性销售的证券除外）；选择性销售的证券；持续责任；海外发行人；期权、权证和类似权利；可转换债务证券；不限量发行、债务证券发行计划及有资产支持的证券。此外，若干章节连带附录。第2.07条规定："谨此重申，《创业板上市规则》并非包罗一切可能情况，本交易所于其认为适当时可增订附加规定，或规定上市申请须符合若干特别条件。相反，由于在许多情况下本交易所需作出暂时决定，因此本交易所可在个别情况下豁免、更改或免除遵守《创业板上市规则》（以因应不同个案的情况）。然而，任何豁免、更改或免除遵守某项规则的决定，如拟产生一般影响（即会同时影响超过一名发行人及其附属公司），事先必须获得证监会同意。本交易所不会经常批准按个别情况豁免、更改或同意免除遵守某项规则，致令出现一般豁免的后果。因此，欢迎新申请人及上市发行人及（如属担保发行）担保人随时向本交易所寻求非正式及保密的指引。"第2.08条规定："如依据《证券交易所合并条例》第35条而获得证监会的批准，本交易所可不时对《创业板上市规则》作出修改。"

自律规则属于法律体系的一个组成部分，不能违背正式法律的规定。美国《证券交易法》要求全国证券商协会作为一个自律性组织，遵守并公平、公正、强有力地实施交易法，以及根据交易法制定自律规则。香港《创业板上市规则》的法律依据也是香港《证券及期货条例》。另外，自律规则经过主管机关的批准，其效力也上升到政府规范性文件的层次。

我国内地创业板市场与香港创业板市场可能地位不同，香港创业板市场附属于主板市场，因而其基本的运行规则主要由香港联交所规定。而内地创业板市场突出了深圳证券交易所的特色和地位，其创业板市场的基本规则应当由国务院制定。至于创业板市场的上市规则和交易规则，自然由证券交易所制定，但要报证监会批准。这样，就在《证券法》的关照下，形成国务院的行政法规、最高人民法院和最高人民检察院的司法解释、中国证监会的行政规章和证券交易所的自律规则的法律制度体系，规范和引导创业板市场的发展。

（三）法律条件已经成熟

现在创业板市场的法律制度基础条件要比当初上海和深圳证券交易所成立时的法律制度基础要坚实得多。当时内生性制度的积累因素还不充分，才刚刚萌芽。人们已经意识到传统的计划经济体制不能解放生产力，不能充分发挥人的主动性和创造力。企业要发展，需要更大的发展空间，不仅要更大的财产和经营自主权，而且需要更大的资本市场，在那里企业能够获得更多的融资，企业的投资者能够转让企业本身。中国的对外开放，使中国的先进分子和有识之士看到了中国与世界的差距，他们的宣扬给中国人造成一种压力。社会处于新旧思想的矛盾冲突中。西方发达国家已经有健全的证券市场体系，但维持其市场稳健发展的是其完备的法律制度和优良的商事人文环境。而我国当时现存的政治制度框架，还没有纳入法治轨道，我国当时的人文环境和内生性制度因素，还不能使我们完全照搬西方国家的法律制度来构建当时的证券市场。邓小平在 1986 年 11 月 14 日会见参加中美金融市场研讨会的由范尔霖率领的纽约证券交易所代表团时，说道："这次金融市场研讨会，一是要'剥削'你们，从你们那里学点东西，另一个是让美国金融界充分了解中国，认识本世纪的中国，认识 21 世纪前半世纪的中国。……合资也好，融资也好，都可以……你们担心我们这方面的法律不完备，这可以逐步解决，最近我们又作了一些补充。我看还有缺陷，以后再补充。请你们相信，在中国投资风险最小，中国的潜力还没有挖掘出来。现在我们确实对这方面的知识不够。为什么法律不完备，就是因为知识不够，本领不够。"由于内生性制度的因素冲突传统制度意识环境是一个渐进的过程，我国的法律制度建设也是个渐进的过程，从中央的政策、国务院的行政法规和国务院部委的规章逐步步入正式立法道路。

美国著名经济学家、诺贝尔经济学奖得主布堪南曾经描述过一个重要因素的出台过程，他说一项重大的举措，首先是由精英经济学家倡导，然后到为一般经济学家理解，接着为新闻媒介的记者们所大肆宣传，最后到为政治家们所接受。布堪南所描述的也许是美国政策的出台传导过程。在中国，有些政策的出台过程与此相似，有些则不同。① 创业板市场政策法规的出台与布堪南的描述不同，中国创业投资体系建设问题从一开始就与决策层和有关政府部门的积极支持分不开。下面简述中国创业投资体系建设的大事记表：（1）1984 年，国家科委（现为科技部）科技促进发展研究中心，组织了"新的技术革命与我国的对策"的研究，提出了建立

① 王松奇："关于加速创业板市场建设的几个问题"，载《投资与证券》2001 年第 8 期。

创业投资机制促进高新技术发展的建议。(2) 1986年，经国务院批准，国家科委、财政部共同出资成立了“中国新技术创业投资公司”，该公司是我国第一个股份制的、以从事创业投资为目的的企业。(3) 1991年，《国务院关于批准国家高新技术产业开发区和有关政策规定的通知》，指出：“有关部门可以在高新技术产业开发区建立风险投资基金，用于风险较大的高新技术产业开发。条件成熟的高新技术开发区可创办风险投资公司。”(4) 1995年，中共中央、国务院作出《关于加速科学技术进步的决定》，强调要“发展科技风险投资事业，建立科技风险投资机制”。(5) 1996年，《国务院关于“九五”期间深化科学技术体制改革的决定》，指出：要“积极探索发展科技风险投资机制，促进科技成果转化”。全国人大通过的《促进科技成果转化法》第24条规定：“国家鼓励设立科技成果转化基金和风险基金，其资金来源由国家、地方、企业、事业单位以及其他组织或个人提供，用于支持高收入、高风险、高产出的科技成果的转化，加速重大科技成果的产业化。”该法首次将创业投资纳入法律条款。(6) 1997年，国家科委党组决定由邓楠副主任负责创业投资机制的研究工作。根据国家科委党组和邓楠副主任的指示，条件财务司立即组成了以清华大学经济管理学院专家为主的研究组。根据清华专家初步研究情况，国家科委党组对研究工作提出明确要求：A. 要比较清晰地论述创业投资体系；B. 要研究论述创业投资与资本市场的关系；C. 要提出建立创业投资机制的操作性的实施方案；D. 提出建议既要有突破又要切实可行。(7) 1998年2月，国家科委请示朱镕基副总理（当时任副总理）：请国家计委、人民银行、证监会等部门派人参加研究工作。朱副总理批示有关部门确定人选，由国家科委牵头，国家计委、财政部、人民银行、证监会等组成的部际协调小组成立；分别以中国社会科学院金融研究中心和中国银行国际金融研究所为主的研究小组正式启动。(8) 1998年3月，全国政协九届一次会议召开，民建中央提出“关于尽快发展我国风险投资事业的提案”。全国政协提案委员会召开提案协商会，邀请国家科委、国家经贸委、财政部、人民银行、证监会参加。(9) 1998年9月，科技部副部长邓楠会见香港联交所总裁沈连涛和彭如川，商讨创业投资机制和内地高新技术企业赴香港创业板上市问题。(10) 1998年10月，科技部向证监会提出解决高新技术企业A股上市指标和制定鼓励高新技术企业境外上市政策的建议。(11) 1998年12月，科技部向国务院领导报送《关于建立我国科技创业投资机制的报告》。1999年1月，温家宝副总理批示：请证监会研究提出意见。1999年3月，朱镕基总理对科技部《报告》和证监会意见批示：要明确科技创业投资主要支持小型企业。(12) 1999年6月，科技部等7部门向国务院报送《关于建立我国科技创业投资机制的请示》。7月，国务院秘书长徐荣凯对7部门的《请示》批示：建立科技创业投资机制的5个方面工作，7部门已达成共识，原则也有了，可以由职能部门据此分别制定办法先开展起来。(13) 1999年8月20日，中共中央、国务院作出《关于加强技术创新，发展高科技，实现产业化的决定》，指出："培育有利于高新技术产业发展的资本市场，逐步建立风险投资机制。""在做好准备的基础上，适当的时候在现在的上海、深圳证券交易所专门设立高新技术企业板块。"8月22日，全国技术创新大会召开。(14) 1999年10月，深圳高交会举行，科技部邓楠副部长在高交会论坛作题为"为我国高科技产业发展提供金融支持体系"的报告。(15) 1999年12月，经国务院领导批准，国务院办公厅以国办发［1999］105号文转发科技部等部门提出的《关于建立我国风险投资机制的若干意见》。1999年年底之前，九届人大常委会第十三次会议通过了修改《公司法》的决定，关于高新技术企业发行上市的条件，授权以国务院行政法规来决定。(16) 2000年年初召开的全国证券期货工作会议曾把"建立高新技术板，推进技术进步和产业升级"作为当年十项工作之首。2000年2月周小川任中国证监会主席后，把"高新技术板"改为"创业板"。2000年5月，国务院原则同意建立创业板股票市场方案。立法、监管部门和市场参与者都在为创业板的出台做出积极的准备。2000年5月权威部门传出信息，以国务院法规形式出现的《创业板股票发行上市条例》正在制定中，国务院授权中国证监会组织实施将要设立的创业板股票市场方案。2000年10月，深圳证券交易所在巨潮网上公布了关于创业板股票市场的9个规则文件征求意见稿，即《深圳证券交易所创业板市场规则咨询文件》。由深交所负责的创业板交易系统也已通过了测试。立法、监管部门和各类市场主体等有关创业板的探讨热潮更是此起彼伏，异彩纷呈。有关我国创业板的法规、规则、交易、技术等多方面的准备工作已经比较充分，推出创业板的条件已基本成熟，尽快推出创业板已是"万事俱备，只欠东风"。2001年3月15日，由九届人大第四次会议批准的《国民经济和社会发展第十个五年计划纲要》明确提出："积极发展高新技术产业和新兴产业，形成新的比较优势。以信息化带动工业化，发挥后发优势，实现社会生产力的跨越式发展。""完善风险投资机制，建立创业板股票市场，鼓励发展多种所有制的创新型中小企业。"美国NASDAQ市场的暴跌一度引起市场人士的认识分歧。NASDAQ股票指数从2000年8月的历史高点5132点暴跌至2001年3月的1700点之下，这是其自身的一次大调整，对美国经济持续增长造成了一定的影响。NASDAQ股市泡沫的破灭，使美国及全球的投资者对高科技企业的投资价值有了更深刻的认识，使我国的决策层、监管部门和市场人士对高科技企业及创业板的风险有了更客观的、清醒的认识，并为此对创业板的制度设计与风险防范措施做了更进一步的准备。①

2005年10月《公司法》、《证券法》修订后，有利于更多的企业成为上市公司。《证券法》第50条规定"股份有限公司申请股票上市"时，必须符合的条件之一是，"公司股本总额不少于人民币3000万元"。与原规定的5000万元相比，中

① 卓夫："中国创业板呼之欲出"，载《金融时报》2001年5月23日。

小企业成为上市公司的门槛大幅降低。原来的“千人千股”要求也被删除。新法更有利于落实国务院《关于支持做强北京中关村科技园区若干政策措施的会议纪要》中“在深圳中小企业板建立支持中关村企业的‘绿色通道’”的要求。《证券法》第39条规定：“依法公开发行的股票、公司债券及其他证券，应当在依法设立的证券交易所上市交易或者在国务院批准的其他证券交易场所转让。”代办股份转让系统应属于其他证券交易场所。按《关于支持做强北京中关村科技园区若干政策措施的会议纪要》要求：要抓紧实施“中关村非上市股份公司进入证券公司代办股份转让系统进行交易”的试点。

从上述重要事件序列中，我们看出中国创业投资体系建设的重大决策是经过多年的研究、论证和深厚积累的，制度供给行为基础比较扎实。尽管以完善、成熟的市场标准来要求、看待创业板市场的现有的法律制度条件，可能还有一些距离，但任何法律制度的诞生一开始不可能十分完美，没有缺陷也就没有发展，世界也不可能存在，这是矛盾运动的基本法则。我国证券市场还处于初级阶段，与此同时，证券法律制度也是处于初级阶段，法律上还有大量的问题需要解决，法律规则有许多漏洞或者矛盾之处，法律体系上也有很多缺陷。而创业板市场及其法律制度更是个空白，虽然我国的创业板市场即将推出，深圳证券交易所为创业板的推出已做了大量的准备工作，不久之后，具有法律约束力的关于创业板的行政法规可能出台，但目前还是没有正式公布生效。

四、各国创业板市场都是制度实践的结果

追溯全球创业板市场发展的历史，最早当推美国纳斯达克和日本店头市场，它们分别诞生于1964年（成形于1971年）和1963年。纳斯达克开发并采用的自动报价系统，不仅开了股票市场电子化的先河，而且克服了透明度和流动性差这两大股市顽症，因而迅速形成市场规模。到1975年，纳斯达克市场的上市公司即达2467家，到1982年更增至3264家，增长了32.3%。这一成功，给全球带来了创业板的巨大示范效应。英国1980年设立了“非挂牌证券市场”，20世纪90年代中期被废止，另设“另类投资市场”（AIM），并于1999年设立科技板市场；日本在1983年将原来的店头市场重组为新店头市场，并进行大力度整合；在欧洲大陆，90年代中期以后，易斯达克（EASDAQ）市场、法国、德国、意大利、比利时、瑞士、西班牙等新市场相继设立；在亚洲区，90年代以后，包括日本在内的许多国家和地区开始学习和模仿纳斯达克，先后设计和推出了日本证券商自动报价系统（JASDAQ）、韩国高斯达克市场、香港创业板等。世界交易所联合会1999年公布的一份研究报告显示，当时交易所联合会52个会员中，34个交易所建立了中小企业市场，6个交易所正在考虑，只有12个交易所没有。截至2002年年底，全球主要创业板市场36家，其中美洲4家，欧洲中东地区19家，亚洲太平洋地区13家。

经初步统计，自1997年到2002年全球创业板市场上市公司从9438家增加到10691家，增加13.3%；市价总值从1.94万亿美元增加到2.24万亿美元；交易金额从4.64万亿美元增加到7.75万亿美元，增长67%。6年中，共有7929家中小企业到创业板进行IPO发行，累计筹资4472.3亿美元。①

根据2006年年底的统计资料（《中国证券报》2006年12月20日），创业板分化十分明显。以伦敦高增长市场（AIM，即另类投资市场）、加拿大TSX－V等为首的创业板已经吸引了上千家公司，而更多的新市场，包括香港创业板市场欲振乏力。如果以上市公司数量衡量，英国AIM、韩国Kosdaq、日本东京证交所Mothers Market、加拿大TSX－V等市场进入了第一阵营。英国AIM市场自1995年创立至今，已有2573家企业在AIM上市，截至2006年11月底，该市场的上市公司总数为1595家，总市值超过827亿英镑。加拿大创业板TSX－V的优势是欢迎公司升级，对拟升级的公司豁免部分上市要求，对公司规模要求也比较低，因此吸引了大量小规模、高素质的公司，TSX－V截至2006年11月的总市值为511亿美元，上市公司总数2234家。日本Mothers显示了较好的增长，到2007年10月底上市公司数为175家，总市值为332.94亿美元。尽管NASDAQ已不再称自己是汇集科技企业的创业板市场，但全球创业板仍以它为榜样。截至2006年10月，NASDAQ的上市公司数达3402家。2006年1至10月，从纽交所转到NASDAQ上市的公司总市值达到250亿美元，首次超过从NASDAQ转到纽交所的公司总市值。

（一）美国纳斯达克

成形于1971年的纳斯达克市场是世界上最大的股票市场之一，也是全球支持中小企业融资和发展的典范。它是自动报价系统，不是根据《证券交易法》第6节注册的交易所，而是交易法第15A节下受到监管的“全国证券协会”。所有经纪人和交易商须是全国证券业协会的成员，目前只有一个这样的组织——全国证券商协会，拥有并经营自动报价系统。② 30多年来，纳斯达克以惊人的速度快速增长，在不少方面超越了纽约证券交易所（NYSE）。其拥有的上市公司最多时达5500多家，市值6万多亿美元。1999年底，纳斯达克综合指数比市场成立时上涨了32.66倍，并于年底突破4000点；2000年3月，纳斯达克指数创纪录超越5000点的顶峰，当时其市价总值相当于全球股票市价总值的1/5。但因科技股神话的破灭，纳斯达克市场开始步入调整，这种调整因美国经济下滑和恐怖袭击而加重，并成为纳

① 陈赋斌：“在荆棘中前行——全球创业板市场的发展与启示（上）”，载《中国证券报》2003年7月23日。

② ［美］哈威尔·E. 杰克逊、小爱德华·L. 西蒙斯编著，吴志攀等译：《金融监管》，中国政法大学出版社2003年版，第719页。

斯达克自建立以来所经历的最深刻的调整。纳斯达克综合指数由最高点 5046.8 点一路掉头向下，最低下探到 1114.11 点。随之而来的是 IPO 数量减少带来的筹资额下降，以及股票交易水平的降低，使纳斯达克在一些指标的对比上再次被 NYSE 反超。但是，无论面临的调整是如何严峻，纳斯达克作为全球最活跃和最有影响的股票市场，其地位毋庸置疑。在成长过程中，纳斯达克市场逐步形成的一整套独特制度为各国所关注。1982 年，纳斯达克市场针对上市公司开始实行双轨制，其中之一由纳斯达克市场中最优秀的一些公司组成，被称为“纳斯达克全国市场”（NASDAQ National Market）。规模较小的新兴公司组成“纳斯达克小型资本市场”（NASDAQ SmallCap Market）。1984 年，纳斯达克市场推出“小型订货执行系统”（Small Order Execution System）。该系统允许小于 1000 股（纳斯达克全国市场）或 500 股（纳斯达克小型资本市场）的小型订货在最好市价下自动成交并执行。纳斯达克实行竞争性做市商制度，使报价更趋优化，同时大大提高股票的流动性和成交的连续性；建立了严格的退市制度，使上市公司优胜劣汰等。此外，纳斯达克率先采用的较低上市门槛、较低入门费用和交易成本等做法，也在各国创业板市场中得到了广泛推广。

面对 2000 年以来的调整，纳斯达克还积极进行了一系列革新，力求夺回原有的竞争优势和地位。这些改革措施包括：2002 年 10 月正式推出了超级蒙太奇混合交易平台，使纳斯达克在与纽约证券交易所的竞争中处于技术和效率领先的主动地位；2001 年下半年，针对纳斯达克的上市企业经营泡沫严重的问题，大规模调整了上市标准，注重公司盈利，调整可量化的财务指标，以保证上市公司质量，增强投资者信心；“9·11”事件后，为应对大规模上市公司退市风险，先后 3 次调整持续上市最低股价要求和宽限期，使一些遇到暂时困难的上市公司赢得了时间，避免了大批公司由于突发性的环境变化而摘牌；2002 年 10 月，根据美国新颁布的《萨班斯—奥克斯利法案》对公司治理的新要求，提出了 25 条公司治理修订建议，增加董事会的独立性、审计委员会及独立董事的权力，以增强财务透明度和保护投资者的利益。并特别规定，把员工的股票期权计划排除在股东大会权力之外，此举符合纳斯达克以科技型上市公司为主的特点，保证了高科技公司通过股票期权计划对人才的吸引力。从 2003 年第 2 季度起，随着高科技行业的普遍转暖，纳斯达克开始了复苏之路。①

经过 40 年的发展和不断完善，纳斯达克市场被全球公认为最成功的市场。其原因是多方面的：具有特色的双轨制市场结构、先进的电子交易系统、独特的做市商制度和严格的上市公司摘牌制度、宽松的上市标准、严格的风险控制系统、坚持不懈的市场国际化。纳斯达克市场清醒地认识到当今信息社会的新兴企业具有与传

① 陈赋斌：“纳斯达克，挫折中走向成熟”，载《中国证券报》2003 年 7 月 8 日。

统企业截然不同的特点，技术含量高的企业往往具有惊人的增长潜力。相对宽松的上市标准，鼓励和扶植高新技术企业上市，是它的鲜明性格。宽松的上市标准与严格的上市公司摘牌制度相得益彰，保证了该市场新陈代谢机制的良好运行，这种吐故纳新也是纳斯达克成功的重要原因。纳斯达克的风险控制，其手段和措施已经法制化和程序化。其监管包括股票发行监管和股票交易监管。股票发行监管对在纳斯达克上市发行活动实行紧密监督，以维护市场秩序和投资者利益。交易活动监管是各系统对所有上市企业的交易活动实行实时监管，以保证交易活动的真实性和秩序化。这两种做法和分工并没有其他特别之处，但其手段的先进性和严密性有效地维护了市场秩序和投资者利益。在其发展历程中，纳斯达克市场一直较好地控制了风险，避免了重大事故发生，较好地处理了发展与风险控制的关系。①

（二）德国新市场

德国新市场（Neuer Market）设立于1997年3月，是德国仿照美国纳斯达克市场建立起来的一个面向成长型中小企业的市场，是德国证券交易所股份有限公司设立的证券主板市场以外的二板市场。新市场建立的初衷是为了给投资者、高科技和新经济类企业提供一个更直接方便的投资和融资环境，并一度被看成是美国纳斯达克股市的欧洲翻版。新市场创立初期也的确促进了企业和投资者的交流，为众多小企业提供了融资发展的机会。到2000年年底，新市场上市公司达339个，市价总值1135.9亿美元，绝大部分是中小型公司，是欧洲最大、最主要及流动性最好的创业板市场之一。2003年，根据德国证券交易所的战略布局，新市场合并到主板市场并重新整合。在成立之初的几年里德国新市场生机勃勃，到2000年德国新市场的交易额达到559.7亿欧元，相当于当年英国、法国和意大利3家新市场交易总量的近2倍。从1998年至2000年3月约3年的时间内，该指数增长了7.6倍，最高达到8559点，这个速度在全球创业板市场中是最快的。

但纳斯达克网络股泡沫破灭后，德国新市场也走上了暴跌之路，综合指数已从2000年8559点历史最高纪录暴跌到2002年年底400点以下，市值缩水了95%以上。与此同时，新市场的交易量也每况愈下。2002年年末，德国新市场的市场总值只有103.4亿美元，较1999年跌幅达90.9%。在IPO方面筹资额急剧下降，从2000年的143家，到2001年的11家，再到2002年的1家，首发融资基本上已经停止。德国新市场出现的调整，除了全球创业板下挫的因素外，还与德国经济和证券市场整体性调整密不可分。从2001年开始进入调整的德国主板市场情况看，2002年，代表德国最大30家蓝筹股的DDX指数较2000年跌幅达55%。在市值和

① 张松岭等："遥看纳斯达克（中），市场运营机制铸就成功"，载《中国证券报》2004年9月9日。

IPO发行方面也是如此，如2002年德国交易所只有5家公司进行IPO，筹资额为1.28亿欧元，较2000年分别下降了75%和98.9%。德国新市场的调整不过是比主板时间更长、力度更大而已。由于新市场没有为企业上市制定严格的标准，相关审核部门对上市企业的业绩审核也不严格，导致许多缺乏真正市场潜能的企业得以进入。上市的德国小公司中有很多业绩不尽如人意，甚至资不抵债、濒临破产。此外，只有短短5年半生命的新市场也始终丑闻缠身。一些公司虚报业绩欺瞒投资者，非常典型的一个例子是在新市场占有一席之地的德国远程通讯技术公司近4年营业额有80%是虚构的。新市场长期委靡不振，投资者对股票市场信心不断下降，促使德国证券业痛下决心整顿股市。

面对市场的大幅调整和部分公司曝出的财务丑闻，德国交易所先是从2000年起对新市场进行了大力度的改革，希望通过强化上市公司信息披露、严格退市程序、强化市场监管等措施，来恢复投资者信心。其后，随着市场法律环境的变化，德国政府和交易所又决定对证券市场格局进行重大调整。按照2002年5月德国议会通过的《第四金融市场促进法案》，交易所可自行调整市场结构；同年9月，德国交易所宣布，现有股票市场将全部合并到主板市场，主板市场根据信息披露要求的不同设立普通板块和“高标准”板块。此举被普遍认为是德国交易所集团整合现货市场、期货市场和登记结算系统的继续，旨在提高效率，降低交易和结算成本，增强其竞争实力。与纳斯达克因财务亏损等原因被迫撤出日本的根本不同之处在于，德国新市场被合并是一种主动的战略整合。除关闭新市场外，德国证券业还重新制定企业上市标准。按照新的构想，德国上市公司上市标准分为两类，即针对主要面向国内融资的公司的“国内标准”和拟在海外上市的公司的“基本标准”。以2003年3月新指数开始运行为标志，德国股票市场基本完成整合的目标。尽管德国新市场已被整合到主板市场，但德国政府和交易所支持成长性科技企业的政策不仅没有减弱，反而更加明显和强化了。首先，新市场的上市资源得到了妥善处理，329家上市公司的去向已经明确。其次，德国交易所继续支持中小企业通过资本市场筹资和发展，符合条件的中小企业可以申请在新板块上市。此外，新市场规则和监管条例成为高标准板块的基本规则。大量德国新市场中曾实行的规则和监管机制被整合后的高标准板块所采用，使主板市场的透明度增加，有利于消除公司丑闻曾经给新市场带来的负面影响，增加投资者信心。从急速扩张到走向调整，又因德国交易所的改革而被合并到主板市场，期间的教训可谓宝贵而深刻。①

（三）英国高增长市场

伦敦证券交易所高增长市场（AIM）是全球比较成功的高增长企业股票市场，

① 陈赋斌：“德国新市场，改头换面要‘创业’”，载《中国证券报》2003年7月9日。

充满活力，流动性极高。1995年启动的高增长市场，上市企业一度高达2039家，后因部分被兼并和升入主板，及少数被迫退市，截至2006年11月底，该市场共有1595家企业上市，包括294家英国以外的企业。虽然总市值并不大，但市场关注的是交易量、流动性和高增长性，非英国公司交易量不低于当地公司。高增长市场40%的参与者为机构投资者，30%为个人投资者，30%为上市公司大股东。英国政府优惠的税收政策吸引了大量机构投资者进入高增长市场。英国市场上有20%的资本利得税，但如果投资者持有高增长市场上市公司达2年以上，可免去此笔税收。此外，伦交所高增长市场的高流动性还在于板块丰富，交投不会因科网股泡沫破灭而受影响。目前该市场共有36个行业板块，88个分板块，行业除高科技外还有矿业、零售、媒体、足球俱乐部等。

伦交所高增长市场还是全球上市制度最富有弹性的创业板，不要求交易记录，不要求公众最小持股量，大多数情况下交易无须交易所或者英国监管当局事先审查而只需保荐人通过。但高增长市场强化了保荐人的责任，要求企业上市前后均须任命一名经交易所认可的保荐人和券商，前者负责行使部分监管和建议责任，后者负责上市后证券交易事宜，如果企业上市后解聘原有保荐人和券商，其股票会被停牌。① 交易所监管也比较放松，如果各项条件都符合，公司一般6～9个月就可以在AIM上市，AIM以信息披露为基础，通过对保荐人资质的监管达到对上市公司监管的目的。

AIM始终坚持自己的理念，这一点与NASDAQ不同，后者在成功后，不愿再承认自己是创业板市场，而希望成为与纽约证券交易所相互竞争的独立市场。AIM的观念是：如果许多大企业在这里上市的话，成长性就会降低，流动性也会降低，不利于培养高成长性公司，所以AIM鼓励企业发展成熟后转往主板市场。

（四）韩国高斯达克

韩国高斯达克市场，全称为证券交易商自动报价系统（KOSDAQ），是由韩国证券交易商协会1996年7月依照美国纳斯达克设立的创业板市场。经过几年的发展和调整，到2003年6月，上市公司达到867家，市价总值33万亿韩元（折合280亿美元），成为全球创业板市场的新亮点，高斯达克被誉为韩国经济的发动机。从设立之初，高斯达克的目的很明确，即为了便利高科技企业、知识经济背景新创企业及中小企业进行融资。在之后的几年，高斯达克先后经历了亚洲金融危机和2000年网络科技泡沫破灭的考验，高斯达克的一些实质性指标依然保持良好的增

---

① 伦敦证券交易所亚太区总裁祝晓健带领一个包括保荐人、券商、律师事务所和会计师事务所在内的团队，2005年10月参加在中国举行的高交会，鼓动中国中小企业到伦敦交易所AIM市场上市。参见《中国证券报》2005年10月14日。

长势头。到2003年3月，上市公司达867家，较1999年增长了91.4%。在新发融资方面，2000年有182家公司在高斯达克市场完成首次公开发行，筹资7.7万亿韩元，较上年分别增长66.5%和42.6%。此外市场的交易量也在增加，2002年的日均交易量4.78亿股，较1999年增长了2倍。在1997年到2002年间，韩国有724家公司进行了首发，其中选择高斯达克的有651家，仅有73家公司选择韩国证券交易所；2000年韩国证券市场首次公开发行的182家，都是在高斯达克市场。它的发展与韩国政府的支持分不开。亚洲金融危机发生后，韩国政府意识到仅仅依靠扶植大企业的发展战略，难以维持国家的竞争力和经济持续发展，于是开始大力扶持中小企业和风险企业，出台一些优惠政策，如给予风险企业50%的税收优惠，到高斯达克上市的中小企业和风险企业在上市后5年内享受免税优惠，上市公司从而数量大增。同时韩国政府高度重视高斯达克市场的发展，把该市场的建设作为振兴韩国经济的战略措施之一。针对高斯达克市场存在的问题，韩国政府于1999年年底专门提出了《健全高斯达克市场的政策》。此外，较低的上市门槛和交易费用、多元化的上市结构、不断采用的最先进的计算机技术和电子通信技术，都成为高斯达克市场吸引众多高素质企业上市，并有效抵御运行风险的重要原因。高斯达克的成功运行，又反过来促进了韩国科技转化和高科技产业的发展，使韩国经济能够迅速摆脱亚洲金融危机的影响并走向全面复苏。数据显示，自1998年以来，韩国信息技术产业连续3年以平均28%的速度增长，从1998年到2001年，高斯达克上市公司的销售收入占韩国GDP的比重由4.9%上升到9.9%。其暴露的问题有：上市标准过宽、监管不力、透明度不够、操纵股价等问题。对此，韩国政府和金融监管部门推行了一系列改革。2001年10月，高斯达克公司修订新规则，韩国金融监察委员会（FSC）于2002年12月宣布对高斯达克制度进行全面修改。其内容主要包括：提高与细化高斯达克市场的上市标准、建立明确的公司摘牌的退市机制、加大控股股东或主要股东的责任和义务、增加主承销商的责任、严厉打击非法股票交易行为、扩大相关股东持有股票的禁售期等。

2004年下半年，韩国交易所进行了一次大的整合，整合后的韩国证券期货交易所是在2005年1月由韩国证券交易所、韩国期货交易所和韩国创业板市场合并而成，上市企业达1600家。整合后的韩国证券市场，虽然市值略低于香港，但交易金额却超过香港、上海、深圳和新加坡。

（五）日本佳斯达克

佳斯达克（JASDAQ）市场成立于1998年，是日本模仿美国纳斯达克市场在店头市场基础上建立的。截至2003年3月末，佳斯达克市场共有上市公司941家，市价总额超过7兆日元，交易量超过东京证券交易所第二部，成为日本唯一的股票店头市场和最大的中小企业、创业企业筹资市场。与其他国家的创业板一样，佳斯达克市场的诞生和发展也走过不平坦的路。早在1963年，日本就建立了OTC店头市场，但发展缓慢，自1964年到1983年，只有35家企业上市，与同时期的美国纳斯达克不能相比。直到1983年日本政府进行了一系列改革，才有转机。到1991年年底，新店头市场有上市公司430家，市价总值12.88万亿日元。随着1997年亚洲金融危机的爆发，日本政府认识到发展中小企业直接融资体系的重要性和紧迫性，加快了金融改革和金融市场自由化的推进速度。1998年12月，新店头市场正式改名为佳斯达克市场。同时，日本完成对《证券交易法》的修订，强化佳斯达克市场的地位，把佳斯达克市场重新定位为证券交易法规范下的一个店头市场，也就是与集中交易市场平行的，并与此竞争的独立市场。与此同时，日本各主要交易所的新市场也纷纷成立如名古屋证券交易所设立的增长公司市场（Centrex市场）、东京证券交易所设立的高增长新兴股票市场（Mothers市场）、札幌证券交易所设立的Ambitious市场、福冈证券交易所设立的Q板市场等。特别值得一提的是，由大阪证券交易所与美国纳斯达克市场合作建立的纳斯达克日本市场也于2000年成立并运作。尽管如此，佳斯达克市场还是在之后的几年内得到了较大发展，主要表现在上市公司数量稳步增长、股票市值波动上升、交易量和交易金额攀升、IPO家数不断增加等方面。但到了2000年，受纳斯达克调整影响，佳斯达克也进入调整，其市价总值从1999年的27.4万亿日元下降到2003年4月的7.1万亿元，跌幅达74.1%。不过这段时间，佳斯达克仍在发展，到2003年4月，上市公司为944家，较1999年增长了8.8%；2000年到2003年4月，共有294家公司到佳斯达克市场首次公开发行，而同一时期纳斯达克日本及Hercules市场只有104家，东京交易所只有61家。贴近企业，尽力为中小企业提供融资便利成为市场宗旨。佳斯达克小额的融资方式，符合中小企业的发展野性。在上市门槛方面，与企业成长相对应，佳斯达克设立了企业过去的经营业绩标准与将来的成长性两个标准，满足其中任何一个都可以上市。因此，佳斯达克对企业的性质及行业没有特别要求，这使得上市公司涉及行业十分广泛。佳斯达克这种行业分布的广泛性，使市场拥有了更多的上市资源。此外，佳斯达克实行有差别的上市辅导期制度、拍卖机制和做市商机制相结合的交易制度等。为迎接全球创业板市场的调整和纳斯达克退出日本的挑战，日本证券业协会采取了一些新措施，以确保佳斯达克在日本乃至国际市场的竞争力。这项工作从两个方面考虑：一是继续扩大上市股票的范围，在给予实质性审查的前提下，进一步简化有关手续，并修改退市标准，强化上市公司治理。二是突出佳斯达克的特色，采取差异化策略以争取投资人的认同，并采取品牌战略，包括对上市公司和投资者两个方面。[①]

---

① 陈赋斌：“日本佳斯达克，国内竞争显优势”，载《中国证券报》2003年7月11日。

（六）加拿大创业板市场

加拿大创业板经历了由分到合的发展史。早在20世纪80年代末，加拿大就着手推进创业板市场的建设，各地均设立了针对中小企业的创业板块。1999年11月，按照加拿大政府的整合计划，温哥华证券交易所和艾伯塔证券交易所合并，成为一家全国性的创业板市场（CDNX），该市场在不久后又兼并了其他创业板市场。2001年，CDNX再次与多伦多证券交易所合并，并更名为多伦多创业交易所（TSX Venture Exchange），成为多伦多交易所集团旗下的一员。由于被合并到多伦多交易所集团，加拿大创业板市场的最终定位是为主板市场服务，充当主板的孵化器角色。这种特殊的市场定位，决定了加拿大创业板市场与全球其他创业板市场相比有显著的不同，并由此形成了其既依赖主板，又保持相对独立的运作模式。在市场规模、交投状况和筹资规模等方面，加拿大创业板市场与主板市场相比有一定的差距。但是，加拿大创业板却以自己的方式，给那些资金需求强烈的初创公司提供了宝贵资金。上市标准较低是加拿大创业板市场的一大显著特点。针对新兴公司资本规模小、业务方向不确定等特点，该市场为上市企业提供了首次公开发行（IPO）、创业资本融资公司计划（CPC计划）、反向收购（RTO）和直接上市四种上市方式，其中CPC计划尤其值得关注。所谓CPC计划，是指企业通过创业板首次公开发行建立一个空壳公司，该公司在上市时没有实际的经营活动，其核心业务只是用首发筹集到的资金寻找并购有发展潜力的业务和项目。按照规定，该项购买必须在18个月内完成，完成后即成为正常的创业板上市公司。由于CPC计划最早由艾伯塔证券交易所于1987年提出，在那些从事石油天然气勘探开发得不到民间风险投资和商业银行资金支持的高风险初创企业中非常流行。2000年到2002年，以CPC计划上市的公司家数分别为129家、101家和43家，占全部新上市公司家数的27%、36%和49%。截至2003年5月，加拿大创业板有147家CPC公司。这项计划，可以看成是加拿大创业板一项最有创新意识的创业投资支持计划。较低的入市门槛也意味着较高的风险，对此加拿大创业板市场还有着自身较为独特的制度设计。首先是按照有形净资产、流通市值、经营状况、营运资本、股权分布等标准，将上市公司划分成层级一和层级二两个级别，其中层级一是最高级别，层级二要求相对较低，是快速增长的一个群体。其次是把退市制度和“毕业”制度有机结合起来。达不到持续上市标准的层级一公司将降到层级二公司，达不到持续上市公司的层级二公司将被退市；反之，层级二公司达到层级一上市标准，经批准后可“毕业”进入层级一，层级一达到多伦多交易所上市条件的，可以申请到主板。2002年，有88家公司在加拿大创业板市场新上市，272家退市。此外，加拿大创业板上市标准更注重管理团队的经验和资力、商业计划的可行性、产品或服务的发展潜力等，其确定的上市保荐制度也别具特色。经过多年的运作，加拿大创业板向主板输送了大量高质量的上市公司，其主板孵化器的定位日益突出。据统计，从2000年到2002年，创业板向主板输送的上市公司数分别达45家、26家和27家，占当年主板新上市公司的38%、28%和22%。这种主板和创业板之间非同寻常的协同合作及促进关系，成为上市公司在更高层次上追求更大发展的原动力。①

（七）中国香港创业板市场

创业板是香港联合交易所（联交所）于1999年第四季推出的一个新的股票市场。创业板的使命，是为有发展潜质的企业提供一个筹集资金的渠道，以协助它们发展及扩张其业务。联交所的目标是把创业板发展成为一个成功自主的股票市场，以满足那些参与中国及区内增长的投资者对市场透明度及监管的素质与水平的要求。创业板是联交所现时运营中的股票市场（主板）以外的一个独立市场。创业板拥有其本身专责的前线管理人员及职员，其运营独立于主板。创业板拥有本身独立的上市规则及要求，它在某些范畴上可能与主板相同，但两者也有其他不同之处。创业板上市规则是建基于以下的主要原则：（1）以披露为本的（由市场做决定）理念。创业板的理念注重强而有力的披露。在申请上市时及上市后，发行人须作出频密及准时的披露，以便投资者能作出适当的投资决定。（2）公司管治。发行人在上市时及上市后，须设立健全的公司管治基础，以促使其遵守上市规则。（3）保荐人计划。创业板公司的保荐人须满足一套资格准则后，才能保荐于创业板上市。这套资格准则乃持续适用。保荐人计划旨在确保保荐人拥有高度专业水平，并拥有所需要的资源，使其能适当地履行赋予其角色的责任。（4）联交所的角色。联交所预先审阅上市文件以确保其符合公司条例及创业板上市规则的要求。同样地，联交所在公司公告及通函刊发前对其作出审查以查核该等文件是否符合创业板上市规则。为确保创业板是一个公平及有秩序地营运的市场，联交所积极监察创业板证券的交易活动及上市发行人/保荐人在履行其个别责任时的操守。此外，如发现有违反创业板上市规则的情况，联交所将采取强硬措施，包括采取适当的纪律行动，使有关方面回复遵行创业板上市规则。

在香港创业板，申请上市时须符合的主要要求有：（1）基本上市资格为，公司须于下列其中一个地方注册成立，中国内地、香港、百慕大及开曼群岛；公司必须有主营业务；公司在上市前的24个月必须在基本相同的拥有权及管理层管理下运作；公司必须委任保荐人，以协助它的上市申请、审阅所有有关的文件及确保公司作出适当的披露。（2）业务披露的要求。公司必须披露：其上市前两年的活动业务记录；及其上市后两个完整财政年度的业务目标，清楚说明公司在每项业务活动中的业务方向及目标。（3）财务方面的要求：没有最低盈利要求；公司可自行决定是

① 参见《中国证券报》2003年7月10日。

否作出盈利预测；申报会计师须提供公司上市前至少2年的独立财务报告。(4) 公司管治的要求：委任董事，而该等董事具备适宜担任一家上市公司董事的个性、经验及诚信，并能证明其具备足够的才干胜任该职务；委任至少两名独立非执行董事；聘任一名全职合资格会计师来监督财务、会计及内部监控的事宜；指定一名执行董事为监察主任，以促使公司及其董事遵守创业板上市规则；及成立审核委员会，审查年度、季度及半年度财务报告及内部监控程序。(5) 首次招股的规则：最低公众持股为至少港币30000000元及构成公司已发行股本的25%（但是若公司欲发售少于其已发行股本的25%的股份，则最低公众持股量为20%，而该百分比须提升至最高25%来满足额外的公众需求）；公司可自行决定采用何种招股机制；公司在招股时可自行决定是否进行包销；公司必须有足够的公众股东，作为一般的准则，公司在上市时其由公众持有的股份须由至少100名人士持有。(6) 其他规则：上市公司的董事、管理层股东及控股股东如拥有任何与上市公司业务竞争的业务，便须全面披露；持有公司股权5%或以上并能影响公司管理层的股东（即管理层股东）有2年的售股限制期，而其他持有公司股权5%或以上但并没有直接影响公司管理层的股东（即高持股量股东），则有半年的售股限制期；在上市时管理层股东及高持股量股东必须合共持有不少于公司已发行股本的35%。(7) 创业板上市公司的主要持续责任。一是资料披露的要求：季度及半年业绩报告（两者皆不须经过审核）须于有关期间结束后的45天内公布，而末期经审核的全年业绩报告须于年结后的3个月公布；在上市后2年内，发行人每半年要把其在上市文件中已列明的业务目标及其后的发展速度作一比较。二是须予公布的交易：公司必须在进行须予公布的交易或其他重大交易时，知会联交所及作出适当的披露；须予公布的交易包括须予披露的交易、主要交易、非常重大的收购事项、反收购、股份交易及关联交易。三是持续聘用保荐人：发行人在上市也须继续聘用保荐人为期2年，保荐人须以顾问身份协助发行人持续遵守上市规则。

交易、结算及交收系统的要求如下：(1) 交易、结算及交收。创业板证券的交易透过主板现有的第二代自动对盘系统进行，该系统是根据输入盘而进行自动配对的。同样地，买卖成交后一如在主板般透过中央结算系统进行结算和交收。在交易、结算及交收各方面的程序，创业板跟随主板的做法。联交所以创业板所有股份的市值来运算一个创业板指数，以显示市场走势。(2) 经纪会员。联交所所有现有的会员经纪，自动被准许在创业板进行交易，而不会另设一类创业板经纪。(3) 过渡到第三代自动对盘系统。

联交所为创业板设另一个网页，为参与者提供市场及创业板公司的资料。该网页将是与市场参与者的一个主要信息交流渠道，联交所并规定创业板发行人须将其公告及其他公司资料上网，以供公众参阅。因此，创业板发行人在把其信息上网时，须采用联交所指定的电子化格式。联交所并无规定创业板发行人须将其公告刊登于报章，从而节省成本。然而，上市发行人除了在创业板网页上发放公告外，也须准备新闻稿，发放于香港宪报所登的报章。

自1999年创立以来，截至2005年年底，共有超过220家公司上市，筹集资金总额450亿港元。据港交所统计，在2002年至2005年的创业板新股中，只有1/3的股票价格相等或高于招股价，而主板市场则有55%的公司的股价等于或超过招股价。看来，香港创业板的效果还不是很理想。2005年，创业板筹集资金只有28.98亿港元，其中新上市公司10家，筹资6.65亿港元；全年成交223.36亿港元；截至2005年年末，总市值为666亿港元。

香港创业板上市记录（*当年11月开始挂牌）				
年份	新上市企业数	筹资总额（亿港元）	平均筹资额（亿港元）	总成交金额（亿港元）
2003	27	21.0	0.78	381.5
2002	57	70.1	1.2	439.4
2001	57	41.2	0.72	394.1
2000	47	148.1	3.20	842.9
1999*	7	15.8	2.30	36.0

针对创业板的困境，港交所一直酝酿改革。早在2004年7月27日，港交所上市单位主管韦思齐在港交所上市仪式时指出，上市委员会将在9月份上市政策会议上，讨论简化创业板公司转往主板程序问题，简化范畴包括是否不用转板公司按规定印制全面披露的上市文件，及转板公司是否可以得到豁免无须遵守新上市6个月内主要股东禁售股份规定等。随着深圳中小企业板推出，市场上有一种强烈要求：港交所应该考虑为创业板重新定位，将创业板定位为第二市场，符合主板上市要求的创业板公司可以自动转往主板，并为主板上市公司制定诸如盈利、市值等持续上市资格规定，不符合资格的主板公司则转往创业板。

香港创业板企业转板行为无疑引发了创业板的定位与发展问题。转板行为是创业板市场发展过程中在关键时期的一个重要的表现形式。虽然创业板中某些个股有较好的流通性，但整个市场却始终给投资者一个流通性比较低的负面印象，而这种印象是最终导致创业板的融资能力不及主板市场的重要原因。当创业板企业为建立更好的企业形象以及能在必要时有较高的融资额度，有实力转往主板挂牌的企业理所当然地会选择转板。例如在2002年5月31日转板的新奥燃气及2003年1月20日转板的华翔微电，在转板前曾分别集资3.3亿及4725万元，而转板后两家企业再次进行集资时，其额度则分别增加至4.7亿及7900万港元。可见，转板后比转板前的集资额相对较高。综观全球股票市场后，“企业由创业板转到主板挂牌”、“几家大型企业占去创业板大部分市值”等现象不单为香港创业板市场所独有，在其他的国际市场也有。例如，在加拿大的创业板交易市场中，市值排前 10 名的公司曾占去了创业板总市值的 64%，而从 2000 年到 2002 年间，该市场也有 93 家企业转往主板进行挂牌。从客观的角度来看，香港创业板在不断演变中无形地发挥了附属市场的角色，即创业板企业符合主板的上市资格后可转至主板挂牌，这样的关系与美国纳斯达克全国市场和纳斯达克小型资本市场的关系如出一辙。2004 年 9 月，港交所上市委员会已经开始对简化创业板上市企业申请转往主板上市的程序进行研究，委员会中有代表认为，应将创业板改为“二板”，以仿效美国纳斯达克全国市场跟纳斯达克小型资本市场间的运作，即如果主板企业暂时未能符合某些要求，如最低市价、最低市值等标准，可暂时转到“二板”市场挂牌交易，并给予宽限期。若在宽限期内再次达到主板的最低标准，便可以重返主板挂牌。

2006 年 1 月，港交所启动创业板改革初步咨询工作。当时港交所提出创业板改革的三类备选方案征询市场意见，包括：设立全新的另类市场、两板市场合并以及在原有定位下简化转板手续，其中设立全新另类市场被认为是最激进的方案。英国 AIM 市场将监管重点放在保荐人，而非发行人。保荐人或指定顾问要与发行人保持长久关系，也要对发行人遵守法规和信息披露规定负责，伦敦证券交易所和英国监管当局均不审理有关上市文件。但港交所和证监会协商后认为，香港不宜采用 AIM 模式。港交所认为，改革不能降低创业板上市公司的素质，反而需要提高。虽然 AIM 市场被认为是成功的典范，但在 2005 年以来共有 141 家公司摘牌。而香港市场散户投资者人数众多，新股上市甚至有 90 万人排队认购，不能承受每年有 150 家公司摘牌的冲击，因此，监管机构不能把审批上市的权力交给保荐人。

经过 1 年多的市场咨询，港交所于 2007 年 7 月 27 日公布了《有关创业板的咨询文件》，其主要建议包括：引入新的数量化资格要求；创业板新申请人的上市审批权将由上市委员会下放给上市科；创业板与主板的持续上市责任将进一步看齐；现有的创业板发行人将继续在创业板上市，并须实时遵守新的规定，但在遵守公众持股量方面将会有 3 年的宽限期；由创业板转往主板上市的程序将予以简化，并将所有申请转板的创业板公司的主板首次上市费调减 50%；创业板的交易机制维持不变，即与主板相同。创业板引入的唯一新的数量化要求是，创业板申请人在之前两个财政年度的未计营运资金变动及已付税项前的经调整的业务活动现金流量的总值须达 2000 万港元。其他在数量化方面的上市要求修订如下：最低市值要求将统一为 1 亿港元；最低公众持股量与主板规定一样，即 25%，如市值超过 100 亿港元，则为 15% ~25%，但公众持股市值最低为 3000 万港元（主板为 5000 万港元）。目前，创业板公司拟转往主板须经过整个正常的主板上市申请程序，另外也须经过正式的创业板除牌程序。而在新的建议机制下，凡符合主板在数量化方面的要求、已在创业板上市两年且在过去两年没有重大违规的创业板公司，即可申请在主板上市。申请人无须委任保荐人；港交所将尽量根据发行人最近公开披露的资料进行审批；目前的须从创业板除牌的程序将被取消，只需要一项简单的通知安排。①

（八）经验教训的总结

在新经济的带动下，整个20世纪90年代成为了美国“二战”后最长的景气周期，创造了美国经济“双低一高”的神话，以美国为代表的新经济何以能发展得如此迅速？其中一个重要原因是得力于美国NASDAQ市场的迅速崛起和蓬勃发展。在我国，随着市场化进程的逐步加快，一大批新兴企业、科技企业得到了蓬勃发展，需要提供与其相适应的经济金融环境，需要不断补充新的发展动力，开设创业板市场是我国新经济发展的必然要求。人们对微软借NASDAQ一飞冲天的财富效应津津乐道，但NASDAQ带给微软制度上的创新和经营管理上的不断完善却是我们最需要的他山之石。创业板不仅是一个市场，更是一个制度规则体系，它的各个要素将经受市场化的考验和洗礼，建立一个什么样的制度规则体系，就会有什么样的创业板市场。美国NASDAQ市场比较成功，主要是其法律基础比较坚实，制度完备，更重要的是其制度规则适合于创新类企业的发展。而欧洲国家，其创业板市场大多失败，主要是因为规划游戏规则的制度体系不适应创新类企业利用创业板市场得到成长和壮大，不能吸引投资者投资于创业板市场。我国创业板市场的建设同样离不开制度规则体系，不仅要求制度的完备，更需要制度的质量，需要制度切合中国的市场经济和高新技术企业的发展，确立游戏规则，提供动力支持和环境保障。

① 参见《中国证券报》2007年8月1日。

第二章　创业板市场的定位

一、市场选择和特性

创业板市场即二板市场（Second Board），是一个与主板市场（Main Board）相对应的概念，是在主板市场之外的另类市场，主要为中小企业、创新类公司提供筹资途径。在西方国家，中小型企业和新兴企业在国家经济中占据重要的地位，因为它们在技术创新和提供就业方面作用巨大。1990年以来，美国以计算机、因特网、基因工程等高新技术为代表的新经济群体迅速崛起，引起了整个西方经济增长方式、经济结构以及经济运行规则的改变。NASDAQ市场为美国新经济的发展开辟了新的动力源，为企业的创新和持续发展提供了强有力的支持和保障。虽然创业板市场在各国的称谓不同，但实质大同小异，都是为中小科技型企业或有发展前景的企业融资而设立的。由于中小企业和新兴公司风险较大，难以获得银行贷款；而主板市场上市的条件又较严格，这些企业难以通过主板市场融资；风险投资家需要一定的退出机制来实现资本的增值和再循环。在此背景下，创业板市场应运而生。纳斯达克（NASDAQ），是全美证券交易商协会自动报价系统的英文缩写，成立于1971年，是世界上第一个电子股票市场。到1999年年底，在纳斯达克上市的公司共有4829家，其中高科技公司近2000家，总市值5.2万亿美元。纳斯达克市场已成为继纽约证券交易所之后的全球第二大证券市场，被人们称为“21世纪的证券市场”。纳斯达克在美国高科技产业的发展过程中扮演了极其重要的角色，培育了像微软、英特尔、苹果、戴尔、网景、雅虎等一批又一批的高科技巨人，也吸引了爱立信、丰田等享誉世界的外国公司的加盟。1996年9月，为吸引新兴中小企业和高科技企业，欧盟12国的90多家金融机构成立了欧洲证券经纪商自动报价市场，英国于1995年6月成立了它的二板市场——另类投资市场，而1997年初德国才成立的“新市场”，到1999年年底已成为欧洲最为成功的二板市场。进入20世纪90年代，加拿大温哥华证券交易所重新确立了它的市场定位，即全球领先的风险投资证券交易所，并特别设有造壳上市方式，为中小企业的成长带来新的契机。

1991年日本自动报价市场正式成立，1999年11月又推出日本高增长新兴公司市场。1996年韩国的二板市场——高斯达克成立，1997年主要以高科技公司的马来西亚自动报价市场成立。1999年11月，有亚洲"纳斯达克"之称的香港创业板正式运作。①

从世界已设立创业板证券市场的国家和地区的实践经验来看，创业板证券市场的设立有两种方式：②（1）由证券交易所直接开设。采用这种设立方式的创业板市场有英国伦敦证券交易所另类投资市场、新加坡证券交易所西斯达克市场以及香港联交所创业板市场等。证券交易所设立创业板证券市场，制定与主板市场不同的上市条件和标准，吸引与主板市场在经营状况及营业期限、股本大小、盈利能力、股权分散程度等方面不同的公司上市。一般来说，主板上市公司的股本规模、交易活跃程度都强于创业板证券市场，有的证券交易所主板和创业板证券市场采取不同的交易方式。（2）由非证券交易所的机构设立。这类创业板证券市场通常是由各国或地区的证券交易商协会或相类似的机构设立，为该区域内柜台交易市场中部分质地较优的股票提供集中的电子化自动报价或交易系统。为进入此类报价和交易系统，公司需要满足一定的上市条件。较典型的代表如美国的纳斯达克证券市场、欧洲易斯达克、韩国高斯达克市场等。

中国风险投资之父成思危2003年8月18日在"中小企业发展暨多层次资本市场建设高级论坛"上发言表示，对中小企业的融资应区别对待，二板市场应是支持创新企业，特别是高新技术企业。从中国建立多层次资本市场体系的情况看，首先是交易所不宜过多。此外，上证所和深交所应有自己的发展目标模式。上证所现在的目标已经很明确，就是一个主板市场，类似纽约证券交易所。深交所的发展模式可考虑纳斯达克的模式，建立一个多层次的市场体系，应积极慎重推进。他表示，经与深交所研究认为，实现上述目标可以采取三步走的战略，第一步是将现有发审委已通过的科技含量比较高的小盘股集中20家至50家，先在深交所设立科技板块。这在我国法律上没有任何障碍。第二步，研究降低上市的门槛，进一步扩大科技板块。第三步，待时机成熟，把这一板块分立出来，成立二板市场。此外，如深交所确立了纳斯达克发展模式，也可试点柜台交易。按照他的思路，将来深圳证券交易所就分出一个主板市场和创业板市场。而笔者认为，最后的演变是深圳证券交易所本身就应该是一个独立的创立板市场，这才是纳斯达克的独立模式。这个创业板市场可以分为高级层次和低级层次，甚至可以分为三个层次。深圳证券交易所自2001年以后停止IPO发行股票，从2004年重新开始IPO以来只有中小型公司发

① 王国明："展望中国二板市场"，载《投资与证券》2001年第1期。

② 胡明："创业板证券市场交易制度和保荐人制度研究"，2003届安徽大学法律硕士学位论文。

行新股的实践就可以看出笔者的预测是有根据的。

创业板市场一般有以下一些特征：(1) 增长和创新是其上市公司的特性。在创业板首次发行上市的公司一般是中小型公司，处于创业阶段的中期，或者处于成长阶段还没有进入成熟阶段，公司的业绩记录并不十分稳定，但这些上市公司有极强的创新意识和创新动力，有巨大的成长预期和发展潜力，有时能够产生爆发式增长，比如微软、思科等一大批从小迅速长大的高科技公司。(2) 高风险性和高收益性并存。创业板市场的上市公司多处于发展的早期阶段，规模小，时间短，赢利不稳定，前景不明朗，社会认同程度低，客观上存在较大的投资风险。在纳斯达克市场公司上市后不久就被迫退市的公司非常普遍。但是，创业板上市公司又大多为高新技术企业，发展快，成功后的投资回报高。在纳斯达克短期内制造暴富的神话也司空见惯。(3) 买者自负的理念。由于创业板公司大多属于中小型公司，面临着残酷的市场竞争，自身抵御风险的能力也较弱，而且上市条件对业绩记录的要求也比较宽松，投资者难以根据以往的信息对未来发展有确信的把握。创业板公司倒闭破产的几率要高于主板公司。而且创业板公司的规模偏小，其市场流通股份总数有限，很容易被操纵。因此，其股价波动幅度一般远高于主板成熟的大型公司股价。因此，创业板采用买者自负的理念，投资者在被准许买卖创业板股份之前，须与经纪商另外签署一份协议，以确认其明白市场风险。(4) 创业板市场是专业性投资市场。要判断创业型公司的发展潜力，需要专门的技术分析。而且创业板市场的高收益伴随着高风险，没有一定的风险承受能力，恐怕很难在那里立足。因此，创业板市场为专业及充分了解市场的投资者的需要及所要求的标准而设。在创业板市场的投资者一般以专业性投资者为主，包括机构投资者和一些个人投资大户。(5) 机制灵活但监管严格。很多国家的创业板市场没有有形的固定的交易场所，都是通过电子交易系统进行交易，方便、迅速。创业板市场以服务成长性企业为基本需求，降低了对企业规模、经营历史和财务状况的要求，放宽了交易价格涨幅限制，为了增加交易的活性，可能要引进多种交易机制，比如集中竞价交易和做市商机制并存，但对上市公司的信息披露和退出机制的规定更为严格，信息披露的及时性和频密性要求更高，对交易过程的监控手段更为完善。

二、功能定位

创业板市场不应对上市公司的所有制性质进行限制，而应把注意力放在企业的创新能力和成长性方面。上市企业的选择范围主要包括：(1) 高新技术企业。企业如果属于信息技术、生物技术、新材料技术为代表的高新技术产业，属于创业板市场的首选对象。① 通过国家"双高"认证的高新技术企业；获得国家级、省级或地市级高新技术资格认证的企业；拥有一项或多项国家"火炬计划"、"863 计划"项目的企业；产品的关键技术属于高新技术领域范围的或在关键技术上有较大创新的企业；产品技术含量高，具有自主知识产权的企业；拥有专利、专有技术，产品具有独创性、领先性，能填补国内或国外某一领域空白的企业；技术力量雄厚，拥有自主开发核心技术的人才与实力的企业；有著名高校、科研院所技术支撑为背景，是新产品或新产品试验基地的企业。(2) 像传媒、娱乐、旅游、教育、银行、商业保险等具有独特性的行业，由于其固有的潜在的增长潜力和广阔的发展前景，也应成为创业板青睐的对象。(3) 有些行业在发达资本主义国家可能进入了成熟阶段，但在中国则可能刚进入高速成长期，如汽车制造业、化工业等。这些所谓的传统行业完全有条件进入创业板市场，这些传统产业完全可以通过技术创新获得高速发展。(4) 同时其他具有特殊性的行业，以及传统行业与现代技术融合所派生出来的新兴行业，也都是创业板市场不可或缺的挑选对象。(5) 创业板市场不单是接纳众多的中小型创业企业，它也应张开双臂欢迎成长性强、发展潜力大的大型企业。国际经验表明，创业板市场虽然主要为中小创业企业服务，但是单单依靠中小企业却难以生存和发展。美国 NASDAQ 近 5000 家上市公司中，前 100 家大型企业占总市值的一半以上，前 10 家如微软、思科、英特尔等就占了成交总额的 20%以上，为 NASDAQ 树立高成长科技股市场的形象起到了关键作用。

（一）为中小企业提供融资和发展的平台

近 20 年来是世界范围科技创新、科技成果转化带动经济发展作用最明显的时期。从国外的经验看，新科技成果的绝大部分都是首先被创新型中小企业吸纳的，在承担技术风险和市场风险上，中小企业超过那些处于成熟阶段并具有相当实力的大型企业。在我国，随着市场化进程的逐步加快，一大批新兴企业、科技企业得到了蓬勃发展，展示出中国新经济良好的发展前景。然而，随着这批新兴企业的迅速发展与壮大，需要提供与其相适应的经济金融环境，补充其新的发展动力。因此，开设创业板市场就是要为我国新经济创造一个生长和发展的宽松环境；就是要为这些新兴创业企业提供可持续发展的资金动力，提供比商业银行和传统证券市场更加灵活、方便而有效的融资安排。根据国外经济学家的统计，在过去几十年中，科技

① 2000 年 9 月 28 日，我国科技部、财政部和国家税务总局联合发布的《中国高新技术产品目录》中分门别类地列出了 11 个领域的共 2056 种产品，其中涉及电子信息、软件、航空航天、光机电一体化、生物、医药和医疗器械、新材料、新能源与高效节能、环境保护、地球空间与海洋、核应用技术以及农业等产业领域。这个目录所涵盖的产业领域正是创业板所面对、所欢迎、所希望、所服务的重点行业。

型中小企业从创业到拓展销售市场实现盈利，一般都要经历5~7年时间，一个企业如果在连续几年的时间内没有盈利形成的稳定现金流，银行肯定不会对之发放信贷，因为信贷资金定期还本付息的特征与创业企业长期成长到一定阶段后才能实现现金回流的规律明显冲突。① 2005年，深圳证券交易所和科技部火炬高技术产业开发中心开展了科技型中小企业和高新技术企业上市资源的调查工作，根据对全国高新技术园区5万多家重点企业近3年数据进行统计，有2197家科技型中小企业主要财务指标基本符合上市条件，其中700多家已被深交所列为重点培育对象。与创业投资体系培育和技术创新、科技成果转化相配套的市场环境和条件主要有：一是有效率的创业板市场；二是有效的知识产权保障制度；三是以信用、透明度为交易运行秩序的微观经济基础；四是较为充裕的科技项目供给和资本供给。在这几项条件中，创业板市场尤其重要。创业资本的最佳退出渠道是创业板市场，任何其他的退出渠道都不如创业板市场的社会影响大。例如，企业之间的股权转让在创业资本的撤出中所占比重甚大，但这种转让的过程和条件合约往往是在一对一的谈判中达成的，这同创业板市场作为公开的信息和交易平台为创业资本撤出提供条件的情况形成了鲜明的对照。创业板市场对企业价值的评定能产生广泛的社会影响，这种公示效应在一定时期内能够左右市场参与者的预期并进而影响其投资行为，创业板市场如果影响力足够大，就能导致储蓄——投资流程发生变化，资源配置会自发地向有利于经济结构调整的方向倾斜。② 创业板市场和风险投资形成互动机制，是高科技产业创新和发展的原动力。风险投资家和投资银行集合社会的资金，通过市场化的运作方式，发现并培育具有发展潜力的中小企业，并将优秀的创新型公司推向创业板市场，同时创业板市场也为创新型企业进行并购和扩大业务范围提供融资便利。

（二）引导投资者合理的预期

投资者总是想回避风险，同时又想获取最大收益，有效的二板市场能够迎合一部分投资者的需求。二板市场不是二等市场，创业板市场是注重上市公司成长性、讲求上市公司质量的市场。创业板市场要以上市公司的成长性与质量为核心。NASDAQ的成功，根本原因在于它有一批类似于微软、思科、英特尔这样成长性强、质量高的优秀企业，能够引起人们对未来的一种希望和美好的预期，低门槛只是外部条件，而且主要针对上市公司而言。但证券市场的源泉是投资者的资金，如

① 黄丽珠："创业板市场有利于降低系统性金融风险——访王松奇博士"，载《金融时报》2001年6月2日。

② 黄丽珠："创业板市场有利于降低系统性金融风险——访王松奇博士"，载《金融时报》2001年6月2日。

果投资者对这个市场失去信心，如果不顾质量而一味追求上市数量，只会加速市场的死亡。如欧洲新市场一开始什么企业都上，连茶叶店、美容店都可以上市，只能以失败告终。因此，创业板市场在选择企业时应尽可能地将已知风险降到最低。从某种意义上讲，二板市场对申请上市的公司和上市公司的要求不是降低，而是提高，比如强调信息披露制度和保荐人责任。作为多层次证券市场的一个组成部分，二板市场是一个独立的市场，不是其他层次证券市场的"中转站"或"垃圾箱"。创业板市场与主板市场存在着竞争，在竞争中发展自身。在这种情况下，投资者对创业板市场就充满信心，形成合理的预期，并能理性地对待投资风险。创业板市场更适合那些熟悉投资技巧和信息通畅的投资者，特别适合具有强大研发实力的证券公司和基金管理公司。证券公司在资金运用上有很大的自主性和灵活性，运用多种财务杠杆应对风险。证券投资基金，尤其是封闭式投资基金，基金管理人具有良好的投资技巧和合理的投资组合，而且没有基金持有人随时赎回的流动性压力。因此，可将创业板的部分股票作为投资组合的组成部分。还有那些熟悉某类上市公司核心技术和有一定投资经验的机构和个人较为适合创业板市场投资。

（三）有助于降低商业银行的系统性风险

与其他国家相比，我国直接融资的比重明显偏低。以资本市场发育水平较低的德国为例，其大企业至少有30%以上的资金来源于股票。在中小企业中，股票融资比例在20% ~30%、10% ~20%的企业占比分别为15%和25%。也就是说有40%的中小企业从股票市场中获得10%以上的资金。据中国人民银行统计，2004年第一季度，国内非金融机构贷款、国债、企业债和股票融资的比重为93.8:3.6:0.6:2。间接融资的比重远远超出了直接融资。这种畸形的融资结构造成企业对银行的高度依赖，同时也把整个市场的最后风险推给了银行。综观世界，在发达国家里，在信息不对称、贷款经营成本高、经营风险较大的中小企业的融资安排中，无须说股权融资，即便是债务融资，也不是完全躺在商业银行身上，往往通过金融租赁、信用保险、担保和贴息等机制作为补充。① 中小企业一般风险较高，现金流波动较大，如果全部依靠银行贷款，银行承受的风险肯定会很大。一般而言，中小企业融资最好的途径是直接融资，尤其是股权融资。

（四）创新和完善证券市场的制度机制

创业板市场能够提供比商业银行和传统证券市场更加灵活、方便和有效的融资安排。它以其独特的激励机制加速了企业由初创到成熟的进程，使得许多企业由家族式、合伙制等低级形态迅速转化为标准化、规范化的现代企业形态，推进了公司

---

① 范建军："设立中小企业板块是一种务实选择"，载《中国证券报》2004年5月29日。

治理结构的迅速完善。创业板市场大大提高了公司的社会知名度，提供了宽广的企业投资、组合和兼并的机会，从而推进了高新技术企业超常规发展。创业板将使创业的理念风行，创业板将造就一大批知识经济的奇迹，创业板将催生出无数高科技成果走出实验室，走进市场。通过高科技企业上市，许多像比尔·盖茨这样普通的科技人员将成为亿万富翁。截至1999年年底，微软8000名员工从公司期权中获得了80亿美元的财富。这种财富效应使科技人员更加努力，也使世界各地的优秀人才流向美国。据了解，在全美从事科学和工程的人员有72%出生在发展中国家。①创业板市场提供的股权和期权计划，帮助创新企业形成良好的激励机制和公司治理结构，创业板市场也可以培育出一流的投资银行家和专业财务顾问，从而使创新型企业的素质更上一个台阶。创业板担负着制度创新的角色。人们欣赏微软借NASDAQ青云直上的财富效应，但NASDAQ带给微软制度上的创新和经营管理上的不断完善却是我们真正需要学习的地方。我国主板市场有许多历史遗留问题不能一时解决，从2005年8月开始我国主板证券市场包括中小板市场开始了一场股权分置改革的革命，这个过程非常痛苦，但又不得不为之，否则，我国的证券市场就无法与国际接轨，会朝着越来越扭曲的轨道走下去。我国未来的创业板市场不会存在今天主板市场的股权分置的问题，它会吸收我国证券市场创立以来的制度经验和教训，借鉴国际上先进的制度实践，② 一开始就以全新的姿态屹立于世界证券舞台上。

三、交易所模式

随着股市泡沫的破裂，在纳斯达克挂牌的众多高科技公司在长达3年的熊市中股价跌幅巨大，纳斯达克市场本身也备受冲击，到了为生计发愁的地步。同时，肩负着开辟美国神话欧洲版本的欧洲纳斯达克，在5年中仅仅吸引了36家公司挂牌，不得不关闭；与伦敦证券交易所合作的股票期货交易业务投资也最终取消。根据最新数据，2003年第一季度，纳斯达克的收入为1.66亿美元，比2002年同期低22%，净收入为266万美元，比2002年同期下跌88%。纳斯达克的损失，与长期的熊市有关，也与管理失误和内部权力斗争有关，但主要原因是没有中央交易场所。作为1971年成立的无中央交易场地的电脑联网股票交易系统，纳斯达克最初

① 祁斌："以资本市场带动科技产业，建立经济可持续发展动力机制"，载《中国证券报》2006年3月3日。

② 在日本和德国以银行为主导的金融体系中，银行和高科技产业的结合不很理想，银行注重安全，而处于初创时期的高科技企业风险很大，银行自然不愿意冒风险，企业没有足够资金从事研究开发和进行内部治理的改革。而美国通过高效率的资本市场，高新技术企业可以通过持续融资、优化治理结构、激励机制和并购机制等，全面提升企业的素质，实现飞跃。

的服务对象是新兴的、进不了高级交易所的新兴企业，实行的是交易商为主体的做市商制度，隶属于美国全国证券交易商协会（NASD）。正是纳斯达克这种非营利性、附属于美国全国证券交易商协会的组织结构形式，从某种程度上降低了其市场应对效率；较之纽约证券交易所，无中央交易场所的网络交易系统无法集中大量买单和卖单，不利于投资者以最优价成交。其买卖报价拥有的主要三个来源——做市商或交易商、华尔街大公司支持的ECN、以及诸如E＊Trade和Ameri Trade这类在线经纪商，这种以做市商为主的交易制度使纳斯达克因难以兼顾普通投资者的利益而被指责；原有引以为豪的筹资门槛低、全电子化的效率优势随着诸如Instinet这类低成本、更高效率的超级电子通信网络（ECN）的出现已掠夺了纳斯达克挂牌公司一半的交易量；而其老对手纽约证券交易所更是压得纳斯达克很痛苦，根据Thomson金融公司的统计，2002年纽约证券交易所进行了45次IPO，这个数字超过纳斯达克3倍还多，而在此之前的三年半时间里，已有109家纳斯达克上市公司离开了纳斯达克，转至纽约证券交易所上市。面对种种困境，纳斯达克新上任的总裁罗伯特·葛雷菲尔德（Robert Greifeld）面临的最艰难的挑战是打破政府官僚化的组织构架。作为NASD的附属，纳斯达克难以获得独立的证券交易所的地位。因此，葛雷菲尔德必须游说美国证券交易委员会（SEC），批准其从NASD中脱离出来，以营利为目标，成为独立运作的证券交易所，甚至直接使纳斯达克公开上市，以筹集更多资本与ECN和纽约证券交易所进行竞争。2003年以来，纳斯达克在频频与美国证券交易委员会高级官员接触的同时，针对其深为他人诟病的流动性差、服务拙劣以及价格波动过大等问题，加大了革新力度，不断向交易商、投资者许诺予以改善。2003年5月，纳斯达克也发表研究报告认为，对规模相当、分别在纳斯达克上市的思科（Cisco）公司和在纽约证券交易所上市的AT&T，在相当长的时间内，思科的成交价差远远低于AT&T，其言下之意是纳斯达克信息披露并不逊色于纽约证券交易所，价格波动也并非纳斯达克特有的弱点，同时想借此说服美国证券交易委员会同意其脱离美国全国交易商协会，获取独立的证券交易所地位，摆脱其保护普通投资者不力的恶名。另外，曾任ECN高管的葛雷菲尔德也认为纳斯达克必须适当改变其交易模式，重新树立纳斯达克低成本、高效率的市场形象，借鉴ECN敏捷、高效、完全匿名的交易配对机制，采用新的交易系统（该系统名为Supermontage——超级蒙太奇），夺回纳斯达克被ECN蚕食的市场份额。尽管美国全国证券交易商协会鉴于纳斯达克的颓势，其理事会已经同意纳斯达克向营利性公司转变，直至最终获得独立的证券交易所地位。① 经过1年多时间的努力，纳斯达克市场完成了向交易所转轨的改革，并在2004年年底成为上市公司。

其实，纳斯达克总体上还是取得了巨大的成功，它从一个自动报价的场外交易

① 田俊丽："纳斯达克力图革新却举步维艰"，载《中国证券报》2003年8月27日。

系统，经过短短几十年时间发展到今天这样的规模和这样的影响力，历史已经作出很好的证明。其做市商还是作出了重要的贡献，其自身的优势也是不容置疑的。其市盈率还是远远高于纽约证券交易所和世界上的一般主板市场。但其制度的缺陷也是客观存在的，要知道任何制度都是有缺陷的，因为制度是人类行为作用的结果，人的认识能力是有限的，而社会的发展却是无限的。正是因为如此，纳斯达克才开始进行了其独特的公司化交易所的改革。

我国的创业板市场能否采用曾经叱咤风云的纳斯达克模式？笔者认为，我国创业板市场不宜采用纳斯达克模式。其理由如下：我国证券市场属于政府推动型市场，市场自发力量形成制度的因素不强，根底不厚。西方国家的证券交易所市场也是从场外交易市场通过市场的演化质变而来，具有长期的市场行为所形成的习惯性制度基础，在其市场漫长的演变中形成了满足各种不同需求的资本市场体系，由外围的低层次市场逐渐向内层的高层次市场演变，从而形成了以现代的证券交易所市场的高级层次的市场为核心的向外层铺开的市场体系。纳斯达克市场从自动报价的低层次向高层次演变，今天也不是那种传统意义的场外交易市场，而是形成了规模覆盖全球的组织严密的现代股份公司，有独特的公司治理结构。我国没有长期的市场行为习惯所构成制度因素的积淀，贸然地全部放开，让市场去选择，看起来似乎更自由了，但问题是市场主体还没有充分的心理准备，还不知道该干什么，像无头的鸟儿乱飞乱窜，结果是什么也干不成。在我国应当由政府充当向导，集中专家的智慧，尽政府对国外市场运行规则和实践的了解的能力，以及政府的最大努力，去为刚刚开始走路的市场人带一下路，指明一个比较好的方向，让市场人尽力发挥自己的才智，挥洒自己的汗水。政府应当选择最容易走的路，相比而言，证券交易所是比较完美和制度比较健全的市场，市场主体虽然没有十分大的自由，但按照交易规则进行行为是有安全保障的，其行为也是有效率的，风险也是容易控制的。而且证券交易所由于具有健全的组织结构，有利于管理，有利于对外扩张和传播影响力，可以在民众中树立信心和威望，可以集聚全国的投资者，形成纵横发达的网络。证券交易所也有可能改造成股份有限公司，甚至可以成为上市公司，甚至可以在国际市场上进行收购和兼并活动。我国的创业板市场应当是覆盖全国的具有发展潜力的公司的运行场所。至于三板市场可以不是证券交易所形态，可以采取自动报价系统或其他场外交易形式，但它们只能是局部性的和地方性的，不能对全国的民众形成巨大的心理影响力。

从荷兰 1680 年建立了世界第一家证券交易所以来，随着股份公司的快速发展，证券交易所为了适应日益扩大的融资需求和投资者的投资需求，在西方国家普遍建立起来。它的出现，使证券市场格局发生了重大转变。以证券交易所为代表的证券交易市场成为证券市场的核心和主干，并对场外交易发生直接和重大的影响。和场外市场相比，证券交易所具有以下特殊性：一是证券交易所一般是依法由国家特许设立。证券交易所汇集了数以万计的投资者，参与证券交易，交易额以亿为单位进行计算，同时也集中了巨大的交易风险，因此各国政府一般对证券交易所实行特许管理，实行个案审批（美国和英国实行注册制）。二是证券交易所制定完善的证券交易规则。三是证券交易所具备完善的交易服务设施，包括交易大厅和电脑设备及其附属设施，也包括具备相应资格的交易人员和电脑网络系统等。① 证券交易所有严密的组织体系，其组织结构可分为公司制和会员制，早期的证券交易所一般是会员制，自20世纪90年代开始，世界各国证券交易所进行了大规模的公司化改革，有的证券交易所已经成为上市公司，② 从治理结构和运行效率看，公司制证券交易所要优越于会员制证券交易所，如果成为上市公司更加有利于社会资本对证券交易所的制约和社会公众的监督。从未来我国创业板证券交易所的发展趋势看，其应然的道路也是走公司化和上市之路。

四、法律地位

法律地位有两层含义：一是指创业板市场与主板市场的关系，创业板市场究竟是不是一个独立的证券交易市场。这与经济功能以及设立方式有很大的关系，经济功能的独特性以及与主板市场功能的差异的明显决定了创业板市场很可能是一个独立于主板的市场，如果其经济功能与主板市场有很大的相关性，它很可能就是附属于主板市场。创业板的设立方式，这是从程序上决定了创业板市场是否是独立性市场，如果独立设立，直接由监管部门批准或注册登记，就可能是独立性市场；如果是现有的证券交易所另外设立，就是附属于主板市场。二是指创业板市场是否具有法人资格，是属于什么性质的法人。

（一）创业板市场与主板市场的关系

从创业板市场与主板市场的关系角度，国际创业板市场的主要模式有：(1) 独立模式。即创业板市场拥有独立的交易管理系统和上市标准，与主板市场完全为独立的两个市场。采用此模式的有美国 NASDAQ、日本 JASDAQ 和我国台湾 ROSE 等。创业板市场与主板市场是相互独立的，它们的交易系统和管理系统各不相同，企业的商事标准更不一样。其优点是独立性强，拥有高效的电子交易系统，缺点是设立

① 叶林：《证券法》，中国人民大学出版社2000年版，第133~134页。

② 1996年10月19日，澳大利亚股票交易所的会员投票改变交易所组织方式，由会员制结构转向公司结构，1998年10月，澳大利亚股票交易所在自己的交易所上市；2000年4月，纳斯达克也启动了股份化，随后也正式上市。2006年2月27日，美国证券交易委员会批准了纽约证券交易所（NYSE）和电子交易商——群岛控股公司（Archipelago Holdings）之间的合并交易，此次合并标志着纽交所会员制运营模式的结束。2006年3月8日，全球最大的证券交易所——纽约证券交易所正式挂牌上市，当日股价涨幅达24.5%。

成本高，监管难度大。(2) 新市场模式。即以欧洲新市场（EURO—NM）为代表，由法国新兴证券市场与布鲁塞尔、阿姆斯特丹、法兰克福的小盘股市场连接而成，彼此承认会员资格，具有实时行情。国际上的创业板市场中，以美国的 NASDAQ 最为成功，但失败的也不少，如英国的 USM（Unlisted Securities Market）就于 1996 年关闭。① (3) 附属市场模式。即创业板市场附属于主板市场，与主板市场拥有相同的交易系统，所区别的是上市标准的差别。采用这种模式的有英国 AIM、新加坡（SSEDAQ）、泰国创业板市场和我国香港创业板市场等。创业板市场作为主板市场的补充而存在，二者实行“捆绑式”运作，拥有共同的交易管理系统，除了上市对象审核标准不同外，其他方面大致相同。其优点是设置成本低，与主板市场关联性强，但缺点是没有独立性。香港创业板市场是由香港联合交易所主办的一个独立运作的市场，由联交所董事会管理。联交所董事会指定由创业板上市委员会或其代表执行有关创业板的上市工作，并建立了不同于主板市场的交易规则和运行制度。《香港联合交易所创业板证券上市规则》第 2.01 条规定：“本交易所的主要功用乃为证券交易提供一个公平、有秩序和有效率的市场。为进一步达成此目的，本交易所已依据《证券交易所合并条例》第 34 条制定《创业板上市规则》。此等规则包括证券上市前须符合的规定，以及发行人及（如属适用）担保人于证券获准上市后仍须继续履行的责任。证监会已依据该条例第 35 条批准《创业板上市规则》。”第 2.03 条规定：“尽管同样由本交易所营运，但创业板与主板完全不同。因此《创业板上市规则》只适用于创业板，而《主板上市规则》只适用于主板。”第 2.04 条规定：“任何寻求撤回其于主板的上市地位改为在创业板上市的公司，将须全面遵守有关股票市场适用的有关规则。”不过，香港创业板与香港主板之间建立了一条转板通道，2004 年 4 月 1 日，香港联交所《上市规则》修订新例，降低了上市主板的门槛，因而引发了一些业绩优良的公司的“转板”风潮。一些以红筹股形式登陆香港创业板的民营企业率先转板成功，如浩伦农业、新奥燃气等。②

---

① 梁之平、余长明：“香港创业板市场发展回顾与展望”，载《投资与证券》2000 年第 5 期。

② 1998 年，中国证监会要求所有申请境外上市的企业，只要以 H 股方式发行股票的，都要遵守《关于推荐境外上市预选企业的通知》，对于申请转板的创业板的 H 股公司，同样需要符合相关条款，所以到 2005 年 9 月还没有一家创业板 H 股公司获准转板。

各国和地区主要创业板证券市场的设立方式和模式①

名称	设立方式	设立模式
美国纳斯达克市场	非证券交易所设立	独立
加拿大创业交易所	证券交易所重组、合并而成	独立
伦敦交易所另类投资市场	证券交易所设立	一所两板平行式
欧洲易斯达克市场	非证券交易所设立	独立
欧洲新市场	证券交易所设立	市场联盟
德国新市场	证券交易所设立	一所两板平行式
韩国高斯达克市场	非证券交易所设立	独立
日本佳斯达克市场	非证券交易所设立	独立
新加坡西斯达克市场	证券交易所设立	介于附属递进式与平行式之间
吉隆坡交易所创业板证券市场	证券交易所设立	一所两板平行式
马来西亚 MESDAQ 市场	非证券交易所设立	独立
中国台湾证券柜台买卖中心	非证券交易所设立	独立
中国香港创业板市场	证券交易所设立	一所两板平行式

从国外看，如果把创业板市场作为主板市场的辅助市场，一般都失败或表现不好。创业板市场的服务对象是创新类企业，产品和服务尚未产业化和成熟化，其市场定位是刺激和鼓励技术创新，加快技术革命的步伐。既然创业板市场在市场定位和服务功能（从而运行规则）上不同于主板市场，只应是一个与主板市场并列运行的新市场。明确创业板的市场定位，一方面是为了避免那些本应在主板市场上市的企业，利用创业板的一些有利政策（例如全流通股）而“挤入”创业板市场；另一方面使创业板市场真正发挥其独特的功能和作用，维护法律的确定性和稳定性。我国应当记住欧洲创业板市场失败的原因和教训：欧洲缺乏足够的成长型公司，以至于创业板市场没有足够的上市资源等；另外，在欧洲，创业板市场大多是由现有的证券交易所开设的，由于害怕创业板市场与主板市场争夺上市资源与市场份额，交易所一般不愿意让第二板市场兴旺发达。

自 2000 年 3 月，纳斯达克创下高点后一路下滑，引领其他创业板市场陷入了长达 2 年多的痛苦调整。股价持续暴跌和科技股泡沫的破灭，暴露出创业板在运作机制方面存在的一系列问题，如上市门槛太低、上市公司行业分布过于集中、公司治理不完善等。在市场持续下跌的过程中，德国、韩国等创业板市场还曾受到上市公司财务丑闻、价格操纵和内幕交易等问题的困扰，这些一度使投资者丧失信心，并对市场存在的价值提出质疑。因此，自 2000 年开始，全球创业板市场开始反思、

① 周民源：《创业板证券市场研究》，中国金融出版社 2002 年版，第 61 页。

检讨和修正创业板相关规则，采取一系列措施，强化监管，以恢复投资者信心。不少国家还对创业板进行了重新定位和整合，将一些创业板市场合并到主板中，如德国新市场、法国新市场、加拿大创业板和马来西亚创业板等。将创业板功能和作用融入到主板市场，但支持成长性科技企业的政策不变，新板块继续发挥着重要作用。这方面以德国新市场较为典型。2002 年 5 月 31 日，德国议会通过《第四次金融市场促进法案》，根据该法案，德国创业板市场被整合进主板市场中，相关上市资源得到妥善处理。合并前，已有 87 家转到主板市场挂牌、12 家被并购、21 家被摘牌，合并后，202 家转入高标准板块，7 家转入普通板块。交易所对成长性科技企业的扶持力度更为增强。而新市场的规则和监管条例，如国际会计准则、季度报告、董事交易披露制度、收购规则、公司治理及投资者关系管理等，也成为高标准板块的基本规则。事实证明，这一整合使创业板的功能进一步强化。在 2003 年第 2 季度，德国交易所中代表科技股部分的 TecDAX 板交易量涨幅达到 4 倍。① 另外，在严峻的市场形势下，还有一些国家或地区的创业板市场已经或准备开始启动，如新西兰筹建中小企业市场——NZAX 市场（New Zealand Alternative Market），我国台湾柜台买卖中心筹备“中小企业股票上柜”制度，哥本哈根股票交易所成立中小盘市场（MidCap + and Small - Cap +）、AIM 市场为国际小型成长企业提供快捷上市服务、JASDAQ 等筹建退市公司板块等。从 2003 年上半年的发展动向看：一是以中小企业板块代替原有的创业板或高成长板，弱化了原有的行业特性和增长性要求，代之以规模大小的标准，并辅之以较高的透明度、流动性要求。如新西兰用 NZAX 市场取代原有的新资本市场（new capital market），并把主板的中小规模公司转移到 NZAX；台湾柜台买卖中心用“中小企业股票上柜”制度代替原来模仿纳斯达克和香港创业板建立的“第二类股票制度”，明确其定位于中小企业的市场特性，扶持岛内中小企业的发展；丹麦哥本哈根交易所成立中小盘股市场，取代原有的成长型板块 KVX，并将主板符合条件的上市公司转移到这个市场。二是原有的创业板市场或者成长板块调整服务对象，提升自身档次。如伦敦交易所的 AIM，致力于国际化进程，加快国际中小企业的上市步伐。瑞典的 NGM 成长市场获得正式交易所的地位，从而使机构投资者参与其中。三是结合本国资本市场结构调整和本国经济实际情况，定位中小企业资本市场。如新西兰成立 NZAX 市场就是在整个新西兰交易所改革的背景中进行，而中国台湾“中小企业股票上柜”制度成为岛内资本市场结构调整和重新细分方案的一部分。②

① 陈赋斌：“改革创业板市场的发展与启示——全球创业板市场的发展与启示（下）”，载《中国证券报》2003 年 7 月 24 日。

② 陈赋斌：“在荆棘中前行——全球创业板市场的发展与启示（上）”，载《中国证券报》2003 年 7 月 23 日。

在我国，创业板市场还是走独立之路更符合我国国情。我国幅员辽阔，企业众多，改革开放以来经济一直保持高速发展状态。符合创业板上市条件的公司会形成一个稳定持续增长的群体，而且这类群体与主板市场公司以及场外交易的公司都能有一个较明显的分界线。创业板不缺少上市资源，即使是目前上市条件比较高的中小企业板，预期中未来的上市企业数量可达上千家。① 不像外国的一些小国家，本来公司数量就有限，实在没有必要区分创业板和主板市场，而且主板公司和创业板公司的标准界限也不好区分，创业板公司要么素质接近主板公司，要么素质太差，处于中间层次的企业并不多。我国应该走美国的纳斯达克的独立之路，只不过我们选择交易所模式，或者以交易所模式为主而形成多层次的市场体系。

我们要记住香港创业板的教训。1999 年 11 月，在创业板开板仪式上，联交所创业板上市委员会主席罗嘉瑞向人们描绘了一个美丽的蓝图：上市标准较为宽松的创业板市场将在第一年吸引 100 家公司上市，市值达到 1000 亿港元。然而，截至 2004 年 5 月，香港创业板上市企业共 192 家，市值 740 亿元左右，仅与中国联通一家公司市值相当。罗嘉瑞一年的目标用了 4 年还没实现。2000 年，选择创业板上市的企业共有 47 家，集资总额 148 亿港元，平均集资额 3.2 亿港元，全年成交量 842.9 亿港元，可谓相当理想。然而，跨入 2002 年和 2003 年，创业板的日子每况愈下。首先是股价大幅缩水，大量股票跌破发行价，以致人们戏称香港创业板为“仙股市场”（香港俚语称“分”为“仙”）。最典型的例子是艾克国际，一家具有 IT 界巨头英特尔背景的企业。其股价在 2001 年尚有 0.28 元，到 2004 年 2 月 4 日只剩下 0.01 元了。创业板筹资功能也日渐退化，2003 年全年集资额只有 21 亿港元，较之 2002 年，降幅达到 70%，新上市企业也仅有 27 家，为 2000 年来最低。创业板上市标准远比主板来得宽松，但也正是这一宽松带来了无穷后患，创业板的上市企业事故频频。2002 年夏，数码库（8162）上市不足半年，突然公告 2000 万元现金不翼而飞，公司主席也同时失踪。更戏剧化的是，2004 年 2 月，刚过两年上市保荐期的艾克国际公司管理层竟然一夜之间人间蒸发了。事实上，截至 2004 年 5 月，香港创业板停牌 3 个月以上的长期停牌公司已经超过 10 家，其中部分甚至停牌 2 年以上。市场的信心就在这一次次事故中逐渐被侵蚀于无形之中。纳斯达克之所以能够掀起“创业板”热，能够屡经低潮而雄风依旧，在于它造就了一批资本市场明星的同时也塑造了自己的品牌：微软、英特尔、思科和苹果等巨型企业创业神话深入人心的同时，也就使得纳斯达克作为“孵化器”的地位难以撼动。香港创业板缺少这样的旗舰，就连其中的佼佼者也要离去。如李嘉诚旗下媒体 TOM 集团（8001）、凤凰卫视（8002）、香港网（8006）和市值最大的长江生命科技四家企业转往主板，导致创业板市值萎缩 1/3，成交量下降四成。应该承认，对

① 深交所 2005 年在各地调研了 3328 家重点中小企业，其中大约 97% 的企业具有成长性。

创业板来说，企业成功转往主板是一件值得自豪的事情，因为企业通过创业板达到了提升的目的。但对香港创业板，事情更加复杂。首先，这些企业转往主板是因为主板降低了上市要求，而非在创业板市场得到了飞速发展。其次，这些企业转往主板还因为在创业板无法提高公司名誉。另外一个非常重要的原因是，对于部分上市企业来说，创业板的交易量太小，流动性不够，使得企业引进国际战略投资者、吸引机构投资基金从而优化股权结构不可能。①

美国证券交易所也有我们学习的地方。美交所成立于 1921 年，在纳斯达克交易所尚未设立时曾一直是美国第二大证券交易所，由于其挂牌标准稍低于纽约证券交易所，被称为“门槛交易所”。一些美国著名大企业在创业之初，由于达不到纽交所上市条件，只能选择上市条件宽松的交易所上市。埃克森石油公司、通用汽车公司此前都在美交所上市，到壮大后转到纽交所。纳斯达克市场兴起后，美交所退居第三。在这里上市的公司偏重于中小型公司，股价较低，交易量也较小。② 美交所至今没有被纽交所、纳斯达克交易所完全挤垮，与萨尔瓦托·索达诺有关。他于 1999 年 3 月出任美交所总裁。他在产权交易、期权交易，特别是交易所交易基金（ETF）方面的改革，使美交所重现生机。为了在夹缝中求生存，索达诺将目光盯准了不起眼的中小企业。他说：“美国 99% 的雇主都是中小企业，它们提供了 75% 的就业机会，代表了 96% 的出口商。可以说，中小企业是美国经济赖以建立的基础。”这个市场本来属于纳斯达克的领地，但随着纳斯达克上市门槛的提高，美交所顺利进入这个市场。美交所给予了中小企业所需要的“特别注意和支持”，并开发出一套“颇具竞争力且受人尊敬的”交易体系，不但降低了中小企业股价的大幅波动，还使客户绝大多数买单和卖单可以契合。为此，前往美交所上市的国内外中小企业开始逐年增多。另外，索达诺还逐步把 ETF 打造成美交所的“拳头产品”。其实，早在 1993 年 1 月，美国市场上第一只 ETF 就已经开始在美交所挂牌交易。为应对其他交易所和电子交易系统争夺 ETF 品种，并取得专利权，使得这些新 ETF 只能在美交所进行交易。另外，ETF 也日益成为美交所拓展海外市场的利器。美交所先后与欧洲证券交易所、新加坡交易所和东京交易所合作，在当地挂牌交易自己的 ETF。③

在我国学术界，关于创业板市场是与主板市场平等的市场，以及创业板市场的

---

① 黄立锋：“香港创业板，雪里行军情更迫”，载《中国证券报》2004 年 10 月 23 日。

② 1998 年，拥有纳斯达克交易所的美国全国证券商协会（NASD）买下了美交所，但新主人对这家老交易所的改造并不成功，预期中的协同优势也并未显现。2000 年后，为更好地进行市场整合和监管，NASD 逐步将纳斯达克股票市场脱手，并在 2001 年将美交所推上拍卖台，最终在 2005 年 1 月将美交所出售给了该交易所的 864 家会员。

③ 陈晓刚：“美交所吹响上市号角”，载《中国证券报》2006 年 3 月 25 日。

独立性方面，似乎没有什么争议。在我国，创业板市场作为一个全新的独立的市场，将在股票发行、上市、交易、监管以及股权设置等方面有别于主板市场。由于没有类似国有股、法人股、转配股不能流通等历史遗留问题，创业板市场一开始就会以高起点、高标准来运作和规范。但在创业板市场与主板市场之间要不要建立一种内在的联系方面，形成两派观点：一种观点认为，创业板市场不应成为向主板市场输送高质量的上市公司的台阶，创业板市场的上市公司可以在创业板市场不断融资和扩大规模；另一种观点认为，创业板市场与主板市场应当建立内在的联系，当企业的规模和发展状况已经失去创业的性质时，而又符合主板市场上市条件，应当让创业板市场上市公司转到主板市场，并通过限制创业板市场的再融资能力迫使上市公司在条件成熟时，申请转为主板市场（在我国目前阶段指的是 A 股市场）。①笔者基本支持第一种观点，但也吸收第二种观点的合理成分，创业板市场是个自我发展的独立市场，应当与主板市场的地位和身份平等，如果在创业板市场发展起来的公司转到主板市场，则好的成功的公司没有了，留下来的更多的是不确定的甚至是亏损的公司，会影响创业板市场的上市公司的质量，更增加了创业板市场的不确定性和风险，这样创业板市场就没有竞争力，主板市场也因为没有强有力的竞争对手而不加快改革的步伐。我国创业板市场是个全新的、与国际市场相一致的市场化程度和法治程度较高的市场，让创业板市场独立发展，就会给主板市场造成一种竞争的压力，如果不改革，将来就有日渐萎缩或者衰落的可能，相反如果在创业板市场上成功的上市公司转到主板市场，主板市场将感到十分安全，再无后顾之忧。其实，创业是企业生命的永恒动力，今天的微软、思科难道就不是创业类企业了吗？传统产业难道就不能进行第二次创业了吗？大企业难道就不能再次创业了吗？在现代条件下，企业如果要想发展和壮大，必须迎接新技术革命的挑战，技术的发展是永无止境的，成熟技术只能在一段时间内（这个时间现在看来是越来越短）才有市场的空间，过了这个时间就会被市场淘汰，成功的企业总是开发一代、储备一代、更新一代，不断地创造和发展。我们设立创业板市场，主要降低创新类企业进入该市场的条件，给它们提供一个充分自由的融资场所。至于再融资的条件，不应比主板市场更加严格，否则就限制了创业板市场的上市公司的发展，创业板至少与主板市场的再融资条件是相等的。但创业板市场是个开放的市场，并不是完全割断创业板市场上市公司与主板市场的联系，当企业发展壮大，达到主板市场的上市条件之后，允许它们在创业板市场自我发展，也可以申请退出创业板市场在主板市场上市，还可以在创业板市场和主板市场并列上市，有比较才有鉴别，才有竞争，我国的主板市场的上市公司不是在全球很多证券市场同时上市了吗？但创业板市场的上市公司如果符合主板市场的

① 王国刚：“设立‘创业板’中应注意解决的几个认识问题”，载《首都经济》2000 年第 10 期。

上市条件之后，欲到主板市场上市，必须由公司提出申请，并与主板市场的证券交易所达成协议，而不能有任何一种外在强制力。① 上市本身是一种市场行为。转板是市场自然发展及上市公司的商业决定，市场监管者不能硬性加以干预。

有一种观点认为，我国证券市场可根据不同上市公司退市的具体情况设计出相应的退市出口：若主板市场或二板市场或场外交易的公司发生破产、解散、关闭的，应该直接退出证券市场；若主板市场的公司启用下市制度，则应退出至二板市场；若二板市场的公司启用下市制度，则应退出至场外交易市场；若主板市场或二板市场的公司实行转换下市、股权置换下市或购并下市的，则应退出至场外交易市场。这里二板市场扮演着“中转站”或“缓冲带”的角色，发挥着缓解市场压力的作用；场外交易市场则可以作为“购并板”或“重组板”，发挥着整顿和拯救绩差公司的作用。② 笔者反对这种观点。如果是这样，二板市场就不能称为创业板市场，二板市场就不可能成为高新技术企业发展的助燃剂。

（二）创业板市场的法人形态

如果是独立的市场组织，那就涉及它是一个什么形态的法人。我国的政策趋向很明显，就是把深圳证券交易所改造成创业板市场，创业板肯定是个证券交易所。证券交易所具有特定的组织模式，证券交易所的模式，就是指证券交易所的组成方式、管理体制和责任形式等内容的总称。证券交易所的组织模式有两种，一是会员制，二是公司制。会员制证券交易所是由会员（专营证券业务的证券商）自愿组成的、不以营利为目的的社团法人，是证券交易所的最初组织形式。会员制证券交易所由会员证券商共同协商、制订章程和细则，经国家证券主管机关批准或核准注册后成立，在我国由国务院决定。会员制证券交易所的会员大会是最高的决策机构，理事会是最高的行政管理机构，理事会由会员选举产生或由会员推荐，经证券主管机关的认可。在会员制证券交易所中，只有会员才能进入证券交易所大厅参与交易活动。会员制证券交易所不以营利为目的，其经费来源于会员支付的席位费、手续费和上市公司的上市费用等。

根据大陆法系民法理论，会员制证券交易所属于非营利性社团法人。其主要特点为：（1）非营利性。会员制证券交易所属于非营利法人，为发挥其证券交易的

---

① 这里的主板市场是指上海证券交易所。在深圳证券交易所，目前的“主板”不具特色，已经很多年没有 IPO 了，重点发展中小板，将来还要发展创业板，随着时间的推移，深交所的上市公司将分出两个层次：一是目前的“主板”和中小板形成创业板市场的高级层次，二是创业板市场的初级层次——纯粹的创业板，类似于纳斯达克的全国市场和小型市场，在这种情况下，如果初级层次的上市公司达到高级层次条件，可以升格。

② 陈峥嵘：“健全机制 完善程序——从国外证券市场看我国退市制度建设”，载《中国证券报》2001 年 4 月 24 日。

服务职能，可以向会员收取会员费，但不得向证券交易各方收取交易佣金。证券交易所通过年度决算报告后，其收益余额主要用于改善证券交易所服务条件，不得分配给证券交易所会员。(2) 人合性。会员制证券交易所由证券公司以会员身份共同组成，只有取得会员资格的证券公司，才可进入证券交易所并参与证券交易和经纪业务。组织的所有权、控制权与其产品和服务的使用权相联系。(3) 社团性、决策过程的平等性和政治民主性。会员制证券交易所的最高权力机构是会员大会，所有重大决策都应当由会员大会集体作出决定，所有会员单位地位平等，具有相同的表决权以及对证券交易所事务的参与权，不因其在获得会员资格时所付费用多寡而有区别；同时，证券交易所重大事务由会员单位按照少数服从多数原则进行表决，一人一票。

公司制证券交易所是依照公司法和证券法设立，并以“有限公司”或者“股份公司”命名的证券交易服务机构，它属于营利性社团法人。证券交易所取得的收入，除用于维持证券交易所的正常营业如更新设备、改善设施以外，应按照证券交易所营业状况，向投资者分配利润。相比会员制的组织结构，公司制证券交易所主要有以下特点：(1) 公司制证券交易所一般采取股份有限公司的组织形式，是一种典型的资合公司。分离所有权和交易权，任何符合资金和能力标准要求的国内外机构均能直接进入交易系统，从而使交易所所有者和市场使用者之间的利益正式分离。其最高决策机关为股东大会，股东大会、董事会、监事会、董事长和总经理等机构相互抗衡。交易所的经纪人是国家有关机关专门审核通过的在交易所内从事证券交易的独立法人或个人，与证券交易所的股东之间没有完全一致的利益关系，从而保证证券交易所的公正性。(2) 公司制交易所以满足股东价值最大化为目的。独立的公司制使交易所作为一个独立的利益主体对券商和市场参与者及交易活动进行监督和管理，效率和公平性优越于会员制。公司制交易所在营利性的驱动下会积极地进行设备创新和产品创新。(3) 交易所可以向社会公众发行股份，不必局限于会员或者是交易者。包括金融机构、机构投资者、上市公司和投资大众都可以成为其股东，使交易所的所有权和治理结构更能反映更加广泛的所有者的利益。(4) 公司资本证券化。作为股份有限公司的证券交易所的资本被划分为均等的份额，使股份表现于证券之上，便于发行。公司资本证券化的下一步就可以寻求上市，挂牌上市，一方面使交易所的所有权进一步分散化，另一方面又可利用资本市场的资源，同时提高交易所运营的透明性。(5) 公司行为公开化。它实行“公示主义”的管理方式，是开放型公司。公司的组织、股本额、财产情况、经营状况、盈亏情况、利润分配情况应当依法定期公布，如果是上市公司，则按照上市公司的标准披露信息。

从国际范围看，20 世纪 90 年代以来，随着经济全球化和金融全球化的大步向前推进，各国交易所之间的竞争日益加剧，争夺世界的上市资源，而传统的会员制交易所存在着公共管理职能与自身利益的冲突，自我的封闭性使交易所很难向外扩张，难以筹集发展资金，运作效率也不高。为改变这种竞争中的被动状况，大批交易所实行“非互助化运动”，将交易所的产权关系和治理结构由会员制改为公司制，有的还将股份公开上市成为上市公司（见下表）。

交易所名称	改制时间	交易所名称	改制时间
斯德哥尔摩	1993 年上市，1997 年被上市公司 OM 集团收购	香港	1999 年启动改制计划，2000 年 6 月上市
赫尔辛基	1995 年	纳斯达克	2000 年年初宣布股份化改革计划，2001 年完成公司制改造，2004 年上市
阿姆斯特丹	1996 年	太平洋	2000 年
意大利	1997 年	伦敦	2000 年改组为股份公司并上市
澳大利亚	1998 年改为股份公司并上市	德国	1993 年创立德国交易所股份公司并收购法兰克福证券交易所、衍生工具交易所和清算公司，后于 1996 年改组为股份公司，2001 年上市
爱尔兰	1999 年	Euronext	2001 年上市
雅典	1999 年	奥斯陆	2001 年
新加坡	1999 年改为股份公司，2000 年上市		

交易所改制有其客观存在的原因：一是竞争冲破了垄断格局。金融市场全球化以及技术进步推动资本市场的多样化发展，电子交易市场的出现，冲破会员制的垄断，加上法律和政府放松管制和鼓励创新，如美国证监会 1999 年作出两个决定，允许在纽约证券交易所上市的公司在不满纽约证券交易所服务的情况下可转到纳斯达克上市，并允许电子交易系统申请成为交易所，并自由交易在组交所上市的股票。新的竞争格局使会员制交易所感到了压力，而会员制证券交易所对外竞争能力有限。二是公司制改善了交易所的治理结构。在会员制交易所中，会员实行一员一票制，但是会员的资本规模、市场份额不等，其利益也不均衡，一员一票的决策机制无法反映这种不均衡的利益，造成会员在交易所内的权益不平等。1999 年股份化以前，香港证交所有近 700 个会员，其中，近 500 家在交易中是活跃的。在这 500 家中，80% 以上的会员是本地的小经纪商，其交易额不足整个交易额的 20%，而 20% 的会员的交易额却占交易总额的 80%，① 然而，由于一员一票的治理结构，

① 王利军：“正视证券交易所的公司化改造”，载《经济论坛》2002 年第 20 期。

在交易所的管理与运作过程中，并没有与他们业务能力相当的声音。交易所进行公司化改造后，改变了传统交易所的“一员一票”的迟钝表决机制，提高了交易所的反应速度；同时，减少了过多的交易所理事会会员，如斯德哥尔摩交易所理事会原有理事22名，公司化改造后减为9名。① 三是交易自动化使交易失去采取会员制的必要。会员制适应传统的交易技术，有固定的交易场所和设施，按照传统的交易程式进行交易。而在网络信息时代，电子交易技术的发展使交易突破了时空限制，使会员制存在的交易基础被大大削弱。四是会员制限制了交易所的技术创新和进步，影响交易所的对外扩张。会员制不以营利为目的，交易所和会员都没有改善管理和进行技术创新的动力。这样就不利于吸引更多的上市公司，也不利于吸引更多的投资者。而公司制证券交易所以营利为其运行的重要目的之一，有动力去改善经营管理和进行技术革新。会员制交易所由于其封闭性，筹集资本比较困难。而公司制证券交易所可以通过发行股票、进行购并活动甚至成为上市公司②，不断扩张其行为空间和能力，吸引本国和世界的优秀公司上市以及更多国内甚至全球的投资者进行投资。

我国1997年12月《证券交易所管理办法》第3条规定，证券交易所是指依法设立的，不以营利为目的，为证券的集中和有组织的交易提供场所、设施，履行国家有关法律、法规、规章、政策规定的职责，实行自律性管理的会员制事业法人。1998年《证券法》第95条规定：“证券交易所是提供证券集中竞价交易场所的不以营利为目的的法人。”《证券法》回避了“会员制”法人和“事业”法人的定性。根据《国务院关于修订〈证券交易所管理办法〉的批复》，2001年12月12日中国证监会重新公布《证券交易所管理办法》，其中第3条规定：“本办法所称证券交易所是指依本办法规定条件设立的，不以营利为目的，为证券的集中和有组织的交易提供场所、设施，履行国家有关法律、法规、规章、政策规定的职责，实行自律性管理的法人。”2005年《证券法》第102条规定：“证券交易所是为证券集中交易提供场所和设施，组织和监督证券交易，实行自律性管理的法人。”现行法律和法规突出了自律性管理的功能，没有作“会员制”法人的定性，这是为我国证券交易所公司化改造进行的一种法律前导。但从《证券法》和《证券交易所管理办法》的具体规定来看，我国目前的证券交易所属于会员制。

---

① 潘冬：“我国证券交易所的公司化改造”，载《安徽工业大学学报》2004年第4期。

② 对于公开上市的证券交易所股票而言，它们的股价表现普遍好于它们所在的市场本身。如伦敦证券交易所2005年涨幅达到46%，而英国《金融时报》100种股票指数涨幅仅16%，2005年12月纳斯达克交易所股票价格是1年前的6倍，而纳斯达克综合指数上升不到10%，与此同时，澳大利亚证券交易所股票价格也上涨了68%，而标准普尔澳大利亚200种股票指数的涨幅只有15%。股票交易额越来越大，上市公司越来越多，为交易所提供了丰厚的利润。

五、中小企业板与创业板市场

（一）中小企业板的设立

经国务院批准，中国证监会2004年5月17日批复，同意深圳证券交易所在主板市场内设立中小企业板块，并核准了中小企业板块的实施方案。推进风险投资和创业板市场建设是党的十六届三中全会确定的工作目标。中小企业板块是深交所主板市场的一个组成部分，它重点安排主板市场拟上市公司中具有较好成长性和较高科技含量的中小企业发行股票和上市。该板块将在主板市场法律法规和发行上市标准的框架内，实行包括“运行独立、监察独立、代码独立、指数独立”的相对独立管理，逐步推进制度创新，以便为创业板建设积累经验。为改进和加强市场监管，有效防范风险，深交所针对中小企业的特点，制定了《中小企业板块交易特别规定》、《中小企业板块上市特别规定》和《中小企业证券上市协议》。深交所在2004年5月17日发布的“设立中小企业板块实施方案”中，确立了方案实施的基本原则、实施框架和制度安排。其中，基本原则包括审慎推进原则、统分结合原则、从严监管原则、统筹兼顾原则四项内容。深交所还建立独立的监察系统，实施对中小企业板块的实时监控。此外，在中小企业板块上市股票达到一定数量后，深交所还将发布其独立的指数。在制度安排上，设立初期，中小企业板块主要安排主板市场拟发行上市企业之中流通股本规模相对较小的公司在该板块上市，并根据市场需求，确定适当的发行规模和发行方式。中小企业板的设计要点主要是四个方面：第一，暂不降低发行上市标准，而是在主板市场发行上市标准的框架下设立中小企业板块，这样可以避免因发行上市标准变化带来的风险；第二，在考虑上市企业的成长性和科技含量的同时，尽可能扩大行业覆盖面，以增强上市公司行业结构的互补性；第三，在现有主板市场内设立中小企业板块，可以依托主板市场形成初始规模，避免直接建立创业板市场初始规模过小带来的风险；第四，在主板市场的制度框架内实行相对独立运行，目的在于有针对性地解决市场监管的特殊性问题，逐步推进制度创新，从而为建立创业板市场积累经验。按照上述思路，中小企业板块首先以“两个不变”的原则体现为主板市场的一个板块，从法律、行政法规到中国证监会及国务院有关部门的部门规章，中小企业板块适用的基本制度规范与现有主板市场完全相同。同时，中小企业板块又以其相对独立性与将来的创业板市场相衔接。从上市公司看，虽然不改变主板市场的发行上市标准，但把符合主板市场发行上市条件企业中规模较小的企业集中到中小企业板块，逐步形成将来创业板市场的初始资源。从制度安排看，它以运行独立、监察独立、代码独立和指数独立与主板市场相区别，并为有针对性地加强监管和制度创新留下空间，以便在条件成熟时整体剥离为独立的创业板市场。由于中小企业板块的发行上市标准与主板相同，总体上不会增加新的风险因素，但由于中小企业板块集中了主板市场中股本规模相对较小的上市公司，中小盘股上市公司经营稳定性不够高、容易被炒作等问题会在这一板块集中体现。

针对中小企业板块的风险特征，深交所在交易和监察制度上作出有别于主板市场的特别安排：一是改进开盘集合竞价制度和收盘价的确定方式①，以进一步提高市场透明度，遏制市场操纵行为；二是完善交易信息公开制度，引入涨跌幅、振幅及换手率的偏离值等监控指标，并将异常波动股票纳入信息披露范围②，按主要成交席位分别披露买卖情况，提高信息披露的有效性；三是完善交易异常波动停牌制度，优化股票价量异常判定指标，及时揭示市场风险，减少信息披露滞后或提前泄露的影响。同时还将根据市场发展需要，持续推进交易和监察制度的改革创新。中小企业板块实行比主板市场更为严格的信息披露制度，包括：公司应当在股票上市后6个月内建立内部审计制度；建立募集资金使用定期审计制度③；年报说明会制度④；定期报告披露上市公司股东持股分布制度⑤；建立诚信管理系统，建立退市公司股票有序快捷地转移至股份代办转让系统交易的机制⑥。

---

① 在开盘价确定方面，中小企业板股票采用开放式集合竞价的方式确定开盘价格。所谓“开放式集合竞价”，是指在每个交易日9:15至9:25，交易所交易主机即时揭示中小企业板块股票的开盘参考价格、匹配量和未匹配量，其中开盘参考价格指的是截至揭示时所有有效申报按照集合竞价规则形成的虚拟开盘价格，并不是指真正的开盘价格。与开放式集合竞价措施相配套，为了防止开盘参考价格被操纵或误导投资者，在9:20和9:25之间交易主机不接受中小企业板股票的撤单。在收盘价确定方面，与主板市场不同，中小企业板块股票将采用集合竞价的方式确定收盘价格。收盘集合竞价的时间为3分钟，即从14:57至15:00收盘为止。期间可以撤单。

② 《深圳证券交易所中小企业板块交易特别规定》规定，收盘价涨跌幅偏离值等于单只股票涨跌幅减去中小企业板块指数涨跌幅。《特别规定》第10条给出了判定中小企业板块股票交易异常波动的两个标准：一是涨跌幅偏离值指标，二是换手率指标。两个指标都包括了连续3日、连续2日以及一个交易日三种情形。以涨跌幅偏离值标志为例，某只股票连续三个交易日收盘价格涨跌幅偏离值合计达到了+/-20%（ST/*ST股票达到了+/-15%），该只股票交易就属于异常波动。如果单日或者连续两个交易日偏离值合计就已经达到+/-20%（ST/*ST股票达到了+/-15%），那么该只股票交易也属于异常波动。

③ 中小企业板块公司当年存在募集资金运用的，应在进行年审时，聘请会计师事务所对募集资金使用情况，包括对实际投入项目、实际投资金额、实际投入时间和完工程度进行专项审核，并在年报中披露专项审核情况。

④ 公司应在每年年报披露后举行年报说明会，向投资者介绍公司发展战略、生产经营、新产品和新技术开发、财务状况和经营业绩、投资项目等情况。

⑤ 在定期报告中，中小企业板块上市公司须增加披露截至报告期末前10名流通股股东持股情况和公司开展投资者关系管理的情况。

⑥ 中小企业板块上市公司向深交所申请上市时，应承诺股票被终止上市后，进入代办股份转让系统继续交易。

严格来说，中小企业板与创业板市场还有相当的区别。但其运行和交易规则不能成为差异的理由，其差异的根源在于其设立的目的和功能方面，也就是上市公司的素质方面的差异才是根本的差异。目前的中小企业板主要为那些经营状况达到主板上市条件的公司提供融资渠道，同时由于其规模属于中小型上市公司，通过对其成交量的变化和股价的关系，判断其波动性和投机性，对未来的创业板设置提供经验。创业板公司的业绩可能不如现在的中小企业板公司，但其成功或失败，是否会增加股市的风险，可以通过中小企业板的现在变化进行判断。股价的内在价值是由其公司的经营业绩决定的，从长期看，业绩优良的公司其股价具有上涨的动力，但在市场交易过程中，其价格直接决定于成交量和交易双方心理的预期，中小企业板公司的股份规模比较小，其流通量容易被资金大户的行为所影响和控制，其价格的敏感性要远高于大型上市公司。我们通过中小板的实际运行状况判断其运行规律，为未来建立和完善创业板市场提供制度经验和管理经验，这正是我们设立中小企业板的目的之一。

（二）中小企业板是个桥

中小企业板的生日有三种选择：获准设立的2004年5月17日，正式启动的5月27日，鸣钟开市的6月25日。或许到底算哪一天并不重要，重要的是这块“试验田”几年来保持了市场平稳运行和制度创新不断，为建设中国多层次资本市场迈出了坚实的一步。

在2005年中小企业板块启动仪式上，诸位嘉宾众口一词，“要把深交所建设成一个类似NASDAQ模式的、多层次的资本市场需要艰苦的努力，只有通过不断创新才能达到这一改革目标”。其制度创新的轨迹为：2004年5月19日，中小板上市公司特别规定和交易特别规定颁行；2004年6月24日，发布中小板上市公司诚信建设指引；7月22日，推出中小板上市公司诚信档案；2004年8月10日，发布中小板保荐工作指引，13日，首批22家保荐机构与深交所签订协议，24日，达安基因首家引入保荐人监督募集资金专用账户；2004年8月，首次中小板投资者接待日举办；2004年12月24日，推出年度业绩快报制度；2005年2月，深交所要求中小板公司在年度报告披露后10个工作日内举行网上业绩说明会；2005年2月28日，推出董事行为指引……

从交易所来看，中小企业板块创新涵盖了交易、监管、技术手段、投资环境等领域，而监管创新始终是创新的重点，它使中小企业板快速进入规范化运行轨道。中小板上市公司特别规定和三个指引，全面规范了中小企业运作，强化了上市公司高级管理人员、保荐机构等各方责任；交易特别规定和开放式集合竞价行情设计，提高了市场交易的透明度，有效防范了股价的人为操纵和剧烈波动的风险。投资者接待日、业绩快报、网上业绩说明会等措施，则使上市公司信息披露的透明度和及时性进一步提高。这无疑降低了市场风险。据统计，在第一阶段上市的38家公司，没有一家公司出现募集资金违规使用，投资者也给予中小板公司较高的估值，平均市盈率高出深市主板40%左右。投资者对业绩快报评价较高，因为它提高了信息披露的及时性，市场有效性和市场理性也都有所增强。

2005年4月，人大常委会副委员长成思危建议，“慎重扩大中小企业板块，争取早日转变为独立的创业板”。目前中小板与国外成熟市场创业板还存在较大差别，包括发行审核制度、市场交易制度、股份流通的安排等。过去人们关注的两大焦点问题：一是发行门槛问题，国外创业板市场的发行门槛较低；二是股份全流通问题，国外证券市场不存在不流通的股份，股份全流通，有利于风险资本退出。这两个问题在我国现在已经不是障碍了，2005年10月《公司法》和《证券法》同时修改，降低了发行上市门槛。截至2005年11月，中小板公司的股权分置改革已经全部完成，中小企业板最早实现了新老划断。现在中小企业板在完善上市准入制度、交易制度、信息披露监管制度、股份流通制度以及退市制度等方面逐步全方位推进，继续保持中小板市场的流动性、稳定性和有效性，为中小板向创业板的飞跃创造坚实的基础。

（三）从中小企业板到创业板

中小企业板是否尽快向创业板转轨，有两派观点。有人认为，在《公司法》和《证券法》修改后，中小板在企业发行上市方面可能进行一些创新。具体是可能显著降低企业发行上市门槛，对上市规模及业绩的要求都可能随着两部法律的修改而有所变化，连续3年盈利的硬性规定可能会做一定的调整。有学者表示反对意见，降低上市标准，一直以来是很多小型企业特别是盈利前景不乐观的科技型小企业所呼吁的问题。融资难、风险资本退出难，是困扰中小型科技企业的主要问题。但证券市场不应该是拯救苦难的慈善场所，没有连续的盈利记录，就表示这类企业很难在短时间内给投资者带来丰厚的投资回报，给这类企业上市融资的资格，中小投资者面临的可能是“投出的钱打了水漂”。在主板市场严格的上市标准下，尚有“一年盈、两年平、三年亏”甚至刚上市就“变脸”的企业存在，降低了上市标准，特别是对业绩的要求降低，很难想象在一个信用机制还比较欠缺的市场格局下，会出现怎样的巨亏型公司蒙混过上市融资关。目前我国的民营经济日益壮大，有持续盈利能力及行业竞争力的中小型企业众多，中小板本身不缺少上市资源。为了支持中小型科技企业直接融资，而降低中小板的上市门槛得不偿失。如果出现不少因上市门槛降低而带来的种种问题激化，势必影响整个中小板上市公司的声誉。降低上市门槛可以通过独立设立一个创业板做试验。让一些没有连续盈利记录的企业在一起发展，变大变强了转主板交易，变不强的待在原地，越来越差的勒令退市。①

究竟我国的创业板市场怎么建立和发展？有几种选择：（1）主板——中小板——创业板；（2）主板（中小板）——创业板；（3）独立的创业板：高级层次——中级层次——初级层次，或者高级层次——初级层次。

在深圳交易所建立中小企业板也是合理调整我国当前证券市场格局，建立多层次资本市场的需要。深、沪交易所的形成是在"摸着石头过河"的思路下创立的，事先并未进行分工与布局的深入谋划。两个交易所采取同一的上市标准、同一的交易系统和同一的监察制度。在当今发达的IT技术支撑下，如果说在20世纪90年代初我国证券交易制度开创时，设两个完全相同的交易所尚有试点必要的话，当今已实无必要，纯属资源浪费。目前，各国雷同的交易所正趋于统一。美国纽约华尔街之所以存在纽约证券交易所、美国证券交易所和纳斯达克市场三个交易系统，是因为它们主要服务于不同规模和成长性的上市企业。比照美国模式，在我国还不宜建立创业板市场的情况下，完全可以把深圳交易所发展成为一个针对中小企业的融资场所，然后再考虑把它扩大为创业板市场。中小企业的直接股权融资问题最终还是需要建立一个完善的多层次资本市场来解决。以美国为例，其资本市场包括全国性交易所（纽约、美国两大证券交易所）、地方证券交易所、第三市场（上市股票的场外交易）、第四市场（大机构和投资家直接交易的市场）、纳斯达克全国市场、纳斯达克小型市场、UICBB市场（小额股票挂牌系统）、粉红单市场等多个层次。其中美国证券交易所和后三个层次的市场就是专门为中小企业提供直接融资服务的市场，而且在这样一个多层次的资本市场结构中，市场的准入标准是逐层放宽的，投资风险度也是逐级升高的。所以，在深圳交易所建立一个中小企业板块市场仅仅是建立多层次市场的一个环节，而且是一个相对容易的环节。②

从市场发展的自身逻辑看，市场是从初级市场发展到高级市场，这是从自发走上自觉的过程。西方资本主义的证券市场的历史已经作了雄辩的证明。我国证券市场最初也是从场外交易开始的，但我们没有经历资本主义证券市场长期演变过程，而是通过政府的制度创设，直接创立证券交易所，缩短了西方国家几百年的市场演变过程，直接进入高层次。应该承认，我国直接进入高层次，由于没有形成成熟的市场因子，没有形成良好而深厚的文化底蕴，导致我国即使是高级市场也存在投机横行、内幕交易和欺诈的现象，于是政府通过制度改革和加强监管去弥补现行制度的缺陷，去感化人心。我们能否走资本主义证券市场演变和发展的老路呢？不能。因为证券市场本是个制度的存在形式，是一种相对固定的社会心理的外在表示，是市场交易双方意志和行为长期博弈的结果，是实践证明比较效率和公平的交易方

① 苏越："上市低门槛只适合于创业板"，载《中国证券报》2005年8月29日。

② 范健军："设立中小企业板块是一种务实选择"，载《中国证券报》2004年5月29日。

式。因此，它是可以模仿创设的。高级的证券市场的制度形式更加稳定，有稳定的程序设计和交易规则，更加注重安全。低级的证券市场的意识形态还不是太稳定，更加自由，方向性也不是很强，也没有很强的交易程序和规则，更加注重自由和效率。所以，在我国主要发展高级证券市场的思路是正确的，但也不能放弃允许发展低级证券市场，要形成市场的层次性和多样性。

笔者认为，未来的深圳证券交易所应该是一个独立的创业板市场。这个创业板市场分为两个层次：第一个层次将现有的大型公司和中小型公司整合在一起，作为创业板的高级层次；第二个层次类似于纳斯达克小型市场，作为纯粹的创业板市场。这样，深圳证券交易所才能与上海证券交易所在同一起跑线上展开竞争。在美国纳斯达克市场也有高质量的大公司，小型公司也有成长为大公司的一天。

我国的创业板虽然立足于我国国内的上市资源，但也要走出去，创造国际品牌，吸引国际上许多优秀的成长型公司到这里来上市。目前，国际上的著名交易所不断地到中国来游说，希望中国更多的公司到他们那里去上市。① 2005 年 12 月 20 日，韩国现代证券公司与宝德科技（8236. HK）签署了保荐人合同之后，成为首家在韩国证交所挂牌上市的境外公司，② 而该公司 H 股将维持香港创业板的上市地位。虽然韩国股市市值、交易量与西方交易所还有一定区别，但韩国股市中外国投资者持有的股票比例达到 40%，这是一个非常国际化的市场。另外，投资者也可以国际化，美国 NASDAQ 就是不限制投资者国籍的国际化证券市场，世界上 78 个国家和地区的投资者可以通过 38 个交易终端及十余个双向联网的证券交易所不出国门而买卖美国 NASDAQ 的股票。国际上证券交易所的国际化行为值得我国创业板交易所学习。

六、创业板市场与场外市场

我国创业板市场采取交易所模式，因此创业板市场公司股票的交易属于场内交易。但许多股份公司达不到上市条件，其股份也要流通，还有，上市公司由于达不到持续上市条件，其股份可能退出交易所交易。那么，这些公司的股票到哪里去交易呢？因此，在交易所之外也要形成场外交易市场，与交易所形成有机的和层次分

① 比如 2005 年年底，韩国证券期货交易所理事长李永铎指出，中国大约有 3000 家企业（包括已经上市的 1500 家上市公司）符合在韩国交易所上市的条件。韩国交易所的上市费用只有香港的一半。欧洲交易所国际部主任艾瑞克·温格恩指出，欧洲交易所以充分的流动性、多元化市场和全面的产品而备受投资者青睐，中国企业如果登陆欧交所，就意味着打开了通向欧元的大门。欧交所特别欢迎那些能反映中国经济现状和增长前景的企业到那里上市，对于中小企业，欧交所也为它们量身定做了创业板市场——Alternext。

② 宝德科技在韩国上市的一个目的就是提高在韩国的知名度，并强化与韩国公司的业务合作关系，因为宝德公司主要是从事互联网游戏的，而韩国是世界上最大的互联网游戏市场。

明的市场体系。当低层次市场上的企业经过一段时间的培育，达到高层次市场的企业上市标准时，经过相应的考核、认证程序，可以达到高层次市场挂牌，以谋求更大的发展空间；当高层次的上市企业经营业绩不佳，并且在规定的期限内无法达到上市标准后，将被迫从高层次市场摘牌，退入到低层次市场中去。与主板和将要设立的创业板市场相比，现代场外交易市场的门槛应更低，对入市企业的要求应更为宽松，以便为达不到主板、创业板上市要求的企业尤其是处于创业阶段的中小企业提供更加广泛的融资和退出渠道。

我国场外交易大约经历了下面几个阶段：(1) 20 世纪 80 年代中后期，场外交易市场逐渐形成。(2) 90 年代初，大量的定向募集公司内部职工股成为场外交易对象。(3) STAQ、NET 系统开通和地方性证券交易市场设立。(4) 从1998 年起，开始流行一种新的场外交易方式，即法人股拍卖。(5) 2000 年以来，准备到创业板上市的企业所发行的股票也迅速地加入了场外交易市场流通的行列。(6) 2001 年 6 月 12 日，经中国证监会批准，中国证券业协会启动代办股份转让系统，即“三板”市场，妥善地解决了原 STAQ、NET 系统挂牌公司流通股转让问题，2002 年 8 月 29 日，退市公司纳入代办股份转让试点范围。

有学者认为，现代场外交易是个无形市场，但它不同于传统场外交易的主要之处是，实行“统一报价、分散交易”的方式。“统一报价”就是采用计算机技术和现代通信技术，形成一个全国性的证券场外交易自动报价系统，以实现信息的充分披露和快速传递。此系统不必另起炉灶，可以在原 STAQ、NET、ZBSDAQ 三个系统的基础上进行技术改造，再通过公用数据交换网或专用高速网络将其联结起来，构成自动报价系统的一级网站；此外，对于开展代办股份转让业务的证券公司、各地的产权交易机构以及经审定合格的原地方性证券交易市场，应对其现有的电子网络进行技术改造并实行联网，构成自动报价系统的二级网站，最终形成一个覆盖全国的、具有一定规模的证券交易自动报价系统。“分散交易”是指证券交易自动报价系统只是提供证券的报价，证券交易则是在客户和自营商之间以及自营商双方之间通过一对一地谈判进行的，成交后再通过清算系统完成交割。这里的自营商实际上具备了做市商的功能。在监管制度上，实行集中监管和自律监管相结合的原则。所谓集中监管，是指由现代场外交易市场的行政主管机关如国家证监会统一制定并颁布有关运行规则，主要包括：证券发行规则、上柜规则、交易规则、结算规则、监管规则、信息披露规则等；同时，还应对行情显示系统、交易系统、资金清算系统和股权登记过户系统等作出统一的规定，防止各地自行其是。所谓自律监管，是指由全国证券业协会作为自律性机构，直接承担管理场外交易市场的责任，主要包括：建立一套在自律和约束力方面行之有效的会员制度；负责上柜企业挂牌交易的申请登记工作；根据国家产业政策，指导场外交易市场的投资方向。①

2005年10月《公司法》和《证券法》同时修改，新公司法实施后，原来“股份转让必须在依法设立的证券交易所进行”的要求变为“在依法设立的证券交易场所或者按照国务院规定的其他方式进行”，为场外交易提供了广阔发展的法律空间。

2005年8月3日，国务院专门印发了《关于支持做强北京中关村科技园区若干政策措施的会议纪要》，确定了8条具体的政策措施，其中第4条明确提出，要抓紧实施“中关村非上市股份公司进入证券公司代办股份转让系统进行交易”的试点。12月，有关部门推出了《证券公司代办股份转让系统中关村科技园区非上市股份有限公司股份报价转让试点办法》。此次试点的门槛不高，只要具备设立股份公司满3年，有持续经营能力、治理结构完善、主营业务突出等条件的中关村科技园区企业就可以申请，再由证券公司负责推荐。进入三板挂牌实行备案制，并不需要相关部门审核，但试点企业只允许挂牌交易，不允许发行融资。《试点办法》确立了几个主要原则：一是证券公司只提供股份转让的报价服务，不提供集中竞价撮合的标准化转让服务，投资者依据报价自行达成协议转让股份的意向，证券公司再接受投资者的委托完成后续的成交确认和股份资金的结算。二是转让数量有最低限制的原则。限制园区公司股份的转让范围，投资者报价转让股份的每笔数量须在3万股以上。三是信息适度披露原则。由于代办系统转让股份的园区公司不是上市公司，其财务信息披露，参照《小企业会计制度》的要求，只需披露资产负债表和利润表及其主要项目附注；挂牌时园区公司只需披露最近2年的财务报告和年度报告；园区公司只需在发生对转让价格有重大影响的事项时披露临时报告，无须比照上市公司，发生达到一定数量标准的交易就须披露临时报告等。四是以逐笔结算的方式办理股份过户和资金交收，证券登记结算机构不担保交收。因买方报价转让结算专用账户或卖方报价股份账户余额不足引起交收失败的，由买卖双方按照约定自行承担责任。五是园区公司股份的转让须全部通过代办系统报价转让。园区公司股东挂牌前所持股份分3年进入代办系统报价转让，每批进入的数量均为1/3，进入的时间分别为挂牌之日、挂牌期满1年和2年。证券公司从事股份报价转让业务首先必须具有代办系统主办券商业务资格。

在新《公司法》和《证券法》即将实施时，推出该项试点，符合管理层对三板市场新的定位，三板市场不再是专属于退市公司的舞台，三板将发展成为更大规模的柜台交易市场，逐步形成适应多种投融资需求和风险管理要求的多层次市场体系。有活力的三板市场将为创业资本提供一个方便的退出通道，促进高新技术产业的发展。

2006年1月23日，两个新代码——430001和430002，出现在证券公司代办股

① 周茂清：“远近兼顾发展场外交易市场”，载《中国证券报》2004年5月29日。

份转让系统，进行报价挂牌转让，打破了代办股份转让系统的垃圾股的格局。①2003年年底北京市政府与科技部向国务院上报了关于中关村园区非上市股份公司进入代办股份转让系统试点的请示，2004年2月国务院批示请中国证监会协同有关方面抓紧研究可操作性方案，2004年5月证监会召集北京市政府、科技部、证券业协会协调有关工作，2005年10月证监会会同北京市和科技部向国务院上报具体实施方案，获得批准。129家非上市股份公司是中关村园区的重要企业群体，这些公司的平均资产达2.9亿元，每股净资产1.5元，年平均收入1.8亿元，平均净利润718.97万元，净资产收益率达到5.71%。据深交所调查，园区符合中小企业板上市后备资源标准的企业有358家，完全具备上市能力的有182家。由科技部、国开行、深交所发起的“科技型中小企业成长路线图计划”，于2005年下半年率先在中关村园区试点，旨在建立从天使投资、创业抚育、政策性贷款到企业上市的投融资协同机制。② 目前代办系统的交易具有自身特点。由于没有涨跌停板，报价不一定具有连续性；此类交易属于协议交易，短期内成交的密度不会很大。在交易规则方面，三板市场与目前主板市场有很大区别。在转让主体方面，目前仅限于上述具有特定资格的证券公司。投资者必须先到特定资格的证券公司营业部开立非上市股份转让账户和资金账户，才能进行交易。在特定资格的证券公司营业网点不能覆盖的地方，可以通过其他证券公司的代理服务进行交易。一方面，它较交易所市场的门槛要低，风险较高；另一方面，又比区域性的场外市场标准要高，并且实行全国统一监管。深交所表示，深交所愿意同中国证券业协会、中关村科技园区、主办券商合作，加强对科技园中小企业的培育，加强对市场的监管，进一步完善代办转让系统的功能。由此看出，深交所——这个未来的创业板交易所对成长性公司给予高度关注，并积极铺设一条通道。

中国人民银行2006年《中国金融市场发展报告》建议，场外交易市场以股东在200人以上的未上市股份有限公司作为挂牌交易的基础条件，并实行合格机构投资者（QIB）准入制度。报告建议，对历史遗留问题公司、交易所市场退市公司及未上市股份有限公司实行分层次管理。除继续承接退市公司外，场外交易市场应重点拓展未上市股份有限公司的股份转让业务，在中关村科技园区未上市股份有限公司股份报价转让试点取得成功后，逐步将业务范围拓展到其他科技园区，为上市公

---

① 2006年1月23日，世纪瑞尔和中科软分别以3.23元和3.3元开盘，收盘价分别为4.23元和3.3元。其中世纪瑞尔成交54.7万股，成交价最高为5.25元，最低价为3.23元；中科软成交3万股，成交价为每股3.3元。主办券商为申银万国。

② 到2005年年底，中关村园区内上市公司已达78家，其中境外上市企业33家，占内地在纳斯达克上市公司总数的一半。参见王泓：“‘科技新兵’走入代办转让系统——写在中关村两家试点公司挂牌之际”，载《中国证券报》2006年1月21日。

司提供后备军。报告指出了我国发展多层次资本市场的总体目标：依托现有市场体系实行裂变式发展，逐步形成以交易所主板市场和中小企业板市场为主体，以场外交易市场为补充，各类市场内部合理分层的资本市场体系，并通过各层次市场的差别化制度安排，实现市场风险的分层管理和市场整体效率的提高。报告建议，在交易所和场外市场合理分层的进程中，针对不同层次市场的特点，配套完善包括上市挂牌制度、信息披露制度、交易结算制度、市场准入制度、公司转板制度在内的制度体系和切合市场需求的产品体系，对各层次市场实行差别化制度安排，逐步实行市场风险的分层管理。

据证监会主席尚福林在2006年5月的一次讲话中勾勒出的中国建立多层次资本市场的总体思路，上证所和深交所各自承担着不同的市场功能：上证所的目标是做大做强，以纽约证券交易所为目标；深交所则要建立起包括主板、创业板（现在的中小企业板）和OTC市场（即非上市公司股票公开发行）的多层次证券市场。在2006年4月初的中国风险投资论坛上，全国人大常委会副委员长成思危就明确提出股市扩容应该从中小板开始的建议，并同时提出，深交所应该建立起由一、二、三板组成的“中国的纳斯达克”。由中国风险研究院院长陈工孟教授担任总协调人、成思危任总顾问，由国务院、科技部、证监会和深交所有关专家为核心顾问的“中国创业板市场研究”课题研究报告中，明确提出从2006年11月到2007年5月是推出创业板的最佳时机，创业板推出的最佳路径是“推动中小板向创业板过渡”。这一转型思路包括以下几个部分：（1）从市场结构上，中小企业板将从现在的单一市场衍生出中小板、代办股份转让（OTC）市场以及未来的创业板三个层次，同时在准入制度上，建立起中小板、创业板和代办股份转让之间有效的“跳转机制”，企业不同板块之间，按不同标准可升可降；（2）从制度建设上，建立并完善做市商、保荐人、信息披露及退市制度，与未来的创业板制度接轨；（3）在上市资源方面，与科技部、国家开发银行合作，在全国53个高新技术开发区寻找优质项目，并通过未来的代办股份转让系统向中小板输送上市资源。①

深圳市创业投资同业公会常务副会长兼秘书长王守仁2007年6月7日透露（据《中国证券报》2007年6月8日），具有中国特色的创业板市场已经进入实质性筹设阶段。他表示，创业板建立的总体思路已经确立，筹设方案意见稿也已草拟完成。对于意见稿中争议较大的创业板设立模式问题，王守仁表示，建议中小企业板降低门槛直接转为创业板的意见不可取。他认为，由于我国经济正处于转型时期，产业的多元化和中小企业成长阶段的多层次及其对上市融资需求的多样性，决定了主板市场内应保留中小企业板；创业板风险很大，万一发生重大曲折，如果中小企业降低为创业板，将会使已成功运作的中小企业板块流产。他认为，要结合中

① 黄河：“创业板，下一步”，载《南方周末》2006年6月1日。

国实际建立与中小企业板及以股票转让代办系统为依托的 OTC 市场形成阶梯性，并为不同成长期中小企业提供融资需求的创业板市场。他建议，登陆创业板的公司除了符合《公司法》和《证券法》要求总股本不能低于 3000 万元之外，还必须有 3 年连续经营记录，3 年累计销售收入不得低于 1 亿元，最后 1 年销售收入不得低于 5000 万元，3 年累计净利润不得低于 1000 万元，最后 1 年净利润不得低于 500 万元。他认为，选择上市企业还要体现国家产业政策，应向高科技企业、农业等适当倾斜，包括国家发改委已公布的重点扶持发展的 8 类产业；要支持新的商业模式，比如连锁经营、电子商务、跨国经营及转让先进技术的外资企业等。除了实施比主板和中小企业板更严格的信息披露之外，还可根据较高的门槛在创业板市场内设立大盘股市场，待条件成熟后再适当降低上市企业销售收入和利润的标准，创设创业板小盘股市场。他还指出，创业板的推出并取得成功在某种程度上将依赖创业投资的发展。随着创业投资进入，中小民营企业存在的股权混乱、财务三本账、漏税瞒税、关联交易、经营决策独裁等问题将会大大改善，从而进一步提高上市公司的质地。对于有创业投资背景的中小企业，他还建议，中小企业板及创业板可考虑对其优先上市，对此可设立包括创投企业须有成功案例，管理规范，管理团队强，投资期限在两年以上且对企业提供增值服务等在内的前提条件。对于创业投资的退出，他认为，应适当延长持股股权的锁定期，可以实施允许股权在锁定 1 年后退出一半，两年后可以陆续退出的机制。

不过，笔者想要说明的是：深交所的特色是创业板市场，不是主板市场。与此同时，上海交易所则是个主板市场。笔者宁愿称深交所创业板市场的两个层次：高级层次和低级层次，类似于纳斯达克的全国市场和小型市场。人们通常认为纳斯达克整体上是创业板市场，而不仅仅认为纳斯达克小型资本市场是创业板市场。根据事物的性质是由矛盾的主要方面决定的原理，创业板市场是未来的深交所的主要方面，深交所必将以层次分明的创业板市场展现在人们面前，上市公司在那里可以自我发展和壮大，从低层次向高层次迈进。与此同时，上海证券交易所也不要改变自己的特色。纽约证券交易所一再强调，纽交所绝不放低对上市公司的标准要求，其上市门槛较高，而且有越来越严格的趋势。① 平均每年在美国上市的 200～400 家公司中，大概只有 30% 符合在纽约证券交易所上市的标准，其余的 70% 退而求其次，待满足纽交所标准后实现转板，从 2000 年到 2006 年，共计 153 家纳斯达克上市公司升板转入纽交所。在未来，如果深交所的公司达到上交所的上市标准，既可以在深交所发展壮大，也可以申请到上交所上市，这是自由竞争，也是市场主体自愿的选择。

---

① 2007 年 6 月，有媒体报道，称“世界上最大的证券交易所纽约股市交易所，正在放低它的上市要求以吸引大中华地区的公司，以此与其最大对手纳斯达克股票市场竞争”。对此，纽交所集团亚太区执行董事杨戈进行了反驳。参见《中国证券报》2007 年 6 月 20 日。

第三章　创业板市场风险与法律制度

风险投资是创业板市场的“双刃剑”。创业板上市的公司大多是中小型公司，是风险投资关注的重点，它们具有高成长性的一面，但是也普遍存在投资失败率高的问题。创业板市场虽然培育了众多优秀公司，也为风险资本退出提供了方便之门，但是无法减少大部分公司的经营风险。资本市场本身就具有很高的投资风险，创业板市场内在的专业性、风险性，决定了其投资者结构中的主要构成应是承担风险能力较强的投资者，投资者应当充分了解市场风险状况和相关专业知识，否则，贸然以投机的心态盲目进行投资，必然会承担相当大的风险，同时客观上也会导致市场的投机性过强，市场波动幅度加大。创业板市场自身上市门槛低、容易炒作概念、成长性偏好决定了其容易出现泡沫。另一方面，与主板市场相比，创业板有不同的上市规则、申报程序和监管制度，是一个独立的市场，上市要求较低，那些发展不成熟、管理不规范、前景不很明朗和仍处于亏损的企业，只要满足一定的条件，就可获得上市机会。因此，创业板潜伏较大的风险。

一、风险的界定

风险，又称“危险”。中文的危险一词与英文的“risk”相当，但在英文中，“risk”却与“peril”和“hazard”二词的意义完全不同。“peril”通常表示“不幸事故”，而“hazard”一词用来表示导致不幸事故之因素。

“风险”在国内外迄今没有一个统一的定义：（1）有强调“客观性”者，称风险“是自然界客观存在的，人们时时警惕的，足以造成社会财富损毁和影响人的生命安全的随机现象”。①（2）有强调“不确定性”者，风险“是指人类无法把握与不能确定的事故的发生导致损失的不确定性”②，或危险“应解释为某种损失

① 李嘉华等：《保险学概论》，中国金融出版社 1983 年版，第 41 页。

② 庄咏文：《保险法教程》，法律出版社 1986 年版，第 1 页。

发生之不确定性"①。(3)有强调"将来性"者，风险是"实际情况与预期结果的偏离"② 或"乃是在一定情况下有关未来结果的客观疑惑"。③

总之，风险是一种客观存在的所致损失的发生具有不确定性的未来状态，简言之，就是发生损失的可能性。这个定义强调风险所具有的四个本质特征：(1)客观性。客观性是指它具有必然发生的可能，虽然有些风险是人为造成的，比如道德风险。客观性主要是从风险发生的结果方面进行衡量的。(2)损失性。风险一旦发生，必然给当事人带来负面效应或不利益，遭受财产损失和人身伤害，或者应得的利益没有实现。(3)不确定性或可能性。(4)未来性。

二、创业板市场是风险投资市场

(一)创业板市场与风险相伴随

"我们不需要一个没有风险的世界——这样做的成本要大于这个世界本身的价值——而是一个只发生效率事故的世界，只有一个事故其本身的价值要高于采用预防措施来阻止它的成本时，它才是有价值的。我们需要这样一个世界：每个人都会而且只会采取成本合理的预防措施。"④ 证券市场本身就是个风险极大的市场，因为这里交易的商品是证券，证券是一种虚拟资本。资本的目的是获取利润，其结果是未来的事情，是不确定的，有人赢利，有人亏损，有人保本，因此，风险是资本运作的基本特征之一。虚拟资本比一般的产业资本和商业资本风险更大，因为其外在表现仅仅是一张纸，纸本身的价值很小，但由于这张纸是真实资本的复本和证书，其背后反映了真实资本的运行，因而它是有价值的，它的价值决定于真实资本的运行状况。然而，真实资本的信息传导入虚拟资本市场上有一段过程，而且信息本身也是不充分的，这样虚拟资本的运行在不完全信息的基础上，某种程度上受到很大的心理因素的影响，人们都在猜测和预期，人的心理在没有物质感应的基础上很容易被操纵，形成羊群效应。长期的实践使人们在心理上已经形成了牢固的定式：股票市场的风险很大，但人们却愿意在这里冒险，因为市场的总体收益要高于其风险，从长期看，股票市场与生产力的发展趋势是一致的。

英国 AIM 市场是世界上比较成功的创业板市场，但安永会计师事务所 2006 年 12 月发布的一份报告显示，英国 61% 发布收益预测的上市公司是在 AIM 上市，而 2005 年同期是 40%；在第三季度发布收益预警的公司中，有 6 家是在过去 1 年中

① 袁宗蔚：《保险学概要》，台湾三民书局 1987 年版，第 1 页。

② 魏润泉：《国际保险通论》，中国金融出版社 1991 年版，第 29 页。

③ 汤俊湘：《保险学》，台湾三民书局 1984 年版，第 1 页。

④ [美] 大卫·D. 弗里德曼著，杨欣欣译：《经济学语境下的法律规则》，法律出版社 2004 年版，第 236 页。

上市的。与此同时，AIM市场2006年首次公开募股和后续募股的金额也从5月份22亿英镑的高点回落到10月份的14亿英镑。人们认为，这些危机不是偶然的。有人质疑AIM自我标榜为那些不想经过美国层层严格审查的小型“成长”公司的上市场所，并认为此次危机可能由AIM过于宽松的上市门槛对企业把关不严所致。对此，AIM发言人约翰·华莱士（John Wallace）说，收益预警多发生在规模较小的公司中，它们面临的经济风险更大，而任何小公司在发展早期都会存在这种情况。①

震惊世界的日本“活力门”商业丑闻2006年1月23日再显。日警方当日晚逮捕了总裁堀江贵文等4名活力门公司高层官员。检察机关当日下午还传讯了堀江。随着堀江接受传讯，日本股市23日再受重创，股指狂泻不止。日经平均股指当日下挫336.04点，下挫幅度达2.14%，以15360.65点收盘。自“活力门”案件1月16日东窗事发后，至23日，日经225指数暴跌6.7%。23日科技股公司整体股价继续遭受重创。“京都陶瓷公司”和“东方电子公司”股价分别暴跌2.14%和4.16%，而网络公司“雅虎（日本）”暴跌5.03%。从17日开始，东京证券交易所推迟30分钟开盘。东京证券交易所18日曾因日交易量超过450万单冲破系统支撑能力，被迫停止所有交易。

创业板的性质决定了其风险一般高于成熟企业的主板股票市场，中小企业抵抗风险的能力不如大企业，但中小企业旺盛的生命力又高于大企业，任何大企业都是从中小企业发展起来的。中小企业的成长速度也远远高于大企业。从这个意义上，创业板市场的发展潜力也远远高于主板市场。如果通过制度构建，使人们的理性行为能够从应对风险中获取收益，创业板就是很好的制度选择。

（二）人类追逐利益的天性是创业板市场风险投资产生和发展的根本动力

创业板市场的投资属于风险投资范畴。既然是风险投资，就意味着经济主体在进行投资决策时已经知道了风险的存在或有损失的可能性，那么为什么还有一些人甘冒风险去进行投资呢？经济学是这样解释的，根据经济主体对待风险的态度，市场中的投资主体可以分为3类：风险厌恶者、风险中立者和风险偏好者，风险投资者则属于风险偏好者。问题是人们为什么会偏好风险这种负面的东西，是不是违背了人类的本性。事实上，人们并非是偏好风险，而是偏好收益，只是说为了获得高额收益，人们才会不得不承担相应的高风险。风险投资来源于人类冒险的天性，而人类的冒险行为归根结底来自于对高额收益的追求。创业板市场上市的公司大多是处于创业时期的高新技术公司，风险投资者投资于创业板市场的上市公司，主要是由于其中蕴涵着巨大的发展潜力和赚钱机会。

---

① 张楠：“AIM：扶植成长企业跨入主板”，载《中国证券报》2006年12月20日。

三、风险的种类

（一）非道德风险

1. 政策风险。经济、产业政策的变化，税率的改变，可以影响到公司利润。利率政策的变化具有两重影响作用：一方面影响上市公司资金运作成本，加息则代表企业利润的削减，相关证券的内在价值下降；另一方面，进入市场的资金成本提高，资金要获得超过利息的收入的难度加大。创业板公司规模比较小，单个股票流通的数量少，很容易受到股市政策的影响。就我国中小板市场看，从新股询价制和股改政策对中小板股价的打压和拉动程度上看出，中小板公司的估值受到股市新政策的影响极大。

2. 经济环境风险。由于分析人士称，随着美国经济增长减速和消费者支出减少，可口可乐和摩根大通公司在 2006 年可能面临困难。作为道琼斯工业指数的成分股，这两家公司的评级降低可能会对股市产生一定影响。美国国务卿赖斯 2006 年 1 月 12 日称，必须将伊朗核问题提交联合国安理会，并对伊朗进行可能的制裁。受此影响，纽约商品交易所原油期货价格当天一度超过 65 美元，从而加剧了股市的下跌。1 月 12 日纽约股市收盘时，道琼斯 30 种工业股票平均价格指数下跌 81.08，收于 10962.36 点，跌幅为 0.73%，首度跌破 11000 点。纳斯达克综合指数下跌 14.67 点，收于 2316.69 点，跌幅为 0.63%。标准普尔 500 种股票指数下跌 8.12 点，收于 1286.06 点，跌幅为 0.63%。在经济危机时期和经济萧条时期，任何股市都难有很好的表现。

3. 经营风险。创业板上市公司大多数是中小科技企业，它们具有高成长性的一面，也有管理不善、经营不力的可能。经验表明，在一些高科技公司获得巨大成功、高科技投资综合回报率明显高于社会投资平均回报率，同时，中小科技企业普遍存在投资失败率高的问题，往往高达 70% ~80%。多数中小科技企业是亏损的甚至严重亏损；中小科技企业经营风险还来自高科技产业投资回收期较长的不确定性。高科技产业投资回报期一般不短于 3 ~7 年，前期常常是亏损的，后期才开始赢利。NASDAQ 市场虽然孵化了众多优秀公司，但是无法减少大部分公司的经营风险，降低投资者的投资风险。中小科技企业经营失败的原因很多，有学者进行了总结：首先，没有企业家精神、不断进取的团队和追求卓越的工作热情；其次，没有良好的人文、社会、自然和政治环境、高效率的政府决策、完整的法律体系，政府对知识产权和私人投资保护不够；再次，没有技术优势和高素质研究开发人才，不能生产出具有巨大市场潜力、具有行业垄断的优势的产品；最后，没有建立健全的治理结构。①

4. 股票价格剧烈波动的市场风险。由于投资者对科技企业过分热情和中小科技企业经营、市场和业绩的不稳定性，股票价格波动的幅度及频率表现得尤其明显，不是特别低迷，就是过分狂热。除个股风险外，还存在新兴企业面临的共同风险，也叫科技股票的系统风险，如1962年美国总统肯尼迪保证在10年内将人类送上月球后，引起了人们太空探索的热潮，鼓舞投资者抢购科技股股票，造成了股市泡沫，然后，泡沫破裂，科技股在短时间内下跌50%以上，导致道琼斯指数下降26%。

5. 并购风险。创业板公司股份全流通，而且公司大多是中小型公司，在证券市场很容易被收购。收购的目的有多种多样，并非一定要保持壳资源，甚至完全独占该公司资本。2005年11月15日、16日，中国石油天然气股份有限公司（HK：0857）连续发布公告，出资61.5亿元，要约收购旗下三家上市公司吉林化工、锦州石化和辽河油田，进而终止它们的上市地位。如果有某大型集团收购创业板公司，其目的是为了下市。这对创业板公司的市场地位和股份持有人都构成一种风险约束机制。

6. 交易系统的运行风险。日本金融厅2005年12月14日下午向东京证券交易所发布彻底改进管理体制和完善证券交易系统的整改命令，要求其尽快递交查明证券交易系统拒绝接受撤销交易指令的原因以及事态发生经过情况的报告，全力恢复资本市场的信誉。瑞穗证券公司12月8日在接受委托卖出日本嘉克姆公司股票的交易中，在操盘手发出错误指令1分25秒之后，瑞穗证券公司虽然利用公司的电脑连续三次发出撤销指令，但没有反应。此后又经过东京证券交易所的终端再次发出撤单指令，还是被交易系统拒绝。后经东京证券交易所和证券交易系统的生产厂商联合检测，查明瑞穗证券公司多次向东京证券交易所股票交易系统发出撤单指令均被拒绝是因为证券交易系统存在缺陷。日本金融厅决定对东京证券交易所进行处分，勒令其迅速整顿管理体制，查明原因，保证不再发生类似问题。一些国际券商在瑞穗证券公司错误发出卖出的指令后，在停盘价附近买到了股票。其中瑞银证券买进38198股，是最大的受益者，其账面利润达到1.01亿美元。该公司曾在2001年与瑞穗公司一样犯下大错，在日本最大的广告公司Dentus上市当天曾误以16日元的价格卖出了61万股，而Dentus招股价格则为42日元，此举导致瑞银证券当年损失162亿日元。国际券商的行为符合交易监管规则，其利润合法。日本财政金融大臣也只能愤恨，说什么“明知这是一个错误的指令却下单买进，这不是一件好事”之类的气话。② 为防范证券交易系统风险，一般要求证券交易所要确保其交易处理能力超过实际交易次数的40%～50%。东京证券交易所尽管已经阶段性地

① 王志刚、喻家庆：“香港创业板市场风险研究”，载《中国证券报》1999年12月23日。
② 不过舆论的压力很大，舆论普遍诟病此次投机中的盈利，这迫使券商至少部分返还利润。

提高了交易系统的处理能力，在1月10日将系统处理能力从750万次提高到了900万次，但是面对日益增长的股票交易需求，东京证交所认为其系统交易处理能力仍然有必要进一步提高。① 2006年1月19日，美国纳斯达克股票市场交易报价系统发生技术故障，造成当天约1500只股票出现报价错误，美国各主要财经新闻网站显示出错误的股价变动信息，对投资者决策产生误导。②

7. 市场运作风险。创业板运作能否成功有待实践检验，国外出现过多次创业板失败的案例。1992年AMEX设立的ECM（Emerging Companies Market）在1995年关闭，英国的USM（Unlisted Securities Market）于1996年关闭，1999年澳大利亚关闭了创业板市场。2005年，有学者通过对香港创业板市场的有关数据指标进行分析，认为香港创业板市场已经呈现萎缩趋势：③ 首先，上市数量在减少。2005年上半年，香港创业板市场仅有2家公司上市，而且3～6月份没有任何公司在创业板挂牌上市，而2004年同期创业板市场有15家公司上市。这种现象是创业板自1999年设立以来所没有的。其次，股票市值在下降。2005年前7个月，虽然上市公司数目增多，但上市公司的总市值却下降，而且同比下降幅度均达到2位数。再次，股票成交量在减少。统计资料显示，创业板的流通量连年下跌，其中一个重要的原因就是创业板的公众持股量偏低。低流通性的结构缺陷，不但失去了融资功能，也使创业板受到上市公司和投资者抛弃。最后，香港创业板指数持续低迷。从1999年香港创业板设立以来，香港创业板指数虽然有起伏，但是未改变整体颓势，由2001年1月23日的历史高点的3286.95点到2005年7月8日的达到863.79点的谷底，下跌幅度达到74%，两年来该指数一直在千点上下徘徊。

（二）道德风险

道德风险是指市场主体违反诚信义务而给投资者和市场带来损失的风险。违法风险属于道德风险范畴，因为法律是道德的底线，有些道德规则被法律所承认和吸收。道德风险有虚假陈述风险、违约风险、管理者不履行义务风险、内幕交易风险、操纵市场风险等。

道德风险一旦变成现实必然带来公司和直接行为的声誉的降低，经济学家约翰·洛克（John Lott）研究发现，由于耻辱造成公司价值的损失（通过股票价值来

---

① 在2005年下半年接连发生股票交易系统故障后，东京证券交易所在2006年1月决定大幅提高交易系统处理能力。该交易所计划在2006年6月初以前将其日交易处理能力从900万次大幅提高到1500万次。

② 报价错误主要涉及在纽约证券交易所和美国证券交易所上市的部分股票。纳斯达克市场的报价系统不仅提供本市场交易股票信息，而且还向“雅虎财经”等提供财经新闻服务的网站客户提供纽约证券交易所等市场股票交易在内的信息。

③ 张松岭、于萍：“创业板中资股两极分化”，载《中国证券报》2005年9月9日。

衡量）比公司名义上受到的惩罚要高出数倍。洛克观察了那些被指控对顾客犯下罪行的公司的股票价格，通过利用多重回归分析（mutiple regression），他计算出了在过去每个公司的股票价格与其他变量是如何关联的，例如，相同行业中其他公司的股票价格，然后预测该公司的股票价值本应是多少，并与其股票在受到指控后的实际价值相比较，并将其间的差异解释成该公司因指控而造成的损失。他发现该公司的损失，平均要比所受到的罚金高出许多倍。① 他得出结论，损失主要不是支付罚金造成的，而是因声誉问题造成的。②

虚假陈述给投资者和证券市场造成的危害十分巨大。在创业板市场，作为上市保荐人和创业板上市评判的主要依据，发行人要作出上市前两个财政年度活跃业务记录和在上市后两个财政年度业务目标的陈述，披露过去的实质表现和将来可能实现的业务目标、交易所对此作出严格规定，但对申请人不作实质性审核，由保荐人负全部审核责任。由于保荐人在专业知识和专业经验方面的不足，完全有可能被可以寻求虚假陈述的申请人所欺骗，而作出错误的上市推荐。2002 年，美国第二大电信公司世界通信公司（World Com Inc.）涉嫌巨额财务欺诈的丑闻曝光，7 月 21 日首席执行官约翰·W. 希格摩尔（John W. Sidgmore）宣布，世通公司已根据美国破产法第 11 章向曼哈顿的美国破产法院申请破产保护。世通公司宣布破产使其成为美国有史以来最大的一宗公司破产案。公司市值也从最高时的 1150 亿美元跌至 10 亿美元。它是一家通过收购成长的公司，集团曾成功收购的公司达 65 家。从 1991 年到 1997 年，通过在市场上募集资金和借贷，集团花在收购项目的就达到 600 亿美元，1997 年年末以 350 亿美元成功合并 MCI。而 1996 年世界通信与 MCI 的营业额分别是 56 亿美元和 185 亿美元，可以说是“蛇吞象”的收购。如此急速扩张，使世通公司的股价由 1991 年的 1 美元多一直涨到 1999 年的 57 美元。NASDAQ 就是这样一个能为拥有高成长性可能的公司提供一个具有多样性的财务工具的高效率市场。可是，如同其他股票市场一样，它也存在一些监管机构跟市场机制难以立刻解决的问题。2002 年，美国就暴露了许多财务丑闻，世通公司就是其中典型的案例。此次丑闻还涉及国际五大会计师事务所之一的安达信美国公司。安达信美国公司因合伙“违规操作”而受到美国国会、证券交易委员会的调查，美国司法部又以“妨碍司法”为由向安达信提起刑事诉讼。2002 年 8 月 31 日在其总部芝加哥宣布，将退出公司从事了 89 年之久的上市公司审计业务。这次事件再次引发全球性的被广泛诟病的公众公司和中介机构的诚信问题、会计制度问题和企业管理制度中的期权制度等一系列问题。而问题又集中到为业界所广泛关注的基于信息

① 这也与金融市场的放大效应有关。

② ［美］大卫·D. 弗里德曼著，杨欣欣译：《经济学语境下的法律规则》，法律出版社 2004 年版，第 279 页。

不对称（Asymmetric Information）的道德风险（Moral Hazard）和盈余管理（Earnings Management）。全面看来，财务造假的主体可能包括公司高级管理人员、投资银行、证券分析师和会计师事务所、信用评级公司等。在美国，几乎100%的高科技公司、90%以上的上市公司都实行了股票期权制度，而股票期权的价值又建立在股票升值的基础上，相关人士被利益所驱动，不惜通过做假账来推高股价。①

引发日本股市“大地震”的震源是日本三大门户网站之一的活力门。日本东京地方检察院2006年1月16日晚以涉嫌编造和散布虚假信息、违反《证券交易法》为由，搜查了活力门总部、公司总裁堀江贵文的住所及相关子公司。根据警方调查，活力门公司在东京证券交易所创业板市场上市的网络广告子公司（后改为活力门市场开发公司）于2004年10月宣布收购“财富生活”出版社，从而引来市场对这一子公司股票的追捧。调查还发现，活力门公司通过把子公司的利润做入母公司的收支账户，虚增公司利润，从而拉升公司股价，并采用股票交换的形式收购其他公司。因为股价越高，通过其他公司进行交换时就越有利，也就是用虚增资产来骗取其他公司的真实资产。活力门公司正是利用这种手段收购了日本环球证券等十几家公司。活力门2000年在创业板市场上市时，只有50亿日元的股票市值，2005年的股票市值达到7700亿日元。此外，活力门还频频出击日本社会的核心企业，先是利用证券交易法漏洞，在场外偷偷购买富士电视台股票，引发一场“大战”。期间又与“乐天”集团抢购一家职业棒球队。尽管活力门在这两项“战役”中失败，但通过媒体炒作，其显示的实力与战斗力让活力门股票在市场上继续得到众多个人投资者追捧。1月17日，东京证券交易所当天日经平均股指下跌462点，创下2005年以来当日股市下跌幅度纪录。18日上午9时，东京股刚一开盘，抛盘大量涌至。17日的“活力门危机”主要由旗下子公司引发。但是媒体在18日曝出活力门本身涉嫌做假账。东京证券交易所为保险起见，停止了活力门股票的交易。活力门股票17日已经跌停，约有2.6亿股卖盘无法卖出，此外投资家手里还有8000多万股期货股票。这些构成18日交易中庞大的抛盘，截至中午12时，预定交易量已超过230万。东京证券交易所在12时46分发表声明说，如果交易量超过400万，系统处理能力将受到考验，东证可能考虑停止全部交易。声明发表后，市场恐慌心理加剧。14时30分，东证所宣布10分钟后全部交易中止。当日的日经股指继续下挫464点，收于15341点，再创2005年来单日最大跌幅。根据初步统计，由于“活力门”事件在投资者中造成的恐慌，日本股票市场在3天内损失了3000亿美元，相当于瑞士1年的国民生产总值。东京证券交易所对活力门发出严重

① 东英金融集团张松岭等：“遥看纳斯达克（下），成功之路不平坦”，载《中国证券报》2004年9月10日。东英金融集团成立于1993年，是一间提供国际投资银行服务的公司，总部设于香港。曾保荐多家著名H股及红筹公司在香港上市。

警告，要求活力门向投资者如实通报有关“做假账”的来龙去脉。活力门事件还拖累了其他创业板企业以及与活力门互相持股的相关企业，更重要的是活力门打击了投资者的信心。日本《读者新闻》18日的一篇短评指出，活力门的做法相当于杀鸡取卵。自己的市值迅速膨胀，事情败露后，却让无数看好创新企业的投资家“埋单”。①自2007年1月16日活力门大地震，随后2个交易日日经平均股指下跌926.85点。此后，活力门公司的股票连续5个交易日跌停，股票总市值已经从16日的7000多亿日元下跌到了23日的2600多亿日元。2007年3月16日日本东京地方法院以违反《证券交易法》为由，判处日本活力门公司原总裁堀江贵文两年半有期徒刑。②

四、创业板风险与法律制度

（一）法律制度对风险的态度

金融风险分为系统性金融风险和个别金融风险。所谓系统性金融风险是指足以威胁一个经济体系的安全、达到一定限度后就能转化为金融危机的全局性金融风险；而个别金融风险则是由于某项金融行为给当事人带来损失的可能性。系统风险与个别风险之间的最大区别在于：前者往往危及一个国家的信用体系，危及一国的经济基础，削弱一个国家大部分国民的利益共同体；后者在一般情况下，只涉及当事人的个体利益，金融是一个充满竞争的领域，个别金融风险与盈利动机相伴随，而且往往形成正相关关系，它不可能避免也没有必要避免和消除。创业板市场的风险比一般证券市场的风险要大得多，无论是系统性风险或是个别风险。如果系统性风险是由经济因素造成的，如经济增长率下降、消费水平下降、失业率增加等因素引起，法律制度无能为力，因为法律制度的设置不能违背经济规律。如果系统性风险是制度因素和道德因素引起的，法律就有用武之地。就制度性因素而言，一个国家的资源分配体制是其经济制度的重要组成部分；它在客观上提供的种种约束条件规定了经济发展的结构性矛盾以及系统性金融风险生成的现实基础。例如，我们从日本的金融危机中能看到“温床体制”、主办银行制及企业终身雇佣制等种种制度性原因；在韩国的金融危机中也能看到官商勾结、裙带资本主义的影子。③ 我国主

① 新华社特稿：“‘活力门地震’冲击日股市”，载《安徽商报》2006年1月19日。

② 日本检察机关查明，活力门的一家子公司在2004年10月宣布收购一家出版公司时曾伪造经营情况欺骗投资者，不仅捏造超过50亿日元的盈利，更隐瞒了3亿多日元的亏损，使该出版公司的股票价格暴涨48倍。此后，活力门抛售了自己持有的该出版公司股票，获取暴利。日本检察机关认为，堀江贵文是上述事件的主谋，并要求判处其有期徒刑4年。东京地方法院基本接受了检方指控，作出了有罪判决。

③ 黄丽珠：“创业板市场有利于降低系统性金融风险——访王松奇博士”，载《金融时报》2001年6月2日。

板市场的系统性风险很大，其制度原因是主板市场的透明度比较低，留下计划经济和国有制很多后遗症，如国有股和法人股不能流通，国家的政策频繁地干预市场。不过，由于政府已经意识到法律治理的重要性，通过法律方式改革传统的体制和制度，比如政府推动了股权分置改革，实行了股权平等的革命。营造一个新的资本市场板块并实行一套有别于原主板市场的游戏规则，实际上是政府的一种制度供给行为。至于道德风险，如果具有普遍性，也可能造成系统性风险，如我国证券市场在20世纪90年代，银行信贷资金大规模进入股市，庄家对证券市场大规模操纵，都曾经是我国证券市场暴涨暴跌的因素，道德风险所造成的系统风险，也可以通过严格法治而消除或减弱。道德因素如果是个别地影响某只股票或购买某种股票的风险，也可以通过法律制度以及法律实施加以补救，如通过民事责任途径使受害人得到补偿，通过法治监管使道德风险的制造者受到惩罚。

至于个别上市公司运营过程中出现问题，导致退市或市场行情波动可能导致的微观经济主体的损失，这是永远都无法避免的问题，每个市场的市场参与者对这类风险都有相当成熟的心理准备。任何市场，都是为市场主体设置的营利性场所，只要它在正常发挥功能，就不可能指望其为每个市场参与者提供马克斯·韦伯所谓的“终极关怀”。但法律上应当明示纯属市场因素造成的风险应由投资者承担，如我国《证券法》第27条规定：“股票依法发行后，发行人经营与收益的变化，由发行人自行负责；由此变化引致的投资风险，由投资者自行负责。”

合理的制度安排可以降低交易费用，促进经济的效率和发展，这是制度经济学的一大贡献。风险投资的第一个制度安排是产权制度安排。产权制度指的是维护私人财产合法性的制度安排，它在促进风险投资中有两大作用：一是能够增大创新的动力并以此促进创新的发展；二是维护了投资收益的合法性，解决了风险投资的后顾之忧。与风险投资相关的第二个制度安排是知识产权制度特别是专利制度，在法律上保证了一定时间内发明成果使用的排他性。制度上确保发明产品一定时期内的市场垄断，在其他条件一定时，垄断可以产生超额利润。与风险投资相关的第三个制度安排是资本市场的建立。一般理解，资本市场促进风险投资发展的因素主要有二：一是便利风险投资公司的融资或资本积聚。因为现代社会是个高度分工的社会，资金剩余方不懂如何去投资，就需要委托专业人士投资，这是风险投资的资本供给。而善于投资的人没有资金，这是风险投资的资本需求。资本供给和需求的结合需要资本市场的配合。二是便利风险资本的退出，促进风险投资的良性循环。通过企业并购、协议回购和破产清算等传统方式退出，限制条件很多，而且成本也较大。创业板市场则能很好地解决这些问题，因而风险资本家特别钟情于这种方式。

很多风险通过市场本身的行为就可化解，而且市场主体本身也愿意化解风险。比如股票回购可以对股价起支撑作用。但法律必须给予这个权利。美国公司法和证券法允许公司回购其股份，股份回购是公司应对股价一个很重要的砝码。以2005

年为例，截至2005年11月，美国公司的股票回购额已经达到了创纪录的2450亿美元，远远超出了2004年1970亿美元的水平。股份回购一方面有助于提振相关公司的股价，另一方面也有助于提升其每股盈利水平。从短期看，股票回购对公司和投资者具有“双赢”的效果。标准普尔公司2005年11月发表报告称，标准普尔500指数的科技公司包括微软、英特尔和思科三家公司在2005年上半年共回购了近500亿美元的股票，几乎相当于2004年全年科技企业520亿美元的回购额。

风险的反面是收益。有些风险对市场起正面推动作用，有些风险起反面作用。对于正面风险，属于市场机制所固有，对一方可能是个损失，但对对方可能就是很大的利润，对市场可能就是优化资源配置。所以要形成一种良性的激励性制度机制。比如市场的并购风险。于2006年1月1日生效的新《公司法》和《证券法》作了很多根本性制度的修改，比如公司资本制度的修改，《证券法》对强制要约制度的修改等，都为市场并购重组的创新提供了基本的法律保障。资本市场在并购重组中占有越来越重要的地位。一方面，更多的工具和并购方式会出现。要约收购使敌意收购成为可能，同时也增加了反收购的工具。另一方面，资本市场为并购重组提供更有效率的评价方式，并购是增加股东价值还是削减股东价值将由市场表现来评价。创业板公司资产规模小、现实盈利状况不太理想的小型公司，也会由于未来的成长性得到投资者的认可，从而市场价格较高，它可以通过支付自身股价去收购其他相关公司从而获得更大的发展空间。

对于道德风险，法律制度及其实施具有直接的针对性。2006年1月19日，德隆大案一审在武汉市中级人民法院正式开庭审理。德隆旗下的三家企业、总裁唐万新和其手下的6名高管分别因涉嫌非法吸收公众存款、操纵证券交易价格和挪用资金犯罪被检察机关提起公诉。起诉书称，在成为被告的三家企业中，上海友联管理研究中心有限公司涉嫌非法吸收公众存款罪，德隆国际战略投资有限公司和新疆德隆（集团）有限责任公司涉嫌操纵证券价格罪；担任上述公司总裁的唐万新涉嫌非法吸收公众存款罪和操纵证券交易价格罪；德隆系高管杨利、李强、王恩奎、董公元、洪强、张龙6人或涉嫌非法吸收公众存款罪，或涉嫌操纵证券交易价格罪和挪用资金罪。检方指控，2001年6月5日至2004年8月31日，上海友联组织金新信托、德恒证券、恒信证券、中富证券、伊斯兰信托等公司，采取承诺保底和以1.98%～22%不等的固定收益率与公众签订委托投资协议及补充协议35890份，变相吸收公众存款450余亿元人民币，其中未兑付资金余额172亿元，涉嫌构成非法吸收公众存款罪。武汉市人民检察院认定，2001年6月5日，德隆国际在唐万新等人的决策下，成立了上海友联对所属金融机构实行统一管理，扩大委托理财业务。之后，上海友联、德隆国际先后重组，收购并控股了德恒证券、恒信证券、中富证券、伊斯兰信托等金融机构。为大规模吸收公众存款，在唐万新的决策和指挥下，上海友联先后对各金融单位下发年度经营计划等一系列文件，确定融资利率和费用标准，并召开年度、月度会，根据融资情况对工作人员进行考核。另外，1997年3月以来，在唐万新集中持股决策的指导下，新疆德隆、德隆国际利用自有资金和部分委托理财资金，使用24705个股东账户，集中资金优势、持股优势，采取连续买卖、自买自卖等手法，长期大量买卖新疆屯河、合金投资、湘火炬A，造成三只股票价格异常波动。检方指控，截至2004年4月14日，在唐万新等的决策和指挥下，新疆德隆、德隆国际累计买入上述3只股票678亿元，按照移动平均法计量共非法获利98.61亿元。其间，三只股票的最高持仓比例全部高达91.5%，自买自卖量占总交易量的最高比例全部在99.83%以上，持股优势明显，严重扰乱了证券市场秩序，涉嫌操纵证券交易价格罪。①

国际上创业板的实践证明，创业板的很多风险是法律本身造成的，比如创业板的法律地位、创业板上市门槛过低、创业板市场退出机制不完善、对中小投资者保护不力、上市公司行业分布过于集中、公司治理不完善、市场监管松散等。有些不是直接由法律造成的，但也构成市场的基础性制度，且为法律承认。比如香港作为国际金融中心的显著特点之一就是投资者主要由机构投资者和专业人士组成，散户的力量很微小。但有相当一部分投资基金的章程规定只允许投资主板的股票，不允许投资创业板的股票，或者规定不能投资于1亿美元以下的企业，这样就使很多创业板公司不能得到大资金的关注，其股价长期低迷，融资能力受到压制。法律实施上的漏洞也是风险产生和扩大的重要因素。在市场持续下跌的过程中，德国、韩国等创业板市场还曾受到上市公司财务丑闻、价格操纵和内幕交易等问题的困扰，这些一度使投资者丧失信心，并对市场存在的价值提出质疑。因此，自2000年开始，全球创业板市场开始反思、检讨和修正创业板相关规则，采取一系列措施，强化监管，以恢复投资者信心。不少国家还对创业板进行了重新定位和整合，将一些创业板市场合并到主板中，如德国新市场、法国新市场、加拿大创业板和马来西亚创业板等。另一方面，许多国家和地区对创业板市场进行了重新定位：一是以中小企业板块代替原有的创业板或高成长板，弱化了原有的行业特性和增长性要求，代之以规模大小的标准，并辅之以较高的透明度、流动性要求。如新西兰用NZAX市场（New Zealand Alternative Market）取代原有的新资本市场（new capital market），并把主板的中小规模公司转移到NZAX；中国台湾柜台买卖中心用“中小股票上柜”制度代替原来模仿纳斯达克和香港创业板建立的“第二类股票制度”，明确其定位于中小企业的市场特性，扶持岛内中小企业的发展；丹麦哥本哈根交易所成立中小盘股市场（MidCap + and Small - Cap +），取代原有的成长型板块KVX，并将主板符合条件的上市公司转移到这个市场。二是原有的创业板市场或者成长板块调整服务对象，提升自身档次。如伦敦交易所的AIM，致力于国际化进程。瑞典的NGM

① 参见《新安晚报》2006年1月30日。

成长市场获得正式交易所的地位，从而使机构投资者参与其中。三是结合本国资本市场结构调整和本国经济实际情况，定位中小企业资本市场。结合创业板2000年到2002年的调整，原来定位千篇一律，吸引高科技、高成长转为立足于中小企业，紧密结合本国资本市场结构调整和本国经济实际情况的发展需要。如新西兰成立NZAX市场就是在整个新西兰交易所改革的背景中进行，而中国台湾“中小企业上柜”制度成为岛内资本市场结构调整和重新细分方案的一部分。①

全球创业板经历了从2000年3月开始的巨幅调整后，更加冷静地认识自身的价值，并完善其运作机制。改革成为推进各国创业板不断走向成熟的必然之路。改革首先体现在市场运行机制上。一方面，不少创业板市场都提高了IPO标准和持续上市标准。另一方面，对股份的禁售期管理进一步严格。强化上市公司治理及运作管理，追求宽严适度的准入制度与严格的监管制度的统一，也成为各国创业板市场改革的一个重要方面。具体措施包括更为严格的信息披露制度，实行特殊的保荐人制度，要求严谨的公司治理结构，启动严格的退市制度。这些规则的启动使得创业板市场进一步净化。在打击非法股票交易行为方面，各国创业板市场也是不遗余力。如德国新市场加强了市场监管和对违规的处罚。增加对拟发行公司不履行或拖延履行交易所规则的行为的处罚，罚金最高可以达10万欧元；对严重的非法股票交易行为，交易所有权取消其上市资格。

（二）门槛规则

不是任何企业都能进入创业板市场，如果创业板市场都是垃圾股当道，创业板市场肯定维持不了多久。

门槛规则能够保证创业板上市公司的质量，优秀上市公司股票的流动性要好于劣质上市公司。优秀的中小型上市公司的股票流动性要好于大中型上市公司的股票的流动性。深圳证券交易所2007年3月15日首次通过新设的金融创新实验室向市场发布《2006年度股票市场绩效报告》。报告显示，中小企业板股票的流动性高于深市A股平均水平，不过其波动性也高于市场平均水平。目前，中小企业板公司的业绩标准达到主板市场的水平，而其股份规模相对较小，这使得其流动性大增。创业板公司的业绩一般不如目前的中小板公司，但也不能是毫无发展前途和潜力的公司，否则其流动性肯定不行。

（三）信息披露制度

法律的目的主要是提示风险并建立严格的信息披露制度。“如果买方有确切的

① 陈赋斌：“在荆棘中前行——全球创业板市场的发展与启示（上）”，载《中国证券报》2003年7月23日。

信息知道公司的产品有多大的风险，正确的规则应该是购者当心原则。如果买方没有这样的信息，但是卖方处于预防事故的最佳位置，那最好的规则就是卖者当心原则。在更复杂的情况下，如卖方知道风险而买方能够最好地控制风险，我们必须或者搞清楚哪一种考虑更为重要或者采取一些折中方案，如让卖方只对部分风险负责。”① 创业板市场的股票比一般主板市场的股票风险要高得多，作为投资者和市场交易者是非常清楚的，投资者在市场交易控制风险的能力比较强，一旦有可靠预期，随时可以抛售，但是投资者在信息方面就处于劣势，在市场交易过程中自然不知道股票对应的公司的产品销售情况和经营状况。证券发行人不是市场的交易者，它不能决定市场交易过程，但它掌握信息，只要把经营信息及时、准确、完整、充分地告诉投资者，让投资者去判断风险和规避风险，这是最好的法律选择。

信息披露制度对风险的控制具有基础性意义。投资者购买证券，证券的价值如何，有没有增长潜力，都需要通过发行人披露的信息进行判断，否则，证券投资与赌博没有什么区别。美国“9·11”事件后，当人们的恐惧之心渐渐平息，华尔街相继发生了安然、世通、安达信等企业的财务丑闻，暴露了上市公司CEO、CFO们的诚信危机，引起了美国金融界的极大震撼。财务丑闻后信息管理立即成为美国和华尔街危机处理的主题。美国国会推出了《公司改革法案》（《萨班斯—奥克斯利法案》），要求CEO、CFO为上市公司披露文件的真实性进行背书签字。一旦发现有假或违规，CEO、CFO将面临10年到20年的刑期和100万美元到500万美元的罚款。该法案对投资者的信心的恢复起了很大的作用。

《香港联合交易所创业板证券上市规则》第2.12条规定：“创业板的设立，乃为带有高投资风险的公司提供一个上市的市场。因此，发行人须在其上市文件及通函中作出适当的忠告及披露，而在无损本条的一般性的原则下，应参考《创业板上市规则》第2.20条的规定。附注：1. 创业板的上市资格并不包括任何过往溢利记录规定或任何未来溢利预测的义务。2. 由于在创业板上市的公司新兴的性质所然，在创业板买卖的证券可能会较于主板买卖之证券承受较大的市场波动风险，同时无法保证在创业板买卖的证券会有高流通量的市场。3. 较高风险以及其他特色表示创业板将会适合专业及其他老练的投资者。”第2.13条：“《创业板上市规则》规定及强调所有上市发行人有持续义务全面及适时披露有关资料，因此，应特别留意以下事项：（1）新申请人须于其首次上市文件中详细说明其于上市文件刊发前24个月内所从事的活跃业务记录（见《创业板上市规则》第11.12条）以及其业务目标（见《创业板上市规则》第11.15条）。然后，发行人须就其上市的财政年度的半年结（若此半年结发生于上市之后）及全年结以及随后两个财政年度的半

① ［美］大卫·D. 弗里德曼著，杨欣欣译：《经济学语境下的法律规则》，法律出版社2004年版，第259页。

年结及全年结，以及同期段将实质业务进展与业务目标说明所载资料作出比较，并且就任何重大差异作出解释，包括首次上市文件所示，其所得款项用途（分别见《创业板上市规则》第18.42条及第18.61条）。(2) 上市发行人须公布经审核年度账目以及半年及季度报告，该等半年及季度报告无须经过审核（见《创业板上市规则》第十八章）。(3) 发行人各董事共同及个别地负责确保发行人全面遵从该等披露责任及根据《创业板上市规则》发行人须履行的所有其他责任。(4) 就《创业板上市规则》而言，发行人依规定披露资料的主要方法为在创业板网页刊登。发行人无须在宪报指定报章刊登付款公布披露资料。因此，股东及投资者应注意彼等能阅览创业板网页，以便取得上市发行人的最新资料。”第2.19条规定：“发行人根据《创业板上市规则》刊发的任何上市文件、通函、公告或通告必须于其填封面或其标题的当眼地方清楚列载以下免责声明：‘香港联合交易所有限公司对本文件之内容概不负责，对其准确性或完整性也不发表任何声明，并明确表示概不就因本文件全面或任何部分内容而产生或因依赖该等内容而引致之任何损失承担任何责任。’”

《香港创业板上市规则》第2.20条规定：“发行人根据《创业板上市规则》（不包括根据《创业板上市规则》第13.08条刊发的任何‘说明函件’）刊发的任何上市文件或通函及所有年报及账目、半年报告及季报必须于文件的当眼地方以粗体字用以下字眼列载有关创业板特色的声明：

‘香港联合交易所有限公司（‘联交所’）创业板（‘创业板’）的特色

创业板乃为带有高投资风险的公司提供一个上市的市场。尤其在创业板上市的公司无须有过往溢利记录，也无须预测未来溢利。此外，在创业板上市的公司可因其新兴性质及该等公司经营业务的行业或国家而带有风险。有意投资的人士应了解投资于该等公司的潜在风险，并应经过审慎周详的考虑后方作出投资决定。创业板的较高风险及其他特色表示创业板较适合专业及其他老练投资者。由于创业板上市公司新兴的性质所然，在创业板买卖的证券可能会较于主板买卖之证券承受较大的市场波动风险，同时无法保证在创业板买卖的证券会有高流通量的市场。创业板所发布的资料的主要方法为在交易所为创业板而设的互联网网页刊登。上市公司无须在宪报指定报章刊登付款公布披露资料。因此，有意投资的人士应注意彼等能阅览创业板网页，以便取得创业板上市发行人的最新资料。’”

（四）交易制度

交易制度的设计与流动性有关，因此，降低流动性风险可以通过设计交易制度来解决。

股票在证券交易所交易主要有代理买卖制度和做市商制度。在前一种情况下，买方和卖方将各自的交易指令传递给证券中介机构，证券中介机构作为买卖双方的代表在证券交易所交易厅完成交易配对，以最合适条件（即价格优先、时间优先）将买卖指令完成。随着计算机技术的发展，一些国家建立起电脑自动完成配对的交易制度，这就是电脑撮合制度。电脑撮合与代理买卖制度没有本质的区别，由电脑代替经纪人完成交易，提高了市场交易的速度和准确性。但电脑自动撮合的交易制度在流动性方面存在着结构性缺陷，当市场行情看好的时候，电脑撮合可以迅速处理大量的买卖指令，流动性极高；但行情看淡时，极小的卖单也可能导致价格的大幅下跌，市场流动性顷刻陷入危机。在做市商制度条件下，买卖价格由做市商设置，当市场出现对应价格的买入指令的时候，做市商按照其给出的卖价把自己账户上的证券卖给买方；当市场上出现对应价格的卖出指令时，做市商按照给出的买价用自己账户的现金买入证券。在有些国家，做市商以自己账户上的证券和资金维持流动性是法定的义务，而另外一些国家则规定，只有当市场出现不平衡交易的时候，做市商才有义务提供合适和足够的流动性。世界上一些主要交易所要么采用代理拍卖制度，要么采用做市商制度（如美国纳斯达克交易所），但有一些交易所同时采用上述三种交易制度，最典型的是纽约证券交易所，投资者将交易指令传达给证券经纪人，证券经纪人通过场内的代表公开叫价或双向拍卖，完成交易配对；证券经纪人也可以将指令交给专家经纪人，由专家经纪人建立买入和卖出指令目录，并按照最适合的价格和数量进行配对。当市场出现不平衡交易的时候，专家经纪人有义务通过自己的账户消除或减少该失衡，维持市场正常的流动性，在这个意义上，专家经纪人已经成为具有做市义务的做市商。代理拍卖制度在价格公开、信息透明和交易平等方面具有优势。相比之下，做市商制度在信息波动和传递方面则具有明显的缺陷，但其在价格稳定性和流动性方面却具有不可比拟的优势。做市商储备的证券和资金具有“保险功能”，当市场需要救火的时候，上述储备物正好可以用来“灭火”。做市商为维持市场的流动性和价格的稳定性所提供的服务，会产生一些成本，并出现一定的风险甚至是极端的风险，需要政府或者中央银行提供强大的支持或援助。以 1987 年美国 10 月股灾为例，在这次股市暴跌中，在 1 天之内（10 月 19 日）美国几乎所有的证券公司都因大量接盘遭受重大亏损，更为严重的是它们耗尽了所有的储备资金，已无力履行做市义务。最终，美联储宣布了紧急援助计划，承诺其不惜代价保证市场的流动性。目前越来越多的学者认为，一种更好的交易制度，必定是将代理拍卖制度和做市商制度有机结合的制度，在现实中，这一结合的成功典范可以说是纽约证券交易所。一些学者通过对纽约证券交易所和纳斯达克证券交易所的比较研究，证实了这一看法。纳斯达克是目前世界上典型的、成功的做市商市场，而纽约证券交易所则以代理拍卖和专家经纪人制度闻名于世。相比而言，纳斯达克交易更为活跃，但价格波动也更大。有学者建议，我国可以借鉴纽约证券交易所的经验，引入做市商（专家经纪人）制度，赋予专家经纪人做市商职责和义务，当市场出现不平衡的交易状态的时候，专家经纪人有义务减少或消除该失衡；与此同时，严厉打击并禁止庄家行为，改变市场流动性对庄家行为的不正常依赖。将证券机构履行做市义务法定化、程序化与公开化，可以保证市场充足的流动性，消除证券机构“坐庄”、“市场操纵”的行为。①

有效利用停牌规则，有时可以降低交易风险。2006 年 12 月 15 日，“网盛科技”在上市开盘后的一个小时内，被临时停牌三次，此举是为了防范新股上市首日交易风险，交易系统根据相关规则自动实施了上述临时停牌措施。“网盛科技”以 68.10 元开盘，开盘涨幅 383.32%，连续竞价开盘 2 秒内股价迅速上涨突破 76 元，最高达 78 元，盘中涨幅 439.39%，盘中涨幅与开盘涨幅之差为 56.07%，超过了 50% 的阈值，达到临时停牌的条件，交易系统于 9 时 30 分 02 秒自动实施了第一次 15 分钟的临时停牌。复牌后，“网盛科技”股价迅速回落，到 9 时 48 分 53 秒回落至 61.02 元，盘中涨幅 333.07%，与开盘涨幅之差为 -50.25%，再次达到临时停牌的条件，交易系统自动实施了第二次临时停牌，于 10 时 04 分复牌。再次复牌后，该股股价继续回落，于 10 时 05 分 08 秒回落到 55.30 元，盘中涨幅 292.48%，超过了 90% 的阈值，第三次达到临时停牌的条件，交易系统自动实施了第三次临时停牌，于 10 时 21 分复牌。其后，“网盛科技”股价运行相对平稳，最终以 62.80 元收盘，涨幅 345.71%。深交所对上述三次临时停牌都进行了公告。自“中工国际”事件之后，为防范新股上市首日交易风险，深交所进行了一系列探索，先后实施了基于换手率的风险提示与临时停牌措施，并于 2006 年 9 月 14 日出台了《关于加强中小企业板股票上市首日交易风险控制的通知》。《通知》规定：当中小企业板股票上市首日盘中换手率达到 80% 时，交易所将发布风险提示公告；当股票上市首日盘中涨幅与开盘涨幅之差达到 ±50% 时，交易所对其临时停牌 15 分钟；复牌后盘中涨幅与开盘涨幅之差达到 ±90% 时，交易所再次对其实施临时停牌 15 分钟。14 时 50 分钟之后，股票达到上述临时停牌条件的，交易所不再对其实施临时停牌。股票临时停牌时间跨越收盘集合竞价开始时间 14 时 57 分的，交易所于 14 时 57 分将其复牌，恢复收盘集合竞价。为进一步提示交易风险，从 2006 年 9 月 15 日起，在每次新股上市当日，深交所均在早上 9 点以前通过交易所网站、巨潮网、交易系统及媒体专区发布新股上市交易的风险提示，就上市首日交易拟采取的措施进行公告。

交易制度也可以减少某些道德风险发生的几率。在实践中有不少上市公司董事、监事和高管人员在敏感信息发布的前后买卖本公司股票，涉嫌内幕交易，但查处往往证据不足。2007 年 4 月 5 日，中国证监会发布实施《上市公司董事、监事和高级管理人员所持本公司股份及其变动管理规则》，明确了交易窗口期，禁止董事、监事和高管在信息敏感期内进行交易，并要求及时披露买卖公司股票的相关情

① 吴风云、赵静梅：“流动性、交易制度与‘庄家现象’”，载《经济评论》2003 年第 4 期。

况。现行法规对上市公司董事、监事和高级管理人员任期内减持股票作了比例上的限制，但在技术上如何确定等方面没有明确的规定，也没有明确在多次买卖股票的情况下如何计算短线交易的禁止期。为避免上述人员利用内幕信息进行交易，《规则》规定了禁止股票买卖窗口期：上市公司定期报告公告前30日内；上市公司业绩预告、业绩快报公告前10日；自可能对本公司股票交易价格产生重大影响的重大事项发生之日或在决策过程中，至依法披露后2个交易日内以及证券交易所规定的其他期限。对于多次买卖的短线交易，《规则》在时间的计算上作了严格的限定：对于多次买入的，以最后一次买入的时间为6个月卖出禁止期的起算点；对于多次卖出的，以最后一次卖出的时间作为6个月买入禁止期的起算点。除了在任期内减持比例、短线交易和交易窗口期的限制外，《规则》还规定了下列情形下，上市公司董事、监事和高管人员不得转让其所持有股票：公司股票上市交易之日起1年内；董事、监事和高管人员离职后半年内；董事、监事和高管人员承诺一定期限内不转让并在该期间内；法律、法规、中国证监会和证券交易所规定的其他情形。《规则》要求上市公司董事、监事、高管人员在所持本公司股票发生变动时，应当在2个交易日内向上市公司报告并由上市公司在交易所网站进行公告。同时，为能体现出上述人员股份变动的整体脉络，公告的内容包括变动数量、价格和日期、变动后持股数量以及证券交易所要求披露的其他事项。①

（五）法律责任规则

行为风险分为客观原因导致的风险和主观原因导致的风险。投资者的损失可能有几种原因：(1) 突发事件和政策变动导致的损失，比如美国“9·11”事件引起的美国乃至世界的股市大地震，又比如2007年5月30日，我国印花税调高导致股市暴跌幅度近20%，这种风险是投资者应当承担的风险；(2) 纯粹是交易本身和交易本身的性质造成的风险，比如市场正常的波动以及投资者自已判断的失误造成的风险，这是市场主体应当承担的风险；(3) 证券发行人、中介服务机构、新闻传播者、监管机构以及市场交易主体传播虚假信息导致投资者判断错误使投资者遭受的损失，这种风险不能由投资者承担；(4) 证券市场操纵、内幕交易、非法交易行为、欺诈客户等行为所导致投资者的损失，这种风险也不应当由投资者承担。

---

① 证监会有关部门负责人在解读《规则》时指出，对于任期内减持股份的问题，由于《公司法》并没有规定明确的行政处罚手段，较好的方式是事前控制。目前，深交所和中国结算公司深圳分公司已基本做好了技术准备工作，可以通过登记公司事先锁定的方式实现事前控制，基本不会出现超卖的情况。上交所和中国登记结算公司上海分公司已明确了各自的职责划分，正在积极落实A股系统的技术改造工作。但由于B股系统不支持事前锁定，目前拟采取事后监管的方式进行。对于短线交易问题，由于《证券法》有非常明确的行政处罚措施，加之交易所和登记公司的技术平台还不能实现交易时间的事前控制，目前以事后监管较为适宜。

上述第三种和第四种风险属于道德和违法风险，这种风险可以通过法律责任规则进行控制。将投资者所可能遭受的损失转移给违法行为人，这属于民事责任。同时国家从证券市场安全的角度还要给予相应的行政制裁甚至刑事制裁。

就民事责任而言，一般适用过失责任规则。有人认为发行人虚假陈述属于严格责任，现行法律也是如此认定。但仔细分析，发行人虚假陈述实际上是发行人的过失行为，很少有无过错的虚假陈述行为。虚假陈述与信息披露不实不是一回事。比如预测性信息如果有合理根据，发行人也做了风险提示，虽然可能与后来的事实不一致，就不应当认定为虚假陈述行为。如果法律规定发行人严格责任也没有什么不妥，适用起来比较方便，但必须合理确定其除外范围。"法律意义上的过失就像一个公式：如果他可以采取一个预防措施以减少事故的可能性，而且预防措施的成本小于事故减少的可能性乘以事故的成本才是有过失的。一种更为直观的表述是，在一方独自承担事故责任的情况下，如果他没能采取一个理性的人会采取的措施，向他人施加了成本的一方就是过失的。"①

新《证券法》确立了内幕交易、操纵市场的民事责任，使证券交易过程中的民事责任进一步完备。新《证券法》对虚假陈述的民事责任的主体、责任类型和归责原则进行了系统的整理和归纳，根据不同主体在虚假陈述行为中所起的作用不同，其所承担的责任类型和归责原则也有所差异。新《证券法》还专门对投资咨询机构的行为进行了规定，第171条规定，投资咨询机构及其从业人员，利用传播媒介或者其他方式提供、传播虚假或误导投资者的信息，给投资者造成损失的，应依法承担赔偿责任。此规定对所谓的股评家敲响了警钟。

有些技术风险给投资者造成的损失，应适应民事责任规则。比如证券营业部出现技术事故，导致证券市场投资者无法了解实时行情，无法进行证券交易，这可能使投资者失去盈利或避免损失的机会。所谓证券公司技术事故，是指由于通信故障、电力故障、软硬件故障和操作失误等原因引起系统无法正常运行，导致经济损失的事件。按照证券公司营业部是否应该对投资者承担民事责任的角度，可以将技术事故分为两类，一类是可归责于证券公司的技术事故，另一类是不可归责于证券公司的技术事故。按照中国证监会2005年3月25日发布实施的《证券公司信息技术管理规范》（JP/T0023－2004，以下简称《技术信息规范》）规定，下列情况证券公司免责：（1）因不可抗力引发的技术事故；（2）因软硬件故障导致的技术事故，经技术专家论证，确认其信息系统建设和管理符合规范要求，确属小概率事件或偶发性事件；（3）因证券交易所原因导致的交易中断。对于可归责于证券公司的技术事故，事故原因大体上包括操作系统失误、信息系统不符合国家有关技术标

---

① ［美］大卫·D. 弗里德曼著，杨欣欣译：《经济学语境下的法律规则》，法律出版社2004年版，第237页。

准或证券行业监管部门公布的标准要求，或者因为第三方原因引起的技术事故。按照中国证监会的有关规定，证券公司应当具备符合中国证监会要求的交易硬件设备和软件系统，并能确保硬件设备和软件系统安全、稳定运行；证券公司应建立对证券营业部重大突发事件的应急机制。《信息技术规范》规定，证券公司外部网的建设应达到以下要求：与交易所、中国登记结算公司之间的通信连接安全可靠；建立多种通信通道，保证业务的连续性。该规范还规定，证券公司应做好技术事故的防范、处理、恢复及善后工作。对于技术事故的处理，按照《信息技术规范》的规定，证券公司或其营业部应该采取应急措施，启动应急通信通道保证业务的连续性，避免造成投资者损失之外，同时应该立即查明原因，并将查明的情况向投资者予以客观真实地说明。中国证监会派出机构接到技术事故报告后，也应该立即调查，有责任就所了解的情况向投资者作出解释，在有调查结论后，应将有关调查结果以公示的方式告知投资者。对于证券公司或中国证监会派出机构公布的技术事故调查结果有异议的投资者，可以请求中国证监会进行复查，或者在提起诉讼后请求法院指定鉴定机构进行司法鉴定。《信息技术规范》还规定，因证券公司操作失误导致的技术事故，经调查核实后，应由证券公司负相应责任。对于证券公司的信息系统不符合国家有关技术标准或证券行业监管部门公布的标准引发的技术事故，应该由证券公司承担相应责任。对于因通信线路故障、电力故障等第三方原因导致的技术事故，由证券公司或其营业部向投资者承担责任后，证券公司可以根据其与第三方的合同约定向第三方追偿。①

行政责任针对道德风险和违法风险也具有直接的威慑力。民事责任使投资者得到补偿，但其前提是受害人必须主张权利，如果受害人不主张权利，违法者并没有遭受不利益。而行政责任则是国家行政机关施加于违法者的责任，国家有义务追究违法者的责任。我国证券欺诈者承担的行政责任主要有：警告；罚款；没收非法所得；停止或取消发行证券的资格；限制、暂停、撤销证券经营业务许可；限制、暂停、撤销从事证券业务的许可；暂停或者取消上市资格；市场禁入等。

刑事责任的对象是那些触犯刑律构成犯罪的证券违法者，通过追究他们的刑事责任，保障证券市场秩序和投资者权益，同时惩戒那些犯罪者以及具有犯罪倾向的人。全国人大常委会从2006年6月24日起对《刑法修正案（六）草案》进行了第三次审议。草案增加和修补了原有的有关证券犯罪及其刑事责任的规定，规定更加严密，惩罚力度也相应加大。草案获得了通过（见下表）。

① 一心："证券营业部技术事故的民事责任"，载《中国证券报》2006年6月29日。

刑法修正案有关证券违法行为的处罚

条款		违法行为	处罚对象	刑罚处置
161	修改	依法负有信息披露义务的公司、企业向股东和社会公众提供虚假的或者隐瞒重要事实的财务会计报告，或者对依法应当披露的其他重要信息不按照规定披露，严重损害股东或者其他人利益，或者有其他严重情节的。	直接负责的主管人员和其他直接责任人员	处3年以下有期徒刑或者拘役，并处或者单处2万元以上20万元以下罚金。
169	增加一条作为第169条之一	违背对公司的忠实义务，利用职务便利，操纵上市公司从事下列行为之一：利用职务便利，无偿向其他单位或者个人提供资金、商品、服务或者其他资产的；以明显不公平的条件，提供或者接受资金、商品、服务或其他资产的；向明显不具有清偿能力的单位或者个人提供资金、商品、服务或者其他资产的；为明显不具有清偿能力的单位或者个人提供担保，或者无正当理由为其他单位或者个人提供担保的；无正当理由放弃债权、承担债务的；以其他方式损害上市公司利益的。	上市公司的董事、监事、高级管理人员、控股股东、实际控制人	致使上市公司利益遭受重大损失的，处3年以下有期徒刑或者拘役，并处或者单处罚金。 致使上市公司遭受特别重大损失的，处3年以上7年以下有期徒刑并处罚金； 上市公司的控股股东或者实际控制人是单位的，对单位判处罚金，对其直接负责的主管人员或其他直接责任人员，依照前款规定处罚。
182	修改	单独或者合谋，集中资金优势、持股或者持仓优势或者利用信息优势联合或者连续买卖，操纵证券、期货交易价格或者证券、期货交易量的；与他人串通，以事先约定的时间、价格和方式相互进行证券、期货交易，影响证券、期货交易价格或者证券、期货交易量的；在自己实际控制的账户之间进行证券交易，或者以自己为交易对象，自买自卖期货合约，影响证券、期货交易价格或者证券、期货交易量的；以其他方法操纵证券、期货市场的。	单位、直接负责的主管人员、其他直接责任人员	单位判处罚金，责任人处5年以下有期徒刑或者拘役，并处或者单处罚金； 情节特别严重的，处5年以上10年以下有期徒刑，并处罚金。
185	增加一条作为第185条之一	商业银行、证券交易所、期货交易所、证券公司、期货经纪公司、保险公司或者其他金融机构，违背受托义务，擅自运用客户资金以及其他委托或者信托财产，情节严重的。 社会保障基金管理机构、住房公积金管理机构等公众资金管理机构，以及保险公司、保险资产管理公司、证券投资基金管理公司，违反国家规定运用资金的。	单位、直接负责的主管人员和其他直接责任人员	单位判处罚金，处3年以下有期徒刑或者拘役，并处3万元以上30万元以下罚金；情节特别严重的，处3年以上10年以下有期徒刑，并处5万元以上50万元以下罚金。

（六）政府和自律组织的作用

新加坡交易所上市部副总裁赵文娟女士在2001年世界证券市场峰会上接受《中国证券报》记者关于中国创业板分析建议的专访时表示，只要上市公司、投资者和券商各自做好自己的功课，中国创业板一定会稳健发展。创业板好的机制、好的公司如果吸引了众多的投资者，反过来会促使主板采取更好的机制，同时使主板公司努力提升业绩以吸引投资、提高再投资能力。因此，只要市场健全规范，"分流资金"一说站不住脚。而且创业板对主板的这种良性"威胁"并不是坏事。她说，只要企业扎扎实实地做好自己的功课，成为好公司，到哪里都能筹资；对券商自营来说，只要把好机会，哪里都能赢利。而对中小投资者利益的保护关键看投资者本身，一切都依赖管理层是不可能的。投资者不能盲从，多做调研，独立判断，靠自己的理性和智慧进行科学的投资分析。而监管机构在这一点上所做的就是提高市场透明度，准确、及时、高效地公开一切应该公开的信息，剩下的交由投资者独立判断，这是一个买者自负的市场。新加坡交易所成立于1999年12月1日，由新加坡股票交易所和新加坡国际金融交易所合并而成。截至2000年6月，有466家公司在新加坡交易所上市，其中外国公司78家。1987年专为新兴公司上市服务的二板市场SESDAQ成立，上市标准中没有资本额、营业记录和盈利的下限，但要求无营业记录的公司必须证明有能力取得资金进行项目融资和产品开发。到2000年中期，二板市场上市公司达到87家。

对于市场的道德风险和违法风险，以及市场的整体性风险需要一种外部和团体的力量加以制衡。

对道德风险而言，仅有法律责任制衡是不够的，因为法律责任是一种事后补救机制，同时法律责任本身也需要落到实处。比如行政责任需要政府来实施。创业板市场所产生的道德风险杀伤力很大，其公司股票很容易被操纵。因此，需要监管机制对可能引起道德风险的行为进行管制。

同时市场本身也有失灵的时候，证券市场属于虚拟资本市场，是个非常脆弱的市场，很容易受到外部力量和内部力量的冲击，比如突发事件和羊群效应，如果处理不好很可能引起市场的崩溃。创业板更加脆弱，人们本来对创业板公司的前途就有一种担心，一旦风吹草动，就可能"八公山上，草木皆兵"，需要人们信得过的力量来稳定信心。比如美国"9·11"事件爆发后，美国股市紧急休市一周，让市场缓一缓恐慌的心态。美国政府、证券交易所和证券商协会多次出面说明美国的经济不会垮台，很快就能恢复事件造成的创伤。①

监管包括政府监管和市场自律监管。政府监管是指证券市场的专门政府机构根据法律的授权按照法律规定的程序对证券市场主体及其行为实施必要的监督和管理，又称政府法定型监管，它属于他律监管。证券市场自律是证券市场主体的自我约束和自我管理行为，通常是证券交易所和证券业协会进行的自我管理和监督。美国证券市场的监管属于政府法定型监管的典型，英国证券市场的监管属于自律监管的典型。但这两种模式并没有截然的分界线，而是相互补充、相互吸收和相互借鉴。美国证券业协会和证券交易所对证券市场也进行有效的监管。英国的自律监管体制经过多年的演变，在金融市场上已经形成了独立的统一的第三方监管机构——金融服务局，它有类似于政府的权威，但它的经费来源又是市场主体，香港的证监会也是如此。

证券监管者要明确自己的职责，维护公开、公平和公正的市场秩序，让股市回归于有效的直接投资和融资场所的基础地位，严肃并及时地查处掠夺中小投资者财富的各种违法行为，同时要从制度上制止上市公司的一股独大无视中小股东正当权益的行为，建立公开和公正的核准制度，为企业提供平等的市场准入待遇，让优秀的企业得到更多的融资机会。上市公司的质量是决定股票价格的关键，如果上市公司的业绩一直保持持续稳定增长，投资者就不怕任何其他市场风险，对股市会保持持续稳定的信心。2005 年 10 月，国务院批转了证监会《关于提高上市公司质量意见》(以下简称《意见》)。《意见》将提高上市公司质量的必要性和重要性提升到一个新的高度，强调要标本兼治，着力解决侵占上市公司资金、违规对外担保、编报虚假财务信息等影响上市公司质量的突出问题，同时通过提高上市公司再融资效率、建立多层次市场体系等举措，支持上市公司做优做强。《意见》还确立了提高上市公司质量的全面的制度架构，要求完善上市公司监督管理机制，加强组织领导，营造促进上市公司健康发展的良好环境。

要不断地加强监管手段，建立全国联网的股票实时交易系统及监控和预警系

① “9·11”恐怖袭击事件后，道琼斯工业平均指数一周跌去 1300 点左右，美股市值蒸发 13800 亿美元。面对股市即将崩盘、金融危机随时将至的危急关头，美国证券交易委员会当即宣布：紧急休市 4 天。恢复交易后，又紧急颁布法规，允许上市公司回购本公司股票。美联储也果断出击，当天宣布向金融市场注入 380 亿美元资金，3 天后又注入 700 亿美元资金，并促使欧洲央行向金融市场注入 1300 亿欧元，以保证金融市场的流动性，进行政策托市。

统。证券监管、银行、法院[①]、检察院等部门之间要建立协调机制，加大对重大违法案件的查处。

证券监管机关和证券交易所不应对股市的涨跌负责，只有在特殊及十分必要的情况下，监管机构和证券交易所采取权力范围的措施或者通过法定程序要求政府进行适度的临时干预。有些股票的异常波动往往与道德风险和违规行为有关，监管机构可以实施有效监管。2007 年 3 月期间，杭萧钢构（600477）股票连续 10 个涨停板，杭萧钢构的公告称："中国国际基金公司与安哥拉政府签订了公房发展 EPC 合同，为安哥拉兴建公房项目。"杭萧钢构的公告还称："在 344 亿元合同总额中，其中主要是 248 亿元产品销售合同，主要包括钢结构构件、土建、楼承板、墙板、龙骨、门窗、水电、消防、防火涂料等材料及国内运输；而 95.75 亿多元的施工合同包括在当地土建、水电、消防、墙体等的施工及钢结构的安装，杭萧钢构除承担钢结构的安装，将采用分包的方式完成。"杭萧钢构 300 多亿元合同事件和股价异常波动引起监管部门的高度关注。证监会责成证券交易所和相关证监局对公司的信息披露问题以及是否存在二级市场操纵、内幕交易行为着手进行调查。中国证监会表示，针对二级市场股价异动及市场并购重组传闻较多的问题，证监会已建立快速反应机制。监管部门密切关注媒体或市场涉及上市公司的并购重组传闻，要求上市公司应按照规定立即予以澄清，创造公平的市场环境，给投资者以公平的机会。

就创业板市场的监管而言，即使在美国的法定型监管模式下，也是自律监管为主。美国的创业板市场——纳斯达克隶属于美国证券商协会，直接受它的监管。自律监管的效率一般高于政府监管，因为自律组织站在市场的第一线，了解市场运作，上市公司和市场交易者直接就在它的眼皮底下。作为自律监管机构，证券交易所可以制定规范上市公司经营和完善公司治理的一些具体办法，为上市公司提供参考。证券交易所可以通过内部通报批评、公开谴责、监管关注函等手段来惩戒上市公司的违规行为，形成较好的监管威慑。可以将"上市公司诚信记录"与中央银行征信系统连接起来，加入整个社会诚信体系，更大程度地发挥交易所的监管威力。交易所的技术监控系统防范内幕交易具有特殊意义。由于中国证券市场信息透明度不高、市场制度不完备，以及反操控司法程序难以执行等原因，中小型创业公

---

① 上海市高级人民法院常务副院长齐奇 2007 年 6 月 19 日在该院证券市场风险防范专题新闻发布会上表示，在对上海法院审理的证券案件进行分析后发现，当前证券市场中存在的风险主要表现在 8 个方面：一是敏感性资金违规入市交易风险；二是证券公司风险处置中的风险；三是证券登记结算公司国债交易引发的结算风险；四是委托理财引发的"保底条款"不保底风险；五是信息披露不实风险；六是非上市公司股票交易风险；七是证券产品创新中的法律风险；八是私募基金管理滞后存在的潜在风险。上海市高级人民法院提出了针对性的 5 条建议：一是加大证券违法犯罪的打击力度；二是加强证券市场的监管力度；三是强化交易所的自律监管职能；四是加强投资者的风险教育；五是建立和完善多渠道化解证券市场风险的机制。

司由于流通规模较小容易受到操控，内幕交易问题会十分突出。2007年3月上证联合研究计划课题《全流通背景下证券市场内幕操纵行为与甄别研究》在实证研究基础上得出的结论是：我国有必要加强监控技术的开发，建立甄别内部信息交易行为的实时监控系统，这是实现中国证券市场有效监管的必要前提。研究结果显示，在存在利好消息包括并购重组、业绩预盈与预增及高送转的情况下，内幕交易概率与公司治理、股价的波动性存在正相关，但与公司资产规模之间存在负相关关系。由于规模越大的公司，越容易被市场关注，相关的私人信息越容易被挖掘和传播，所以内幕交易发生概率相对较小，而中小型公司内幕交易发生概率较大。在存在利空消息包括公司预亏与信息披露违规处罚的情况下，内幕交易概率与流动性指标存在负相关关系，流动性越差，内幕交易发生的可能性越大；与主营利润年均增长率也有着负相关关系，业绩预亏等信息提前被部分交易者获知，内幕交易发生的概率也会很高。而在上述两种情况下，人股东持股比例越高都越容易发生内幕交易行为。

保荐人监督责任也是属于市场约束的一个方面，属于他律责任制衡。实际上它是政府和证券交易所把原来属于自己的监管责任通过制度转移给保荐人。

监管不仅要监督和管理，同时更应注重服务和信息沟通，激发市场主体顺应市场的民心，自觉与投资者的利益取得平衡。

第四章　创业板市场准入制度

创业板市场准入制度包括两个方面，一是发行门槛制度，二是上市门槛制度。发行门槛制度包括首次公开发行和新股发行制度，上市门槛制度包括上市和退市制度。一般而言，公开发行之后不久即可申请上市，所以公开发行和上市的条件应该是一致的。发行和上市都有一个审核把关的问题。发行审核权由证监会行使，上市审核由交易所行使。2005 年《公司法》和《证券法》修订，将上市、暂停上市、终止上市的设定权和上市、暂停上市、终止上市的核准权赋予证券交易所。深圳证券交易所根据新法修订的《股票上市规则》增加了交易所对证券上市、暂停和终止上市的审核权，明确了证券上市、暂停和终止上市的条件、审核与复核机构和有关程序。深交所没有针对中小板推出单独的《上市规则》，因为中小板是主板的一个组成部分。不过统一的《上市规则》有灵活性，中小板可以根据实际情况在统一的《上市规则》的框架下制定一些特别规定。不过，未来的创业板上市规则应当由交易所单独推出。

一、证券发行上市通道制度

证券发行制度包括发行审核制度、发行条件制度、发行定价制度、信息披露制度等构成。发行制度的运作机理，是通过制度化的手段设定有效的激励和约束机制，明晰市场主体的权、责、利，优化竞争机制，使发行人和投资主体在利益机制和风险机制的作用下，高质量地披露和解读信息，在信息及时、准确地传递和反馈的基础上，通过市场竞争，由供求力量的调节、竞价形成均衡的发行价格，及时、准确、充分地反映证券的投资价值，实现资源的优化配置。一般而言，通过在创业板市场公开发行股票，才能成为创业板上市公司。① 当然，三板市场的公司如果符合创业板上市条件，也可以申请转入创业板。

（一）发行审核制度

在监管部门和市场的关系中，监管是为了保护市场机制和竞争环境、拓宽市场主体发展空间，使其具备合理的盈利模式；市场主体则需要有合理的预期、有序的竞争及价格机制。在成熟的市场环境里，监管者和市场主体的根本目标与利益是一致的。

1. 国外发行审核制度简介

从国外证券发行的历史看，其审核权一开始并不是由政府来行使，证券发行的审核权从交易所转移到证监会是现代才有的模式②。美国证券交易委员会产生于1933年，有相当一段时间无所作为，因为纽约证券交易所垄断了证券市场。直到1940年有了基金法，20世纪50年代有了证券业协会，证券商和机构的力量才得以上升。为了打破纽约证券交易所对证券市场垄断，证券业协会在1971年搭建了证券商间自动报价平台，也就是纳斯达克市场。交易所市场和纳斯达克市场的发行制度不同，为了统一协调，美国证监会提出了注册制（Filing）。Filing在这里应该译成存档，按照注册制或存档制的程序，美国的证券承销流程可以标准化为"14周4阶段"：第一阶段是填表，按证券商工作日计4周，完成两份文件，一是发行公司的尽职调查报告，二是承销商的注册登记陈述；第二阶段是证券交易委员会（SEC）注册和路演筹备，证券商标准工作日计为6周；如果在此期间没有SEC的质询就自动进入第三阶段，这个阶段为期2周，主要是等待SEC的反馈（不反馈视为无异议）并准备"红头"，并可以在报纸上刊登"墓碑"广告和路演；③ 第四

① 2006年1月初，深交所一份题为"我国需要什么样的证券非公开发行制度"的研究报告建议，沪深交易所可引入无首次公开发行直接上市制度，将一些符合上市条件的公司直接引入主板、中小企业板以及未来的创业板市场交易。该研究报告认为，公司法和证券法的修改为我国证券非公开发行与转让打开了空间，我国正面临证券非公开发行与转让市场的大扩容。对于未经过公开发行，但是通过转让，其股东人数超过200人的公司，在要求按公开发行公司标准进行信息披露的前提下，可以允许其证券进行公开交易，以解决历史遗留问题，及应对今后可能大量出现的类似情况。报告建议，对满足中国证券业协会规定的略低于上市公司信息披露要求的非公开发行的证券，允许通过委托代办股份转让系统转让，其他非公开发行证券通过一对一方式进行转让。报告还建议，在制定上市公司非公开发行新股相关规定中，引入小额非公开发行核准豁免制度；同时，允许富裕并具有相当财经专业知识及投资经验的自然人参与证券非公开发行市场，以引导储蓄向投资转化。

② 在我国香港地区，也是2001年后才把承销审核权从联交所转移到证监会的。

③ 上市公司的第一个公示之所以被称为"墓碑"广告，其含义是一个企业的生命结束了，一个商品的生命开始了。

阶段是最后2周，做两件事情，一是发行招股说明书，俗称“白皮”，二是根据路演的订购率确定新股发行价。“白皮”是给投资人看的，主要内容是经证监会核实后的尽职调查报告和新股注册陈述。“白皮”首页的下半截是SEC的标准陈述语：美国SEC既不批准，也不批准该公司的上市；美国SEC既不保证，也不保证本材料内容的完全与准确；与此相反是犯罪。有许多翻译把最后这句英文省略掉了，这是一个原则性的陈述，因为这句话的真实含义是SEC不管犯罪，只管程序。这就是美国程序性注册制的基本精神。程序性上市和程序性退市，是证券市场保持生命力的血液循环系统。① 纳斯达克市场虽然是自动报价系统，但如果发行人欲上纳斯达克市场报价，必须事先根据1934年证券交易法第12节（g）款的规定，向联邦证券交易委员会注册登记。②

目前海外各创业板大多实行注册制，随着证券市场的发展与成熟，发行审核制度由核准制向注册制过渡是必然趋势。核准制是一种严格的实质审核制度，比较适合初级阶段的证券市场。这种制度过多强调人为因素，效率不高，不利于培育成熟的市场参与者。而创业板则是在主板市场发展到一定阶段后，适应新的市场需要而设立的高度市场化的证券交易场所，不仅是对证券市场结构上的完善，更该看成是证券市场制度上的探索与创新。因此，在制度安排上，减少发行审批过程中的非市场因素，放松审查标准，最终实行比较宽松的发行注册制度，监管机构将职责重点放在最大限度地保证信息公开，禁止信息滥用以及对违反市场规则行为的监控与查处方面，把价值判断和选择权交给投资者。以注册制为主的海外创业板市场的发行管理制度，分为他律型和自律型两类。他律型以政府管理为主，而自律型则以行业和交易市场自我约束为主。目前看来，传统上以自律为主的市场注意到政府监管的重要性，开始建立相应的全国性机构，从制度和法规建设等宏观层面加强他律型管理；而一直以他律型管理为主的市场也意识到自律管理不可替代的作用，积极创造条件，向市场和中介机构授权，同时强化其责任，倡导自律型管理。在市场化原则下，两类管理制度相互取长补短，形成一个授权充分、多层次、他律与自律相结合的发行监管体系。在这种发行管理体系下，发行上市标准具体，审核权限的划分也比较明确，一切都按上市规则办事。交易所具有较大的初审权，又具有广泛代表性的行业人士组成的发审委拥有实际上的审核权，如果符合上市条件和规则，政府监管机构只在最后签署形式上注册批准手续。符合市场化的审核制度，审核过程公开、透明，责任明确，降低发行成本。③

---

① 马朝阳：“国外发行制度中的‘承’与‘销’”，载《中国证券报》2004年8月27日。
② 高如星、王敏祥：《美国证券法》，法律出版社2001年版，第167页。
③ 贺金凌：“海外创业板市场发行上市制度的总结与分析”，载《中国证券报》2001年5月10日。

2. 我国发行审核制度改革历程

第一阶段：审批制。1991 年到 1998 年，我国采用的是具有中国特色的有额度管理的政府主管部门审批制，即由国务院有关主管部门制定每年的股票发行额度；再将额度进行分割，分到各省市和中央产业部委。拟通过发行股票筹资的企业通常要经历一个过程：首先要从本省（市）或主管中央部委争取到推荐发行的指标；然后进行改制及发行申请材料的准备，其中包括省级以上计委和经贸委对募集资金运用项目的立项批文，对项目可行性研究报告的批复；最后经中国证监会审批合格的，才被准许发行股票。这种发行审批制带有强烈的计划经济色彩，企业能否发行股票、发行项目、发行数量及发行价格都要经过政府部门的严格审批。程序大体分为三个阶段：一是额度分配；二是进行预选；三是批准发行。

第二阶段：核准制。1999 年，我国《证券法》公布后，对证券发行进行了改革。一是取消发行额度，证监会不再对各省下达“额度”或“家数”，实行“成熟一个推荐一个”。二是坚持先改制后发行，运行一年后，才能申请发行股票，保证了证券发行的规范性。三是改政府审批为证券商推荐，发行人申请经省级人民政府或国务院有关部门批准后，由主承销商推荐并向中国证监会申报。四是对于高新科技企业，由主承销商向证监会报送推荐材料，证监会委托科技部和中科院进行论证，经确认后，证监会予以优先审核。2000 年 3 月 16 日，中国证监会发布了《中国证监会股票发行核准程序》、《股票发行上市辅导工作暂行办法》和《信誉主承销商考评试行办法》，对股票发行核准程序作出了明确具体的规定，将《证券法》规定的证券发行核准制具体化。《核准程序》规定，股票发行审核程序包括受理申请文件、初审、发行审核委员会审核、核准发行和复议几个步骤。发行人按照中国证监会颁布的有关标准格式制作申请文件，经省级人民政府或国务院有关部门同意后，由主承销商推荐并向中国证监会申报，中国证监会收到申请文件后 5 个工作日内作出是否受理的决定。核准制实施以来，中介机构的作用开始得以发挥，市场竞争机制初步建立，使上市公司的质量得到了提高。但是，由于长期以来市场诚信意识和自律观念比较薄弱，对承销商的责任追究缺乏可操作的制度安排，把好资本市场准入关的作用没有得到充分发挥，保证上市公司质量的机制尚未完全建立。

第三阶段：保荐制。2003 年 10 月，中国证监会发布了《证券发行上市保荐制度暂行办法》，并于 2004 年 2 月 1 日正式施行。《办法》规定，企业首次公开发行股票和上市公司再次公开发行均需保荐机构和保荐代表人保荐。保荐制加大了保荐人的责任，是政府运用市场力量监管市场的有效制度安排。

3. 注册制是我国发行监管制度的改革方向

欧洲大陆国家在 20 世纪 90 年代之前，证券发行实行核准制。从 90 年代之后，进行了一系列的重大改革，其中就包括发行监管制度的改革。现在它们基本上都实行与美国差不多的注册制，或者形式核准制（监管机构保持实质审查的权力，但一般不用)。我国在短期内恐怕实行注册制比较困难，但注册制应当是我国发行监管改革的一个基本方向。我国目前可以先进行发行审核与上市审核的分开，发行审核由证监会负责，而上市审核直接由交易所负责。新《公司法》明确规定，上市审核与发行审核将实行分开。股份公司的设立有两种方式，一为发起设立，一为募集设立。新《公司法》规定，发起设立的股份公司在工商局注册即可，公司一年后股份可以上“柜台”交易（即三板)。发起人出资资金达到35%，则可以采用募集方式设立股份公司。募集设立的股份公司，如果股东人数超过200人或采用广告方式公开招股，将被视为证券公开发行，必须经过证监会的核准，此类公司股份一年后同样可以在三板挂牌转让。我国建立保荐人制度是实现目前核准制市场化改革的重要一环。虽然我国目前创业板市场尚未建立，但可以预见，在我国证券发行监管制度没有进行根本改革之前，仍然是核准制，但创业板市场将更多地发挥保荐人的作用和功能。

尽管我国的居民储蓄存款余额已高达11万亿元人民币，但主板市场一直在快速扩容，加上我国居民的投资意识还赶不上发达国家，因此，能进入创业板市场的资金并不充裕，并有可能在一定程度上使主板市场“失血”。我国的创业板市场应该定位于高新技术企业，适当考虑业绩优良、有潜力的一般中小企业。发行人资格审查还不具备采用美国注册制的条件，仍需对申请企业的经营、财务状况和发展前景等进行实质性的审查，选择经营业绩、发展前景较好的企业上市融资。创业板市场优先考虑高新技术企业，难免有企业会在“高新技术”上进行过度包装，我国主板市场在这方面有深刻的教训。因此，高新技术企业的认定是创业板市场股票发行审核的一个重要的环节。目前高新技术企业的认定是由国家科技部和中科院组织有关的专家认定，其认定的标准和方法不一定适用于股票发行的审核。并且高新技术本身是个动态的概念，今日为高新技术，明日可能就过时了。在美国已是传统技术，在中国可能是高新技术。有学者建议，应由证监会在发行审核中对申请企业的高新技术进行重新评价，科技部和中科院的认定标准和结果作为参考。① 证监会有关职能部门根据证监会制定的方法对企业的科技含量和成长性进行评估。评估分定量因素和定性因素两部分，定量因素如研发费用占营业收入的比例、专业技术人员占企业员工总数的比例、技术性收入占营业收入的比例、净资产收益率、营业收入增长率等，定性因素如技术的创新性、产品的发展潜力和空间、企业管理体系等，对各要素综合评估，得出企业的科技含量和成长性的综合指标，作为证监会核准的依据。创业板市场的发行审核由证监会设计专门的方法和程序并设立专门的发行审核委员会。审核阶段与主板市场大体相同，分为受理、初审、审核和表决四个阶段，但时间要缩短。在受理和初审阶段，主要由申请企业向所在地证监会派出机构

① 姚铮：“我国股票二板市场的制度设计”，载《金融与保险》2001年第3期。

提交发行申请文件，证监会派出机构对申请文件进行形式审查，主要审查文件是否齐备，是否符合法定的申请条件。在审核阶段，主要审查发行企业的科技含量和成长性，证监会可委托权威的鉴定部门对企业的综合能力进行鉴定，其费用由申请企业支付。一旦被认定为高新技术企业，其公开发行和上市条件应当适度放宽，尤其是对其短期盈利性要求要放宽。对非高新技术企业，其成长性主要由保荐人进行判断，证监会只进行形式审查。

我们要为向注册制过渡创造条件。我国目前审核程序过于复杂，浪费大量成本和时间。在2006年以前，公司如要上市，从改制到辅导、到材料申报、证监会审核、上市成功，至少需要2年的时间。2006年，新的IPO和再融资管理办法的出台，取消了辅导期满1年，再融资间隔1年的限制。但整个上市过程仍需要经历递交申请文件（申请材料十分庞杂）、证监会受理与公司见面会、材料预审、出反馈意见、回复反馈意见、证监会发审会通过、会后封卷、挂牌上市等环节，花费时间至少1年。而国外成熟市场，尤其是实行注册制的国家和地区，从递交申请材料到上市一般不超过6个月，上市申请文件也很简单，只有招股书和财务审计报告。

（二）上市通道

伦敦证券交易所是个综合性市场，处于发展期的公司，可以去高增长市场，公司发展到一定规模后，可以转到主板市场。高增长市场不需要英国金融监管当局的审批，也不需要3年的经营记录。高增长市场的一个特点是保荐机构把关。市场的保荐机构名为“Nominated adviser sponsor”，这与主板市场的保荐人略有不同。上市企业必须终身拥有自己的保荐机构，一旦出现连续3个月保荐中断，交易所可能将公司摘牌。自1995年创立以来，先后有2360家公司登陆高增长市场，由于转板、除牌、并购等因素，到2006年4月拥有企业1501家（包括252家海外公司）。这其中有104家升入主板，700多家被兼并或收购了，约有70多家公司倒闭。

在我国香港特别行政区，联交所设立了一个独立的创业板上市委员会来考虑创业板的上市申请，该委员会成员包括经济界、会计界、法律界等市场参与者及科技发展机构人士。创业板上市委员会可以保留绝对的权力拒绝任何上市申请，对违反上市规则的事宜进行调查及采取纪律行动，以确保市场的顺畅运作。创业板市场没有发行数额的限制，符合要求的公司，都可以申请到创业板上市。公司可自由决定采用何种招股机制上市，并不要求必须包销，但该公司只有在招股章程所载列的最低认购额达到时才可以上市。同时，须委托一名保荐人以协助上市申请及负责对有关文件作出仔细审核及披露，提交上市申请时的所有文件必须是最终的定稿，但上市申请人可就重大疑问于正式提交上市申请前，向创业板上市委员会提出书面咨询。

韩国实行严格的程序审查制度。为了防止徒有虚名的风险企业进入“高斯达克”市场，由创业投资公司等风险金融机构投资的风险企业，在投资一年后才能在“高斯达克”市场登记，其登记审查的监查材料得到定期股东大会的批准。同时，风险企业在登记上市后的半年内，对其投资的风险金融机构必须持有10%以上的股份。证券公司对申请登记上市的风险企业必须进行财务状态、营业关系等必要的检查，并制作综合检查表。对于最大的股东和有关特殊人士，在登记上市前的半年内，不允许其持股情况有变动，目的是为了防止在企业上市前向有关特殊人士进行第三者增资以获得不正当的收益。亏损一年而无扭亏起色、经营权转让或被兼并、股票交易停滞不前在半年内没有变化、股票分散比例一年以上没有达到标准、两次以上拒绝监事的意见、资本余额被蚕食达一年以上、营业停止一年以上、企业公示有不诚实行为的次数超过标准、两次没有提交工作报告书、法庭管理的企业等，则被列入取消登记、退出市场的范围。政府对“投资留意项目”和“管理项目”进行逐一审查，凡是符合退出条件的将被勒令退出。对于总资产在2万亿韩元以上的大型“高斯达克”市场，必须有一定比例的公司独立董事，必须设立检查委员会等。为了防止不公正交易，政府规定从2000年4月1日起，对于不遵守实时公示的义务，或者进行虚假公示，将立即进行处理，处以最高为5亿韩元的罚金。韩国金融监督委员会还制定了股票公募价格的计算模式，以便企业在“高斯达克”市场登记时能做到股票价格合理化。①

在我国，公司IPO首次公开发行以及新股发行，就取得了上市资格。过去，公司申请上市需要取得证监会的核准，2005年证券法修改，公司上市审核权直接由证券交易所行使。2006年5月17日，证监会第180次主席办公室会议审议通过并公布了《首次公开发行股票并上市管理办法》(以下简称《管理办法》)，该《管理办法》于5月18日实施。5月19日，上海证券交易所和深圳证券交易所同时颁布了新的《股票上市规则》，交易所获得公司上市和暂停、终止上市的审核权，这些职权是2005年修订的证券法所赋予的。在新《管理办法》中，证监会主要对拟上市企业进行合规性审查，而所审材料的真实性、准确性、完整性则交由中介机构把关。证监会于2006年5月19日颁布了新的《发行审核委员会办法》。至此，IPO的相关制度已经齐备。《首次公开发行股票并上市管理办法》强化了发行环节的市场约束机制，在发行条件方面，《管理办法》规定了主体资格、独立性、规范运行、财务与会计、募集资金用途5个方面的条件，取消了大量行政性质的限制性条件。比如取消了筹资额不得超过净资产2倍的数量限制，取消了辅导期1年的规定，取消了首发期12个月内不得增资扩股的规定，取消了关联交易比例不得超过30%的规定。而交易所的上市规则在上市条件方面也只规定了股本规模、公开发行股票占公司股份总数的比例以及无重大违规和作假问题等基本要求。不过，在给予

① 童第轶：“韩国高斯达克市场面面观”，载《中国证券报》2000年9月8日。

空间的同时，新规则也加强了对上市企业的约束。针对过去由于改制不彻底、部分剥离上市、模拟计算业绩带来的上市公司不独立、业绩不真实的情况，《管理办法》加大了对发行人独立性的要求，它要求发起人的资产、人员、财务、机构和业务要与上市公司分开和独立；另外要求对发起人、控股股东、实际控制人除了在本企业担任职务外，不得在控股股东、实际控制人及其控制企业领取薪酬。《管理办法》对中介机构的要求更加严格。例如，规定保荐人不得出具有虚假记载、误导性陈述或者是重大遗漏的发行保荐书，保荐人不得以不正当手段干扰审核工作。在发行定价上，也不再附加市盈率倍数等约束条件，此外还引入了超额配售选择权制度（即“绿鞋”制度)。“绿鞋”制度是国际上比较通行的稳定股价机制，赋予了主承销商稳定价格的合法手段。值得注意的是，这次上交所规定了股票首次上市股本不低于人民币5000万元，这个门槛高于证券法的相关规定，有学者认为，上交所作为主板市场的地位得以确立，反而为创业板预留了空间。①

创业板市场建设，一开始就应根据它的功能定位，充分认识并准确把握创业板市场特点，明确运作思路：严格公司上市的筛选和审核。上市公司的质量是证券市场的基石，创业板市场在降低上市门槛的同时，将建立更为严格的企业筛选和审核机制。创业板市场公司上市将由具备资格的保荐人负责推荐，这是保证上市公司质量的第一道关口。为了考核保荐人的工作质量，创业板交易所应制定具体详细的管理办法，每年对保荐人的推荐情况进行跟踪和评价，并在适当情况下向社会予以公布，以便接受公开监督。创业板交易所还应组织由市场各方专业人士组成的发行审核委员会，形成保证公司质量的第二道关口。为了适应创业板上市公司的特点，创业板交易所还应建立创业板发审委技术咨询委员会，根据电子、生物基因工程、新材料、节能和环保等行业分类，每类聘请3~5名技术专家，为创业板的发行审核提供技术咨询，帮助发审人员和发审委成员更好地把握企业的成长性和风险因素。

中小企业板创立之初，由于种种条件限制，上市条件与主板一样，只是在流通数量上有区别。中小板上市公司多数不再处于创业阶段，其主导产品处于成长期晚期甚至成熟期，公司成长性也稍微逊色。2005年10月修改通过的新证券法将上市条件修改为总股本3000万股，取消了连续3年盈利的规定，降低了上市门槛，有利于一些成长性好但目前规模和业绩不是很好的企业发行上市。2005年科技部和深交所在筛选中小板备选公司时，标准是“最近一年净资产和总收入均超过3000万元，连续2年以上盈利”，可以作为新上市条件的参照。科技部企业数据库5万家公司中，有4015家符合这一条件，从资产规模、收益水平及盈利能力看，其中有722家重点高科技企业可以作为中小板的培育对象。科技部相关人士认为，这些企业都有独立的知识产权和自主创新能力，对这些企业已不是降门槛的问题，而是

① 葛清：“重启IPO：新游戏规则”，载《南方周末》2006年5月25日。

要争取尽快上市的问题。目前中小企业A股上市周期过长，效率不高，长达1年以上；而海外交易所申请受理到上市的时间一般在6个月以内，因此很多中小型科技企业对A股市场失去耐心，转向谋求海外上市。按照证监会发审委现在的规模，很难有时间和精力审核大量的中小企业，而海外创业板如NASDAQ等都是由交易所负责审核，主要内容是上市材料的真实性和信息披露。目前，我国深交所在推进中小板公司上市准入制度创新方面进行了积极的探索：一是研究制定中小企业的上市条件、审核办法与审核程序，探索建立公开、透明的中小企业板上市核准体系；二是研究强化中小企业板保荐制度的具体措施，有效落实保荐机构和保荐代表人的责任，切实发挥保荐人严把上市公司“入门关”的作用；三是优化上市各环节的流程，探索将预路演提前到公司获得正式核准前进行，缩短发行上市周期；四是研究支持具有较强自主创新能力的科技型企业快速上市融资的措施。

深交所总经理助理周建男在2006年11月召开的中小企业上市推进会上说，深交所还将会同监管部门继续努力，力争实现股票发行上市募集资金整个业务流程百日完成，即实现“百日速度”。目前，中小企业板处于一种过会即发的高速运转状态。山东东方海洋科技股份有限公司从提交材料到挂牌历时仅4个月左右。深交所正在努力，争取实现一个公司一个保荐人、项目过会即可着手新项目。

（三）再融资制度安排

由于我国的创业板市场的目标模式是美国纳斯达克式的独立市场，应允许和鼓励创业板公司在创业板市场中成长和壮大，因此，创业板市场应当为其符合条件的公司提供再融资机会。

我国新《证券法》修改了原公司法关于新股发行条件的规定，放宽了条件标准。《证券法》第13条第1款规定：“公司公开发行新股，应当符合下列条件：（一）具备健全且运行良好的组织机构；（二）具有持续盈利能力，财务状况良好；（三）最近三年财务会计文件无虚假记载，无其他重大违法行为；（四）经国务院批准的国务院证券监督管理机构规定的其他条件。”在创业板市场中应当建立优秀上市公司绿色发行通道。建立对治理规范、有良好诚信记录、业绩优良的优秀上市公司实行政策倾斜，对其再融资予以优先受理申报、优先审核和优先发行；试行小额发行备案制度，公司再融资用于主业技改项目或补充前次募集资金项目投资、融资总额不超过净资产5%的，由保荐机构推荐，报证监会备案，证监会在20个工作日内未提出异议的，视为核准发行；建立储架发行制度，核准公司再融资后，允许公司自由选择发行时机，分次发行，在两年内发行完毕。

加大对创业板上市公司重组的支持力度。为鼓励和推动上市公司进行实质性资产重组，原违规业务、资产通过重组剥离公司，相关责任人员已经得到处理的，其申报再融资可不受违规记录禁止条件的限制；缩短重组公司申报再融资的时间间隔，允许上市公司完成重大重组后即可提出再融资申请；允许上市公司定向增发进行重大资产重组，重组后连续三年公司治理、诚信记录、持续经营业绩符合规定条件的，定向增发的股份经交易所批准可以上市流通。

进一步加强对募集资金使用的监管。有学者建议：一是强化招股说明书和定期报告对募集资金项目投资计划、实施内容和进度、盈利预测和风险的披露。二是实行上市公司募集资金专户存储制度，由独立董事和审计机构定期对募集资金专户进行审核和审计，出具相关意见，并在定期报告中披露。三是明确上市公司变更募集资金投向应严格按照再融资审核的有关规范要求，聘请新的中介机构对原项目的投资情况进行专项审计，对新项目进行可行性论证，做出盈利预测，履行股东大会审批等必要的决策程序，并充分披露项目变更原因、募集资金存管等情况和新项目论证的相关信息。对擅自变更募集资金投向或募集资金变更比例超过50%以上的上市公司，应相应延长其再融资申报时间间隔；对募集资金用途变更后新项目未按计划产生效益或明显低于盈利预测的，应在两年内暂停其再融资资格。①

要加强对创业板上市公司非公开发行的监管。非公开发行股票可能涉及不正当关联交易、内幕交易和操纵股价，不能忽视对其有效监管。中国证监会2007年9月17日发布《上市公司非公开发行股票实施细则》，规定上市公司非公开发行股票，应当有利于减少关联交易、避免同业竞争、增强独立性；应当有利于提高资产质量、改善财务状况、增强持续盈利能力。同日，证监会还公布了《公司发行证券的公司信息披露内容与格式准则第25号——上市公司非公开发行股票预案和发行情况报告书》。该《细则》细化了《上市公司证券发行管理办法》的相关规定。②《细则》明确，发行方案涉及中国证监会规定的重大资产重组的，重大资产重组应当与发行股票筹集资金分开办理。《细则》允许发行人董事、股东大会自行确定发行对象的具体名单、发行价格或定价原则、发行数量，发行对象认购的股份应锁定36个月以上。对于以筹集现金为目的的发行，最终发行价格和发行对象必须在取得发行核准批文后，经过有效的市场竞价产生。为确保充分竞争，防止询价

① 姚峰、聂旺标："完善再融资政策应坚持市场化取向"，载《中国证券报》2004年8月30日。

② 根据《上市公司证券发行管理办法》的规定，非公开发行股票的发行底价为定价基准日前20个交易日公司股票均价的90%。《细则》规定定价基准日必须在董事会决议公告日、股东大会决议公告日和发行期的首日这三个日期中选取，股票均价的计算应为充分考虑成交额和交易量因素的加权均价。同时，《细则》对以重大资产重组、引进长期战略投资为目的的发行和以筹集现金为目的的发行采取了不同的定价机制。《细则》还明确了《上市公司证券发行管理办法》中所称"发行对象不超过10名"，是指认购并获得本次非公开发行股票的法人、自然人或者其他合法投资组织不超过10名。证券投资基金管理公司以其管理的2只以上基金认购的，视为一个发行对象。此外，信托公司作为发行对象，只能以自有资金认购。

范围过小和人为操纵现象，非公开发行的认购邀请书应当包含符合《证券发行与承销管理办法》规定条件的下列询价对象：不少于20家证券投资基金管理公司；不少于10家证券公司；不少于5家保险机构投资者。

二、证券发行方式

发行是增加股份公司注册资本的行为，是发行人募集资本成功后并由公司向投资者交付股份的行为。发行分为公开发行和非公开发行。① 只有公开发行股票的公司才能成为公众性公司，从而能够成为上市公司。但一旦成为上市公司之后，则可以通过非公开发行方式扩大公司资本规模。

这里，笔者想介绍一下香港创业板市场股本证券发行上市的方式。按照香港《创业板上市规则》的规定，新申请人可以采用下列任何一种方式安排证券上市：(1) 发售以供认购；(2) 发售现有证券；(3) 配售；(4) 介绍上市；或 (5) 本交易所接纳的其他方式。对上市发行人而言，上市发行人可采用下列任何一种方式安排股本证券（无论是否属已上市的类别）上市：(1) 发售以供认购；(2) 发售现有证券；(3) 配售；(4) 供股；(5) 公开售股；(6) 资本化发行；(7) 代价发行；(8) 交换、替代或转换证券；或 (9) 本交易所接纳的其他方式。香港《创业板上市规则》第十章规定了"股本证券上市方式"。

1. 发售以供认购。发售以供认购是由发行人或代表发行人发售其证券，以供公众人士认购。如属以招标方式发售证券，本交易所必须信纳该配发基准为公平，以至按同一价格申请认购同一数目证券的每名投资者均能获得同等待遇。采用发售以供认购方式上市，必须刊发上市文件，严格遵守《创业板上市规则》关于证券发行信息披露的规定。

2. 发售现有证券。发售现有证券是由已发行或同意认购的证券的持有人或配发人或代表该等人士向公众人士发售该等证券。如属以招标方式发售证券，交易所必须信纳该配发基准为公平，以至按同一价格申请认购同一数目证券的每名投资者均能获得同等的待遇。采用发售现有证券方式上市，必须刊发上市文件，严格遵守《创业板上市规则》关于证券发行信息披露的规定。

3. 配售。配售是由发行人或中间人将证券主要出售与经其选择或批准的人士或主要供该等人士认购。由新申请人或其代表或由上市发行人或其代表配售某类初级申请上市的证券，必须刊登上市文件，而该上市文件须符合《创业板上市规则》

---

① 根据2005年修订的《证券法》第10条的规定，公开发行证券包括：向不特定对象发行证券；向特定对象发行证券累计超过200人的；法律、行政法规规定的其他发行行为等。公开发行证券必须符合法律、行政法规规定的条件，并依法报经国务院证券监督管理机构或国务院授权的部门核准。非公开发行证券，不得采用广告、公开劝诱和变相公开方式。

第十四章所述的有关规定，而该配售须符合《创业板上市规则》第十章的有关规定。

4. 介绍。介绍是已发行证券无须作任何销售安排而申请上市所采用的方式；因该类申请上市的证券已有相当数量为广泛的公众人士所持有，故可假设其在上市后会有足够的流通量。在下列情况下，一般可以采用介绍方式上市：（1）申请上市的证券已在另一间证券交易所上市；（2）发行人的证券由一名上市发行人以实物方式分派予其股东或另一上市发行人的股东；或（3）成立控股公司，并发行证券以换一名或多名上市发行人的证券。任何透过协议计划或其他方式进行的重组（海外发行人发行证券，以交换1名或多名上市发行人的证券，而该或该等香港发行人的上市地位在海外发行人的证券上市的同时将被撤销），必须首先经上市发行人的股东通过特别决议案予以批准。假如在拟以介绍方式上市前6个月内有关证券已在香港销售（以该等证券获准上市为附带条件），则只有在特殊情况下方获批准以介绍方式上市。此外，还有其他因素，例如在拟以介绍方式上市之前已有意出售有关证券、公众人士对有关证券的需求可能颇大，或发行人拟改变其状况，会令本交易所拒绝以介绍方式上市的申请。如拟改变业务的性质，则以介绍方式上市将不会获得批准。发行人应尽早向本交易所申请，以便获得本交易所确认介绍是其证券上市的合适方式。申请表格须填报持有关证券最多的10名实益持有人的姓名及所持证券数目（如知悉者）及持有人的总数。本交易所可能要求呈交股东名册副本。此外，申请表格也须填报董事及其联系人的持股情况。即使有关上市方式的批准已经发出，也未必表示该等证券最终会获准上市。采用介绍方式上市，必须刊发上市文件，而该上市文件须符合《创业板上市规则》第十四章所述的有关规定，严格遵守《创业板上市规则》有关证券发行信息披露的规定。

5. 供股。供股是向现有证券持有人提出供股建议，使该等持有人可按其现时所持有的证券比例认购证券。供股无须包销。供股的先决条件为在《创业板上市规则》第10.29条及第10.31（2）条所述的情况下获得股东批准。以供股方式发售证券的建议，一般须以可放弃权利的暂定配额通知书或其他转让契据提出，则该等通知书或契据必须注明接纳建议的期限（不少于14天）。如发行人拥有大量海外股东，则或需要较长的提呈发售期间，唯若发行人建议超过21天的提呈发售期间，必须咨询本交易所。采用供股方式上市，必须刊发上市文件，严格遵守《创业板上市规则》关于证券发行信息披露的规定。

6. 公开售股。公开售股是向现有的证券持有人提出建议，使其可认购证券（不论是否按其现时所持有的证券比例），但该等证券并非以可放弃权利文件向其配发。公开售股可与配售一并进行，成为附有一项回补机制的公开售股，其中配售乃按现有证券持有人依据现有权益比例认购部分或全部配售证券的权利进行。公开售股无须包销。如建议进行的公开售股会导致发行人的已发行股本或市值增加

50%以上（指公开售股本身或与过去12个月内进行的任何其他公开售股或供股合计），公开售股必须持股东于股东大会上通过决议案批准（任何控股股东均须弃权）方可作实。如有关证券并非供现有证券持有人按其现时所持有的证券比例认购，则除非证券将由董事会根据《创业板上市规则》第17.41（2）条授予董事会一般权力的情况下发行，否则公开售股必须事先在股东大会上获得股东的批准。如公开售股获日常业务并不包括包销的人士全数或部分包销，上市文件须全面披露该项事实。以公开售股方式发售证券的公开接纳期间至少需为14日。如发行人拥有大量海外股东，则或需要较长的提呈发售期间，唯若发行人建议超过21日的提呈发售期间，必须咨询本交易所。采用公开售股方式上市，必须刊发上市文件，严格遵守《创业板上市规则》关于信息披露的规定。

7. 资本化发行。资本化发行是按现有股东当时所持有的证券比例，或以不涉及支付款项的方式进一步将证券配发予现有股东；该等证券将入账列为已从发行人的储备或溢利拨款缴足。资本化发行包括以股代息计划。采用资本化发行上市，必须刊登上市文件（采用致股东通函形式），而该上市文件须符合《创业板上市规则》第十四章所述的有关规定。

8. 代价发行。代价发行是发行人发行证券作为某项交易或与收购或合并或分拆行动有关的代价。

9. 交换、替代或转换。证券可通过将证券交换或替代或转换其他类别证券的方式上市。转换证券包括：（1）行使根据《创业板上市规则》第二十一章而授予可认购或购买证券的期权、权证或类似权利；（2）转换根据《创业板上市规则》第二十二章而发行的可转换股本证券；（3）行使根据《创业板上市规则》第二十三章而授予行政人员及或雇员或令其受惠的期权；（4）根据《创业板上市规则》第三十四章转换可转股债务证券。采用交换或替代证券上市，必须刊发上市文件（采用致股东通函形式），而该上市文件须遵守《创业板上市规则》第十四章所述的有关规定。

10. 其他方式。证券也可采用下列方式上市：A. 因现有上市证券的合并、分拆或削减股本而发行新股份；或B. 本交易所不时批准的其他方式。因合并、分拆或削减股本而发行新股份必须刊发上市文件（采用致股东的通函形式），而该上市文件须符合《创业板上市规则》第十四章所述的有关规定。

香港创业板市场的发行上市方式有多种选择，对不同的方式规定了不同的要求，涉及发行人、发行人的董事和高级管理人员、保荐人、包销商和分销商之间的权利、义务和责任的分配，并且必须遵守相应的信息披露要求。

在我国证券市场，发行人和上市公司发行股票也有多种方式，如IPO（首次公开发行)①、市值配售、定向发行、配股、增发、储架发行、公积金转增或股利分配送股②、并购换股发行③、其他方式④等。在发行方式方面，创业板完全可以继受现行主板的一些成功经验。创业板在具体的发行方式方面没有必要标新立异，不要过多地浪费制度资源。但我国主板和创业板在发行方式方面，都应当在现有制度的基础上，比较、吸收和借鉴国际上比较有效率的制度设计，不断地改革和创新。

笔者认为，创业板市场发行方式应该更加有利于创业板市场公司自身的发展要求，应该灵活多样，由市场选择。下列三种方式可以优先考虑：（1）换股并购。创业板上市公司处于高成长阶段，其规模扩张的最佳途径就是通过并购重组，但现金并购需要足够的资金，而创业型公司往往缺乏资金。而换股收购的最大特点就是使收购不受并购规模的限制，可以以小吃大，并且并购后双方的经营环境较为宽松。2006年《上市公司收购管理办法》修订的重点和亮点之一，就是换股收购。⑤这主要表现在，收购办法明确收购人可以通过取得上市公司向其发行新股的方式获得公司控制权，并可免予履行要约收购义务；收购办法还允许收购人以证券作为支付手段收购上市公司。（2）储架发行。所谓储架发行，是指针对上市公司投资金额较大、时间跨度较长的项目，监管部门一次性审核其发行申请，发行方式根据项目实际需要，分次择机募集资金。⑥ 该制度由于能够提高证券市场的效率，目前已被美、英等发达国家所采用。创业型公司上市后再融资不够灵活简便，无法满足科技型中小企业实施技术更新、产品升级换代对资金的急切需求。如果通过“储架

---

① 在我国IPO公开发行和公开增发主要通过网上定价发行（股票发行中通过创业板交易所系统采用资金申购方式向投资者定价发行股票）和网下配售（股票发行中在网下向询价对象采用累计投标询价方式配售股票）的方式进行。

② 这种方式不需要核准。

③ 如清华同方2000年并购山东鲁颖电子股份公司，清华同方向鲁颖电子股份公司股东发行股票，收购鲁颖电子股份公司股票注销。

④ S前锋（600733）2006年1月25日公布股权分置改革方案，公司将通过资产置换、新增股份吸收合并的方式，实现首创证券有限责任公司借壳上市。公司股改由四部分组成。首先，公司拟全部资产和负债与首创集团持有的首创证券11.6337%股权及现金6117.79万元进行置换。此后，S前锋以新增股份的方式向首创证券股东置换取得剩余88.3663%的首创证券股权，吸收合并首创证券。在此基础上，前锋股份非流通股股东按1:0.6的比例实施缩股。最后，公司以资本公积金向吸收合并及缩股完成后的公司全体股东每10股转增6.8股。

⑤ 实际上，早在2002年《上市公司收购管理办法》中，就对换股收购做出了明确的鼓励性规定，这次修订进一步完善了要约收购中换股收购的程序，增强了换股收购的可操作性。

⑥ 2006年10月底，200亿2006年第一期铁道债发行成功，其采取的“单次审批、分次发行”，类似于储架发行模式。早在2002年，证监会就曾表示，对于投资额较大的国家重点建设项目，要研究通过储架发行制度来满足其筹资需要。当时这一构想主要针对二级市场的扩容压力、券商包销压力，以及抑制上市公司“圈钱”行为，提高募集资金的使用效率。

发行”方式，中小板上市公司一方面可根据项目进展以及市场机会，随时通过资本市场再融资，从而专心于行业发展；另一方面也可以有效抑制资金闲置等问题，提高募集资金使用效率。修订后的公司法和证券法取消了发行间隔至少1年的条件约束，为推出“储架发行”提供了制度基础。（3）小额快速再融资。目前看来，中小板再融资制度的创新，主要在于降低再融资门槛、简化再融资程序，实现多样化再融资方式，对此，有关方面提出了“小额快速再融资”的建议。其要点在于，对于某一规模之下的再融资，可采用小额公开发行和小额不公开发行两种发行方式。前者须向证监会提出发行申请，但能简化报批材料、手续及流程，只要监管部门无异议，一个月后该许可自动生效；后者无须事先申请，只需事后备案，但认购对象只能是机构投资者。①

三、发行价格的确定

证券市场是资源配置功能的主要实现场所，而价格是引导投资和资源流向的决策信号，也是最敏感和关键的信号。资源配置功能的发挥离不开价格机制，因此培育市场化的价格机制是健全证券发行市场机制的核心，而且深刻影响着二级市场的交易行为和成熟程度。在成熟市场中，拟发行公司、中介机构、投资者等市场主体通过在一级市场的三方博弈，最终形成均衡价格。

2006年9月11日，中国证监会公布《证券发行与承销管理办法》（以下简称《管理办法》）征求意见稿。《管理办法》重点对首次公开发行股票的询价、定价以及股票配售等环节进行了规范。自2004年首次公开发行股票试行询价制度以来，股票发行的定价机制发生了较大的变化，实现了由原来的行政主导定价向市场主体定价的转变。询价制度实施以来，所有发行股票的公司的摊薄前市盈率平均为15.09倍，摊薄后为21.47倍，没有出现在所有投资者均可竞价申购时曾经发生过的发行市盈率88倍的非理性情况。总体上看，股票发行定价机制的市场化改革方向是正确的，制度安排是成功的，询价结果也反映了投资者对股票投资价值的基本判断。机构投资者在询价过程中，表现了较强的研究能力和风险判断能力。询价制度对强化市场对发行人的约束作用也起到了积极的推动作用。由于《上市公司证券发行管理办法》已经确定了上市公司发行证券的市价发行原则，因此，本《管理办法》重点对首次公开发行股票的询价、定价以及股票配售等环节进行了规范，整合了《关于首次公开发行股票试行询价制度若干问题的通知》（证监发行字[2004]162号）和《对首次公开发行股票询价对象条件和行为的监管要求》（发行审核标准备忘录第18号）的主要内容，并在询价制度实践的基础上进行了完善。在证券承销方面，对1996年以来中国证监会发布的有关证券公司承销业务的

① 吴铭：“中小板发行三变革蓄势待发”，载《中国证券报》2006年12月6日。

规范性文件进行了全面整合和完善，根据证券公司综合治理后的新情况和新要求，对证券公司的承销行为做出了规定。此外，《管理办法》加强了对发行人、证券公司、证券服务机构和投资者参与证券发行行为的监管。《管理办法》对现行程序作了如下调整：（1）对在深交所中小企业板上市的公司，规定可以通过初步询价直接定价，在主板上市的公司必须经过初步询价和累计投标询价两个询价阶段。从国际上通行的做法看，中小企业发行股票一般没有严格的询价过程，由发行人和承销商商定价格、实行定价发行的情况较多。从实践看，通过初步询价确定发行价格区间的环节最为重要，价格区间一旦确定，发行的最高价就被确定。在深圳中小板上市的公司目前无一例外地均以价格上限发行，累计投标的询价过程意义不大。（2）对目前网下累计投标与网上申购分步进行的机制进行调整，规定网下申购与网上申购同步进行。按现行规定，网上申购需在网下定价及配售之后进行。调整后的制度变为，通过初步询价确定价格区间后，在机构进行累计投标的同时，公众投资者按照价格区间上限同时缴款申购。累计投标询价确定的发行价格低于价格区间上限的，差价部分款项退还网上申购的公众投资者。这一制度安排与香港市场的公开发行流程相同，发行过程较目前程序可缩短 2 个工作日，对于 A 股、H 股同发的公司实现同时确定价格、同时上市非常重要。此外，网下申购与网上申购同时进行，还使参与网下申购的机构资金不能重复进行网上申购，改变目前机构资金可以在网下、网上重复使用的情况，一定程度上解决了市场关注的公平性问题。（3）规定所有询价对象均可自主选择是否参与初步询价，主承销商不得拒绝询价对象参与初步询价；只有参与初步询价的询价对象才能参与网下申购。这一规定改变了目前由主承销商选择初步询价对象以及确定价格区间后所有询价对象均可参与网下申购的做法，希望能够对没有申购意愿的机构随意报价和不参与初步询价却参与网下申购的“搭便车”行为起到一定的约束作用。（4）规定首次公开发行股票的公司发行规模在 4 亿股以上的，可以向战略投资者配售股票，可以采用“超额配售选择权（绿鞋）”机制。

2006 年 9 月 17 日，中国证监会正式发布《证券发行与承销管理办法》，该办法自 9 月 19 日正式实施。与征求意见稿相比，正式出台的《办法》并未涉及实质性的修改。只是在部分细节稍有松动，比如规定询价对象可以自主决定是否参与初步询价，询价对象申请参与初步询价的，主承销商无正当理由不得拒绝。而此前的规定是主承销商在任何情况下都不得拒绝询价对象参与询价。正式出台的《办法》还特别强调，询价对象不得协商报价或者故意压价或抬高价格。另外，征求意见稿中“主承销商管理的集合资产管理计划等证券投资产品可以参与网下发行，但不得参与询价和网下配售”的限制性规定也被取消。

一些投资者认为，中小企业公司规模小，融资数量少，机械地套用大盘股的询价程序，浪费市场资源，降低市场效率，建议采用定价发行方式。市场化的定价机制需要必备条件。首先是良好的信息披露制度，要求准确、及时的信息传递与反馈。内地股市的强制性信息披露制度借鉴成熟市场经验，起点较高；信息传递与反馈手段也已较完备。二是投资者的信息解读和价值判断能力。这一点内地市场也具备条件，证券商、基金公司等机构投资者、咨询机构都有高素质的专业人员。内地证券市场发展规模已经达到相当程度，机构投资者力量发展迅速，已构成市场深入的重要条件。完全可以考虑增加新股供应数量，扩大投资者的选择权。好公司能促进好市场。关键要让投资者淘汰差的发行公司，或者被偏好风险的投资者低价认购，或者发行不能。在市场关系中发行方式和定价方式是不同的，不能分割。只要确定了市场化的定价机制，原有的发行方式（除市值配售）都可以考虑，如网上、网下资金申购，路演询价、累计定单、法人配售，甚至打包发行等。① 然而，考虑到我国市场新兴加转轨的特点，笔者认为，中小企业直接采取定价发行方式的条件尚不成熟，还是应当通过询价确定发行价格，但可以对现行的初步询价和累计投标询价两个询价环节进行适当调整，即允许在中小板上市的公司通过初步询价确定发行价格，不再进行累计投标询价。这种安排可使中小企业的发行过程缩短 4 个工作日。

四、发行上市条件

严格说来，公开发行股票条件与上市条件不是相同的，但公开发行的股票必须满足上市条件，才能上市交易。一般地，在我国证券市场上公开 IPO 后，在很短的时间里，其股票就可申请在证券交易所上市交易。也许，在 IPO 之前，公司还不能达到上市条件，但 IPO 的目的就是使之符合上市条件。所以，我们这里统称发行上市条件。企业进入创业板市场的条件需要一定的实体条件，但不能以“标准高低”和“条件宽严”来区分创业板市场和主板市场。比如，创业板市场可能在经营规模、经营业绩上的要求低于主板市场，但在企业股份制建设、企业成长性等方面显然要高于主板市场的要求。创业板市场企业申请进入的实体标准，应主要依据目标群的成熟度和投资者对该市场的风险承受度来确定，而不能简单参照我国主板市场来设计，更何况我国主板市场还很不合理。实体条件主要从注册资本最低限额、股本构成、经营状况、公司治理结构和是否有保荐人等方面判断。

考察发行上市资格需要一套指标体系，该指标体系设定适当与否，不仅关系到企业能否成功进入资本市场筹集到所需要的资金，也关系到创业板市场能否快速成长与发展，因此，设立创业板市场，建立科学合理的发行上市资格考察指标体系尤其重要。由于各国的社会经济发展水平不同，证券市场的成熟程度有区别，公司治

---

① 曹志为、王泓：“把选择权交给投资者正当时——卢春泉博士谈新股发行询价制度”，载《中国证券报》2004 年 9 月 6 日。

理结构不同，各创业板市场发行上市的考核指标也不尽相同，并不存在一个通用的体系。有学者将创业板市场的发行上市指标按其重要程度划分为3类。第一类是核心指标，包括保荐人、公众持股比例、股票锁定与禁售、经营年限或设定年限、公众流通股数量、资本额、股东人数、信息披露、做市商和公众流通股市值10个，这些指标被50%以上的创业板市场普遍采用。使用频率在20%～50%之间的指标为中间指标，这类指标有现金增资、营业收入、净有形资产、税前收入、独立董事、活跃记录或业务计划、会计与审计标准以及公司治理结构等。其在指标体系中的重要性低于核心指标，往往是辅助性的，可作为替代指标使用，也可作为非强制性指标用于相关的指引或建议。使用频率低于20%的指标，为外围指标，包括股票总市值、总资产、发行价格、净利润、业务收入和财务能力等，采用这些指标的创业板市场很少。①

（一）海外几个主要市场的实体条件

纳斯达克市场内部分为两大类，一类是纳斯达克全国市场，另一类是纳斯达克小型资本市场。前者的对象是世界范围的大企业和经过小型资本市场发展起来的企业；后者的对象是高成长的中小企业。

纳斯达克全国市场上市标准。纳斯达克全国市场上市标准有三种方案可供选择，分别是：（1）净有形资产达到600万美元；市值不作要求，总资产不作要求，总收入不作要求；税前收入达到100万美元；公众流通股不少于110万股；经营年限不作要求；公众流通股市值不低于800万美元；最小递盘价即买方最低出价不低于5美元；持有整股股东至少有400个；要求有3个做市商；有公司治理结构要求。（2）净有形资产达到1800万美元；市值不作要求，总资产不作要求，总收入不作要求；税前收入不作要求；公众流通股不少于110万股；经营年限要求至少有2年；公众流通股市值不低于1800万美元；最小递盘价即买方最低出价不低于5美元；持有整股股东至少有400个；要求有3个做市商；有公司治理结构要求。（3）净有形资产不作要求；市值7500万美元或总资产7500万美元和总收入7500万美元；税前收入不作要求；公众流通股不少于110万股；经营年限不作要求；公众流通股市值不低于2000万美元；最小递盘价即买方最低出价不低于5美元；持有整股股东至少有400个；要求有4个做市商；有公司治理结构要求。

纳斯达克小型资本市场上市标准：净有形资产要达到400万美元或市值5000万美元或净收入75万美元；公众流通股不少于100万股，且其市值不低于500万美元；最小递盘价即买方最低出价不低于4美元；要求有3个做市商；持有整股股东至少有300个；经营年限要求至少有1年或总市值达到5000万美元；有公司治

① 贺金凌："海外创业板市场发行上市制度的总结与分析"，载《中国证券报》2001年5月10日。

理结构要求。

韩国的科技股市场建立于1996年7月。它仿照美国的“纳斯达克”市场，定名为“高斯达克”（KOSDAQ）。其入市条件根据风险企业和一般企业而设定不同的标准。对于风险企业，只要其股票分散比例达到20%，监事认为适合上市，即可登记上市。而对于一般企业，则有三种选择：一是建立企业为3年，股东交付的资本金为5亿韩元，股票分散率为20%，有经常收益，无资本蚕食情况，负债比率不超过同行业的1.5倍，监事没有意见；二是自有资本为100亿韩元，股票分散率为20%，无资本蚕食情况，负债比例不到同行业的平均数，监事没有意见；三是自有资本为1000亿韩元，股票分散率为20%，资本蚕食不足50%，负债比例不超过同行业的400%，监事无意见，一般企业可以根据自己的情况登记上市。韩国政府在1999年年底提出了“健全高斯达克市场的政策”，对企业的“高斯达克”的市场的登记、审查、管理、退出以及防止不公正交易等作出了新规定。按照这个新规定，一般在“高斯达克”市场登记上市时，小额持股者必须达到500名以上，这些小额持股者应持有500万股以上，占股票发行总数的30%，而过去小额持股者的人数规定是100名以上，持有200万股，占股票发行总数的20%。政府提高股票分散比例的主要目的是减少不公正交易的因素。①

香港创业板市场的上市资格主要包括以下几个方面：（1）基本上市资格：公司须于下列其中一个地方注册成立：中国内地、香港、百慕大及开曼群岛；公司必须有主营业务，把不相关的业务捆绑在一起不适合上市；公司在上市前的24个月必须在基本相同的拥有权及管理层管理下运作；公司必须委任保荐人，以协助它的上市申请、审阅所有有关的文件及确保公司作出适当的披露。（2）首次上市条件：创业板市场首次上市要求一般比现有主板市场宽松。在业务记录方面，它不设最低盈利要求，也无须作盈利预测，仅需有“业务目标声明”，清楚说明大约三年内公司的主要业务方向和所集资金的用途，以及显示公司有两年从事“活跃业务活动”的记录，由会计师申报前两年的财务业绩；在最低市值要求方面，它对企业上市的最低市值规定为4000万港元；不需要包销要求，首次招股时，最低公众持有量为3000万港元或已发行股本的20%～25%，股东人数100人以上。（3）公司治理结构。创业板市场设有比主板市场更为严格的公司管治措施（即公司治理结构的要求），以促使上市公司遵守上市规则及符合适当的商业守则。这些要求包括：创业板上市公司必须委任两名独立非执行董事，聘任一名全职符合有关资格的会计师负责监督财务、会计及内部监管职能；指定一名执行董事为监察主任，督促公司及董事遵守上市规则；成立审核委员会，审查年度、季度及半年度财务报告及内部监控程序；公司管理层股东及财务股东在公司上市时，须至少持有公司的发行股本的

① 童第轶：“韩国高斯达克市场面面观”，载《中国证券报》2000年9月8日。

35%；上市后，须继续聘用保荐人至少两个完整的财政年度，保荐人须以顾问身份协助发行人遵守上市规则；管理层股东、财务股东在六个月内不允许转让。(4) 信息披露。香港创业板市场信息披露要求比主板市场更为缜密和严格，除了执行现有主板市场的规定外，创业板公司上市后的额外披露要求包括：季度及半年业绩报告(不须经过审核) 于有关期间结束后的45天内公布，末期经审核的全年业绩报告须于年结后的3个月内公布，上市后的头两个财政年度内，每半年要把业务目标及其后的发展速度作一比较，该比较报告须于中期业绩报告及年刊中刊出。(5) 财务方面的要求：没有最低盈利要求；公司可自行决定是否作出盈利预测；申报会计师须提供公司上市前至少2年的财务报告。①

创业板市场自2000年下半年暴跌以后，各国对创业板市场的运行规则进行了改革。一方面，不少创业板市场都提高了IPO标准和持续上市标准。如2001年，纳斯达克首先开始收紧上市条件，将上市标准中对净资产的要求改为对权益资本的要求。首先发行上市标准一和二由净资产600万美元和1800万美元，调整为权益资本1500万美元和3000万美元。而持续上市标准一由净资产400万美元改为1000万美元。韩国高斯达克市场也提高与细化了上市标准，要求在审查企业的上市资格时，把重点从数量评估转向质量评估，包括技术能力、盈利能力、潜在的市场价值以及管理和财务优势等方面。

规范和发展的矛盾一直伴随着创业板的进程，不断地影响着规则制定者的思维定式。2000年以来，香港创业板上市规则酝酿修订，香港创业板在《规则》修订中，在提高整体市场质地，以及加强投资者保障的考虑下，监管机构也准备收紧上市条件中有关“业务记录”的规定，即由现有规则的“由24个月缩短至12个月”改为“恢复24个月业务记录要求，除非有形资产值或收入达到某一数额，则可接受12个月”。但是对于是否收紧管理层股东“禁售期”仍未定案。原《规则》规定，“由2年缩短为6个月，唯控权股东不可于第7至第12个月期间出售股份，以至控股权出现转变”。虽然此项未定，但监管机构趋向收紧，考虑收紧禁售期至12个月，或维持现有前6个月禁售，次6个月有条件禁售。在配售问题上，过去在港创业板个别以100%配售形式发行新股的上市公司，承配人身份的独立性以及股份实际公众流通量都引起监管机构的关注。但香港证监会和香港联交所认为症结在于法规执行不力所致，因而不改变现行市场接受的股份发售方法。为此，香港联交所上市科特地致函创业板上市保荐人名单的商业银行，要求必须于决定配售股份的分配额时，一并呈交承配人名单（包括电话、住址等资料）予上市科审批。函件强调保荐人如未能提交有关名单，有可能令该公司上市进度受阻。对于新上市股份发

① 胡明：“创业板证券市场交易制度研究”，安徽大学2003届硕士论文；郭金龙、刘占彬：“境外创业板市场简介及其启示”，载《中外企业文化》2001年第1期。

售的形式，将维持现行的《规则》中“可以100%配售、100%公开发售，或部分配售及部分公开发售”的规定。但是只会加强《规则》条文的执行，严格要求保荐人提供承配人名单，供联交所审批。另外，关于“新上市后发行新股规定”条文也将放宽，以前的条文是“公司上市后头6个月内不准发行新股作任何用途”，改后放宽为，“在有充分披露，以及或股东同意下，上市后头6个月内也可发行新股，作为收购代价，但不可发新股集资”。① 2001年7月修订的香港《创业板上市规则》将24个月的最短活跃营业记录期，修改为符合若干规定的公司最短业务记录期为12个月。原规定，创业板上市后头6个月不准增发证券，但新规则改为符合若干条件以及增发证券是为购入可配合其主营业务的资产则可于上市后头6个月增发证券，其目的是刺激创业板的发展。关于公众持股比例，2001年7月香港新《创业板上市规则》规定，市值在40亿港元以下的创业板申请人，在上市时，公众持股的最低市值必须为3000万港元或最低比例为总股本的25%，并以相对较高者为准；市值在40亿港元以上的创业板申请人，在上市时公众持股的最低比例10亿港元或最低比例为总股本的20%，并以较高者为准。

（二）海外市场的灵活性和层次性可以借鉴

海外部分创业板市场在上市标准的设置方面，还针对不同类别或层次的上市企业制定不同的上市条件，在同一创业板市场内开设两个或以上因发展程度不同而相对独立的市场板块，有利于支持不同成长阶段企业的发展。为使上市标准具有更大的包容性，能够适用不同条件的上市需要，部分创业板市场在指标设置上体现较大的灵活性，对某些指标设定了替代标准。如纳斯达克全国市场的第3套上市标准，要求市值达到7500万元，如果该指标不能满足要求，可用总资产7500万美元代替；纳斯达克小型资本市场的上市条件中，净有形资产400万美元与市值5000万美元或净收入75万美元可以相互代替；至少1年经营年限可用5000万美元的总市值代替。在股权分散指标中，部分创业板市场都规定公众流通股数量和公众持股比例可以任意选择。设置替代条件的做法，增强了上市标准的灵活性，使那些能满足关键上市条件，仅仅由于个别指标不符合要求，但在其他方面又能弥补这些方面不足的企业增加了上市机会。这是在同一套标准中对个别指标设置替代条件，还有一种是针对不同类别或层次的上市企业制定不同的上市条件。比较典型的如美国纳斯达克，除把市场分为两个层次，即一个全国市场，一个小型资本市场外，其全国市场还针对不同条件的企业设置有3套上市标准。这3套标准各有侧重，其中上市标准1是针对有盈利的经营性公司制定的，上市标准2、3则适用于没有盈利的发展型公司。日本佳斯达克市场和中国台湾柜台买卖中心同美国纳斯达克类似，也把市

① 参见《中国证券报》2001年4月11日。

场分为两个层次，要求相对较低的是特殊的或第二类柜台市场层次，要求相对较高的是正常柜台市场层次。韩国高斯达克市场也设置了3套标准，标准1在业绩方面要求净收入为正数，标准2、3则没有业绩要求，且标准3的要求最低，是专为风险型公司制定的。上市标准设置最复杂的是加拿大风险投资市场，该市场首先按行业将上市公司分为技术或工业、采矿、石油和天然气、房地产或投资以及研究与开发5个类型，每个行业类别下又分为两个市场层次，每个市场层次下的企业再视不同的情况设置1~3套上市标准。1999年11月17日，香港创业板上市规则作了第二次重大修订，将原规则的第11.23条规定的“公司须由公众人士持有的股份至少占其股本的20%~25%，其中涉及金额至少须达港币3000万元”，更改为“A. 若公司在上市时的市值不足港币10亿元，则最低公众持股量须为20%，涉及金额至少达港币3000万元；B. 若公司在上市时的市值为港币10亿元以上，则最低公众持股量须为15%或使公司在上市时由公众人士持有的股份的市值至少达港币2亿元的较高百分比”。实践证明，创业板市场上市标准设置上的多层次、多样化，对于条件好的要求高一些，条件差的要求低一些，在同一创业板市场内形成两个或以上因发展程度不一样而相对独立的市场板块，有利于吸引不同条件的企业上市。①我国在1999年年底讨论决定在上海、深圳证券交易所设立高新技术板块，并为此而修改了《公司法》附则部分，这种思路在创业板市场完全可行。创业板市场的传统型公司和高新技术公司完全可以采取设立不同的门槛标准。主板市场由于其标准的严格性，其地位的稳固和权威不可动摇，不应采用不同的标准，但创业板市场本身最根本的属性就是创新。我国创业板市场的门槛制度可以借鉴韩国的做法，这样可以分为一般入市条件和特别入市条件，对高新技术企业的入市条件适当放宽，适用特别入市条件，这对高新技术的发展是有利的；也可以借鉴纳斯达克等市场的做法，设置几套标准，为上市企业提供多种机会。

（三）我国门槛制度

我国虽然没有正式出台创业板市场的法律规则，但有关创业板市场法律制度的具体内容却酝酿许久，2000年10月23日，有关部门公布了《创业板市场规则咨询文件》，这虽不是二板市场的最终规则文件，但有重要的参考价值。关于创业板市场的门槛制度，我国内地主要借鉴香港特区的模式，但在规范严密程度方面不如香港，比较宽泛：(1) 营运记录及盈利。主板要求有连续3年的营运记录和盈利记录，而创业板和香港创业板均没有盈利方面的要求，且营运记录也缩短为2年。创业板虽没有盈利方面的要求，但提出了两个会计年度达到500万元，最近一个会计

① 贺金凌：“海外创业板市场发行上市制度的总结与分析”，载《中国证券报》2001年5月10日。

年度主营业务收入净额达到300万元的要求。(2) 股本规模。主板市场要求发行后的股本总额不少于人民币5000万元，香港创业板上市的市值要求不低于4600万港币，而创业板对股本规模的最低要求为2000万元。(3) 股本结构。3家市场对于发行人认购的股本数额所占股本总额比重基本相同，均是不少于公司拟发行股本总额的35%，而对于社会公众持股占股本总额的比重，主板与二板均为25%，香港创业板为20%；在社会公众股东的数量方面，主板的要求是持有面值不低于1000元以上的个人股东不少于1000人，创业板不少于200人，香港创业板的公众股东人数为不少于100人。(4) 资产质量。主板要求公司在发行前净资产在总资产中所占比例不低于30%，无形资产在净资产中不高于20%。在资产负债比例方面，创业板与主板的要求一致，规定企业在申请发行时的资产负债率不高于70%，也就是净资产在总资产中所占比例不低于30%。但创业板并没有针对无形资产提出任何有关资产结构的要求。(5) 管理。主板市场并没有针对上市公司提出设立独立董事的硬要求，而创业板与香港创业板均作出了上市公司董事会必须包括两名以上独立董事的规定。(6) 信息披露。上市公司公开披露的信息包括定期报告与临时性报告。主板有年度报告和中期报告，而创业板增加了季度报告。(7) 保荐人。主板市场中，公司上市须有相应的推荐人，而创业板市场要有保荐人，推荐人与保荐人有本质的区别。按照创业板的要求，具有股票主承销商资格的证券公司自动取得创业板市场保荐人资格，无须再向证监会提出取得资格的申请。但当证券公司与被保荐人之间一方持有另一方7%以上的股份时，或是对方前5名股东之一，或具有其他关联交易时，证券公司不得接受被保荐人的聘请。①

我国创业板毕竟没有在2001年左右设立，而之后我国公司和证券法律制度环境都发生了较大的变化，比如建立了上市公司独立董事制度，季度报告制度、保荐人制度原先是准备在创业板市场上设立，后来在主板市场都建立起来了。中小企业板创立之初，由于种种条件限制，上市条件与主板一样，只是在流通数量上有区别。这样中小板上市公司多数不再处于创业阶段，其主导产品处于成长期晚期甚至成熟期，公司成长性也稍微逊色。2005年10月修改通过的新证券法将上市条件修改为总股本3000万股，取消了连续3年盈利的规定，降低了上市门槛，将有利于一些成长性好但目前规模和业绩不是很好的企业发行上市。创业板公司的标准肯定要比现行中小企业板公司的标准要低。

如何把握适当的入门标准始终是全球创业板共同争论的一个问题。事实上，过高的上市条件会阻碍市场的发展，特别是增大了新兴公司的上市难度；而过低的上市条件会降低上市公司的素质。相对于主板市场，创业板的上市条件要宽松得多，目的在于吸引一些具有长远前景但目前盈利状况不好甚至亏损的公司上市集资。而

① 王国明："展望中国二板市场"，载《投资与证券》2000年第1期。

对公司发展远景的判断主要依赖于保荐人和投资者的接受程度，因此有可能会出现市场过度接受短期的热点，而忽视了对长期发展的实质判断。因此，如何在入门标准和上市公司质量之间取得平衡是设置创业板市场门槛的重要课题。

在香港，对于监管标准从宽还是从严的争论，比较集中地体现在不同方面对于放宽豁免规定的不同看法。按最初的规定，有关公司只要有两年以上活跃业务记录，便可申请在创业板上市，这对新兴科技公司是合理的。但随着创业板上市公司的增多，如何把握诸如大股东售股冻结期、上市公司的豁免范围、公司员工认股权等具体问题的分寸，联交所及证监会这两大监管机构的看法便发生了分歧。香港联交所方面认为，为了保持香港与其他证券市场的竞争力，监管机构不应对上市公司束缚太多，只要上市公司能够按照要求作出充分披露，让投资者自行选择。为此，联交所曾在2000年3月份宣布放宽创业板上市的若干豁免规定，其中包括将管理层股份禁售期由2年缩短至半年，员工认股权发行比例提升至30%，及要求上市公司只具备一年的活跃业务记录等，目的是使监管规则向国外的创业板市场看齐。对这些放宽措施，香港证监会尽管也给予认可，但认为过于宽松，未能对投资者作出有效的保护，香港不能简单地照搬美国市场的信息披露原则，因为在美国大股东有法律责任，动辄被告上法庭，而在香港则缺乏这一约束机制。实际上，这种争论某种程度上反映了不同市场主体的利益分歧。如果过分强调放宽创业板上市规则，则意味着向上市公司让步，牺牲小投资者利益，增加市场风险；如果过分强调上市公司的短期盈利能力，片面提高上市条件，又会阻碍海内外公司的上市兴趣。① 我国内地创业板在选择上市企业标准要比香港容易得多，香港上市企业的本土资源不多，主要是外来公司，而我国内地的中小企业群体十分庞大，能够被吸纳为创业板公司的企业众多，即使按照目前的中小企业板的标准，上市企业的后备军也十分庞大。我国创业板交易所的目标模式应是纳斯达克，我们可以按照目前中小企业板的标准，并适度降低，在其基础上打造类似于纳斯达克全国性的资本市场，作为创业板市场的高级层次，吸收目前的深交所的主板公司；同时，也建立一个比三板市场标准要高的，真正意义上的创业板市场，类似于纳斯达克小型资本市场，作为创业板市场的初级层次。

我国2005年《证券法》第50条规定："股份有限公司申请股票上市，应当符合下列条件：（一）股票经国务院证券监督管理机构核准已公开发行；（二）公司股本总额不少于人民币三千万元；（三）公开发行的股份达到公司股份总数的百分之二十五以上；公司股本总额超过人民币四亿元的，公开发行股份的比例为百分之十以上；（四）公司最近三年无重大违法行为，财务会计报告无虚假记载。证券交

① 巴曙松："香港创业板市场发展历程的反思与展望"，载《经济学消息报》2000年9月15日。

易所可以规定高于前款规定的上市条件，并报国务院证券监督管理机构批准。”第51条规定：“国家鼓励符合产业政策并符合上市条件的公司股票上市交易。”从我国《证券法》的规定看，其上市条件并不高，规定的是最低上市条件，创业板上市公司条件可以在此基础上进一步细化。新《证券法》赋予证券交易所规定更加严格更加具体的上市条件的权力，报证监会批准即可生效。实际上，证券交易所最了解市场，最关心自己市场的发展，它规定的条件都是经过多次市场博弈的结果，是市场人士各种观点和意志碰撞的结果，更加切合市场的规律。其上市条件也会根据证券交易所的实践的需要而实时变动。如前所述，创业板市场在数量上可以设立几套标准，不符合这一套，但符合另一套，同样可以上市，这样更加符合市场意愿。但在规范性的质量方面不能降低标准，甚至要比主板市场更加严格，如保荐人责任、公司治理规范和信息披露规范等。

五、退市制度

（一）退市

退市制度与准入制度正好相反。退市又叫终止上市或摘牌，是指上市公司因为各种原因而丧失了在证券交易所继续挂牌的资格。① 它是创业板市场的淘汰机制，优胜劣汰是市场竞争的结果和必然选择。退市有三种方式：一是摘牌退市，上市公司因不符合证券法规定的持续挂牌条件而由证券监管当局或证券交易所终止上市，退市之后要设立柜台交易，这是一种被动退市制度；二是协议退市，由上市公司回购流通股手中的股票，新《公司法》已经允许上市公司回购流通股股票；三是收购退市，即由其他公司收购流通股东手中的股票。《证券法》第97条规定：“收购期限届满，被收购公司股权分布不符合上市条件的，该上市公司的股票应当由证券交易所依法终止上市交易；其余仍持有被收购公司股票的股东，有权向收购人以收购要约的同等条件出售其股票，收购人应当收购。”

与上市条件类似，持续挂牌的条件通常包括数量标准和非数量标准。数量标准要求上市公司在总资产、净资产、股票市值、营业收入、盈利能力、公众持股人数、持股量及市值、股价等方面满足规定的条件，而非数量标准主要从公司治理结

① 退市不同于停牌和暂停上市。暂停上市一般是因为某种原因的出现导致在一段时间内股票暂停在交易所上市交易，它出现的原因有些是法定的，比停牌的时间要长。暂停上市一般是退市的前置程序，停牌也是一种暂时性地消除证券市场中出现障碍的措施。

构、公司承诺、[①] 信息披露制度[②]等方面提出要求。创业板市场不能像主板市场设置“ST”、“PT”给上市公司提供漫长的退出过渡期，而应实行严格而迅速的摘牌下市制度。美国的纳斯达克市场是运作比较规范的成熟的市场，自1971年至1999年，已有1500家左右的公司被摘牌下市，且无一家再返回市场。[③] 纳斯达克市场规范的市场退出机制，是市场的一种新陈代谢，不断地将不合格的上市公司清理出市场，使市场永葆活力和青春。2002年纳斯达克市场增加了128家上市公司，而摘牌的公司则有609家之多，2003年在增加226家上市公司同时，有524家公司被摘牌。从2002年至2004年，纳斯达克市场上市公司数量在3200~3600家徘徊，与历史上曾经达到的5487家相比已经减少约4成。[④]

为了保证我国创业板市场规则的严格性，对已经符合创业板退市条件的公司应当坚决退市，这样可以保证创业板市场的质量，对保护投资者整体上的利益也是积极的。公司退市带来的股票停止交易或股价大幅度下跌，使投资者遭受较大的损失，但减少了风险巨大的品种，从而维护了投资者的整体利益。规避风险的需要，促使投资者更加关心公司经营情况。市场对公司的评价的任何微小变化，都会使投资者作出迅速和强烈的反应。股价下跌所引发的敌意收购和公司退市的市场压力，增强了上市公司危机感和努力搞好经营的自觉性。[⑤]

（二）海外创业板退市标准

海外创业板市场退市标准包括数量标准和非数量标准，数量标准主要从上市公司总资产、净资产、股票市值、营业收入、经营能力、公众持股人数、持股量、持股市值、最小报价等方面作出规定，而非数量标准主要从公司治理机制、信息披露等方面提出要求。美国纳斯达克市场和韩国高斯达克市场退市统计表明，依数量标准退市的公司总数远高于依非数量标准退市的公司总数，退市数量标准是决定退市门槛的主要因素。[⑥]

NASDAQ持续挂牌条件的设计承接了上市条件的特点，采用多样化的数量标

---

① 法国新市场将上市公司能否完成上市时或最近财务报告中的承诺情况作为退市标准之一；中国台湾证券柜台买卖中心也将能否实现上柜承诺作为退市判定依据。这使投资者可以分阶段甄别上市公司。

② 如中国台湾证券柜台买卖中心明确规定：如果公司上柜的申请书对重大事项有遗漏或有虚假记载，申请上柜的财务报告有虚假隐瞒情况，上市公司就将面临摘牌。

③ 王松森：“不是散户的乐园”，载《中国证券报》2000年9月16日。

④ 张松岭等：“遥看纳斯达克（中），市场运营机制铸就成功”，载《中国证券报》2004年9月9日。

⑤ 胡明：“创业板证券市场交易制度研究”，安徽大学2003届硕士论文。

⑥ 胡明：“创业板证券市场交易制度研究”，安徽大学2003届硕士论文。

准，对有形资产高的上市公司退市标准设计低一些。非数量标准对所有类型的公司一视同仁。持续性挂牌的另一个特点是标准通常比相应的上市条件低。如上市公司在规定时间内无法满足持续挂牌条件，则可判定为违反了持续挂牌要求。具体的判断标准为：(1) 若上市公司在连续10个交易日内做市商的数量低于要求的最低数量，则判定该公司违反最低做市商数量的条件成立。一旦条件成立，上市公司将立即接到通知，并有机会在自接到通知之日起30日内设法消除终止上市的因素。(2) 若某只股票在连续30个交易日内股价低于最低出价条件和公众持股市值条件，则判定终止上市条件成立。

纳斯达克上市公司在纳斯达克市场维持挂牌需要符合下述两个标准之一①

要求	标准一	标准二
资产净值	1000万美元	—
市值或总资产及总收入	—	5000万美元市值或5000万美元总资产及5000万美元总收入
上市流通股	75万股	110万股
上市流通股市值	500万美元	1500万美元
最低买方收市要价	1美元	1美元
持股人数目	400	400
做市商数目	2	4

香港创业板《上市规则》第9.04条规定，根据第9.01条规定无论是否是应发行人的要求，本交易所在任何情况下均可暂停发行人的证券的买卖，包括：(1) 发行人被接管或清盘；(2) 联交所认为社会公众持有的股票数量不足；(3) 联交所认为发行人进行的业务活动不足以保证其股票可持续上市；(4) 联交所认为发行人或其业务不再适合上市；(5) 出现违反《创业板上市规则》的情况，而本交易所认为其严重程度足以导致停牌；(6) 市场的完整性和声誉已经或可能会因买卖发行人的股票而遭受损失；(7) 发行人的上市证券的价格及成交量发生未有解释的不寻常变动，同时未能及时联络发行人的授权代表，以确定发行人并不知悉任何有关或可能有关该等证券不寻常价格或成交量变动的事情或事态发展，又或发行人延迟发出《创业板上市规则》第17.11条所规定形式的公告；(8) 市场就有关股价敏感资料出现不公平的发布或泄露，令发行人的上市证券的价格或成交量出现不寻常的变动。第9.14条规定：根据《创业板上市规则》第9.01条，联交所可以在任

① 张松岭等："遥看纳斯达克（中），市场运营机制铸就成功"，载《中国证券报》2004年9月9日。

何情况下（包括但不限于第9.04条所载者）及于发行人的证券已持续停牌一段长时间并无采取足够的措施令证券复牌的情况下，取消发行人的上市地位。

韩国高斯达克于2001年10月收紧了退市标准：凡进入破产程序的公司、因财务危机银行资金交易被冻结的公司、会计师事务所拒绝出具审计意见的公司；连续2年资本被侵蚀50%以上的公司；如果持续3个月每日交易量低于1000股，或者少于300个股东的公司；两年内信息披露误导投资者三次以上的公司，均将自动下市。2002年4月，该市场又对股价持续低于面值的情况做了退市规定。

2001年德国证券交易所修改的新市场交易规则确定了摘牌的量化标准，即市场价格和市场资本值必须满足的基本要求以及上市企业无支付能力的标准。新规则将从10月1日起执行。新规则规定，如企业在连续30个交易日中的平均价格在1欧元和市场资本值在2000万欧元以下，而其在以后90个交易日中又至少不能在连续15个交易日里达到上述两项基本值以上，则交易所将公示其情况，一个月后摘牌。而无支付能力的标准是指其资不抵债或不能履行支付义务，对这类企业，交易所也将公示一个月后予以摘牌。对于摘牌后的股票，规则规定可以继续在指定的有形市场或通过远程交易进行股份转让。摘牌的企业需要在摘牌后3个月内和有交易资格的机构向交易所提出挂牌交易及方式的申请。①

（三）我国

在我国，退市之前有一个暂停上市制度。早在1993年《公司法》中就规定了上市公司股票的暂停交易和终止交易制度。《公司法》第157条规定："上市公司有下列情形之一的，由国务院证券管理部门决定暂停其股票上市：（一）公司股本总额、股权分布等发生变化不再具备上市条件；（二）公司不按规定公开其财务状况，或者对财务会计报告作虚假记载；（三）公司有重大违法行为；（四）公司最近3年连续亏损。"第158条规定："上市公司有前条第（二）项、第（三）项所列情形之一，经查实后果严重的，由国务院证券管理部门决定终止其股票上市。上市公司有前条第（一）项、第（四）项所列情形之一，在限期内未能消除，不具备上市条件的，由国务院证券管理部门决定终止其股票上市。公司决议解散、被行政主管部门依法责令关闭或者被宣告破产的，由国务院证券管理部门决定终止其股票上市。"从其规定的条件来看，其规定借鉴了海外公司法的规定，退市条件与上市条件和维持上市的条件进行了很好的衔接，然而其规定总体上看还是比较粗糙的，而且更重要的是，退市的决定权在于国务院证券管理部门，不是证券交易所，而西方发达国家退市决定权在于证券交易所。很明显，当时的管理部门对上市公司退市有点恐惧，事实上，很长时间我国《公司法》的退市制度都没有得到实行。

① 参见《中国证券报》2001年7月25日。

直到1997年后，中国证监会对亏损公司采取“特别处理”① 和“特别转让”② 两项救济措施。2001年2月，证监会发布了《亏损上市公司暂停上市和终止上市实施办法》，规定对连续亏损的上市公司暂停交易。2001年4月22日，PT率先打响了我国股票退市的第一枪。

2005年10月，《公司法》和《证券法》同时修改，将上市公司的退市制度进行了修改并移入《证券法》中。《证券法》第55条规定：“上市公司有下列情形之一的，由证券交易所决定暂停其股票上市交易：（一）公司股本总额、股权分布等发生变化不再具备上市条件；（二）公司不按照规定公开其财务状况，或者对财务会计报告作虚假记载，可能误导投资者；（三）公司有重大违法行为；（四）公司最近3年连续亏损；（五）证券交易所上市规则规定的条件。”退市的条件要比暂停上市的条件更加让人感觉公司离上市条件越来越远，没有恢复上市条件的可能。《证券法》第56条规定：“上市公司有下列情形之一的，由证券交易所决定终止其股票上市交易：（一）公司股本总额、股权分布等发生变化不再具备上市条件，在证券交易所规定的期限内仍不能达到上市条件；（二）公司不按照规定公开其财务状况，或者对财务会计报告作虚假记载，且拒绝纠正；（三）公司最近3年连续亏损，在其后一个年度内未能恢复盈利；（四）公司解散或者被宣告破产；（五）证券交易所上市规则规定的其他情形。”新《证券法》将退市决定权交给了证券交易所，此规则与国际通行规则靠拢。新《公司法》和《证券法》出台后，沪深证券交易所上市规则也进行了修订，进一步补充和完善了退市标准和规则。值得一提的是，2006年11月，深圳证券交易所出台了《中小企业板股票暂停上市、终止上市特别规定》，该规定自2007年1月1日实施。《特别规定》将退市风险警示、暂停上市、恢复上市和终止上市联结成一个有机的制度整体。从整体效率上看，明显高

---

① 沪深交易所在1998年4月22日宣布，对财务状况或其他状况出现异常的上市公司的股票交易进行特别处理，“特别处理”的英文是Special Treatment，简称ST。上市公司经审计连续两个会计年度的净利润均为负值或最近一个会计年度经审计的每股净资产低于股票面值，就会被戴上“ST”帽子。其股票日涨跌幅限制为5%，且中期报告必须经审计。2003年5月，沪深交易所完善了退市风险警示制度。对符合下列条件的股票，在股票前冠以“ST”，日涨跌幅限制为5%：最近2年连续亏损的；因财务会计报告存在重大会计差错或虚假记载，被中国证监会责令改正或公司主动改正，对以前年度财务报告进行追溯调整，导致最近2年连续亏损的；因财务会计报告存在重大会计差错或虚假记载，中国证监会责令改正，在规定期限内未对虚假财务会计报告进行改正的；在法定期限内未依法披露年度报告的；处于股票恢复上市交易后至其披露恢复上市后的第一个年度报告期间的。

② 沪深交易所1999年7月9日起，为已经暂停上市交易的公司的股票提供特别转让服务。“特别转让”的英文是Particular Transfer，简称PT。每周五提供一次特别转让服务，且涨跌幅限制5%。2001年12月4日，中国证监会取消了PT制度。

于原先的规定。比如此前连续3年亏损的退市，通常至少要3年半左右的时间才能完成，而新增的7种退市情形，从退市风险警示到终止上市，最快的仅90个交易日。

《特别规定》第二章规定了退市风险警示制度，包括退市风险警示的条件、信息披露和撤销等制度。《特别规定》第3条规定："公司出现下列情形之一的，本所对其股票交易实行退市风险警示：（一）最近一个会计年度的审计结果显示其股东权益为负值；（二）最近一个会计年度被注册会计师出具否定意见的审计报告，或者被出具了无法表示意见的审计报告而且本所认为情节严重的；（三）最近一个会计年度的审计结果显示公司对外担保余额（合并报表范围内的公司除外）超过1亿元且占净资产值的100%以上（主营业务为担保的公司除外）；（四）最近一个会计年度的审计结果显示公司违法违规为其控股股东及其他关联方提供的资金余额超过2000万元或者占净资产值的50%以上；（五）公司受到本所公开谴责后，在24个月内再次受到本所公开谴责；（六）连续20个交易日，公司股票每日收盘价均低于每股面值；（七）连续120个交易日内，公司股票通过本所交易系统实现的累计成交量低于300万股。"

《特别规定》第三章规定了暂停上市制度，包括暂停上市的条件、程序和信息披露制度。暂停上市的条件承接于退市风险警示的条件。《特别规定》第11条规定："公司出现下列情形之一的，本所暂停其股票上市：（一）因第3条第（一）项所述情形股票交易被实行退市风险警示后，公司首个年度报告审计结果显示股东权益仍然为负；（二）因第3条第（二）项所述情形股票交易被实行退市风险警示后，公司首个年度报告注册会计师仍出具否定意见的审计报告，或者被出具了无法表示意见的审计报告而且本所认为情形严重的；（三）因第3条第（三）项所述情形被实施退市风险警示后，公司年度报告审计结果显示公司对外担保余额（合并报表范围内的公司除外）仍超过1亿元且占公司净资产值的100%以上；（四）因第3条第（四）项所述情形股票交易被实行退市风险警示后，公司年度审计结果显示公司违法违规为其控股股东及其他关联方提供的资金余额超过2000万元且占公司净资产值的50%以上；（五）因第3条第（五）项所述情形股票交易被实行退市风险警示的，公司在其后12个月内再次受到本所公开谴责。"

《特别规定》第四章规定了恢复上市的制度，承接于暂停上市制度。《特别规定》第15条规定："公司出现下列情形之一，可以向本所提出恢复上市申请：（一）因第11条第（一）项所述情形被暂停上市后，公司首个中期报告审计结果显示公司股东权益为正；（二）因第11条第（二）项所述情形被暂停上市后，公司首个中期报告审计结果显示第11条第（二）项情形已消除；（三）因第11条第（三）项所述情形被暂停上市后，公司首个中期报告审计结果显示公司对外担保余额（合并报表范围内的公司除外）不超过5000万元或占公司净资产值的50%以下；（四）因第11条第（四）项所述情形被暂停上市后，公司首个中期报告审计结果显示公司违法违规为其控股股东及其他关联方提供的资金已全部归还；（五）因第11条第（五）项所述情形股票交易被暂停上市的，在其后12个月内没有受到本所公开谴责。”

《特别规定》第五章规定了终止上市制度，包括终止上市的条件、程序和信息披露制度。《特别规定》第17条规定："公司出现下列情形之一，本所终止其股票上市：（一）因第11条第（一）项所述情形被暂停上市后，公司首个中期报告审计结果显示公司股东权益仍为负的；（二）因第11条第（二）项所述情形被暂停上市后，公司首个中期报告注册会计师出具否定意见的审计报告，或者出具无法表示意见的审计报告而且本所认为情节严重的；（三）因第11条第（三）项所述情形被暂停上市后，公司首个中期报告审计结果显示公司对外担保余额（合并报表范围内的公司除外）超过5000万元或占公司净资产值的50%以上；（四）因第11条第（四）项所述情形被暂停上市后，公司首个中期报告审计结果显示公司违法违规为其控股股东及其他关联方提供的资金未全部归还；（五）因第11条第（五）项所述情形股票交易被暂停上市的，在其后12个月内受到本所公开谴责；（六）因第3条第（六）项所述情形股票交易被实行退市风险警示后90个交易日内，没有出现过连续20个交易日公司股票每日收盘价均高于每股面值；（七）因第3条第（七）项所述情形股票交易被实行退市风险警示的，在其后120个交易日内累计成交量低于300万股；（八）因第11条第（一）、（二）、（三）、（四）项情形被暂停上市的，公司未在法定期限内披露暂停上市后经审计的首个中期报告。”

《特别规定》从上市公司财务、规范运作和市场交易三大方面增加了7种退市情形，定性和定量相结合，增加了客观性和可操作性。《特别规定》增加的三大类7项指标，是在借鉴国际经验和反映国内十多年上市公司监管实践的基础上形成的。有些指标很有中国特色，比如引入资金占用的违法指标，是希望以此为突破口，以中小企业板进行试点，对《证券法》第55条第（三）项有关重大违法行为进一步细化。将资金占用列为公司退市的一项指标，将增大资金占用的违法成本。又比如引入对外担保指标的主要目的是对中小企业板上市公司进行警示和引导，我国主板上市公司在这方面有深刻的教训，利用担保方式，上市公司控股股东及其关联人掏空上市公司的现象屡见不鲜。同时，考虑到上市公司的经营自主权以及担保的功能，《特别规定》中的有关规定无论是绝对额还是相对额都相对宽松。此外，引入交易所公开谴责次数，有利于提高交易所监管权威，打造中小企业板"诚信之板"。

深交所2007年3月27日发出通知，就修订该所《股票上市规则》向上市公司公开征求修订意见。根据新草拟的《股票上市规则》，深交所拟进行改革停牌制度、修订退市标准、强化公平披露要求等九大方面的修订。根据相关修订，深交所明显减少例行停牌，盘中停牌得到强化，同时快速退市制度也得以确立。此次修订是1998年1月实施的深交所《股票上市规则》所进行的第六次修订。在改革停牌制度方面，深交所取消了年度报告、股东大会以及一般临时报告的例行停牌，同时突出警示性停牌，如披露不及时、涉嫌违法违规，并为盘中停牌预留了空间。在此次修订中，深交所还增加了对于上市公司股权分布发生变化、连续20日交易日不具备上市条件的，将对公司股票及其衍生品种实施停牌的规定。深交所也规定，上市公司股票及其衍生品种被实施停牌期间，通常情况下需要每10个交易日披露一次未能复牌的原因。对于修订退市标准，深交所规定，上市公司不履行定期报告法定披露义务的，将被3个月快速退市，根据这一新规定，上市公司未能在法定期限内披露年度报告或中期报告，且在其后的两个月内仍未披露相关定期报告，将被暂停上市。此外，深交所还作出修订，审计报告被出具否定意见或无法表示意见的，连续120个交易日累计成交量低于300万股的，股权分布不符合上市条件的，以及违反上市协议逾期不缴上市费的，将启动退市程序。

虽然我国上市公司退市制度比以前有了很大的改进，但仍需要进一步完善，并不断创新。我国创业板市场更应该在现有主板退市制度尤其是中小板退市制度的基础上进行制度创新，同时吸收和借鉴海外的优秀制度成分。目前海外成熟市场的退市标准涉及公司总资产、净资产、股票市值、营业收入、盈利能力、公众持股人数、持股量及市值、最小报价、信息披露和公司治理机制等，相关的多元化指标值得借鉴。

笔者认为，退市风险警示制度虽然为我国所独创，但在创业板市场中可以不实行这种制度，创业板市场应当实行快速退市制度，保持一种健康的生命力，在退市前可以有一个宽缓期，但不能像我国目前主板市场那样实行呆板的风险警示制度，否则创业板市场就失去其在风险和发展中寻求创新的特色。从公平和正义的角度，还应建立和完善相应的救济制度。在美国纳斯达克市场，一旦公司不能达到维持上市的条件，上市公司将立即接到通知，并有机会在自接到通知之日起90日内设法消除终止上市的因素。若某只股票已消除上述终止上市的因素，其判断标准为：在其后的90天内有连续10个交易日该股票的最低出价和公众持股市值恢复到标准以上。纳斯达克市场终止上市程序的特点是采用聆讯制。在判断某只股票已不再满足上述持续挂牌的条件后，纳斯达克市场的上市资格部或上市调查部将通知上市公司其股票因不再满足纳斯达克市场持续性挂牌的条件而终止上市。如果上市公司对上述决定不服，可以逐级上诉。先是纳斯达克市场的上市资格小组，接着是纳斯达克市场的上市与聆讯审查委员会，继而是全美证券商协会（NASD）理事会，最后可上诉到美国证监会，美国证监会的决定是终局裁定。聆讯制的具体过程如下：纳斯达克上市资格部或上市调查部依据有关规定作出股票终止上市的决定并通知上市公司，同时指出上市公司有聆讯申请的权利。若7日内公司没有提出聆讯申请，则上述决定生效，股票将被立即摘牌。若公司提出聆讯申请，则暂缓摘牌。公司的聆讯申请应递交到纳斯达克市场上市资格小组。该小组由独立人士组成。上市资格小组在接到公司的聆讯申请后45日内作出裁决，并书面通知上市公司。裁决一经发出，立即生效。但公司可在接到裁决15日内向纳斯达克市场的上市与聆讯审查委员会申请对上市资格小组的裁决进行复议，但复议申请不能构成暂缓摘牌的理由。上市与聆讯审查委员会在审核了公司的复议申请文件后，如认为确有必要，可再次举行聆讯会。聆讯会必须在接到公司申请45日内举行。上市与聆讯审查委员会可能会肯定、修改、推翻或要求上市资格小组重新考虑以前的决定。裁决一经发出立即生效。与此同时，若公司对上市与聆讯审查委员会的裁决不服，仍然有权向全美证券商协会理事会再次提出复议。全美证券商协会理事会可能会肯定、修改、推翻上市与聆讯审查委员会的裁决。这是全美证券商协会的最后决定。裁决一经发出，立即生效。若公司对以上裁决还有异议，可进一步向美国证监会提出上诉。美国证监会的决定将是终局裁定。聆讯制给予被摘牌的公司逐级上诉的机会，大大减少了监管当局作出错误决定的可能性。① 针对我国创业板市场的上市公司退市事宜，有学者建议：(1) 当公司违反持续上市标准时，交易所向公司发出摘牌通知。根据公司违反持续上市标准的类别，给予公司不同的补救期限，要求公司在规定的期限内进行补救或向监管部门提交补救计划。(2) 对于补救期届满，仍未达到持续上市标准的公司，交易所向公司发出通知，即时取消其上市资格。完成补救措施的公司，可以继续保持上市资格。交易所根据公司提交的补救计划，可以延长补救期限，如在期限内仍无法完成持续上市标准的要求，交易所取消其上市资格。(3) 公司对摘牌持有异议，可以向主要由独立人士组成的交易所专门机构申请复审。② 针对建议(3)，笔者认为，如果公司对交易所专门机构的复审决定不服，还可以向证监会申请复议。

① 孔翔："退出制度为市场注入生机——海外创业板市场比较研究之二"，载《中国证券报》2000年12月15日。

② 胡明："创业板证券市场交易制度研究"，安徽大学2003届硕士论文。

第五章　创业板市场保荐人制度

创业板市场能否按照创业板的政策精神及投资者的意愿选择上市企业，主要在于作为保荐人的证券商是否把好进口关。保荐制是一种强化中介机构对发行人进行他律的制度。证券商要保荐一个企业上市，就必须对这个企业的过去、现在和未来充分了解，对其在市场中的地位和管理机制状况有一个客观的评价。而证监会发行审核委员会虽然也是由金融证券市场中的专家学者和有识之士组成，但他们主要是根据保荐人提供的材料对企业上市的合规性进行审议。所以，证券商在创业板市场的发展中负有重要的历史责任。香港《创业板上市规则》第2.15条规定："鉴于创业板的风险较大，《创业板上市规则》委于发行人的保荐人若干与所委予在主板上市或拟在主板上市之公司之保荐人之责任相比额外的责任（见第六章）。保荐人在维持及保持创业板发行人的水平以及市场对创业板的信心方面担当非常重要的角色。创业板上市规则也列明保荐人须先获本交易所根据《创业板上市规则》第六章的规定批准列入本交易所设存的保荐人名单，方可代表任何新申请人或上市发行人行事。"

一、保荐人制度

2003年12月28日，中国证监会发布《证券发行上市保荐人制度暂行办法》，自2004年2月1日正式实施。2004年12月30日，中国证券业协会下发《关于废止证券公司推荐发行申请有关工作方案规定的通知》，证券公司推荐企业发行股票实行"自行排队，限报家数"的规定自2005年1月1日起废止，运行了3年多的"通道制"就此终结。同日，中国证监会发布《关于进一步做好〈证券发行上市保荐制度暂行办法〉实施工作的通知》，就保荐制度一些具体政策的改革作出解释：除废止"自行排队，限报家数"规定外，取消一个保荐代表人可同时推荐多个项目的过渡安排，明确规定一个保荐代表人同时只能推荐一个项目。① 2005年新修订

① 《关于实施〈证券发行上市保荐制度暂行办法〉有关事项的通知》提出，自首批保荐机构和保荐代表人名单公布之日起，证监会只受理保荐机构提交的证券发行上市推荐文件。保荐制实施一段时间后，根据市场情况，现行的推荐通道将予以废止。

的《证券法》第11条规定："发行人申请公开发行股票、可转换为股票的公司债券，依法采取承销方式的，或者公开发行法律、行政法规规定实行保荐制度的其他证券的，应当聘请具有保荐资格的机构担任保荐人。保荐人应当遵守业务规则和行业规范，诚实守信，勤勉尽责，对发行人的申请文件和信息披露资料进行审慎核查，督导发行人规范运作。保荐人的资格及其管理办法由国务院证券监督管理机构规定。"第49条规定："申请股票、可转换为股票的公司债券或者法律、行政法规规定实行保荐制度的其他证券上市交易，应当聘请具有保荐资格的机构担任保荐人。本法第十一条第二款、第三款的规定适用于上市保荐人。"以国家正式立法的形式确立了保荐人的地位和作用。

（一）保荐人制度

保荐（sponsoring），就是有资格的保荐人推荐符合条件的公司公开发行和上市证券，并对所推荐的证券发行人所披露信息的质量和所作出的承诺提供法定的持续指导、督促和信用担保。保荐人推荐公开发行和上市作为一种中介服务（intermediaries services），不仅要考虑自身的商业利益，还必须考虑公众（投资者）的权益。实施保荐制度的目的就在于为二级市场提供可以依赖的证券产品（reliable securities），即有保荐人做一定信誉和质量担保的产品。保荐义务的履行主要体现在"尽责推荐"（responsible sponsoring）和"尽责持续督导"（responsible sustainable maintaining）两个阶段。保荐人制度不是世界各国和各地区在主板市场实行的普遍制度，这种制度只是在某些国家或地区的创业板市场实行。保荐人制度有三大要素：(1) 保荐人（sponsor）。是保荐行为的实行者，一般是具备资格的金融中介机构，通常是证券公司或投资银行。(2) 保荐对象。是保荐人的服务对象，一般是证券发行人和上市公司，它们在发行有价证券筹集资本、上市和信息披露等方面都需要保荐人提供保荐服务。(3) 保荐行为。是保荐人履行保荐责任所实施的行为，主要包括公司发行上市保荐行为、证券交易保荐行为和信息披露保荐行为等。

保荐人在不同国家的证券市场被赋予的职责不同。归纳起来主要有三类：第一类对上市保荐人职责的规定与我国沪深两市过去实行的上市推荐人颇为类似，包括发行前保证申请人符合上市条件、上市文件准确完整、董事知悉自身责任义务，发行后确保发行人的董事始终知悉其责任和义务，对发行人的股票进行市场推介。第二类规定除要求保荐人必须履行一般保荐职责外，还要求有特殊保荐职责。如香港创业板要求保荐人必须事前介入公司上市后的信息披露、对上市公司的所有公告、通函以及发行人的年报、年度账目、半年报告及季报在刊登之前进行复核审查，并对公司不符合规定的信息披露负连带责任。第三类保荐人与前两种不同，其主要职责是作为上市公司股票的做市商。德国新市场保荐人的职责就属于这种类型。美国的NASDAQ没有建立保荐人制度，这主要由于多元做市商制度的存在。但做市商一般都积极协助公司进行首次公开发行及其他筹资活动的准备工作，定期出版分析公司发展前景和财务状况的研究报告，并通过各种方式积极促进公司股票的买卖。另外，做市商由于要投入自有资金为公司做市，因而其承担的风险并不比纯粹的保荐人小。做市商要为不符合规定的信息披露承担价格风险，这就促使做市商要求公司规范经营。这样在报价驱动的交易中，做市商就间接起到了保荐人的作用。①

（二）保荐人与推荐人、承销商的区别

保荐人与推荐人、承销商都是证券公司，都是在一定条件下，起联系上市公司与投资者、上市公司与证券市场监管者之间的中介作用。而且都必须具备一定的资格，保荐人可以既是推荐人，也是承销商。但它们在本质上是不同的。

1. 保荐人与上市推荐人的区别：（1）职责功能的效力不同。保荐人所履行的推荐职责行为对于公司能否进入证券交易市场起决定性作用。在保荐人条件下的核准制，是一种关注形式审查的核准制，监管机构仅仅享有实质审查的权力，但可以不履行实质审查的义务，没有额度限制。为了保证发行人和上市公司的质量和信誉，在给予保荐人更大权力的同时，也使之承担更大的责任。一般地，只要保荐人的推荐，对于上市申请，监管部门一般给予同意。监管者通过严格监管保荐人的方式，达到对上市公司的管理目的。而我国以前实行的推荐人制度，推荐人不起决定性作用，即使有推荐人推荐，上市申请行为也不一定获得批准，对公司能否上市起决定作用的，是证监会。（2）职责范围和程度不同。推荐人的职责仅限于推荐活动，没有上市公司诚信担保职责。而保荐人的职责范围则十分全面，不仅包括推荐职责，还有辅导、监督、担保、报告等职责。（3）职责期限不同。推荐人职责仅限于公司上市前，公司上市后，推荐人的责任终止。而保荐人的保荐期限则持续时间较长，根据我国现行规定，对于IPO，保荐人的持续督导期为证券上市当年剩余时间及其后两个完整会计年度；对于发新股，可转换债券的公司，持续督导期为证券上市当年剩余时间及其后一个完整会计年度。

2. 保荐人与承销商的区别：（1）职责不同。保荐人的职责是保荐责任，包括监督、辅导、推荐、担保等责任，其目的是担保发行人或上市公司的信息披露的合法性和合规性，不仅包括初始信息披露，还包括持续信息披露。而承销商的核心功能主要是销售股票或其他有价证券，承销商的义务终止于承销期满，承销商只对承销期满前的行为承担责任，在信息披露方面，也仅仅对发行人发行信息的合法性和合规性承担担保责任。（2）民事责任归责的差异。保荐人的责任是否以过错为要件，这个问题应当区别不同情况进行对待。有人认为保荐人的责任属于担保责任，

① 孔翔：“严格监管　多元控制——海外创业板市场比较研究之三”，载《中国证券报》2000年12月22日。

应当是无过错责任。笔者认为，这种责任不是担保法意义上的担保责任，担保法意义上的担保责任是一种以财产为基础的担保责任，是对主债务人履行义务的担保，这种责任是无过错责任。就保荐人而言，保荐人只对属于自己的专业范围的信息对投资者负担保责任，这种担保责任类似于卖方对买方的产品和权利的瑕疵担保责任，这种责任属于无过错责任；而对属于发行人的职责范围内的行为信息，这不是瑕疵担保责任，保荐人只是承担过错责任。相比较而言，承销商的担保责任范围小得多，仅仅对于属于承销专业范围的行为负瑕疵担保责任，对一般的行为只负过错责任。因此，保荐人的归责更加严格。（3）职责期限不同。承销商的职责履行期限从承销合同成立并生效时到承销期满时止，而保荐人的职责期限则长得多，从证券发行准备阶段、证券承销阶段、证券发行完毕、证券上市以及证券上市后一段时期。

二、创业板市场保荐人的作用

（一）保荐人制度的功能价值

保荐人制度对证券市场的健康发展和证券发行监管制度的变革开辟了一个新时代。

1. 强化证券公司的责任。保荐制度的核心是落实推荐和担保企业发行与上市的证券公司的责任和责任追究制度。随着保荐制度的实施，保荐机构和代表人对发行辅导、推荐文件、发行人信息披露质量必须做出承诺。随着注册登记制的实行和保荐人档案的建立，监管部门将公开保荐机构和代表人名单，供社会选择。保荐人既需要为发行人提供改制重组、规范辅导、发行承销以及持续规范运作的专业服务，又要履行审慎核查、持续督导发行人的责任。保荐制度实行风险责任共同承担，保荐人对保荐对象负责，在为发行人改制、重组、规范进行辅导时履行审慎核查的责任。不履行保荐人责任者将面临末位淘汰、不受理其推荐材料甚至直接诉诸法律等不利后果。如果所保荐项目在保荐期内出现问题，不仅保荐机构法人要负责任，作为自然人的保荐代表人也要承担相应的责任。由于保荐代表人的流动性及责任到人，使得保荐机构（证券商）与保荐代表人之间存在一定的利益冲突，在保荐机构内部形成一定的风险共担、利益共享、相互依存、互相监督的制衡机制，能够更加有效地执行对项目的筛选、项目风险的评估及对发行人的事后监督等风险防范措施。

2. 保荐人制度能够有效保护投资者利益。它加大了保荐人的责任，在发行上市阶段，通过其严格审核、监督和辅导，保证了证券发行人的诚信，降低了证券发行人的道德风险。在公司上市后的一段时期内，投资者仍可获得经其审查的披露信息，客观上减少了相应的风险。同时，保荐人有责任协助公司健全法人治理结构，使其尽快转变成为一个规范运作的上市公司，这在一定程度上起到稳定市场、降低投资者投资风险的作用。优质企业被推荐发行上市的进程加快。保荐人制度对投资者自身素质的提高也有间接作用。

3. 保荐人制度有利于造就良性竞争秩序。在充分的良性竞争的作用下，证券公司这一行业的“主导者”，将出现新的发展机遇，同时必然出现两极分化，有的做大做强，有的遭到市场无情淘汰。随着竞争和时间的推移，中国的保荐人必然是强者恒强，出现“垄断竞争”的新格局。对于不同的保荐对象有不同的持续“保荐成本”，如果推荐的发行人质量好，保荐人可以付出较低的维护成本。反之，对推荐相对不成功的发行人，保荐人既逃脱不了责任，也必须支付各种成本。这种维护成本的差异化正体现了对保荐人审慎推荐和服务质量的市场公平评价。良性竞争还会产生另一个积极结果，就是优秀的保荐人会与信用好和专业能力强的律师、会计师、评估师等专业服务机构形成优势竞争群体，形成优秀的品牌，得到监管者和投资者的高度信任。

4. 保荐人制度可以大大节约监管成本。保荐人与发行人有共同的利益，一荣俱荣，一损俱损。而不似政府监管机构与被监管者发行人之间并无共同利益，政府的监管者并无动力实施有效监管，被监管者往往想方设法逃避监管，政府监管还有权力寻租的制度消极成本。保荐机构行使有关辅导、教育、督导、声明、报告等职责，都是支付的成本。这种成本的支出是保荐机构履行义务的后果，是保荐人获取收益的必要条件。如果发现存在违法违规及其他不正当行为，保荐人会督促发行人及时说明和纠正。发行人拒不说明和纠正的，保荐机构一般会明确发表保留意见，可公开发表声明，并及时向中国证监会和证券交易所报告。保荐人可以要求发行人的发起人、大股东或实际控制人对发行人信息披露的重大事项提供一定的担保，以此作为推荐的前提。很显然，保荐制度使监管者的实质性判断和审核退出市场舞台，监管者可以专注证券市场的规则和信用监管体系建设。

（二）创业板市场保荐人制度的特殊作用

香港创业板市场比主板市场实行更为严格的保荐人制度①，保荐人的主要作用在于为投资者提供信心保证，确信被保荐的上市公司在以下几个方面已符合有关的要求：上市公司完全符合创业板市场的上市规定；信息充分披露，无误导和重大遗

① 香港在主板市场和创业板市场均有保荐人制度，不过其内容有一定的区别。其主板市场的保荐人制度类似于我国的主承销商+上市推荐人制度。主要职责是对企业进行发行上市辅导，将符合条件的企业推荐上市，并对申请人申请上市、上市文件等所披露的信息的真实性、准确性和完整性以及申请人董事知悉自身应尽的责任等负有保证的责任。保荐人一般在股票上市后责任解除。不过，联交所建议保荐人在发行人上市后至少一年内还要继续维持对发行人的服务，但这只是一种建议，保荐人为了自身的声誉可能会执行的。

漏；上市文件符合有关规定，文件所载内容正确无误；上市公司治理制度和程序符合有关的规定；保荐人随时向上市公司提供意见，作为上市公司与交易所之间的主要沟通渠道；保荐人每年负责编制有关上市公司业务经营和遵守监管规则的意见报告。保荐人全面负责公司首次公开招股和上市的工作，并在公司上市后两个完整的会计年度内继续向公司提供专业协助。如果上市公司没有全面履行上市规则所规定的责任，交易所有权将保荐期限延长。创业板的保荐人制度与主板相比最明显的区别在于两方面：一是申请成为保荐人必须在公司性质、业务经验、规模及人事（主管和助理主管的专业资格和从业经验）等方面符合创业板上市规则中的相应规定，经联交所审批后方可列入保荐人名册。二是保荐人的主要职责包括对新申请人的职责和对上市发行人的职责，其中对申请人的职责与主板的规定相似，对上市发行人的职责则属新增项目，这部分内容正是创业板保荐人责任加重的表现。其具体规定是，在新申请人上市当年的余下时间及其后的两个财政年度继续担任顾问，期间所负主要职责包括：(1) 作为联交所与上市发行人的主要沟通渠道并处理联交所提出的有关该上市发行人的一切事宜；(2) 对照发行人的业务目标声明及盈利预测（如果有），与发行人定期回顾发行人的营运表现和财务状况，决定是否需要作任何公告；(3) 对根据《创业板上市规则》刊发的所有公告、上市文件、通函以及发行人的年报、年度账目、半年报告及季度报告在刊登之前进行复核；(4) 确保发行人董事会所有新获委任者了解他们根据《创业板上市规则》及其他适用的法律法规所负责任的性质，以及他们对股东、发行人的债权人所负责任的一般性质。

英国另类投资市场（Alternative Investment Market，AIM）实行终身保荐人制度。英国 AIM 上市门槛比较低，AIM 没有制定最低的上市门槛，没有上市公司的规模、经营年限以及最低公众持股量的要求，无须提供三年业绩，没有最低市值限制，也无须伦敦证券交易所直接审核，只需上市保荐人审慎保荐，公告无异议即可上市。因此，其保荐人的责任更加严格。终身保荐人制度是指上市企业在任何时候都必须聘请一名符合法定资格的公司作为其保荐人，以保证企业持续遵守市场规则。保荐人的任期以上市公司的存续时间为基础，如果保荐人因辞职或被解雇而导致缺位，上市公司的股票被暂停交易，直至新的保荐人履行职责时才恢复交易。

美国纳斯达克市场并没有保荐人制度，而是以主承销商为基础所形成的综合的市场服务机制和强制性制度安排，包括：强制性的法人治理结构、同业审查计划和自愿选择基础上的理事专业指导计划、承销商、做市商和分析师的专业服务以及交易所的实质审查制度。这一套制度安排对保荐人的功能进行分解，通过相互间的功能互补和密切配合，化解纳斯达克市场发行人风险，保护投资者利益。有人称之为“什锦保荐人”制度。在纳斯达克市场，承销商、做市商和证券分析师共同撑起保荐人制度的平台。主承销商是核心，它负责“强制性的法人治理结构打造”计划和协调“理事专业指导”计划，这实际上就是保荐人制度的核心功能。交易所的作用也不小，它向上市公司提供“理事专业指导计划”，公司上市后，可以获得纳斯达克一名理事的全面指导，他指导公司的一般市场运作，帮助发行人就加强与投资者的关系来制定各种切实可行的计划，向发行人介绍相关行业的情况以及法规事宜。“接力”保荐人制度是马来西亚创业板的独特之处。根据规定，聘请保荐人是企业上市的先决条件。所有申请上市的公司在申请阶段和上市后的一年中，必须聘请其主承销商作为上市保荐人。上市满一年后，公司应聘请其他符合资格的中介机构继续担任公司的保荐人，后者的最短期限是5年。这样就完成了上市保荐人向保荐人的“交接棒”。但监管机构仍鼓励上市保荐人在上市1年后继续担任企业的保荐人。保荐人须是交易所的正式会员或经过授权的投资银行，并且要通过专门的资格考试。马来西亚 MESDAQ 市场上，根据发行人在上市申请和上市后两个不同阶段的实际需要，由各擅专长的两个中介机构分别对发行人进行咨询和辅导。①

我国主板市场已经建立了保荐人制度，而且我国目前的保荐人制度的要求，与海外创业板市场的保荐人制度差不多，规范比较严格。我国创业板市场即将启动，创业板市场肯定需要保荐人制度。我国主板市场的保荐人制度尤其是中小企业板的保荐人制度的实践为我国创业板保荐人制度建设提供了丰富的制度资源。深交所2004年8月10日公布了《中小企业板块保荐工作指引》，细化和明确了保荐机构和保荐代表人推荐中小企业到深交所上市，及进行持续督导的工作内容和程序，并建立了重大事项发表意见制度和保荐代表人约见制度，同时提出建立定期现场调查制度和募集资金专户存储制度等建议。《指引》明确，保荐机构在推荐证券上市前，应与深交所签订《中小企业板块上市推荐和持续督导协议》，承诺遵守深交所发布的规则和《指引》的要求，诚实守信、勤勉尽责，做好中小企业板块上市推荐与持续督导工作。为了保证保荐机构切实履行保荐职责，《指引》建议保荐机构在推荐证券上市前，在《保荐协议》中与发行人约定：保荐机构每个季度至少对上市公司进行一次现场调查；保荐代表人有权列席上市公司董事会和股东大会；由保荐代表人对上市公司募集资金使用进行监督；上市公司及时提供保荐机构发表独立意见所必需的资料。《指引》规定，深交所通过组织保荐机构联系会议、保荐机构论坛、保荐机构座谈会、保荐机构与企业见面会、联合走动等形式，为保荐机构和保荐代表人提供服务平台。深交所在日常工作中，将收集整理保荐机构和保荐代表人的意见与建议，及时向中国证监会和其他部门反映。

就创业板市场而言，由于我国准备的时间过长，有大量的符合要求的创业板公司等待上市，提高保荐人的工作效率至关重要。证监会在2004年12月发布的《关于进一步做好〈证券发行上市保荐制度暂行办法〉实施工作的通知》指出，在保

① “部分国家和地区保荐人制度比较分析”，载湘财圆网 www.eestart.com，2003年5月23日访问。

荐代表人具体负责推荐的发行人证券发行前，证监会不受理该保荐代表人负责推荐的其他发行人的证券发行申请。然而，由于证券发行具有周期性，并且容易受政策、市场等因素的影响，不可能在短期内快速完成，而且一般在发行申请通过证监会核准后就主要由资本市场运作。而同一保荐人在做完一个项目等待发行时不能再申请其他项目，这大大影响了创业板市场发行的速度，可能延误大量的中小型企业的发展良机。因此，可以考虑在项目经过证监会核准后，就允许保荐人在下一个发行项目上签字提交申请。此外，《暂行办法》还规定，保荐机构应当指定两名保荐代表人具体负责一家发行人的保荐工作。但由于我国目前保荐代表人产生机制等原因，导致保荐代表人数量相对稀缺。因此，在创业板市场中，可否考虑至少1名保荐代表人负责一家发行人的保荐工作。同时，可以考虑建立保荐代表人资格的多层次筛选制度，考试只是成为保荐代表人的基本环节，但不是唯一环节。

三、保荐人责任

（一）保荐人责任的性质

保荐人的责任不是法律责任，而是一种职责，即法律上的一种义务。有学者将保荐人责任分为核心责任和附属责任。核心责任就是担保责任，它贯穿于保荐人职责活动的始终，并派生或引申出其他附属性职责。它要求保荐人对其所保荐的上市公司在上市前所提供的上市报告书、申请上市的股东大会决议、公司营业执照、财务会计报告和最近一次的招股说明书等信息披露文件和上市后所提供的季度报告、中期报告、年度报告和临时性报告等信息披露文件的真实性、准确性和完整性提供担保。附属职责包括推荐职责、调查职责①、辅导职责、咨询和顾问职责、报告职责②和监

---

① 《中小企业板块保荐工作指引》规定，保荐机构在推荐证券上市之前，在《保荐协议》中与发行人约定建立定期现场调查制度。在持续督导期间，保荐机构每个季度至少对上市公司进行一次现场调查，主要调查公司治理和内部控制是否有效；信息披露是否与事实相符；募集资金使用与招股说明书中载明的用途是否一致；关联交易、为他人提供担保、对外投资是否履行了规定的程序等。

② 《中小企业板块保荐工作指引》进一步明确保荐机构的报告要求。第一，及时报告要求。保荐机构在持续督导期间遇到以下情形应当及时向交易所报告：上市公司可能存在违反《股票上市规则》或《中小企业板块上市公司特别规定》的行为；中介机构及其签名人员出具的专业意见可能存在虚假记载、误导性陈述或重大遗漏等违法违规情形或者其他不当情形；上市公司经营环境、业务状况、股权变动、管理状况、市场营销、核心技术、财务状况发生重大变化。第二，定期报告要求。保荐机构应当在每年上半年结束后10个工作日内向交易所报送“半年度保荐工作报告书”，在年度结束后20个工作日内向交易所报送“年度保荐工作报告书”，报告保荐职责的履行情况。

督职责①等。②

在以保荐人为核心主体的法律关系中，保荐人与保荐对象和有关中介机构之间是平等主体之间的合同关系，其合同属于双务性合同关系，保荐人既是权利主体，也是义务主体。保荐人与投资者和监管者之间也形成一定的法律关系，这是保荐人的一种社会责任，保荐人属于义务主体。我们通常所讲的保荐责任从终极意义上看，即在于此。这两种法律关系是相互依存的，保荐人根据保荐合同所履行的义务是保荐人社会责任的一部分，而且保荐人对发行人和相关当事人的义务绝不能以牺牲社会责任为代价。保荐人为了承担具有公示和公信效力的社会责任，在前一种法律关系之中，保荐人当然具有相应的权利保障，这种权利还需要发行人及相关当事人配合。有学者提出，实行保荐制度必然要求保荐机构对发行人行使必要的专业权利。例如对发行人拥有知情权；可对发行人聘请律师事务所、会计师事务所、资产评估机构等中介机构相关事宜提出建议；可对发行人董事、监事及其他高级管理人员是否恰当履行其职责的情况向发行人股东大会和董事会提出意见，必要时可发表声明并向中国证监会和证券交易所报告等。但这些权利均属于专业性权利，都应是"专业说话权"或"专业权威"的体现。③

（二）保荐人责任内容

保荐人的责任包括审查保荐对象发行证券和上市文件所披露信息是否准确和完整、有无重大遗漏和误导性内容，签署并发表保荐声明或保荐报告，完成为保荐对象出具保荐声明或保荐报告所需要的尽职调查，保荐人要时时提醒该公司的董事和管理层要依照证券法、公司法和相关法律法规以及证券交易所的自律规则进行行为，当发现其违法行为时，要及时制止。保荐人的责任具有持续性，保荐人与某拟上市公司签署了保荐协议后，其保荐责任在该公司上市后依然要按照保荐协议的规定，持续一段时间。保荐人既要承担初始保荐责任——公司上市保荐责任，又要承担持续保荐责任——证券交易保荐责任或信息披露保荐责任。④ 在香港，目前部分创业板上市规则甚至较主板上市规则更严格，上市保荐人的规则就是如此。创业板不但要求保荐人在公司上市后两年内继续担任顾问的角色，还要求必须定期检查发行公司的营运表现及财务状况。

---

① 《中小企业板块保荐工作指引》建立重大事项发表意见制度。在持续督导期间，保荐机构应当就上市公司募集资金使用、关联交易、为他人提供担保、委托理财等重大事项发表独立意见，以强化保荐机构对上市公司重大决策事项的监督。

② 付刚、任生："二板市场的保荐人制度"，载《金融时报》2001年11月17日。

③ 李量："保荐制度将奠定证券市场长期发展基础"，载《中国证券报》2004年5月14日。

④ 胡明："创业板市场交易和保荐人制度研究"，安徽大学2003届硕士学位论文。

在发行上市阶段，保荐人应当履行的义务主要包括：(1) 履行对保荐对象的尽职调查义务；(2) 确定保荐对象满足公开发行证券和上市条件；(3) 协助保荐对象制定发行计划并准备申请所需要的上市文件；(4) 确定保荐对象所有的上市文件符合证券法和相关法律法规所规定的上市规则，以及证券交易所的自律性规则；(5) 保证发行和上市文件所载资料均完整、准确、无重大遗漏且无误导成分；(6) 确信保荐对象的董事已了解在公司上市后应遵守的法律法规与应履行的责任和义务；(7) 就上市申请有关事宜，扮演保荐对象与交易所及其他中介机构联络人角色；(8) 履行对专业性中介机构，如会计师事务所、律师事务所、资产评估机构等完成的有关发行公司的专家报告的尽职调查义务。

在发行上市阶段，保荐人的主要职责可以归结为尽职调查义务、尽职辅导义务和对专业性中介机构的尽职核查义务。保荐人履行尽职调查规定所要达到的最终目标是，保荐人必须最终确信两方面的内容，包括上市材料中除了专业性中介机构完成的专家报告部分外的其他内容必须真实、准确和完整，以及发行人符合交易所的基本上市门槛条件。为此，保荐人尽职调查义务要求，保荐人不能简单地依赖于发行人管理层、董事和控股股东所提供的材料而作出结论，而是必须深入到发行人的业务运作和财务状况等进行独立调查，在此基础上对发行人所提供的材料的真实性和完整性进行全面的核查。另外，保荐人还必须对发行人的商业计划和募集资金使用计划进行合理性评估，以确信募集资金能够得到合理使用。在对发行人董事履行尽职辅导义务方面，保荐人要确信发行人董事具备足够的经验、资格、能力和诚信，以履行上市规则中规定的上市公司董事的义务。保荐人必须对新董事进行必要的培训，对发行人的内控管理体系进行必要的检查，对发行人控股股东的诚信和守法记录进行必要的调查。对于专业性中介机构，保荐人则必须对于他们提交的专家报告的内容，结合保荐人对发行人进行的尽职调查，进行实质性核查，从而确信专家报告的内容没有明显的不合理性。

在发行上市后的一定时间内①，保荐人应当履行的义务包括：(1) 继续履行对发行人董事的尽职辅导义务，帮助他们改善公司治理结构。(2) 公司上市后，敦促保荐对象按照有关规定发布定期报告（年报、半年度报告和季度报告）以及重大事件的临时报告，并保证所披露的信息准确、完整且无误导内容，履行尽职核查义务。在上市后的保荐责任期内，保荐人应经常地对所保荐公司的实际经营绩效和财务状况与被保荐公司在上市文件和公众信息披露文件中公布的盈利预测进行比

① 在香港是2个会计年度。在我国，按照保荐制的规定，首次公开发行股票的，持续督导时间为证券上市当年剩余时间及其以后两个完整会计年度；上市公司发行新股、可转换公司债券的，持续督导时间为证券上市当年剩余年限及其后一个会计年度。如果加上改制辅导和审核的时间，一个 IPO 项目的整个周期至少在4年以上。

较，以便协助上市公司决定是否对相关变化进行披露。在任何公告资料公开披露前，保荐人应该和上市公司一起审阅信息内容，使得上市公司董事认识到信息披露的义务。(3) 公司上市后，就保荐对象的业绩状况、发展前景、市场表现等发表财务分析报告，为投资者的投资决策提供参考意见。

（三）责任区分

保荐人制度的核心是责任制，当事人的责任边界如何划分非常关键。责任边界是保荐人承担保荐责任的限度，这里的“责任”不仅指保荐职责，而且还指没有履行或不完全履行保荐职责后的后果性责任，不仅包含保荐人对保荐对象的责任，而且包含保荐人对投资者的责任。

1. 保荐人与上市公司

保障相关上市公司所公开披露的信息的真实性、及时性和完整性是保荐人责任的主要内容。证券公司承担对发行人的保荐责任，负有尽职调查和辅导规范发行人行为的义务；且作为中介机构协调者，负有协调、组织各中介机构执业的责任，是中介机构的第一责任者。证券公司对发行人负有保荐责任，必须具备相当的专业能力和审慎的执业态度，勤勉尽责，按照规定的执业准则完成操作，保证工作质量。一旦出现执业错误，应承担相应法律责任，接受处罚。如果保荐人没有履行保荐义务或者履行保荐义务不符合合同约定，保荐人就应当承担法律责任，这是严格责任（无过错责任）。如果是证券发行人本身的行为以及信息披露的内容，保荐人只承担过错责任。[①] 只要有充分证据证明证券公司在执业过程中已经勤勉尽责，就应判定其无过错，予以免责。比如下列情况出现：一是发行人提供的材料是虚假的，或者不完整不准确，保荐人在通常情况下，不能发现其虚假内容；二是规则发生变化，如会计标准发生变化，导致前一制度公开披露的信息在按照后一制度标准衡量时存在有些信息口径不一致的情况；三是上市公司的决策行为如果没有告知保荐人，保荐人自然不能承担相应的责任，即使告知保荐人，保荐人如果履行了相关的信息披露义务，也可免责；四是公司生产经营和管理决策方面的问题，如募集资金的使用和变更、不能预测及难以控制的因素导致发行人利润下降等，保荐人不承担责任。由于实际情况纷繁复杂，有些责任要落实到保荐人乃至代表人将是很困难的，如保荐人应“督导发行人有效执行并完善防止大股东、其他关联方违规占用发行人资源”等，由于现实中保荐人不可能完全监控发行人的经营决策过程，如

① 有学者认为保荐人承担无过错责任，参见任生：“论二板市场保荐人制度的性质”，载《金融时报》2002年12月30日。笔者不完全同意这种观点，保荐人不是上市公司，只要保荐人尽了最大的保荐义务，就不应当承担民事责任。根据我国《证券法》第26条和第69条的规定，保荐人与发行人、上市公司承担连带责任，但能够证明自己没有过错的除外。

果发行人故意隐瞒、迟报，保荐人的责任则需要具体问题具体分析。《证券发行上市保荐制度暂行办法》（以下简称《暂行办法》）第70条设置了保荐人的申辩条款，但在实际操作过程中很难掌握尺度：太宽松了可能使保荐职责难以有效执行，太严格了可能使保荐人难以承担过高风险，因此，还需进一步明确和细化。

保荐人能否切实为市场守门的关键就在于其对被保荐人发行上市的有关情况是否进行了尽职审查（due diligence），或合理调查（reasonable investigation），使自己确信被保荐人的信息披露真实完整，尽职审查是保荐人基于审慎原则的勤勉义务。香港联交所在2003年建议制定的《保荐人及独立财务顾问的操守准则》中以列举的方式提出了不同情况下保荐人最低限度必须进行的尽职审查程序或范围：（1）关于新申请人适合上市，新申请人及其董事均了解其责任的性质并履行义务，其最低审查范围或程序：新发行人符合适用的联交所最低上市要求；发行人董事在管理业务方面具备的经验、资格、能力及持证操守；董事接受或将接受下述事宜的首次及持续训练：董事职务及责任的性质和重要性，内部监控程序、会计及管理信息系统是否有效运作等。（2）关于董事及管理层的经验、资格、能力、操守等，其最低审查范围和程序：查核董事在其承诺内所作回答的真实性、准确性和完整性；确认董事教育及专业资力；向监管机构、资料库等查询查核有关证明文件；查询有关民事诉讼及裁决记录；查核发行人董事曾任董事的其他上市公司的财务和监管记录；确认董事投入发行人业务的时间是否足够；审核其过去的行为操守。（3）关于控股股东的行为操守：向监管机构查询；通过资料库等查询控股股东及关联的公司或业务资料；查询有关民事诉讼及裁决记录。（4）关于上市文件的非专家部分：评估管理层目标及支出，以确定管理层是否会按公开披露的形式运用募集资金；审核发行人过去三年的重要财务报表，与发行人的会计人员、内部及外部审计师会面，并取得外部审计师给予的满意表示；审核、评估发行人主要供应商和客户或与其会面；评估发行人业务计划及预测，包括广泛地与发行人的管理层及第三方客户、供应商、债权人及银行家进行面谈；根据发行人业务目标实地检查重要资产（包括物业、厂房、设备和存货等）；审核发行人所有重要合同的业务范围；审核涉及发行人的所有重要诉讼和拟提出的诉讼；分析可能严重影响发行人业务运作的任何法规、经济或政治状况所涉及的商业层面；调查发行人主营业务的行业及目标市场；调查根据发行人业务计划所开发的新技术或产品的技术和商业可行性。（5）上市文件的专家部分：调查有关专家或专业人士的背景及专业才能；协定工作范围；评估专家意见所用假设及保留意见是否合理，以及对投资者的影响程度；以其他资料审核上市文件的专家部分，如发现重大不一致应进一步查询，包括审查相关来源资料并与有关专家及申请人管理层面谈；确认有关专家与发行人之间无任何关系，包括确认有关专家并无在发行人、关联人士或发行人联营或联属公司的任何证券或资产中持有直接、间接或待确定权益。①

保荐人责任的判断还要依据保荐人是否充分揭示风险。保荐人不仅要把发行人的优势充分说明，而且也要把其风险充分揭示。如百富勤在承担金碟软件香港上市的项目中，一共揭露了38个风险因素。其中业务风险26个，行业风险29个，关于中国的风险因素2个，关于股份承销政策的风险1个。②

2. 保荐人与会计师事务所、律师事务所

他们应当各自对自己的行为负责，他们的行为的性质不同，具有各自的独立性，在他们之间不发生关联关系时，应当各自承担独立的责任。在上市公司提供的原始资料中，其财务会计报告资料的审计报告、验资报告是由会计师事务所提供，法律意见书由律师事务所提供，这些资料的真实性、完整性和及时性，应由制作者提供，不应由保荐人负责。而且，会计师事务所提供的审计报告和律师事务所提供的法律意见书本身具有法律效力，保荐人无权进行干预。但如果会计师事务所或律师事务所提供的信息材料是在保荐人的干预下或通谋下完成的，或者保荐人明知它们的行为违法而保持沉默，保荐人应承担连带责任。而保荐人与发行人等其他中介机构的责任也应划分清楚。虽然保荐人有组织、协调发行工作团队的义务，但发行人、会计师、律师、评估师并不是对保荐人负责的，保荐人对其他中介机构没有约束力，加上审计和法律事务需要经验丰富的专业人士才能胜任，保荐人不可能不计成本地去复核其他中介机构为发行人出具的专业报告，只能在职责和能力许可的范围内控制好风险。因此，保荐人制度不能替代其他中介机构应尽的诚信义务，在其出具了明确专业意见范围内的事项，保荐人不应该承担主要责任，需要共同承担责任的事项应进一步量化。

关于发行募集文件中中介机构的专家独立报告应当至多从程序上与形式上加以核查，对内容实质不承担责任。有学者建议，对于证券公司承销业务中有关文件出具责任的界定宜采用美国1933年证券法第11章的规定，建议不采用香港咨询文件中对保荐人采取牵头责任的做法，该规则的起因是香港证监会只能监管证券公司，不能监控会计师和律师。但国内的情况是，由于会计师与律师必须具有证监会与财政部或司法部联合核发的证券事务执业许可证才能从事证券发行有关的中介服务，虽然律师执业已取消这方面的核准，但是根据有关精神，证监会法律部仍将对律师从事证券业务进行监管，因此证监会有足够的权力监管证券公司、会计师与律师，

① 田红勤："论保荐人尽职审查标准的设定"，载《中国证券报》2004年7月9日。

② 娄家杭："保荐人制度责任边界和权力保障——对《证券发行上市保荐制度暂行办法》的理解和建议"，载《中国证券报》2004年7月9日。

不存在香港方面的问题。①

（四）保荐人和保荐代表人

我国实行保荐代表人制，保荐人是具有保荐资格的注册资本达到一定限额（1 亿元以上）的证券公司，具有独立的法人资格，保荐代表人代表保荐人在保荐文件上签字，保荐代表人的行为后果由保荐人承担，保荐代表人对保荐对象和投资者不直接承担责任，保荐代表人的行为与保荐人的行为在法律上是一致的。所以，现行规定将两者履行职责的义务作同一性规定。根据《暂行办法》，保荐机构和保荐代表人在向证监会推荐企业发行上市前，要对发行人进行辅导和尽职调查；要保证或有充分理由确信向中国证监会提交的相关文件不存在虚假记载、误导性陈述或重大遗漏；要在推荐文件中对发行人的信息披露质量、发行人的独立性和持续经营能力等作出必要的承诺；在持续督导阶段，要对上市公司履行规范运作、信守承诺、信息披露等义务的情况进行持续跟踪，及时揭示风险，督促纠正，并给予规范性指导。如果违反《暂行办法》相关规定，除对保荐机构和保荐代表人的违法违规行为进行行政处罚和依法追究法律责任外，还将对其采取“冷淡对待”等具体监管措施，即根据情节轻重，在一定时间内不受理或不再受理其推荐发行上市申请，严重的还要取消其从事保荐业务的资格。同时，证监会还将相关机构和个人的不良信用表现记录在案并予以公布。

然而，保荐机构与保荐代表人毕竟不是同一主体，保荐代表人是经过资格考试符合条件的自然人。因此，保荐代表人如果有故意或明显的过失行为，要因此而承担对自己不利的后果，法律将限制其资格和保荐行为能力。江苏琼花高科技股份有限公司招股说明书涉嫌虚假记载和重大遗漏败露后，经中国证监会初步核实，江苏琼花本次披露的国债投资信息与其招股说明书中披露的信息不符，违反了《公司法》、《证券法》及证监会有关的信息披露规定。深交所于 2004 年 7 月 9 日对江苏琼花及相关人员进行公开谴责，证监会依据《证券发行上市保荐制度暂行办法》第 64 条的规定，对签字保荐代表人进行了初步处理。

四、对保荐人的监管

请看一则报道：

内地保荐人制度刚刚实施不久，就爆出“江苏琼花事件”，对保荐人在其中的责任如何认定，怎样处理至今未有正式消息。而在香江那边，上市公司造假引来港交所大怒。一份《保荐人规则》修正案出台，并于 2004 年 10 月开始实施，其中

① 娄家杭：“保荐人制度责任边界和权力保障——对《证券发行上市保荐制度暂行办法》的理解和建议”，载《中国证券报》2004 年 7 月 9 日。

关键的一条是保荐人要在尽职调查声明书上签名。出了问题，保荐人可能要赔钱或坐监狱。打击香港人对保荐人信心的事件数不胜数，有两件事意义重大。一是欧亚农业（0932）事件，税务资料清楚地显示为1亿元收入，在招股章程中夸大为21亿元，如此显著而易见之事，保荐人却视而不见。另一件是远东生物制药（0399）事件。一家从管理层履历假到历年财务报表的企业，一家依靠大股东私印增值税发票来制造良好业绩然后不断再融资的企业，居然也能被包装上市，甚至一再成为炒作对象。他们在这些事件中充当了什么角色？在原来的制度安排下，保荐人由于无须承担责任，即使不帮助企业作假，也会纵容。其实在港交所概括的保荐人四大职责中，第三条就是保荐人必须紧密参与上市文件的编制工作，确保文件内一切重要陈述已经核实，并确保符合《上市规则》及一切有关法例的规定。但在现行制度安排下，鞭子不能落到保荐人身上。有关资料分别有各类专业中介机构如审计师和律师审查核实，保荐人只是起牵头、协调作用。即使法律规定保荐人承担责任，但文件并非保荐人签字，责自何来？在香港的相关制度安排中，监管机构也存在问题。郎咸平指出，“香港有关当局对于保荐人的监管主要是受上市条例的管辖，而港交所负责上市条例的执行。只要上市公司和有关的保荐人按照上市条例的规定完成所有港交所要求的文档后，基本上港交所就算完成了任务。遗憾的是港交所并不是法定的监管机构，因此不能有效地监管保荐人，而最多只能给予警告。除非保荐人有犯罪意图，否则绝对没有可能对保荐人提起诉讼。”这些制度上的弊端在上市公司限于香港本土时，问题还不大，因为大家都知道彼此的底细，难以行骗。但当新上市公司大多来自境外，问题就很明显了。随着联交所上市，强积金的推行与境外金融当局合作监管变得日益艰难，联交所、证监会和相关机构于是决定加强保荐人责任来强化监管。上市后，联交所就由私人俱乐部变成了公众公司，压力增加，加上推行强积金后，老百姓的养命钱都在股市里泡着，责任之大与此前不可同日而语。这次加强保荐人监管是一个系统工程：确立保荐人市场准入资格，明确保荐人责任，从程序上和内容上修改《上市规则》和《证券期货条例》，使之与配套法律法规丝丝入扣。借用一位投行人士在接受记者采访时的话，“签署尽职审查声明后，出了问题，保荐人可是要赔钱和坐监的。”前后落差如此之大，保荐人很委屈。JP摩根的一位投资银行负责人认为，把保荐人的责任推到极端是监管机构不负责任的表现。“对上市公司监管有两个层次，法律层面和保荐人方面。如果把上市公司看做小孩子，那么监管机构和保荐人就相当于父亲和母亲。父亲规定了孩子的行为规范，披露信息、完善治理，诸如此类，孩子有心做好，但未必力所能及，于是需要母亲手把手教。但是这教育的结果并非母亲的努力就可以达到，如果孩子太淘气，母亲有什么办法呢？”他反问道，“父亲和孩子的关系白纸黑字在法律上写着，还有一根吓人的棒子拎在手上，却反而把所有责任推到母亲身上，这不是养而不教吗?"①

（一）保荐人的资质条件

保荐人是证券公司，但不是所有的证券公司都能作为保荐人，能够作为保荐人必须具备一定的资质条件，包括保荐人的身份条件、资产条件、人员、诚信、经验、独立性等各个方面。保荐人从业资格具有重要的制度价值和经济价值：首先，它保证了保荐人的质量，限制了保荐人的数量和保荐人的供给，使保荐人具有更高的品质，使保荐人具有更强的公信力。其次，它有利于高扬证券市场的效率和正义精神。优秀的保荐人从事保荐业务，能够节省市场的经济成本。同时，保荐人的道德素质也属于保荐人的资格内容，优秀的保荐人必然具有较高的道德素质，必然使证券发行人的行为与法律法规相符合。再次，它提高了保荐人的违规成本。保荐人一旦违规，其来之不易的从业资格和未来的从业收入都将丧失，也失去了体面的生活。因此，保荐人势必加强自律，不敢随意违规，这也大幅降低了社会和监管者对商事公司的监督成本。

1. 保荐人身份。英国 AIM 上市规则规定，申请人必须是公司法人，保荐人必须是依据《1986 年金融服务法案》注册的公司，或者是伦敦证券交易所注册的正式会员。加拿大 TSE 所属市场也要求保荐人必须是交易所的会员，除非有特别豁免或经交易所同意。在我国，创业板市场保荐人必须是具有特定身份的证券公司，而且是创业板交易所的会员。

2. 资产条件。香港《创业板上市规则》规定了 1000 万港元的净资产（扣除少数股东权益，净资产是没有抵押的净资产）是保荐人能否继续从事保荐业务的"分水岭"。这显然不适合我国。我国《证券法》根据证券公司的业务确定其注册资本最低限额，而且注册资本是实缴资本。根据《证券法》第 125 条规定，证券公司的业务种类有 7 项：证券经纪；证券投资咨询；与证券交易、证券投资活动有关的财务顾问；证券承销与保荐；证券自营；证券资产管理；其他证券业务。根据《证券法》第 127 条的规定，经营前三项业务，注册资本最低限额为 5000 万元；经营后四项业务之一的，注册资本最低限额为 1 亿元；经营后四项业务两项以上的，注册资本最低限额为 5 亿元。可见，我国保荐人最低注册资本限额为 1 亿元或 5 亿元。

3. 人员条件。保荐人应当比主板市场的证券中介机构拥有更强的核查、验证、预测和评估或评价能力，这就要求保荐人有更高标准的人员条件。从业人员应当具备更高的职业素质、能力与经验和良好的信用，获得有关证券主管部门的资格认

① 黄立锋："港交所酝酿改革，保荐人须在尽审查声明上签字"，载《中国证券报》2004 年 9 月 24 日。

证。不仅要有法律、金融、会计、审计专业人员，而且还应当有一定的科技型、管理型人员。在英国 AIM 市场，公司至少有 4 名合格的投资银行业务人员。所谓合格的投资银行业务人员，定义为目前在保荐资格申请人公司从事投资银行业务的全职雇员，他必须具有 3 年的投行从业经验或者投行业务监管经验，并相应参与过 3 次投行业务。由于从事投行业务而被监管部门或者执法机构查处的人员，不能成为合格的投资银行业务人员。另外，如果该雇员在交易所进行答辩过程中，让交易所感到，该雇员对投行业务、市场惯例，以及投行业务的法律和监管框架了解不足，那么这名雇员也不能成为合格的投资银行业务人员。在香港创业板市场中，保荐人的从业人员必须根据《证券条例》注册成为投资顾问或证券交易商，至少需有 2 名执行董事在过去 5 年内至少 2 次在主板或创业板已完成的首次公开招股活动中担任主要角色，至少另外 2 名职员必须在过去 3 年内拥有相关的一般公司财务经验（主要部分是从保荐主板或创业板上市的公司的活动中取得）。根据 2003 年 5 月香港交易所和香港证监会联合发布的《关于保荐人和独立财务顾问监管规则的咨询文件》，获得保荐人资格的保荐机构必须拥有 4 名“合格督导员”（eligible supervisors）。每一个“合格督导员”必须至少具备 4 年投资银行业务经验，并在这期间以主要角色的方式参与过 3 个重大的公司融资项目。在这 3 个重大的公司融资项目中，必须至少有一个是首次公开发行，并且有一个项目是在过去 2 年内完成的。一个“合格督导员”必须每年都能连续满足上述要求。在我国，更重要的是，保荐人作为保荐机构，必须具有保荐代表人方能从事保荐业务，保荐代表人数量不得少于 2 名。保荐代表人是经过保荐资格考试符合条件的自然人。对保荐代表人，应当具备证券从业资格、取得执业证书，其实体条件是：具备中国证监会规定的投资银行业务经历；参加中国证监会认可的保荐代表人胜任能力考试且成绩合格；未负有数额较大到期未清偿的债务；最近 36 个月未因违法违规被中国证监会从名单中除名或者受到中国证监会的行政处罚；中国证监会规定的其他要求。其程序条件是所任职保荐机构出具的由董事长或者总经理签名的推荐函，通过其任职的保荐机构向中国证监会提出申请。① 2004 年 12 月 30 日，中国证监会发布《关于进一步做好〈证券发行上市保荐制度暂行办法〉实施工作的通知》，调整了保荐人首次注册登记及持续维持资格的条件：除了首次公开发行项目的主办人，再融资项目的主办人也可注册登记为保荐人；并将保荐人维持资格的条件从“在两年内至少担任过一个境内外已完成证券发行项目的保荐代表人”，修改为“持续从事投资银行业务，具体参与项目工作，且每年参加中国证券业协会或者中国证监会认可的其他机构组织的保荐代表人业务培训”。

4. 主观诚信条件。主观诚信要件主要通过客观行为判断，即有无不诚信的行

① 参见《证券发行上市保荐制度暂行办法》第 11 条。

为，包括违约、欺诈和其他违法行为。各国创业板对保荐人的诚信要求都很严，虽然表述各异。在AIM市场上市规则中，要求保荐人必须同意接受其责任并能按照交易所的要求履行义务。加拿大TSE所属市场的《公司财务手册》要求，保荐人必须没有被劝告不要再担任保荐人（如果曾被劝告，必须经交易所同意方可接受），同时，必须作为交易所或其他自律组织的会员，具有良好的行为记录。而在香港《创业板上市规则》中，规定了在过去5年内受到公开遣责的，都将丧失申请保荐人的资格。① 2003年5月香港交易所和香港证监会联合发布的《关于保荐人和独立财务顾问监管规则的咨询文件》更严格了对保荐资格申请人的诚信守法记录要求。在保荐人资格申请表中，必须写明，申请人法人及其集团中和投资银行业务相关的附属机构，在过去5年中受到的来自香港或其他地区交易所或其他监管部门的处罚情况。具体的处罚类型包括公开批评、公开谴责以及其他纪律处分等。受处罚的主体包括保荐资格申请人法人、申请人的在职董事，以及申请人的在职重要发行上市业务人员。监管部门在审判申请人的保荐资格时，将会检查申请人过去的诚信守法记录情况。② 在我国，根据《证券发行上市保荐制度暂行办法》的规定，“最近24个月因违法违规被中国证监会从名单中去除”的，不登记为保荐机构。其实，我国创业板交易所在具体的监管实践中，可能对不诚信的保荐机构或保荐代表人进行通报批评、公开谴责、纪律处分和记入诚信档案，由于保荐人机构由中国证监会监管，登记和注册均在证监会，交易所没有实际权威，只有向证监会提供建议。相比之下，海外创业板市场的保荐人由交易所监管，交易所规则对保荐人直接发挥作用。

5. 独立性条件。保荐人应当独立于保荐对象，否则保荐行为就失去公正性。在英国AIM市场上市规则中，要求保荐人符合以下条件：一是保荐人不能控制保荐对象或被保荐对象控制；二是保荐对象与保荐人的关联人的正常商业关系不影响保荐人的行为的独立性；三是保荐人可为保荐对象的审计师或税务顾问，但不能为保荐对象出具会计师报告；四是保荐人直接或间接地融资融券交易必须披露。在香港创业板市场中，为了保证保荐人和被保荐的上市公司之间的利益的相互独立，联交所和证监会联合发布的《关于保荐人和独立财务顾问监管规则的咨询文件》规定了两者之间利益无法独立的8种情况：一是保荐人及其附属机构持有超过被保荐公司5%的股份；二是保荐人及其附属机构持有的被保荐公司股份的公允价值超过了保荐人集团净有形资产的15%；三是保荐人及其附属机构控制了被保荐公司董事会的大多数成员；四是保荐人与被保荐公司处于同一控制人的控制之下；五是被保荐人15%的IPO募集资金被用来归还被保荐公司所欠保荐人或其附属机构的债

① 胡卿：“保荐人制度研究”，安徽大学2005届法学硕士学位论文。

② 刘朝晖：“港交所，保荐人制运作三步曲”，载《中国证券报》2003年7月3日。

务；六是被保荐公司的相当比例的运营资金是由保荐人集团来提供的；七是保荐人董事或其雇员持有被保荐公司股份或者两者之间具有商业往来；八是保荐人或其附属机构同时担任被保荐公司的审计师或者财务报表会计师。① 我国《证券发行上市保荐制度暂行办法》第35条规定了影响保荐人独立性的情形：一是保荐人及其大股东、实际控制人、重要关联方持有发行人股份合计超过7%；二是发行人持有或者控制保荐人股份超过7%；三是保荐人的保荐代表人或者董事、监事、经理、其他高级管理人员拥有发行人权益、在发行人任职等可能影响公正履行保荐职责的情形；四是保荐人及其大股东、实际控制人、重要关联方为发行人提供担保或融资。

要全面地认识保荐人的资格，还需要从反面加以理解，即在什么情况下，不能取得保荐人资格。在海外创业板市场中有些零星规定，如香港《创业板上市规则》规定的“在过去5年内受到公开谴责的”丧失申请保荐人的资格，还如香港《关于保荐人和独立财务顾问监管规则的咨询文件》规定了两者之间利益无法独立的8种情况。相比之下，我国则规定得比较集中和全面。《证券发行上市保荐制度暂行办法》第10条规定了保荐机构的排除性条件（消极条件），即有下列情形之一的，不注册登记为保荐机构：保荐代表人数量少于2名；公司治理结构存在重大缺陷，风险控制制度不健全或者未有效执行；最近24个月因违法违规被中国证监会从名单中去除；中国证监会规定的其他情形。《暂行办法》第16条规定，如果保荐机构具有上述消极条件，中国证监会将该保荐机构及其保荐代表人从名单中去除。对于保荐代表人，《暂行办法》第17条规定，保荐代表人有下列情形之一的，中国证监会将其从名单中去除：被注销或者吊销执业证书；不具备中国证监会规定的投资银行业务经历；保荐机构撤回推荐函；调离保荐机构或其投资银行业务部门；负有数额较大到期未清偿的债务；因违法违规被中国证监会行政处罚，或者因犯罪被判处刑罚；中国证监会规定的其他情形。

（二）对保荐人的监管

1. 对保荐人资格的监管

在英国创业板市场，保荐人资格管理主要由伦敦证券交易所负责。英国二板市场保荐人制度运作主要包括两方面的程序。一是上市保荐人资格申请和审批，二是有关上市保荐人资格的正常检查和处罚。交易所主要关心保持交易所的名声和信誉，即使上市保荐资格申请人具备保荐人资格，交易所仍然可以保留对申请人资格不予批准的权力。在考虑批准申请人的上市保荐人资格是否会对交易所的名声和信誉构成影响时，交易所主要检查如下事项：申请人是否受到足够的监管；申请人是否遵守监管；申请人的总体名声和信誉；申请人或其主要投行业务人员是否曾经受

---

① 胡卿：“保荐人制度研究”，安徽大学2005届法学硕士学位论文。

到监管或执法机构的调查和处罚；申请人是否正在接受监管和执法机构的调查；在相关的情况下，还可以考察申请人的投行业务客户的商业经营和遵守监管的表现。具体的保荐人资格申请和批准包括四个工作流程：提交申请表和申请费；申请人主要业务人员在交易所进行答辩；批准前的公告；资格批准和申诉。在交易所作出批准申请人保荐人资格决定之前至少 14 天，交易所将在自己的公告服务系统中公告申请人的名称，以及申请表中主要投行业务人员名单。如果交易所收到了公众对于申请人的反对意见，则将在作出最终审批决定时考虑这些意见。如果申请人的资格申请没有被交易所批准，申请人可以按照交易所的申诉程序，向申诉机构提出申诉。在英国，保荐人资格不是“铁饭碗”：在获得保荐资格后，保荐人如果需要连续保持其保荐资格，必须连续满足保荐人的最低标准要求，交易所将对保荐人进行常规的检查。必要时，交易所还可要求保荐人就相关质询进行答辩。“合格投资银行业务人员”必须全面配合交易所的工作检查，相关上市公司投行项目负责人也必须对交易所提出的问题进行及时回答。在交易所认为必要时，保荐人必须让交易所检查其保荐业务记录和工作底稿。对于任何一名“合格投资银行业务人员”的离职，保荐人都必须通知交易所。交易所将把他从“合格投资银行业务人员”名单中删除。另外，在某些条件下，交易所也可以单方面地取消“合格投资银行业务人员”的资格。这些取消资格的情况有，该名雇员个人的财务状况出现资不抵债，受到其他监管机构的纪律处分，出现精神障碍，或者，在交易所对保荐人的正常检查中表现出缺乏专业水平和审慎原则。在交易所作出取消某保荐人雇员的“合格投资银行业务人员”资格决定后，该名雇员可以按照交易所申诉程序提出申诉。如果交易所认为保荐人违背了保荐职责，或者缺乏专业水平和审慎原则，或者其行为导致交易所的诚信和声誉受损，视情节的轻重，交易所可以对保荐人进行通报批评或者取消保荐人资格的处罚。交易所在对保荐人进行处罚时，既可以公开陈述理由，也可以不公开。在交易所对保荐人作出处罚决定后，保荐人可以按照申诉程序进行申诉。①

在香港，保荐人资格监管主要由联交所负责，但证监会在宏观的制度规则方面以及重大违规行为方面的监管也有权威。证券机构只有经交易所批准获得保荐人资格后，才能充当拟上市公司和上市公司的保荐人。交易所把具备资格的保荐人列入一个名单，对外公布，并经常更新。通常情况下，保荐人保荐资格的有效期限为 1 年。每届满 1 年，保荐人如果还需继续保持其保荐人资格，就必须按照交易所的要求，向交易所上市部提交年度资质年检，同时，交易所保留在任何时候对保荐资格进行临时检查的权力，如不符合有关规则，保荐人资格将被除名。年检相当于一次保荐人资格的重新申请。保荐人在过去 5 年内必须不曾遭公开谴责。根据 2003 年

① 刘朝晖：“英国二板市场保荐人制运作方式”，载《中国证券报》2003 年 7 月 7 日。

5月香港交易所和香港证监会联合发布的《关于保荐人和独立财务顾问监管规则的咨询文件》，获得保荐人资格需要满足的基本条件主要包括以下几个方面：一是对保荐资格申请人的投资银行业务经验要求；二是对保荐资格申请人的最低资本金要求；三是对保荐资格申请人的诚信守法记录要求。在保荐人资格申请表中，必须写明，申请人法人及其集团中和投资银行业务相关的附属机构，在过去5年中受到的来自香港或其他地区交易所或其他监管部门的处罚情况。具体的处罚类型包括公开批评、公开谴责以及其他纪律处分等。受处罚的主体包括保荐资格申请人法人，申请人的在职董事，以及申请人的在职重要发行上市业务人员。监管部门在审判申请人的保荐资格时，将会检查申请人过去的诚信守法记录情况。① 早在2004年年初艾克国际（8197）管理层在强制保荐期结束之后即一夜之间人间蒸发之后，市场就开始探讨保荐人如何恪守职责这一问题。远东生物制药事件之后，人们发现这家公司是一个从管理层学历假到历年营业记录彻头彻尾的皮包公司，使人们禁不住怀疑当时的上市保荐人是否尽到职责。这一系列事件之后，联交所开始考虑修订保荐人规则，加强保荐人监管。2004年9月，联交所初步通过修订草案，其中部分于10月1日起实施，较复杂部分于2005年1月1日起实施。届时，至少一名保荐人将不得持有准上市公司多于5%的股权以保持独立性，且各保荐人须向港交所提交声明表示自己已尽职审查。与此同时，香港监管机构也没有放松对其他证券行业从业人员操守的要求。2004年7月初先科国际（0724. HK）主席黄创光及另一高层涉嫌行贿投资银行高级董事和证券公司总裁一案就引起了证监会的高度关注。黄行贿的目的在于操纵股价从而获得更多配股资金，但证券从业人员不能严守职业道德也是很清楚的。证监会在这一系列与从业人员职业操守相关的事件中看到了加强监管的必要。② 2006年4月10日香港证监会公布保荐人的各项新资格准则及持续责任，完成了证监会及香港联交所为提升香港的保荐人水平而分两阶段进行的举措。相关的规定将以《适用于保荐人和合规顾问的指引》的形式发表，并从2007年1月1日起生效。《指引》中保荐人必须达到的资格准则包括：具备充足的专业知识及资源；有效的内部监控及管理层监督等。除了上述资格准则外，保荐人还必须就其内部系统及监控制度进行年度评估；备存适当而最新的记录；及从事保荐人工作的职员须有充足而且相关的持续专业培训。证监会将从两方面更有效地监管保荐人及合规顾问：一是只有符合严格资格准则的机构融资顾问商号才可担任保荐人；二是以定期及特别视察的方式对保荐人及合规顾问进行视察，以查核他们是否遵守有关的规则。

在我国，根据《证券发行上市保荐制度暂行办法》的规定，对保荐机构和保

① 刘朝晖：“港交所，保荐人制运作三步曲”，载《中国证券报》2003年7月3日。

② 黄立锋：“香港市场频吹‘监管风’”，载《中国证券报》2004年9月3日。

荐代表人实行注册制，关于保荐人的资格和管理，中国证监会制定保荐人的资格标准，对保荐人的监管处于主导地位，中国证券业协会对保荐机构、保荐代表人进行自律管理。中国证监会可以把对保荐人的年检的权力让与证券交易所，对保荐人与证券交易活动有关的行为的监管，证券交易所也有自己相应的权力。对保荐代表人，应当具备证券从业资格、取得执业证书，其实体条件是：具备中国证监会规定的投资银行业务经历；参加中国证监会认可的保荐代表人胜任能力考试且成绩合格；未负有数额较大到期未清偿的债务；最近 36 个月未因违法违规被中国证监会从名单中除名或者受到中国证监会的行政处罚；中国证监会规定的其他要求。其程序条件是所任职保荐机构出具的由董事长或者总经理签名的推荐函，通过其任职的保荐机构向中国证监会提出申请。① 保荐机构应自保荐机构、保荐代表人注册登记或者前次备案满 12 个月之日起一个月内，向中国证监会报送年度备案表及相关资料，更新注册登记的内容。中国证监会建立保荐信用监管系统，对保荐机构和保荐代表人进行持续的动态的注册登记管理，将其执业情况、违法违规行为、其他不良行为以及对其采取的监管措施等记录予以公布。②

证监会在审核中，应当坚持注册登记的原则，强调要求申请机构和个人诚信申报，并对申请文件的真实性、准确性、完整性负责。同时，推荐机构在同意申报个人的申请文件前还需对相关个人的申请文件进行复核、予以确认，董事长或总经理亲笔签名，并对其真实性、准确性、完整性承担个别和连带的法律责任。证监会主要对申请文件进行形式审核，并以事后监管方式为主，即先根据申请文件，对符合规定条件的，予以注册登记；倘若事后发现为虚假申报的，将根据《暂行办法》的规定严肃追究有关机构和个人的诚信责任。2004 年 1 月 2 日，中国证监会发布《关于实施〈证券发行上市保荐制度暂行办法〉有关事项的通知》（以下简称《通知》），对保荐代表人的候选划定了范围。该《通知》还附有保荐机构注册登记表、保荐机构年度备案表、保荐机构重大事项报告表、保荐代表人注册登记表、保荐代表人年度备案表、保荐代表人重大事项报告表、证券发行推荐书和证券上市推荐书。

在对保荐代表人注册登记工作监管方面，应当注意以下几点：首先，首批保荐代表人注册登记工作结束后，凡符合《暂行办法》相关要求，同时符合《通知》第 2 条“具备 3 年以上投资银行业务经历，且最近 1 年内至少担任过一个境内外已完成首次公开发行股票项目的项目主办人”要求的，可以申请注册登记为保荐代表人。其次，已注册登记为保荐代表人的，其资格也不是终身制的，其应当持续符合《暂行办法》相关要求，同时符合《通知》第 3 条“在两年内至少担任过一个

① 参见《证券发行上市保荐制度暂行办法》第 11 条。
② 参见《证券发行上市保荐制度暂行办法》第 11 条。

境内外已完成证券发行项目的保荐代表人"的要求。否则，该人士将被中国证监会从保荐代表人名单中去除。第三，已注册登记为保荐代表人的人士因更换任职保荐机构申请重新注册登记的，原聘用机构及新聘用机构应当按照证监会《证券业从业人员资格管理办法》第14条的规定办理相应手续。手续办理完毕后，相关人员可以通过所任职的机构向证监会再次申请注册登记为保荐代表人。

2. 对保荐人行为的监管

对保荐人行为的监管与保荐人资格监管有着密切的关系，前者虽然侧重对保荐人的行为进行规制、约束和监督，但从处理的后果方面，很可能威胁到保荐人的资格。需要注意的是，对保荐人行为的监管不能影响保荐人对保荐行为的自主权。

经过近1年半的公开咨询和总结工作，在2004年10月19日公布的《上市规则》修改中，港交所通过八处重要修改①体现了对保荐人加强监管的要领，要求保荐人对招股书内容作出担保。而同时，由于只是有限担保，保荐人对港交所所作承诺及声明不具有法律约束力，也不影响保荐人行为自主权。欧亚农业事件是促使港交所加强保荐人监管的导火索。市场认为由于保荐人无须承担责任，可能为一己私利而将不合格企业包装上市，于是要求保荐人公开签署尽职审查声明，对招股书所有内容提供全面担保。尽职审查声明意味着法律责任。一个并非有意的疏忽就可能导致天文数字的赔偿，保荐人的责任被提高到前所未有的高度，中介机构在各种场合表示着它们的抗议，认为这不仅将导致投资银行业的大洗牌，还将进一步提高上市费用、减少到港上市企业数量，从而对香港资本市场不利。最后，港交所不再要求保荐人公开声明对招股书进行尽职尽责审查，改为要求保荐人签署一份没有法律约束力的尽职审查声明。对此，港交所上市单位负责人韦思齐表示，如果在招股书中附加声明，将会构成新的法律责任，这就违背了要求保荐人签署声明的初衷。然而，如何保证不具有法律约束力的尽职审查声明能对保荐人构成约束？香港证监会

① 八处重要修改：(1) 申请上市企业至少需要聘请一名保荐人，也可以自行决定聘请一名以上保荐人；(2) 申请上市企业必须聘请一名合规顾问，主板企业任期截至上市后首次公布全年业绩日，创业板企业则截至上市后公布第二次全年业绩日，联交所同时有权在任何时候要求上市公司聘请合规顾问；(3) 所有独立顾问及至少一名保荐人必须符合客观准则要求的独立性，合规顾问则无须为独立人士；(4) 保荐人及独立财务顾问需就独立性向联交所作出声明；(5) 保荐人、合规顾问和独立财务顾问须向联交所作出承诺，承诺遵守《上市规则》及在上市科任何行动中采取合作态度；(6) 保荐人须向联交所作出多项声明，确认经过合理的尽职审查查询后，确信有关董事声明提供了真实完整的资料，新申请人符合基本上市条件、上市文件载有足够细节及资料，以及上市文件内"专家"部分所依据的基准及假设公平、合理及完整；(7) 增设有关保荐人尽职审查的应用指引，保荐人在决定何谓合理尽职审查查询时，需参照新应用指引；(8) 上市保荐人的资格规定及监管，全部由证监会负责，创业板合格资格保荐人名单，也会在证监会的保荐人发牌监管建议落实后取消。

董事欧礼达表示，保荐人如果没有按照声明做好尽职审查工作，证监会将采取纪律行动，证监会将对现行的投资顾问牌照类别相关规定进行检讨，就保荐人及独立财务顾问设立独立的牌照类别。①

中国证监会作为我国证券市场的政府监管机关，有权对保荐机构及其保荐人的行为实施监管。其监管方式包括规则设定、监督和查处违规行为。

2006年5月30日，证监会发布《保荐人尽职调查工作准则》，指出该工作准则是衡量保荐人、保荐代表人是否勤勉尽责、诚实守信的基本标准。本准则主要针对首次公开发行股票的工业企业的基本特征制定。保荐人应当在参照本准则基础上，根据发行人的行业、业务、融资类型不同，在不影响尽职调查质量前提下调整、补充、完善尽职调查工作的相关内容。保荐人尽职调查时，应当考虑其自身专业胜任能力和专业独立性，并确保参与尽职调查工作的相关人员能够恪守独立、客观、公正的原则，具备良好的职业道德和专业胜任能力。本准则是对保荐人尽职调查工作的一般要求。不论本准则是否有明确规定，凡涉及发行条件或对投资者作出投资决策有重大影响的信息，保荐人均应当勤勉尽责地进行尽职调查。

由于申请文件制作粗糙，保荐代表人未能做到勤勉尽责，证监会2006年11月26日对光大证券和海通证券的四名保荐代表人进行了“谈话提醒”。证监会称，海通证券的保荐代表人程建新、王建辉提交的宁波摩士集团股份有限公司首发申请文件信息披露极不充分，多处违反招股说明书格式准则的披露要求：未披露发行人前身及股权演变、发行人改制设立时发起人出资的资产形态；未充分披露发行人生产模式和销售模式；未完全披露关联方及关联交易的内容；未披露募集资金项目合作方的基本情况；违反规定对2006年未经审计的净利润提前作出了分配安排。另外，光大证券的保荐代表人邱小兵、刘灏提交的上海海博股份有限公司非公开发行申请文件过于简单，未提供发行人的组织构架、分公司和子公司的情况、报告期内重大特殊交易事项以及报告期间新设子公司的具体情况等重要基本信息。证监会对上述四名保荐代表人进行了谈话提醒，要求其引以为戒，加强对现有法律、法规和政策的学习，真正做到勤勉尽责，切实提高执业质量和水平。同时，光大证券作为保荐人有对质量控制不严的责任，也被谈话提醒。《证券发行上市保荐制度暂行办法》第73条规定，保荐机构及其保荐代表人、发行人及其高管人员、中介机构及其签名人员违反本办法规定的，中国证监会可以对其采取谈话提醒、重点关注、责令改正、认定为不合适担任相关职务者等监管措施。

中国证监会2004年7月13日作出决定，对江苏琼花高科技股份有限公司招股说明书涉嫌虚假记载和重大遗漏进行立案稽查，并自2004年7月9日起3个月内不受理其签字保荐代表人张睿、吴雪明推荐的项目。在深交所要求下，2004年7

① 参见《中国证券报》2004年10月21日。

月9日江苏琼花发布公告，称其招股说明书中披露的3453万元自营国债投资的时间情况为：委托恒信证券投资理财1000万元，委托德恒证券投资理财1500万元，在南方证券自营购买国债1025万元。经中国证监会有关部门初步核实，江苏琼花本次披露的国债投资信息与其在招股说明书中披露的信息不符，违反了《公司法》、《证券法》及证监会有关信息披露的规定。深交所7月9日对江苏琼花及相关人员进行了公开谴责，证监会依据《证券发行上市保荐制度暂行办法》第64条的规定，对签字保荐代表人进行了初步处理，保荐代表人资格停止2年。

交易所对保荐人也负有监督职责。我国目前尚未建立创业板市场，深圳证券交易所中小板市场作为创业板市场的先锋，能够提供很多有益的启示。深交所2004年8月10日公布了《中小企业板块保荐工作指引》。《中小企业板块保荐工作指引》的特点主要体现在三个方面：第一，以现有法规和规章为依据。《指引》细化和明确了保荐机构和保荐代表人推荐中小企业到深交所上市及进行持续督导的工作内容和程序。第二，突出交易所自律监管的特点。保荐机构是深交所会员，深交所对保荐机构实行自律监管。保荐机构在推荐证券上市之前，应与交易所签订《中小企业板块上市推荐与持续督导协议》(以下简称《保荐协议》)，承诺遵守《股票上市规则》、《中小企业板块上市公司特别规定》和《指引》的要求。第三，针对中小企业的风险特点，结合中小企业板块上市公司的特殊问题，《指引》对保荐机构和保荐代表人提出了更有针对性的督导要求，进一步防范中小企业的风险。根据《证券发行上市保荐制度暂行办法》，《指引》建立保荐代表人约见制度。交易所在信息披露监管中发现疑点和问题，可以约见保荐代表人质询。

为了保证保荐机构切实履行保荐职责，《指引》建立保荐机构在推荐证券上市之前，在《保荐协议》中与发行人约定以下事项：(1)建立定期现场调查制度。在持续督导期间，保荐机构每个季度至少对上市公司进行一次现场调查，主要调查公司治理和内部控制是否有效；信息披露是否与事实相符；募集资金使用与招股说明书中载明的用途是否一致；关联交易、为他人提供担保、对外投资是否履行了规定的程序等。(2)明确保荐代表人有权列席上市公司的董事会和股东大会。(3)鼓励建立募集资金专户存储制度。由上市公司自主确定一家商业银行作为募集资金托管银行，并与该商业银行、保荐机构签订三方协议，协议内容主要包括：第一，上市公司将募集资金存放在一个专用账户中；第二，上市公司一次或一年内累计从募集资金专用账户中支取的金额达到一定额度以上的，应当知会保荐代表人；第三，上市公司授权保荐代表人可以随时到商业银行查询募集资金专用账户资料。(4)上市公司保证及时提供保荐机构发表独立意见所必需的资料。

2007年6月1日，深圳证券交易所发布《关于中小企业板块上市公司实行公开致歉并试行弹性保荐制度的通知》。《通知》要求，上市公司或者相关当事人应当在进行公开致歉时说明如下主要内容：违规事实、违反规定的具体条款；违规的背景及原因分析；违规事项对上市公司当期及以前年度的影响、预计对上市公司的持续影响以及后续整改措施等。当上市公司出现需要向投资者公开致歉的事项时，交易所鼓励上市公司及时重新聘请保荐机构进行持续督导，持续督导时间直至相关违规行为已经得到纠正、重大风险已经消除，且不少于致歉情形发生当年剩余时间及其后一个完整的会计年度。上市公司重新聘请保荐机构的，应当及时披露保荐协议的主要内容。《通知》要求保荐机构在持续督导过程中应当参照中国证监会发布的《证券发行上市保荐制度暂行办法》和本所《中小企业板块保荐工作指引》履行职责，针对上市公司及相关当事人被证监会公开批评或交易所公开谴责的情形，保荐机构应当关注违规事项相关的内部控制制度、违规事项持续状况及解决措施；针对最近两年被交易所考评信息披露不合格的，应当督导上市公司全体董事、监事、高管人员理解并遵守信息披露规则，及时审阅上市公司对外披露的公告及附件，确保公司信息披露质量。上市公司实际控制人发生变化的，交易所也鼓励上市公司重新聘请保荐人进行持续督导，持续督导的期间为实际控制人发生变更当年剩余时间及其后一个完整的会计年度。保荐机构应当督导上市公司制定并完善防止实际控制人及其关联方通过关联交易、违规担保、市场操纵等方式损害上市公司利益的制度，并充分关注制度执行的有效性。

深交所秉承"服务为本"的理念，一方面不定期举办保荐机构联席会议、交流保荐经验，研讨保荐工作中遇到的问题及解决措施，并向中国证监会及其他有关部门报告；另一方面通过组织保荐机构论坛等形式，为保荐机构和保荐代表人提供服务平台。深交所还建立保荐工作评价制度，定期对保荐机构和保荐代表人的保荐工作情况进行评估，并将评价结果反馈给保荐机构和保荐代表人。保荐机构和保荐代表人违反有关规定的，深交所视情况采取书面提醒、在上市公司和保荐机构范围内通报批评、公开谴责等监管措施，并向中国证监会报告。

目前，我国证券交易所对保荐人的监管是有限的，与海外创业板市场对保荐人的监管主要由交易所负责不完全相同。但笔者认为，在我国创业板市场建立之后，随着我国证券市场的日益成熟和我国监管法治水平的日益提高，保荐人队伍的进一步发展，将来的创业板交易所对保荐人的监管将担负起更大的责任。

第六章　创业板公司股票激励期权制度

创业板上市公司的风险比一般成熟型公司要大得多，需要公司管理层具有高度的责任心，以最大的热情，经营管理公司的财产，使财产发挥最大的效益。但如何确保公司管理层尽善尽美地履行自己对公司的忠实义务和善管义务，需要一定的利益激励机制。相对于其他激励手段，股票期权是一种长效激励机制，它将公司管理层与公司本身结合起来，使管理层像对待自己的事业一样管理和经营公司。但股票期权激励机制是个复杂的系统工程，在制度设计方面必须考虑周全，既要达到激励的目的，也要防止出现管理层道德风险。

一、股票激励期权及其实践

股票激励期权，就是给予公司董事、监事、高级管理人员①和其他有关员工在一定期限内的任何时间可以按照某个固定的价格购买本公司股票的权利。上市公司股票激励期权的特点主要有：(1) 它是一种权利，而非义务。当股票期权拥有者认为有利可图，就可以去购买，而公司必须卖给他们，当拥有者认为无利可图，也可以放弃。(2) 它是一个未来的权利。在股票期权计划中包括四个基本要素，即期权拥有者、有效期、行权价和数量。只有未来某一时期（有效行权期）公司股票价格超过行权价时才有实际意义。(3) 它是一种金融衍生工具。其基础金融产品是上市公司股票。(4) 它是一种激励工具。它授予的对象是公司董事、监事、高级管理人员和核心技术人员，尤其是企业经理和核心技术人员。企业支付给经理人的仅仅是一个期权，经理人可以在市场中实现这种预期收入，公司不需要支付现金。(5) 它是一种长效激励机制。激励经营者更多地关注公司的长期持续发展，而不仅仅将注意力集中在短期财务指标上，克服经营者行为的短期化。

2005 年 12 月 31 日中国证监会发布《上市公司股权激励管理办法（试行）》

---

① 指上市公司经理、副经理、财务负责人、董事会秘书和公司章程规定的其他人员。

（以下简称《管理办法》）。①《管理办法》第2条规定："本办法所称股权激励是指上市公司以本公司股票为标的，对其董事、监事、高级管理人员及其他员工进行的长期性激励。上市公司以限制性股票、股票期权及法律、行政法规允许的其他方式实行股权激励计划的，适用本办法的规定。"限制性股票是指激励对象按照股权激励计划规定的条件，从上市公司获得的一定数量的本公司股票。股票期权是指上市公司授予激励对象在未来一定期限内以预先确定的价格和条件购买本公司一定数量股份的权利。限制性股票和股票期权虽然都是股权激励的方式，其目的相同，但由于客体性质不同，一种是股票，而另一种是未来的权利，因此其激励的操作过程有很大差异。就股票期权而言，激励对象可以其获授的股票期权在规定的期间内以预先确定的价格和条件购买上市公司一定数量的股份，也可以放弃这种权利。股票激励期权包含以下要素：（1）标的股票。指根据期权激励计划，激励对象有权购买的上市公司股票。（2）权益。指激励对象根据期权激励计划获得的上市公司股票、股票期权。（3）授权日。指上市公司向激励对象授予股票期权的日期。授权日必须为交易日。（4）行权。指激励对象根据股票期权激励计划，在规定的期间内以预先确定的价格和条件购买上市公司股份的行为。（5）可行权日。指激励对象可以开始行权的日期，可行权日必须为交易日。（6）行权价格。上市公司向激励对象授予股票期权时所确定的、激励对象购买上市公司股份的价格。（7）授予价格。即上市公司向激励对象授予限制性股票时所确定的、激励对象获得上市公司股份的价格。

美国是世界上股票期权制度最发达的国家，早在1950年美国国会就正式对限制性股票期权进行了相关立法；1964年美国取消了限制性股票期权，取而代之的是附条件股票期权；1976年，附条件的股票期权在美国被终止，此后的一段时间内没有产生新的替代工具；1981年美国国会引入了激励性股票期权，并将激励性股票期权与非法定性股票期权进行严格的区分，实行不同的税收待遇。在《财富》排名前1000家的美国企业中，已有90%向高级管理人员采取了股票期权报酬制度。美洲其他国家中除加拿大的股票期权制度已经基本成熟外，墨西哥、哥伦比亚、巴西、智利、委内瑞拉等国的股票期权制度均在20世纪90年代开始起步，目前还处于发展、完善的过程中，这些国家的股票期权的会计、税收制度的变动性较大。总体上看，加拿大、墨西哥等其他美洲国家的股票期权制度大致沿用美国的体系，但由于各国的税收体系存在较大的差别，相应地美洲各国的股票期权税收制度的差别也较明显。欧洲各国中，英国、法国、荷兰、瑞士、爱尔兰的股票期权制度

① 按照证监会的要求，已完成股权分置改革的上市公司，可遵照本办法的要求实施股权激励，建立健全激励与约束机制。言下之意，如果股权分置问题没有解决，自然不能实施，但根据中国证监会的要求股权分置问题在2006年基本解决，因而时间不会太长。对于创业板而言，不存在股权分置问题，实施该办法也无障碍。

发展历史较为悠久，20世纪70年代初，这些国家相继在公司法或其他专门的法规中对公司股票期权制度进行相应的立法，股票期权的各类制度较为健全。相比之下，德国、意大利的股票期权起步较晚。亚洲股票期权制度发展比较迅速的国家与地区有日本、印度、新加坡、香港、台湾等，其中香港地区采用的是认股权制度，与美国式的股票期权制度相比有一定的差别，但仍属于广义范畴的股票期权制度。①

在我国，股票期权首先在海外上市公司实行，而后境内上市公司也开始实行各种类型的股票期权制度。2001年6月正在招股推介的中石化公司480名中高级管理人员，已有2.517亿股H股期权。期权来源是2000年发行H股时，证监会批准额度是230亿股，实际发行167.8亿股。公司在尚未发出的股份中，为中高级人员预留了2.517亿股，作为首次授予的股票增值期权。该期权有效期5年，规定两年后行权，自行权之日起第三、第四、第五年的行权比例分别为30%、30%和40%，行权价为H股发行价即1.61港元，若2年后（即2002年10月）股价上扬，行权人就可将期权的30%变现，以后几年依此类推。在中石化高管的收入构成中，股票期权要占到潜在薪酬总额的75%，管理人员层次越高，期权的比例越高。亚泰集团截至2001年6月26日，公司已为90名中高级管理人员以及有特殊贡献的员工实施认股权激励计划，被授予的股权共367.65万股，包括国家股和公众股两部分。其中国家股228.54万股，系国家股无偿划拨给个人；公众股139.1万股，从二级市场上购买，平均购买价是9.4687元，所需资金1317.19万元来自三部分：30%从国家红利中开支，30%由被授予的个人出资，40%系公司净利润中提取的股权激励基金。② 自此，我国越来越多的上市公司建立了管理层激励机制，截至2004年年底，实行股权激励的有60余家，有的实行股票增值权或虚拟股票期权，有的实行股票期权，有的采取职工持股计划，当然也包括MBO。但是，最多的还是设立高管股权激励基金，用业绩股票的方式奖励高管。股权分置改革完成后，截至2007年3月，有40多家上市公司试水股权激励，有意向的上市公司更多。目前，上市公司实施股权激励主要采取两种方式：一是限制性股票激励，一是股票期权，广州国光采用了股票增值权方式。激励股票主要源自定向发行或二级市场回购，个别公司则由控股股东提供。相关方案在实施进度、行权价格、行权特别条件、禁售期、解锁期等方面的规定都不尽相同，但规范程度明显提高。③

这里介绍一下已率先完成股改的中小板上市公司——中捷股份（002021）的股权激励计划。2006年2月16日中捷股份率先推出了《公司股票期权激励计划

① 段亚林："上市公司股票期权制度设计与监管"，载《中国证券报》2001年5月10日。
② 贺宛男："减持能否引入期权"，载《安徽商报》2001年7月1日。
③ 吴铭："股票期权盛宴虚位以待"，载《中国证券报》2007年3月21日。

(草案)》。根据中国证监会颁布的《上市公司股权激励管理办法（试行）》，用作股权激励的股票来源可以有两种，一是定向增发，二是回购，另外还有其他法律法规允许的方式。从公司角度来讲，高管人员向公司认购定向增发的股份，不仅公司可以募集到一定量的资金，还能形成公司高管和原有非流通股股东，以及全体流通股股东的利益共同体，对公司未来发展非常有利。这正是公司在完成股改后率先推出股权激励方案的主要动因。在此之前农产品、深振业等公司推出的股权激励计划，其股票均来自非流通股股东，而不是定向增发，在市场上引发了一些争议，认为存在操纵利润的可能性。公司对其他公司的方案都仔细研究过，最终确定了目前的定向增发方案。股权激励方案实施的整个程序是，董事会通过方案，然后报中国证监会，20 天内公司会收到证监会的批复函，如果没有异议，公司将发通知召开股东大会，同时报商务部批准，这三方全部同意后，公司再召开董事会确定授权日。一年后，在满足行权条件后，行权人根据自己对股市的判断、自身实际情况等，自由决定行权的数量等。因为是定向增发，在行权过程中涉及公司总股本变动等问题，公司按规定进行修改、公告等即可，不需要再向证监会报批。作为此次期权激励对象之一，方案制定的行权价格高于目前二级市场股票价格，行权条件也比较严格。高管人员必须保证公司长期稳定发展才有可能兑现相应的期权激励。这将促使公司高管与公司股东保持利益一致。①

二、创业板上市公司股票期权的功能原理

现代企业制度的显著特征就是所有权与经营权的分离。作为企业所有权主体的股东和作为代理人的企业经营者之间实际上是一种委托代理关系。股东的目标是追求股权价值最大化，而经营者追求的是自身的效用最大化。代理人机会主义的动机在信息不对称条件下有实现的可能，委托代理关系中的道德风险随时可能发生。信息不对称和契约不完全的特征决定了无论对委托人如何加强监督，也无法避免代理人的偷懒行为。况且，加强监督是有成本的，且监督成本随着监督水平的提高而出现边际成本递增。而且，监督过度导致代理人更难发挥其创造性和主动性。薪酬制虽然使代理人的利益有了保障，但经营者没有动力去实现企业价值最大化和长期化。经验分析证实，总经理的年薪与每股收益的相关系数为 0.111，与净资产收益率的相关系数仅为 0.041。固定年薪加奖金（或分成）虽然也能将代理人的利益与企业经营状况有效地联系起来，但时间价值因素决定了这种制度容易导致经营者的行为短期化。②

在管理学的激励理论中，马斯洛的五层次需求理论认为每个人都有从低到高的

① 高晓娟："股权激励将在摸索中不断改进"，载《中国证券报》2006 年 2 月 16 日。
② 余砚新、王欣："股票期权激励与最优激励系数"，载《金融与保险》2004 年第 3 期。

五个层次的需要——生理、安全、社会、尊重和自我实现的需要。据此我们可以看到，人性是复杂的，它既有理性的一面，又有感性的一面，是二者的融合。但是，我们同时也应该认识到，人在大多数时候都是理性占主导地位。这里的理性是指人在决策和实施各种行为时总是逐利的、利己的，而这种人类的理性正是构建激励制度和激励机制的一个重要基础。在激励制度设计过程中，要充分考虑并利用人的理性，使制度发挥疏导而不是堵截的作用，通过制度导向来引领个体的目标服务和服从于组织的目标，进而实现效率与公平的平衡。从理性的角度看，任何评价指标和奖惩制度的建立都必须要符合人的心理和行为的客观规律，由于薪酬通常是个体的一个基本的价值取向，它往往被用来作为对经理人激励的方向，并据此来设计激励制度。但如果薪酬是固定的或奖励是一次性的，那么对经理人的激励作用往往是十分有限的。所以，经理人薪酬结构的多元化是当今激励机制的一个典型特征，其中一个重要的表现则是像经理人股票期权等风险收入机制的形成。在股票期权这一激励制度下，以股价表现为基础的风险报酬完全成为激励因素。① 它使经营者既感到了压力，也产生了动力。股票期权激励的结果是企业对管理者的激励动态化、长期化，并能强化管理层的稳定性：一方面，通过股票期权要以将经营者的报酬与公司业绩，至少某一长期的财务指标更为紧密地结合起来。另一方面，期权计划可以鼓励管理者承担必要的风险，使管理者能够获得高风险运作所能带来的较高收益，而不必只选择低风险项目以维持自己在业界的声誉。此外，公司对行权期限的限制增加了经营者的离职成本，一定范围内保障了管理层的稳定。

我国主板市场目前实施股票期权制度的问题主要来自于主板上市企业大多是国有企业改制而来的，股权结构单一而高度集中，没有形成一个有效的法人治理结构；主板上市的企业多属于传统产业，且属于成熟阶段的企业居多，不具备高成长性。而与主板市场不同的是，我国即将开通的创业板市场主体定位是高成长性的科技型企业，并且民营性质的企业将占据相当比例，这种市场主体定位决定了股票期权制度运用的独特价值。创业板市场是相对于主板市场而言，为高新技术企业和中小型企业提供融资和进行股票交易的场所。② 它与我国的中小板市场不同，我国目前的中小板上市公司仍然属于主板市场，其上市条件均符合我国公司法规定的一般上市交易条件，只不过其规模相对较小，但也符合公司法规定的上市公司最小注册资本规模，其他条件如业绩记录与主板市场完全一致。但国外的创业板市场除规模相对较小外，其业绩记录相对于主板市场也要宽松许多，但对未来的潜力有特殊要求。美国的纳斯达克市场培养了许多著名的高新技术公司，如微软、英特尔、思

---

① 徐经长、车成刚：“从激励机制看经理人股票期权制度性缺陷”，载《现代财经》2003年第11期。

② 张宇润：“创业板市场的地位、宗旨和法律原则”，载《安徽大学学报》2002年第2期。

科等。

创业板上市公司规模小，经营业绩不稳定，其风险相对于成熟型企业要大得多。但由于创业板市场的公司大多属于高新技术企业和创新类企业，其发展的潜力巨大，一旦走上发展的轨道，往往能够实现跨越式发展。一言以蔽之，创业板公司一方面面临巨大的挑战，另一方面也面临发展的良机。如果公司管理层对公司履行自己的忠实义务和善管义务，以最大的热情经营管理公司的人、财、物，在我国未来的创业板市场也会出现中国的微软和英特尔。股票期权机制能够将公司管理层与公司的命运结合起来，激发公司管理层的积极性和创造性，从而实现公司利益和经营管理者利益的最大化。

理想总是美好的，现实往往与社会理性的目的相反，包括安然事件在内的美国一系列财务丑闻，使人们开始重新思考股票期权制度能否真正实现激励作用。巨大的利益驱动使得上市公司的高层经理人员十分关注公司股票价格的变化，而期权制度设计的初衷正是试图通过这种关注来激励经理人勤勉工作。但实证分析的结果表明，股票价格的高低与经营者努力程度之间并不是简单的因果关系。在一个不完备的证券市场中，股票市场存在着大量的噪声、股票价格受多种因素的影响，只是部分与企业经营者的行为有关，很多情况下与经营者的能力和努力关系不大。比如，在整个国民经济处于经济周期的衰退阶段，或公司所在行业的发展处于整体下滑阶段，则单个公司的表现很难逆流而上。20 世纪网络股泡沫的破灭就是一个很好的例子。在这种情况下，高层管理人很可能会放弃为公司及股东创造价值和财富这条路径，而走上了一条利用信息优势，企图通过盈余管理和编制虚假会计信息达到操纵利润和抬高股价的歪门邪道。可见，在股权激励机制中，原因和结果不具有唯一性，一个原因并不必然导致一个结果，并不是充分必要条件。① 我国证券市场的历史很短暂，而创业板市场更无实践体会。创业板市场的公司大多是中小型公司，其经营具有更大的不确定性，其财务指标更容易被人为操纵，加上我国目前财务会计制度与国际标准还有一定的差距，管理者为了实现其期权利益，有可能操纵财务会计指标。另一方面，创业板公司很多是民营家族式企业，控股大股东与管理者的身份有时合二为一，内部人与控股股东进行内幕交易，为了实现管理者期权利益，内幕交易行为和关联交易很可能会发生。而且，创业板市场的上市公司的股本规模有限，其股票价格容易被人为操纵，管理者有可能为实现其期权利益与市场操纵者进行联合等。

安然、世界通信、施乐、威望迪和默克等国际大公司相继被揭发出假账丑闻，安达信、安永、毕马威、普华永道等国际著名会计师事务所纷纷落马。不少人认

① 徐经长、车成刚："从激励机制看经理人股票期权制度性缺陷"，载《现代财经》2003 年第 11 期。

为，股权激励做法是导致产生假账丑闻的一个主要原因。激励机制被认为是企业制度的重要内容和关键所在，尤其是股权激励机制，可以解决公司所有制对经理人员的顾虑，即怎样让其对公司的未来负责。据认为这种做法可以令经理人员的利益与股东的利益相一致，可以部分地解决委托代理问题。但现实是，由于股权报酬占收入比重偏大，使得美国一些大公司管理层不顾道德风险，通过财务作假或合法利用制度漏洞提升公司业绩，股票期权也未按公平价值合理计入公司成本，这抬高了公司股票价格，表面上迎合股东的偏好，但实际上只方便了企业管理层抛售股票。① 笔者认为，股票期权作为一种有效的激励机制，实际上需要比较健全的公司治理、有效的资本市场、高透明的信息披露及完整的法律框架等基本条件。由于美国股权高度分散，企业 CEO 和职业经理人的权力异常放大，而董事会职能相应虚化，导致内部人控制情况严重，加上市场监管不力以及高层、法律制度方面的漏洞，使得股权激励机制不仅无法充分发挥作用，还有被滥用的嫌疑。因此，美国企业经营者的行为才是导致财务丑闻的直接原因，而公司治理结构的缺陷为财务丑闻的发生提供了条件，股票期权仅仅是一个动机而已，动机和结果之间并不存在直接的联系。

三、创业板公司股票期权制度设计

期权计划的制定和实施本质上是一种法律行为，是公司与管理者之间的一种合同行为。但由于股票期权是一种标准化的合约，其制定和实施是一项复杂的系统工程，涉及管理者与公司、管理者与公司股东，以及公司与公司股东多方面的关系，也涉及控制管理层滥用优势地位和对股东的公平保护问题。因此，法律必须确立基本的制度框架，将股票期权的关键性制度给予明确化，使之具有普遍的稳定适用性。

（一）股票期权的批准机关和操作机构

股东大会是股票期权计划的最高权力机构，上市公司及其附属公司的股票期权计划需要经过股东大会审议通过，并向股东呈送股票期权计划概要。关于该计划的任何有利于参与人的修改均需获得股东大会的批准。美国国内税务法则规定，股票期权的赠与计划必须是一个成文的计划，在该计划实施前 12 个月，必须得到股东大会的批准。美国证券交易委员会于 2003 年 6 月 27 日批准一项规则，要求美国证券市场上市的公司在制定股票期权计划时，均需获得股东会的批准。这项措施，将基本上遏止公司在未经股东会明确批准的情况下，向高层管理人士、董事及其他人士提供丰厚的股票期权计划。而且，持有客户股票的经纪人在未征得股东投票许可的情况下，也不得就股票期权计划进行投票。证券交易委员会指示纽约证券交易

① 吴铭：“都是‘股励’惹的祸?”，载《中国证券报》2002 年 7 月 13 日。

所、纳斯达克市场和其他主要市场，从6月30日开始将上述规定列入其上市规则。[①] 香港联交所《上市规则》中也规定，股票期权计划必须获得股东大会的批准，而参与该计划的人不能在股东大会上投票。

对于具体管理机构，美国公司一般在董事会下设立薪酬委员会，负责决定公司董事和其他高级管理人员适当的一揽子报酬方案，包括股票期权计划。由于独立董事所具有的客观独立性，独立董事比内部董事更能成为一名良好的监督者，因此，美国公司倾向于委员会成员全部或多数（超过50%）都由独立董事组成。在香港，股票期权计划必须由包括独立非执行董事在内的委员会负责制定、实施和管理，如上市发行人的控股公司也在主板或创业板上市，则委员会成员需同时包括该控股公司的独立非执行董事。

我国2005年12月正式出台的《上市公司股权激励管理办法（试行）》相比征求意见稿，对股权激励的实施程序等也作了调整。第32条，原“1/2以上独立董事认为必要时，可以要求上市公司聘请独立财务顾问”，改为“上市公司董事会下设的薪酬与考核委员会认为必要时，可以要求上市公司聘请独立财务顾问”。另外，实施股权激励计划须向证监会备案这一环节被提前，由征求意见稿中的在股东大会之后提到召开股东大会之前。《管理办法》第34条规定，证监会自收到完整的股权激励计划备案申请材料之日起20个工作日内未提出异议的，上市公司可以发出召开股东大会的通知，审议并实施股权激励计划。在上述期限内，中国证监会提出异议的，上市公司不得发出召开股东大会的通知审议及实施该计划。新增加的第37条规定，股东大会就上述事项作出决议，必须经出席会议的股东所持表决权的2/3以上通过。

根据我国《上市公司股权激励管理办法（试行）》的规定，股权激励计划操作程序如下：

1. 上市公司董事会下设的薪酬与考核委员会（独立董事占2/3以上）负责拟定股权激励计划草案。薪酬与考核委员会应当建立完善的议事规则，其拟订的股权激励计划草案应当提交董事会审议。

2. 独立董事应当就股权激励计划是否有利于上市公司持续发展，是否存在明显损害上市公司及全体股东利益发表独立意见。

3. 上市公司应当聘请律师对股权激励计划出具法律意见书，至少对以下事项发表专业意见：（1）股权激励计划是否符合本办法的规定；（2）股权激励计划是否已经履行了法定程序；（3）上市公司是否已经履行了信息披露义务；（4）股权激励计划是否存在明显损害上市公司及全体股东利益和违反有关法律、行政法规的情形；（5）其他应当说明的事项。

---

① 参见《中国证券报》2003年7月1日。

4. 上市公司董事会下设的薪酬与考核委员会认为必要时，可以要求上市公司聘请独立财务顾问，对股权激励计划的可行性、是否有利于上市公司的持续发展、是否损害上市公司利益以及对股东利益的影响发表专业意见。

5. 独立董事应当就股权激励计划向所有的股东征集委托投票权。

6. 股东大会应当对股权激励计划中的如下内容进行表决：(1) 股权激励计划所涉及的权益数量、所涉及的标的股票种类、来源和数量；(2) 激励对象的确定依据和范围；(3) 股权激励计划中董事、监事各自被授予的权益数额或权益数额的确定方法；高级管理人员和其他激励对象（各自或按适当分类）被授予的权益数额或权益数额的确定方法；(4) 股权激励计划的有效期、标的股票禁售期；(5) 激励对象获授权益、行权的条件；(6) 限制性股票的授予价格或授予价格的确定方法，股票期权的行权价格或行权价格的确定方法；(7) 股权激励计划涉及的权益数量、标的股票数量、授予价格及行权价格的调整方法和程序；(8) 股权激励计划的变更、终止；(9) 对董事会办理有关股权激励计划相关事宜的授权；(10) 其他需要股东大会表决的事项。股东大会就上述事项作出决议，必须经出席会议的股东所持表决权的2/3 以上通过。第 41 条规定，除非得到股东大会明确授权，上市公司变更股权激励计划中上述所列事项的，应当提交股东大会审议批准。

7. 股权激励计划经董事会审议后，上市公司监事会应当对激励对象名单予以核实，并将核实情况在股东大会上予以说明。

（二）股票期权实施主体与接受主体

股票期权计划的实施主体即符合条件的创业板上市公司。根据我国的实际情况，建议实施股票期权计划的上市公司应当符合下述条件：公司章程符合《公司法》和创业板上市规则的规定，最近 3 年没有重大违法行为；建立了完善的法人治理结构，董事会成员中有 2 名以上独立董事，公司与控股股东在人员、资产、财务上分开；公司应当有明确的发展战略、经营目标及实施计划，并建立了有效的绩效考核体系；最近 3 年内财务会计文件无虚假记载，且最近 3 年财务会计报告均未被注册会计师出具否定性意见或无法表示意见的审计报告。

我国《上市公司股权激励管理办法（试行)》第 7 条规定："上市公司有下列情形之一的，不得实行股权激励计划：（一）最近一个会计年度财务会计报告被注册会计师出具否定意见或者无法表示意见的审计报告；（二）最近一年内因重大违法违规行为被中国证监会予以行政处罚；（三）中国证监会认定的其他情形。"

为了防止股价不正常波动，《管理办法》第 26 条规定，上市公司在下列期限内不得向激励对象授予股票期权：(1) 定期报告公布前 30 日；(2) 重大交易或重大事项决定过程中至该事项公告后 2 个交易日；(3) 其他可能影响股价的重大事件发生之日起至公告后 2 个交易日。我国创业板上市规则应当对股票期权的授予时机给予更加严格的限制，尤其是对企业公开上市前规定一个较长的时期（比如在一年的辅导期）不得授予期权。在上市公司任何可能会影响股价的敏感事件作出决定和公布之前不得授予期权，特别是在初次公布年度报告和中期报告前一个月内不得授予期权，直至该报告公布后方可实施。另外，在向创业板提交上市申请前6个月内不得授予期权。

股票期权的接受主体即股票期权的参与人。股票期权计划从其起源来讲，主要是针对高级管理人员，所以在西方股票期权计划也称为经理股票期权计划。但是，20世纪80年代后期以来，股票期权计划的范围呈逐渐扩大到全体员工的趋势。在高技术行业中，这种情况更加明显，比如在生物技术和软件公司中给非经理人员的股票期权比例为55%。著名的微软公司、YAHOO和AMERICAN ONLINE公司就实行全员股票期权计划。对于股票期权计划，各国法律法规只规定股票期权计划限于雇员，而对于参与员工占公司员工总额比重则由公司自由决定。国内公司可借鉴国外做法，不硬性规定参与员工占公司员工总额比例，而应由公司根据实际情况，由公司自由决定。但对于内部岗位评价和业绩评价体系尚未建立或尚未完善的公司，一下采取全员股票期权计划，容易造成平均主义和福利主义倾向，可借鉴香港联想公司的做法，分期逐渐扩大参与人员的范围。

根据《管理办法》第8条的规定，股权激励计划的激励对象可以包括上市公司的董事、监事、高级管理人员、核心技术（业务）人员，以及公司认为应当激励的其他员工。该条还规定了下列人员不能成为激励对象：最近3年内被证券交易所公开谴责或宣布为不适当人选的；最近3年内因重大违法违规行为被证监会予以行政处罚的；具有《公司法》规定的不得担任公司董事、监事、高级管理人员情形的。根据《管理办法》第9条的规定，激励对象为董事、监事、高级管理人员的，上市公司应当建立绩效考核体系和考核办法，以绩效考核指标为实施股权激励计划的条件。

股票期权具有专属性。《管理办法》第20条规定："激励对象获授的股票期权不得转让、用于担保或偿还债务。"

（三）期权行权价格

行权价格的确定需要保证期权计划参与人与社会公众股东之间的公平性。在香港，行权价为下列两者中较高者，一是该公司股票在期权授予日的收市价，二是该公司股票在期权授予日前五个营业日内的平均收市价。在美国，国内税务法则第422条规定，激励性股票期权计划（ISO）的行权价必须大于或等于授予时的股票公平市价，当某经理人拥有该公司10%以上的投票权时，如果股东大会同意他参加股票期权计划，则他的行权价必须高于或等于授予日公平市场价格的110%；而非法定的股票期权计划的行权价则可以低至公平市场价格的50%。从美国公司实践看，美国公司大多采用折价或平均行权价（尤其是平价），而很少采用溢价法。但是研究者发现高级管理人员的收入增长远远高于公司业绩增长，股票期权甚至成了平庸的CEO的致富之道。其原因是股票期权计划行权价过于宽松。为此，美国近年来公司提高了股票期权计划的标准，行权价制定呈现如下趋势：（1）溢价行权价。即行权价高于授予时的股票公平市价，高管人员只有在显著提高公司业绩的情况下才可能获利。TRANSAMERICA、COLGATE－PALMOLIVE 等著名公司均采用了此方式。（2）目标完成行权价。行权价格是授予时的股票公平价格，但高管人员只有在股价达到某一目标时才能行权，这一目标通常反映了公司的中长期利益回报要求，需要高管人员的积极努力才能达到。（3）指数化行权价格。即行权价综合考虑授予时股票公平价格和股票指数，在行权时根据股票指数的变化相应调整行权价格，以分离高管人员经营业绩和股市动荡的影响。

根据我国《上市公司股权激励管理办法（试行）》第 24 条的规定，上市公司在授予激励对象股票期权时，应当确定行权价格或行权价格的确定方法。行权价格不应低于下列价格较高者：（1）股权激励计划草案摘要公布前一个交易日的公司标的股票收盘价；（2）股权激励计划草案摘要公布前 30 个交易日内的公司标的股票平均收盘价。

为了防止股价不正常波动和被认为操纵，《管理办法》第 27 条规定，激励对象应当在上市公司定期报告公布后第 2 个交易日，至下一次定期报告公布前 10 个交易日内行权，但不得在下列期间内行权：（1）重大交易或重大事项决定过程中至该事项公告后 2 个交易日；（2）其他可能影响股价的重大事件发生之日起至公告后 2 个交易日。

（四）期权规模

对于激励性股票期权计划（ISO），美国国内税务法则第 422 条规定，激励性股票期权在授予时，雇员所拥有股票不得超过发行在外的有投票权股票总额的 10%，否则行权价格至少为公允市价的 110%；从美国实践看，美国最大的 200 家上市公司股票期权的数量占上市公司股票数量的比例，1989 年为 7%，1997 年为 13%。在香港，联交所规定，上市公司实行股票期权计划所涉及的证券数额不能超过当时已经发行的有关类别证券的 10%。我国《上市公司股权激励管理办法》第 12 条规定：“上市公司全部有效的股权激励计划所涉及的标的股票总数累计不得超过公司股本总额①的 10%。非经股东大会特别决议批准，任何一名激励对象通过全部有效的股权激励计划获授的本公司股票累计不得超过公司股本总额的 1%。”

① 根据该条第 3 款的解释，这里的股本总额是指股东大会批准最近一次股权激励计划时公司已经发行的股本总额。

（五）期权有效期限

期权有效期是指高管人员取得股票期权之日起到期权生效之日止的整个时间跨度。美国国内税务法则第422条规定：激励性股票期权计划实行20年后自动结束，股票期权计划的开始日期以实行日或股东大会通过日两者中较早者为准；香港《上市规则》第17章规定，香港上市公司的股票期权计划期限不得长于10年。从美国和香港公司实践看，一般为5~10年。

《上市公司股权激励管理办法（试行）》第21条规定，上市公司董事会可以根据股东大会审议批准的股票期权计划，决定一次性授出或分次授出股票期权，但累计授出的股票期权涉及的标的股票总额不得超过股票期权计划所涉及的标的股票总额。第22条规定，股票期权授权日与获授股票期权首次可以行权日之间的间隔不得少于1年。股票期权的有效期从授权日计算不得超过10年。

（六）行权方式和财务资助

美国公司股票期权计划行使的方式一般有三种：现金行权、无现金行权和无现金行权并出售；香港采取现金行权方式。从我国的实际情况看，由于《公司法》中有关高管持股在任期内不可转让的条款，因此，国内股票期权的行权方式只能是现金行权，从鼓励经营者持股，从而对其产生约束效果的角度以及防止操纵市场角度讲，现金行权也是较好的行权方式。

关于股票期权的财务资助。香港上市公司可以为股票期权的行权提供贷款支持，美国公司一般也可以为期权获受者在其行权时提供包括贷款、延期支付等财务支持，另外非现金的行权方式也可以解决行权时的支付问题。我国《上市公司股权激励管理办法（试行）》第10条规定："上市公司不得为激励对象依股权激励计划获取有关权益提供贷款以及其他任何形式的财务资助，包括为其贷款提供担保。"可见，我国目前不允许公司为期权行权提供财务资助。

（七）实施期权计划的股票来源

在美国，股票期权行权所需股票来源渠道主要有两个：一是公司发行新股票；二是通过留存股票账户回购股票。发行股票数量大，但灵活性较差；回购灵活性好，但会导致公司现金流出。由于回购公司股票需要大量资金，因而美国公司一般较少采用此方式作为股票期权计划的主要来源，只在公司股票市场价格偏低或回购数量较少的情况下采用，发行新股方式为其通用方式。在我国，可以有以下几种方式：

1. 增发新股。向证监会申请一定数量的定向发行的额度，以供期权持有人将来行权（即以期权约定的方式购买公司股票），持有股票期权的员工在行权时可以按预定的行权价格认购该部分股票。目前采用此种方式的有中兴通讯、清华同方等。该模式的优点是对现行的法律框架修订较少，实施难度小。其缺点有：一是行权期间涉及股本变动，需要会计师事务所出具验资报告，并进行股本变更；二是上市公司股本的每次变化需要及时公告，增加了不必要的程序。

2. 大股东转售。在不影响大股东控股地位的前提下，可由大股东承诺一个向期权持有人转售公司股票的额度，以供将来行权。上海贝岭、风华高科采用的就是这种方式。缺点是：这种股票的来源的持续性没有保障。如果大股东破产、转让部分股权变成小股东或者全部股权脱离上市公司时，公司股权计划的来源就失去了依托。

3. 公开回购流通股形式。该模式的基本流程为：(1) 上市公司董事会通过回购流通股的决议，决定回购股数、回购价格、回购期限、回购方式、回购的资金来源等重大事项，报请股东大会批准，然后上报证监会、交易所等机构备案；(2) 上市公司以规定的回购价格与回购方式向全体流通股股东公开回购股份储存在库存账户中；(3) 当股票期权持有人行权时，股票期权持有人通过报盘系统申请行权，清算机构记减期权持有人账户上的期权与保证金数额、记减上市公司库存股账户上的库存股数额，同时记增期权持有人股票账户上的股票数额。该模式的主要优点有：为上市公司开辟了一条持久的股票来源渠道；由于绩差公司、亏损公司没有能力实施回购，该模式自动地将绩差公司排除在期权计划之外；回购可以为股东带来税收优惠和财富效应。[①] 我国2005年《公司法》的修改为此种方式提供了法律依据。

根据我国《上市公司股权激励管理办法（试行）》第11条的规定，拟实行股权激励计划的上市公司，可以根据本公司实际情况，通过以下方式解决标的股票来源：(1) 向激励对象发行股份；(2) 回购本公司股份；(3) 法律、行政法规允许的其他方式。

（八）信息披露制度

股票期权计划的信息披露需要在上市规则中进行专门的规范，并体现持续披露的原则。至于信息披露的方式，采用临时公告和定期披露两种方式，真实、准确、完整、及时地在规定的报刊和网站上以公告的形式披露股票期权计划及其实施情况。临时公告的内容包括从股票期权计划的批准到股票期权计划实施的所有环节，其中对公司高管人员股票期权的授予、行权、持有和出售的情况尤其需要作详尽的说明。临时公告主要包括两个方面：一是股东大会通知中的信息披露。董事会提交的股票期权计划草案提交股东大会讨论时应在股东大会通知中明确披露下列信息：股票期权计划的主要内容及实现股票期权计划目的的途径；以图表方式注明公司最

① 段亚林："上市公司股票期权制度设计与监管"，载《中国证券报》2001年5月10日。

近3年股价的表现并与行业指数做比较；期权的授予总量或授予单个人的数量如超过有关限制、期权超范围发放、行权价格过低时董事会应予以解释；公司薪酬委员会、监事会、独立财务顾问对于公司实行股票期权的意见等。二是授予时的信息披露。授予股票期权时，公司应当对本次授出期权的数量、主要获授人的姓名、获授数量、占总授出期权数量的比例等进行详细披露。

定期披露可以通过每年的中期报告（半年度和季度报告）和年度报告形式进行，在中期报告中可以对股票期权计划的执行情况进行简要的说明，但是上市公司须在年度报告中详细披露所有当年的期权计划执行情况，包括期权授予、行使、注销、失效等，并特别说明参与计划的董事、经理、核心技术人员的详细情况。

另外，创业板上市公司在首次公开招股时应在有关招股材料中详细披露有关股票期权的全部计划。

我国《上市公司股权激励管理办法（试行）》对股权激励计划的信息披露制度作了比较详细的规定。《管理办法》第4条规定："上市公司实行股权激励计划，应当严格按照有关规定和本办法的要求履行信息披露义务。"其规定的主要内容有：(1) 上市公司应当在董事会审议通过股权激励计划草案后的两个交易日内，公告董事会决议、股权激励计划草案摘要、独立董事意见。(2) 上市公司在发出召开股东大会通知时，应当同时公告法律意见书；聘请独立财务顾问的，还应当同时公告独立财务顾问报告。(3) 股权激励计划经股东大会审议通过后，上市公司应当持相关文件到证券交易所办理信息披露事宜，到证券登记结算机构开设证券账户，用于股权激励计划的实施。(4) 上市公司应在定期报告中披露报告期内股权激励计划的实施情况，包括：报告期内激励对象的范围；报告期内授出、行使和失效的权益总额；至报告期末累计已授出但尚未行使的权益总额；报告期内授予价格与行权价格历次调整的情况以及经调整后的最新授予价格与行权价格；董事、监事、高级管理人员各自的姓名、职务以及在报告期内历次获授和行使权益的情况；因激励对象行权所引起的股本变动情况；股权激励的会计处理方法。(5) 上市公司应当按照有关规定在财务报告中披露股权激励的会计处理。(6) 证券交易所应当在其业务规则中明确股权激励计划所涉及的信息披露要求。

《管理办法》的规定为未来的创业板交易所上市规则的相关规定提供了很好的依据。

四、法律制度的改革

（一）法律的修改和相关制度框架的确立

股票期权的设计与实施，是上市公司自己的行为，但由于股票期权涉及上市公司股东与管理层之间的关系，有可能对股东权益造成损害，法律应规定其具体的构架，并为其提供外部条件支持。公司法、证券法应予明确，给予支持，不能设置障碍。法律制度应当规范股票的来源，对经理人持股的规定以及经理人交易股票的规则。我国创业板推行股权激励制度首先需要消除现行的政策障碍与填补法律空白。我国新公司法扩大了股票来源的范围和空间。《公司法》第 143 条第 1 款规定："公司不得收购本公司股份。但是，有下列情形之一的除外：……（三）将股份奖励给本公司职工。"第 2 款规定："公司因前款第（一）项至第（三）项的原因收购本公司股份的，应当经股东大会决议……"第 3 款规定："公司依照第一款第（三）项规定收购的本公司股份，不得超过本公司已发行股份总额的百分之五；用于收购的资金应当从公司的税后利润中支出；所收购的股份应当在一年内转让给职工。"新《公司法》第 142 条第2 款放松了管理层股东禁售期的规定，"公司董事、监事、高级管理人员应当向公司申报所持有的本公司的股份及其变动情况，在任职期间每年转让的股份不得超过其所持有本公司股份总数的百分之二十五；所持本公司股份自公司股票上市交易之日起一年内不得转让。上述人员离职后半年内，不得转让其所持有的本公司股份。公司章程可以对公司董事、监事、高级管理人员转让其所持有的本公司股份作出其他限制性规定"。

但正式的法律不宜具体规定其操作规程，而应当由监管部门和证券交易所规定。中国证监会于 2005 年 12 月 31 日正式发布《上市公司股权激励管理办法（试行)》，自 2006 年 1 月 1 日起施行。《管理办法》参照国际上一些通行做法，详细规定了激励对象与股票来源，强化了限制性股票激励以业绩和时间为条件，通过对行权价格、行权时间等的限定防范市场操纵，通过详细的实施程序规定充分发挥董事会和股东大会的作用，体现公司自治，同时强化信息披露，增加透明度，加大监管力度。征求意见稿曾提出实施股票期权激励标的股票来源可有三种——公开发行新股时预留股份、向激励对象发行股份和回购本公司股份，正式出台的管理办法仅保留了后两种。《管理办法》第三章由"股票激励计划"改为"限制性股票"，这一提法的改变在于强调激励对象获授股票有业绩条件、禁售期限等规定。同时，取消了征求意见稿中第 17、18 条，即"上市公司董事、监事、高级管理人员根据股权激励计划获授本公司的股票，在本届任期内不得转让，离职后经过一个完整的会计年度方可转让"。"激励对象自被授予股票之日起享有所获授股份的表决权和分红权"。

至于具体实施条件和程序，法律不宜具体规定，比如，公司业绩增长率必须要达到多少才能实施期权计划，这本应由股东大会决定，要相信股东的智慧。香港联交所对 GEM 市场上市企业的股票期权计划制定了专门的规则。在《香港联交所创业板证券上市规则》第 23 章"股份计划"中对股票期权计划的批准、计划的数量、计划有效期、计划参与人的数量限制、期权的认购、行使价格、认购期限、支付方式、期权享有权利、期权计划的信息披露等作了明确规定。因此，我国创业板公司的股票期权计划及其实施的一般规则主要在深圳创业板上市规则中作出详细明确的规定。笔者认为，即将设立的创业板应当将股票期权计划作为重要内容纳入其上市规则中，为创业板上市企业提供一个规范运作的制度框架，与此同时，证监会应当就股票期权计划发布相关的政策指引以帮助上市企业正确与合理地制定股票期权计划。

（二）会计准则

从某种角度看，经理人股票期权制度否定了以前以会计指标来酬报和奖励经理人的做法，而改为以股价为标准，实际上是对传统会计的否定。但是，由于期权计划的设计仍然需要运用大量的会计数据，所以，它仍然没有完全摆脱传统会计准则的约束。另外，经理人股票期权也需要披露，这必然涉及会计问题，美国的会计程序委员会、会计原则委员会和会计准则委员会都通过发布文告来规范会计处理和信息披露。美国的证券交易委员会作为保护投资人利益、监督管理证券交易市场的政府机构，为了增加上市公司和证券市场的透明度，维护证券市场秩序，制定了严格的信息披露制度，并对经理人股票期权计划作了相关的严格的规定。①

20 世纪 80 年代股票期权日益流行，高科技公司常常在向经营者提供期权的同时，也向各层员工提供。80 年代初，美国的几大会计师事务所向财务会计标准委员会（FASB）提出具体意见，股票期权明显是一种支出，应纳入成本核算。到 90 年代初，市场出现了一些成熟的新模型以预测股票期权的长期价值。FASB 认为，如果企业能为员工估算期权的长期价值，那它同样也能为股东计算出这些期权的长期成本。因此，FASB 在 1993 年 4 月投票通过，要求企业将期权视为一种支出，按期权的未来预测价值计算成本。1994 年，在美国市场又发生了股票期权的大争论。高科技公司发布研究报告，预测企业利润将因新的会计准则下降 50%，运营资金也将随之枯竭。在各大企业的压力下，克林顿政府表示反对 FASB 的做法。最终，美国参议院以 88 票对 9 票的结果通过了一项反对 FASB 改变会计准则的非正式决议。于是，FASB 撤回新的会计准则，规定企业只需在年报的注解中公布期权的价值。随着高科技泡沫的崩裂，尤其是纳斯达克指数的暴跌，人们开始担心股票期权潜在的负面影响。2000 年，FASB 对期权的重新定价作出限制，但许多公司还是找到了规避的办法。2001 年 9 月，新组建的国际会计标准委员会公布将考虑要求全球的企业，其中包括美国的企业，将股票期权纳入成本核算。2001 年年底美国能源巨头安然公司申请破产保护使期权改革重新成为争论的焦点。随着安然公司丑闻的曝光，美国投资者意识到，安然的高级管理层应用股票期权赚取了数以百万计美

① 李维友："我国实行经理人股票期权可行性研究"，载《中国证券报》2001 年 7 月 26 日。

元。2000年安然发行了价值1.55亿美元的股票期权，而财务准则仅要求企业在年报的注解中公布发行期权的成本，如果会计准则要求公司将期权成本从2000年的利润中扣减，那么2000年安然的运营利润将下降8%。2002年，提出限制股票期权的密歇根州参议院卡尔·莱文指出，实行期权可以帮助公司提高其公布的收益数字，从而推动股票价格上涨。例如，花旗集团在2001年通过变现期权获得了1590万美元的收入。期权不算成本的做法使花旗集团2001年运营收益提高了9.91亿美元。2002年3月25日，由养老基金、捐赠基金、投资公司组成的具有影响力的联盟“机构投资者委员会”，以压倒多数的投票决定改变90年代中期的立场，将期权纳入成本考核。随着世界通信、施乐和默克等大公司财务丑闻的不断曝光，美国资本市场陷入空前危机。国际会计准则委员会立志改革。新规则要求，该委员会成员国的公司从2004年起把股票期权作为费用入账。① 将股票期权计入成本费用，可使公司的利润更加真实，挤去公司利润的泡沫成分。我国也应当制定相关的会计准则，合理计算股票期权的成本费用指标，在这方面，美国和国际会计准则委员会的制度和经验可以为我国提供了很好的参考。

我国财政部于2006年1月5日和3月15日分别发布了《企业会计准则——股份支付（征求意见稿）》、《企业会计准则第11号——股份支付》。《准则（征求意见稿）》规定，对于等待期后才能行权的权益结算支付，按其授权日公允价值计入长期待摊费用，同时增加资本公积。但正式《准则》只是规定“按照公允价值计入相关成本费用”。《准则》对股票期权采用公允价值计量模式，企业在兑现股份支付协议时，要按公允价值计入成本或费用。目前对《准则》还未出台明确的应用指南，还未明确定价模型的具体使用方式，不能明确未来摊销的费用规模，授予日的公允价值的计算就是一个现实的问题。《公司法》第143条规定，将股份通过回购奖励给本公司职工，用于收购的资金应当从公司的税后利润中支出。但按照2001年6月公布的《公开发行证券的公司信息披露规范问答第2号——中高层管理人员激励基金的提取》（证监会计字［2001］15号）的相关规定，计提的激励基金应在公司成本费用中列支。目前，有少数公司计提激励基金用于高管购买股票，而会计处理一般依据证监会计字［2001］15号文件，作为费用处理，例如万科（000002）。上海荣正投资咨询公司合伙人马飞认为，按照证监会计字〔2001〕15号文件规定，提取激励基金购买限制性股票，应作为管理费用在提取年度在税前列支；但是根据《公司法》第143条以及《关于〈公司法〉施行后有关企业财务处理问题的通知》（财企［2006］67号文件），提取激励基金回购公司股票授权员工的，应作为税后利润分配进行会计处理。学者马飞比较了几种方式的差异：采取计提激励基金回购的方式实行限制性股票方案，计提激励基金必须做税后利润分配处

① 郄永忠：“改革期权制”，载《中国证券报》2002年7月19日。

理，才能对公司当期损益没有影响，但会减少未分配利润；提取激励基金发给高管，专项用于购买公司股票的行为，应做成本费用处理，对当期损益有影响；采取定向增发方式实行限制性股票方案，提取的激励基金应计入管理费用，对公司当期损益有影响，但对公司现金流没有影响。①

（三）税法支持

1952年菲泽尔公司首次创立经理人股票期权计划就是针对个人所得税税率的不断提高而采取的措施。通过授予经理人股票期权，避免了经理人收入的很大一部分作为所得税上缴的可能。因为按照美国的国内税收法典，对于法定型股票期权计划，个人行权时不必缴税，只是等到出售行权所得的股票时，才需要按照售价与行权价的差额缴纳资本利得税；对于非法定型股票期权计划也有一定的税收优惠。对于实施经理人股票期权计划的公司，经理人股票期权的价值还可以作为费用计入损益表并作为所得税前扣除项目。② 经理人股票期权制度的创立源于高额的个人所得税。在西方国家，为了鼓励投资，资本利得税往往较低。公司通过实施经理人期权计划，就可以绕开个人所得税，变为缴纳资本利得税，美国的国内税收法典对此有明确而具体的规定。

国家税务总局2005年5月下旬在回复美国AB公司（香港）收购哈尔滨啤酒集团有限公司高管人员股票认购权有关个人所得税的问题时，国家税务总局称，企业有股票认购权的高级管理人员，在行使股票认购权时的实际购买价（行权价）低于购买日（行权日）公平市场价之间的数额，属于个人所得税“工资、薪金所得”应税项目的所得，应按照《国家税务总局关于个人认购股票等有价证券而从雇主取得折扣或补贴收入有关征收个人所得税问题的通知》的规定缴纳个人所得税，税款由企业负责代扣代缴。此外，个人在股票认购权行使前，将其股票认购权转让所取得的所得，应并入其当月工资收入，按照“工资、薪金所得”项目缴纳个人所得税。个人在行使股票认购权后，将已认购的股票（不包括境内上市公司股票）转让所取得的所得，应按照“财产转让所得”项目缴纳个人所得税。③ 笔者认为，我国国家税务总局的规定不利于鼓励股票期权的发展，而且计算方法也不科学。股票期权本质上是一种资本利得，我国目前对股票的股利所得征税较低，在

① 杨志刚：“对损益的影响不容忽视——股权激励方案综述（下）”，载《中国证券报》2006年6月9日。

② 李维友：“我国实行经理人股票期权可行性研究”，载《中国证券报》2001年7月26日。

③ 郭凤琳：“企业高管行使股票认购权所得要交个税”，载《中国证券报》2005年5月27日。

二级市场上买卖股票还没有征收证券交易所得税。因此，我国股票期权的税收应当按照资本利得税标准和考虑我国证券交易市场的实际情况进行设计。

（四）克服道德风险

由于管理层利益紧密地和股价联系在一起，在巨额收益的诱惑下，为了抬高股价，管理层可能虚构利润。在暴露之前，安然的股票曾经达到每股90.75美元，安然管理层转让了1734万股，获得11.02亿美元。① 管理层属于公司内幕人士，他们为了实现自我利益最大化，可能利用股票期权进行内幕交易行为。

安然等一系列事件之后，美国政府在防控管理层道德风险方面加强了监管力度。其中一个重要举措是2002年7月《2002年萨班斯—奥克斯利法案》（Sarbanes－Oxley Act of 2002）（简称《公司改革法案》）的颁布与实施，该法案要求管理层在财务报告不实的情况下返还业绩报酬：若在证交会（SEC）因公司公布的定期报告中有重大违规而命令公司提交财会报告重述的情况下，则CEO/CFO在违规报告发表之后的12个月内获得的一切业绩报酬（包括奖金、认股选择权）和买卖股票的收益都必须返还给公司。与此同时，公司改革法案缩短了公司内部人士买卖股票的申报时间：董事、管理者和持有公司已发行证券10%以上的公司内部人士，在买卖公司证券之后的第二个工作日必须向SEC申报该项交易。在此之前，公司内部人士买卖公司证券的申报时间是在交易发生当月的最后10个工作日。另外，除少数例外情况以外，禁止上市公司向其董事或者高级经理人员提供任何形式的新的信贷或信贷支持，也禁止对现有的向董事或高级经理所提供的信贷或信贷支持进行任何修改或延展。法案还禁止上市公司在接受政府或司法调查期间对其董事、高级经理或控股股东支付任何重大款项。②

美国政府是如何堵住财务舞弊这条路的呢？美国《2002年公司改革法案》对财务信息的披露、公司责任、证券分析师行为、会计行业的监管、审计独立性等诸多方面作出了新的规定。如要求公司首席执行官（CEO）对公司财务报告是否公允地反映了公司的财务状况和经营效果作出保证：对故意提供虚假财务报告、故意销毁、隐匿、伪造财务报告、证券欺诈等犯罪行为处以重典（涉嫌财务报告的犯罪行为最高可处以20年监禁，而涉嫌欺诈的犯罪行为最高可处25年监禁）；限制会计师事务所向客户提供非审计业务（如咨询服务）等。有学者认为，美国如果能在设计、安排激励机制时，充分考虑到高层经理人员在巨大的利益驱动下选择会

① 张敏聪：“从美国上市公司造假看股票期权激励制度”，载《中国财经法律论坛》（论文集）（2002）。

② 张敏聪：“从美国上市公司造假看股票期权激励制度”，载《中国财经法律论坛》（论文集）（2002）。

计造假这条路径的可能性与严重后果，并适时采取措施，如早一点修改《1933年证券法》和《1934年证券交易法》，那么，股票期权制度必将能更好地实现其激励高层经理人员为股东创造财富的初衷。①

从2006年7月15日开始，在美国上市的所有外国公司必须严格遵守《萨班斯—奥克斯利法案》，有70多家中国公司身在其中。同时，美国证监会严格审查过去实施期权计划的公司，多家上市公司因为以偏低的行权价赠与高层期权而遭到传讯，行权日的确定成为监管焦点。美国的资本市场的制度和监管具有世界的公信力，但仍然会出现安然之类的败类，迫使美国不得不一再修改法律，及时矫正监管弊病。美国尚且如此，我国属于新型资本市场，更应该加倍重视。我国的公司造假现象比美国多，在全流通的时代背景下，市值成为上市公司估值、管理层业绩核定的重要基准，包括期权在内的管理层激励计划也必将越来越普遍。防止公司造假，管理层利用期权获取暴利的行为成为监管有效性的一个重要课题。

美国加州Juniper网络技术公司和一家半导体设备制造商KLA-Tencor公司2006年5月22日承认，它们正在接受监管当局的调查。据悉在公司股价大幅上涨之前，约有20家各个行业的美国企业高管被授予股票期权，市场对此倍感怀疑。这促使美国司法部和美国证交会对此展开调查，看授予期权的时机与随后股价上涨是一种巧合，还是一种倒签（backdating）的欺诈行为。另外，美国联合健康险集团（United Health Group）此前也承认，该公司已收到了美国司法部的传票，要求配合司法部调查它向公司高管发放股票期权问题。美国证交会前主席哈韦·皮特透露，目前受到调查的企业超过了20家，今后可能有更多的企业卷入调查案中来。不仅如此，对高管期权问题的调查有可能使某些公司重新提交其过去的财务报表。联合健康险集团已经表示，他们将重新提交公司2003年、2004年及2005年的财务报表，公司已经准备好应对可能出现的股东集体诉讼。美国证交会（SEC）2005年12月下旬曾宣布，准备修改有关高管报酬的信息披露规定，拟扩大高管收入申报范围。美证交会主席考克斯（Christopher Cox）表示："有必要改进高管报酬的信息披露……投资者有权更好地了解复杂的报酬和福利计划的真实成本。"②

美国的制度和经验值得我国借鉴，我国创业板建立公司高管人员期权制度，要防止高管人员虚假陈述行为：一是加强内部监督和外部监督，内部监督主要是独立董事和监事会监督，外部监督主要是中介机构如保荐机构和会计师事务所的专业监督；二是建立高管人员的承诺制度，让他们保证公司在业绩方面和股票期权实施方面不存在造假行为；三是严格法律责任。监督也好，承诺也好，都必须建立严格的

---

① 徐经长、车成刚："从激励机制看经理人股票期权制度性缺陷"，载《现代财经》2003年第11期。

② 李豫川："美证交会调查企业高管股票期权"，载《中国证券报》2006年5月24日。

责任制度，责任制度的约束力最强，不仅要建立民事责任制度，而且还要建立行政责任甚至刑事责任制度。

我国《上市公司股权激励管理办法（试行）》第6章“监管与处罚”中，许多规定对防止和控制道德风险有直接的作用。其内容有：（1）上市公司的财务会计文件有虚假记载的，负有责任的激励对象自该财务会计文件公告之日起12个月内由股权激励计划所获得的全部利益应当返还给公司。（2）上市公司不符合本办法的规定实施股权激励计划的，中国证监会责令其改正，对公司及相关责任人依法予以处罚；在责令改正期间，中国证监会不受理该公司的申请文件。（3）上市公司未按照本办法及其他相关规定披露股权激励相关信息或者所披露的信息有虚假记载、误导性陈述或者重大遗漏的，中国证监会责令其改正，对公司及相关责任人依法予以处罚。（4）利用股权激励计划虚构业绩、操纵市场或者进行内幕交易，获取不正当利益的，中国证监会依法没收违法所得，对相关责任人员采取市场禁入等措施；构成犯罪的，移交司法机关依法查处。（5）为上市公司股权激励计划出具意见的相关专业机构未履行勤勉尽责义务，所发表的专业意见存在虚假记载、误导性陈述或者重大遗漏的，中国证监会对相关专业机构及签字人员采取监管谈话、出具警示函、责令整改等措施，并移交相关专业机构主管部门处理；情节严重的处以警告、罚款等处罚；构成证券违法行为的，依法追究法律责任。

内幕交易的管制问题比较复杂。我国《证券法》及其他证券法规均规定，禁止内幕知情人员利用内幕信息买卖股票。但在我国目前的市场环境下，期望作为股票期权计划受益人的公司高管人员都能在卖出股票时不利用所掌握的内幕消息，难度很大。但是，可以通过限制内幕交易获取暴利的机会，比如规定：（1）上市公司在影响股价的重大事件发生时以及公布业绩前1个月内不得向参与者授予股票期权；（2）高管人员在上市公司发生影响股价的重大事件时以及公布业绩前的1个月内不得对股票期权行权；（3）如果公司出现严重违法，现任高管人员应当被取消期权行权资格。

第七章　创业板市场交易制度

“根据财产规则，权利通过自由交换被分配到使其价值最高的用途。”① 不同的人对证券价值的判断不同，通过交易，可以实现证券资源的优化配置。资本在它的主人的驱使下，总是赶往最有利可图的地方，当然是越快越好。证券化资本消除了阻碍它运行的物体形态，方便了它的运动。证券交易所又为它集中交易提供了平台。可一旦它冲破其背后真实资本的物体的束缚，不仅可能突破其主人的控制能力范围，而且很可能突破社会的能力控制范围，从而引起股灾甚至经济危机。任何事物都遵循着这样一个法则：自由越大，对它的约束（自我约束和外在约束）的能力也就越强。证券交易尤其是证券交易所的交易，必须按照一定的规则和程序进行，而且不同类型的交易所的交易规则可能也不完全相同，要追求与其自身特点相适应的自由和安全的平衡。创业板交易所中交易的大都是创业类中小型公司，其内在要求股份流动性充足，具有更高的效率以及更高的安全性。创业板交易规则可以与主板交易规则相同，但更应该有所创新。实际上，上海证券交易所和深圳证券交易所在创新交易机制方面也形成了竞争的格局，将来深圳证券交易所改造成创业板市场后，也会与作为主板市场的上海证券交易所进行竞争。

一、股票交易与创业板交易所

（一）股票交易和创业板股票交易

股票交易是已经发行的股份有限公司的股票在股票持有人和非持有人之间的转让活动。它是一种买卖活动，其外延比股票转让要小一些，股票转让还包括赠与和质押。股份有限公司分为发起设立的股份公司和募集设立的股份公司，这两种公司的股票都可以合法转让。不过通常我们所说的股票交易是已经公开发行的股票在依法设立的证券交易场所（包括场外市场）进行的转让活动。

---

① ［美］大卫·D. 弗里德曼著，杨欣欣译：《经济学语境下的法律规则》，法律出版社2004年版，第366页。

股票交易分为场内交易和场外交易。在我国目前场外市场比较狭小，主要是场内交易，即证券交易所内进行的交易。笔者这里所指的创业板市场交易，根据前面笔者所谈的创业板的模式，我国采取证券交易所模式，因此创业板股票交易是场内交易模式。

2005年新证券法在证券交易所的交易制度规定方面有一些突破：(1) 将进入交易所参与集中交易的主体由“具有交易所会员资格的证券公司”调整为“交易所的会员”，除证券公司会员以外，符合规定条件的其他机构也可以参与集中交易。(2) 将证券交易方式由“集中竞价交易”改为“集中交易”，并允许交易所采取中国证监会规定的其他交易方式，从而拓展了大宗交易、做市商等交易方式的发展空间。(3) 修改了原证券法关于证券交易只能是现货交易的方式，规定除现货交易外，还可以是国务院规定的其他方式，也就是说，只要国务院同意，期货等交易方式就可以实行，我国股指期货首先从沪深300指数开始，将来创业板股指期货也可能推出。(4) 新证券法修改了原证券法禁止证券融资融券交易的规定，为证券信用交易开了方便之门。(5) 删除了原证券法中关于交易委托指令应当采用市价委托或者限价委托，以及对投资者的委托必须遵循“时间优先、价格优先”申报规则等刚性规定，为交易所根据交易类型和市场需要，依法在交易规则中确定不同的委托指令和申报规则留有余地。(6) 取消了原证券法中“证券公司接受委托或者自营，当日买入的证券，不得在当日再行卖出”之规定，为将来相关条件具备时推行证券回转交易扫清了障碍。

尽管我国未来的创业板市场采取独立的模式，关于创业板发行和交易，政府要出台专门的制度规则，并且创业板发行和交易基本规则还应当由国务院制定，[①] 但创业板市场运行必须遵守证券市场的基本法——《证券法》，国务院制定的行政法规不得违反《证券法》。我国《证券法》规定了证券交易和证券交易所的基本运行规则。证券法的规定是粗线条的，由于上市公司的股票主要在交易所进行交易，所以交易所在交易规则方面实际上发挥主导作用。经中国证监会批准，修订后的《上海证券交易所交易规则》和《深圳证券交易所交易规则》2006年5月15日发布。新规则自2006年7月1日实施，新规则修订内容主要涉及回转交易、融资融券、涨跌幅限制、大宗交易、一级交易商制度、针对不同需求的差异化交易机制以及对异常交易的停牌和交易监管等。目前的交易规则针对主板市场公司，还谈不到创业板交易规则，但其有关内容和制度创新实践为未来的创业板交易规则提供了很好的模板。既然是交易所模式，其交易规则很多方面应该可以是相同的。

---

① 这是因为我国目前证券交易所是由国务院批准设立的，国务院有决定权。股票在创业板的发行以及交易所的基本运行规则也应当由国务院以行政法规的形式颁布，这一点与国外创业板发行和交易规则主要由交易所制定不同。

创业板市场与主板市场的区别，除了在发行环节有所区别①，在交易环节也有许多区别，主板市场以追求稳定持续发展为宗旨，其交易规则目前还是以安全性为基本，比如实行 T+1 制度、有涨跌停板限制②等。创业板的宗旨是保持活力和效率，同时也关注安全性。创业板市场有可能引入做市商制度，采取灵活的股票交易制度，取消最大涨跌幅限制，允许股票随行就市，根据供给和需求来决定，根据情况可以实行 T+0 制度。创业板适应中小企业特性的灵活有效的交易制度有利于提高市场的流动性和稳定性，有利于增强市场的透明性和有效性，有利于降低交易费用。③

从目前我国中小企业板市场来看，目前中小企业板与主板的交易制度基本相同，但也有一些特别的规定。有关交易的特别规定充分体现了对该板块炒作风险的针对性防范。《中小企业板交易特别规定》明确，中小企业板块股票在开盘集合竞价期间，深交所主机即时揭示中小企业股票的开盘参考价格、匹配量和未匹配量，让投资者清楚截至揭示时所有有效申报按照集合竞价规则形成的虚拟成交数量是多少，以及在开盘参考价位上的不能按照开盘参考价虚拟成交的买方或卖方委托剩余量是多少。如此就增加了集合竞价的透明度，由封闭式的集合竞价转化为“开放式”的集合竞价，让信息迅速、有效地传递给投资者。这有利于减少内幕交易和股价操纵等违法行为。中小企业板块的收盘价采用集合竞价，又有别于主板市场采用的一定时间内成交量加权平均的方式，也能防止大户利用资金优势操纵价格。另外，中小企业板块不像主板市场只就单只股票涨跌幅排名进行交易席位披露，还引进了涨跌幅、振幅和换手率的偏离值指标，涨跌幅与中小企业指数涨跌幅偏离过大、当日价格波动过大及交投过于活跃的股票都会公布成交前 5 名的席位情况，这增加了交易的透明度。从需要停牌的异常波动现象认定上，中小企业板块的要求也比较严格。由于中小企业板波动幅度可能高于主板，所以其交易规则要进行一定的调整和改进，可考虑适当放宽涨跌幅限制，降低例行停牌频率，增强警示性停牌的效果，建立报价驱动和报单驱动机制相结合的交易方式，研究多种交易方式并存的可行性，还可以考虑适当降低中小企业板块交易的相关费用。

---

① 主要是发行上市条件更为宽松，审核更为市场化以及保荐人责任更加严格。

② 当然，这只是目前的考虑，随着市场制度的进一步完善，主板市场也可以采取T+0制度、取消涨跌幅限制等。总之，市场的需求决定制度供给。

③ 深交所修订后的《交易规则》没有涉及T+0、调整涨跌幅限制、实施主交易商（做市商）制度等内容。其理由：因为主交易商制度目前主要用于LOF、权证等衍生产品，不会用到股票交易。在深交所新《交易规则》中，竞价方式没有变化，但证券买卖申报的委托方式有变化，目前实行的是限价委托，修改后推出市价委托。

（二）股票交易与股票发行

虽然从形式上看股票发行和股票交易都是一种买卖行为，但股票交易与股票发行实质是不同的。股票发行一方面是对投资者出资的一种证明行为，但股票发行本身也是一种创设有价证券的行为，股票发行人制作股票并交付给认股人，认股人变成了投资者。股票发行的结果是公司的资本增加，而市场上的股票也相应地增加。股票发行称股票一级市场，是无形市场，一旦发行完毕，该市场消失。而股票交易是单纯的投资者之间的股票买卖行为，并不导致公司资本的增加，也不增加市场上的股票总量。股票交易市场又称股票二级市场，可以是有形市场，如证券交易所，也可以是无形市场，如场外交易。由于证券的虚拟性和交易的技术性，股票发行和股票交易并不是单纯地交付和买卖，而是有特定的专门的证券经营机构作为中介人，在股票发行环节主要是证券承销商，在股票交易环节主要是证券经纪商和做市商。

股票交易和股票发行之间存在着相互联系和作用。股票发行是股票交易的前提，一般而言，优秀公司的股票发行比较顺利，在二级市场上也受到投资者的追捧。但股票交易市场对股票发行市场有巨大的反作用。如果二级市场行情看好，公司股票价格较高，公司进行 IPO 和发行新股就很容易。如果公司股价在二级市场上表现得不尽人意，公司进行 IPO 和发行新股就比较困难。比如香港创业板市场自 2001 年以来，行情并不太好，公司 IPO 和发行新股数量越来越少，于是许多优秀的公司转到主板市场去了。

（三）创业板交易所

创业板交易所是为创业型中小型公司提供融资和股票交易的证券交易所。它与主板证券交易所应当是平行的和相互竞争的关系，但也应该给市场一个选择的自由。创业板市场要不断地发展壮大，要有纳斯达克的精神，增长、创新和企业家精神就是纳斯达克的 DNA。

2005 年 11 月底，首次来华访问的纳斯达克总裁兼首席执行官罗伯特·格雷菲尔德在清华大学演讲时指出，提高流动性是任何一家交易所所追求的目标，因为机构投资者非常关心每天能买进和卖出多大数量的股票。他还建议，中国推出“T + 0”交易将缩短交割和结算时间，而交割和结算时间越短，投资者面临的风险也就越小。

创业板交易所要在竞争中发展和壮大，2005 年 4 月纳斯达克宣布以 9.35 亿美元收购 INET 公司，这是纳斯达克战略重组的重要一步，它加重了纳斯达克与纽约证券交易所争夺市场份额的筹码。2005 年 10 月，美国证券交易委员会（SEC）批准了纳斯达克收购 INET 电子交易公司的计划。除了收购 INET 公司之外，纳斯达克还与路透社合资创立了一家独立研究网络公司，提供全新的研究报道服务。近年来，纳斯达克的交易平台和交易日有大幅提升，纳斯达克打造了一个可以交易6700种美国股票以及在纳斯达克及其他交易所上市的ETF平台。购买INET业务以后，纳斯达克可以捕获来自纽约交易所的交易流量，并引进电子竞价，在交易所的关键时刻进行，以提高股票定价的准确性。2004年1月，纳斯达克还推出了创新性产品——“双重上市”项目，该项目首次允许在纽约证券交易所挂牌的公司在纳斯达克上市。此类双重上市公司包括惠普、嘉信理财、Walgreens和芝加哥商品交易所。2005年已经有6家公司在纳斯达克实现了双重上市。2005年2月，纳斯达克交易所的股票上市，从6美元开始，到2005年12月已经是37美元，这也是纳斯达克以及在纳斯达克上市的公司取得的创业价值的最佳例证。

我国深圳证券交易所要演变成中国的纳斯达克还有很长的路。需要注意的是，我们学习的更主要的是纳斯达克的精神，而不仅仅是它的模式。前面我们已经指明了其演变和发展的道路：发展中小企业板，将其改造为中国的创业板，整合现存的主板公司和优秀的中小板公司，将深交所的公司分成两个层次，即高级层次和初级层次。2005年年底上证所交易管理部一份报告中表示，在新法律制度下，交易所将有望实行差异化的交易管理制度。这种差异将体现在三个方面：首先是不同的股票板块之间的交易机制有差异。上证所今后要以优质蓝筹公司为核心，技术性地构造各具特色、层次不同的市场板块，并采用有差异的交易机制，例如设定不同的涨跌幅限制规则等。通过板块设计为投资者提供初步的公司分类，引导更有深度的研究分析；其次，不同交易品种的交易机制有差异，对不同交易品种设计不同的交易机制；第三，不同交易者的适用交易机制有差异。① 上交所的差异化的交易管理制度的思路也可以被创业板交易所借鉴和吸收。

二、交易限制和禁止

（一）投资者要求

香港创业板在设立之初，认为创业板市场有较大风险而中小投资者又缺乏足够的认识和防范风险的能力，因此，为了保障中小投资者的权益，也为了提高创业板市场运行质量，曾作出了最低投资额的限制（这些规定在2000年下半年取消了）。这一规则在严重限制投资者需求的同时也限制了创业板市场的资金供给。另一方面，为了保障公司原始股东买卖原始股的权益，香港创业板曾规定，原始股东如欲在股票上市后卖出原始股，必须在公司上市前公告并在公司上市当日卖出，否则，

① 周松林、李宇：“沪深交易所修订上市和交易规则”，载《中国证券报》2005年12月28日。

原始股将被锁定两年，这种状况，令后续入市的投资者望而却步，进一步制约了投资者需求和创业板的资金供给。①

我国当初创业板的设立文件对投资者的开户也规定了较严格的资金条件，投资者进入创业板市场的资本金规模至少30万元。其实这是没有必要的，创业板虽然是高风险的市场，但也是高成长的市场。应让一般的中小投资者能够进入这个市场，这是制度公平的要求。不过，不同的市场参与者从市场风险承受能力、资金实力、参与动机、市场经验等角度考察，都有很大不同，应有不同的投资范围，实力强大的投资者或许参与市场的权限应比普通投资者大，主要是在资金（保证金）方面设定门槛，特别是金融期货和卖空交易需要参与者具备较高的风险控制能力，资金门槛较高。但对一般股票交易，则不能过多地限制一般投资者，股票属于基础证券，在全额保证金条件下交易，投机性并不很强，风险不能成倍放大。况且创业板公司大多经历了创业初期阶段，正在发展壮大的企业，有巨大的增长潜力，与那些毫无希望的绩差公司不同。

（二）股份禁售期

从公平的角度对某些股东的股份的流通规定一个明确的时间限制，禁止在公开发行股票之后某一特定时间内股份流通，这被称为股份禁售期。为防止主要股东借上市套现股票，加大投资者的投资风险，绝大多数创业板市场都制定有股票锁定或禁售条款，对公司发起人、原始股东、董事会成员、监事会成员、高级管理人员、持股超过规定比例的大股东、提交上市申请前特定期限内加入的股东甚至公司雇员等相关人员所持有股份的出售、转让或交易进行适当限制，以保护投资者的利益。德国Neuer Market股份出售期限规定适用于上市发行人所有的既有股东，不论其持股量大小和控制股权的多少；新加坡SESDAQ的股份出售期限只适用于控股股东、控股股东的联系人以及执行董事；香港创业板市场股份出售期限规定只适用于“上市时的管理层股东”，所谓“上市时的管理层股东”是指“紧接上市发行人首次上市的文件日期的任何管理层股东”，这里的“管理层股东”是指任何有权以发行人身份在股东大会上行使或控制行使5%以上的投票权，及实际上有能力指导或影响发行人的管理层的人士或一组人士。韩国高斯达克市场于2002年扩大了相关股东持有股票的禁售期，将该规定的使用范围从最大股东扩大到所有持有公司5%以上股份的股东。股东股份禁售期规定比较分析有三类：一是以美国NASDAQ为代表的不作具体限制的方法，包销商和上市公司可以自行作出选择，出于自律和增强投资者信心等方面的考虑，主要股东一般会尽量避免在上市不到6个月就出售所持有的股份；二是以英国另类投资市场和欧洲新市场为代表的直接作出具体期限限

① 王国刚：“创业板推迟设立的风险更大”，载《中国证券报》2001年5月18日。

制的做法，在过了规定的期限后，主要股东的售股期便不再受限制；三是以香港创业板和台湾柜台证券交易中心、新加坡西斯达克为代表的逐步撤销法。①

我国原《公司法》第 147 条“发起人持有的本公司的股份，自公司成立之日起三年内不得转让。”这条规定对创业板市场的上市公司的发起人显然过严。创业投资公司和创业投资基金投资于创业类公司，其中一个重要的目的就是使这些企业具备上市条件，上市后通过创业板市场退出资金，然后再去寻找新的投资项目，如果“上市三年内不得转让”，显然阻碍风险投资事业的发展，而风险投资是高新技术企业从孵化、产生到成长的必要条件。风险投资公司和投资基金承担的风险很大，那么潜在的收益也应当巨大，但“上市后三年内不得转让”显然抑制了其巨大收益的可能性。但如果不限制发起人的股份流通的时间，就不可能有效防范发起人的道德风险，发起人可能借上市之机抽逃资金。创业板市场公司规模小，经营时间不长，未来发展具有较大的不确定性，风险相对于主板大型公司大得多。投资者本来就心存疑惧。如果发起人的管理层股东在公司上市后就有权抛售股票，投资者更不敢购买创业板公司的股票了。因此，要在公平和效率之间找到一个恰当的平衡点。新《公司法》规定得就比较恰当，第 142 条规定：“发起人持有的本公司股份，自公司成立之日起 1 年内不得转让。公司公开发行股份前已发行的股份，自公司股票在证券交易所上市交易之日起 1 年内不得转让。公司董事、监事、高级管理人员应当向公司申报所持有的本公司的股份及其变动情况，在任职期间每年转让的股份不得超过其所持有本公司股份总数的 25%；所持本公司股份自公司股票上市交易之日起 1 年内不得转让。上述人员离职后半年内，不得转让其所持有的本公司股份。公司章程可以对公司董事、监事、高级管理人员转让其所持有的本公司股份作出其他限制性规定。”

对禁售期如何确定，各国也有差异。美国 NASDAQ 市场不作具体规定，包销商和上市公司主要股东可以自行作出选择，但根据惯例，IPO 包销商会要求主要股东及大股东承诺不在上市后的 6 个月内出售所持有的股份。包销商有权自行决定股份禁售期。德国以 Neuer Market 为代表直接作出具体期限限制，所有现行股东不得在上市后 6 个月直接或间接出售股份，也不得公布或采取任何在经济层面上等同出售股份的措施。过期之后，不再受任何限制。新加坡 SESDAQ 市场实行分阶段撤销法。控股股东及联系人、持有上市公司 5% 或以上已发行股本的执行董事在上市后的 12 个月内不得出售任何股份，上述人士在第 2 个 12 个月内不得出售 50% 以上的股份。香港联交所《创业板上市规则》规定，上市时的管理层股东在公司上市的两年内，不得出售所持股份，为了提高创业板的国际竞争力，香港联交所曾先后给予远东化聚（08012）和 tom. com（08001）等公司豁免，允许其主要股东可以在上

① 姚文平：“二板市场发起人股份应设禁售期”，载《中国证券报》2000 年 7 月 10 日。

市6个月后出售所持有的股份。但由于豁免的透明度不高，市场认为香港联交所有意偏袒少数公司。因此，香港联交所建议提前对相关的规则作出调整，借鉴新加坡SESDAQ的第2个6个月期间出售股份仍须受到一定的限制；对于控股股东而言，若出售有关股份会导致其所控制的投票权不再达到35%，则其不得出售有关股份；对于上市时非控股的管理层股东则不得出售超过其所持有的发行人权益的半数。① 2001年7月27日，修订后的香港《创业板上市规则》将上市时管理层股东股份禁售期由原来的6个月延长到12个月，但若上市时的管理层股东持有创业板发行人的股权不超过1%，股份禁售期仍为6个月。新规则还明确管理层股东定义，其包括所有管理层成员、董事以及派有代表出任董事的投资者。我国新《公司法》第142条也具体地确定了禁售期，但还是比较原则，创业板交易所可以根据创业板交易的风险、公平和效率的特殊要求，进一步作出具体化规定。比如可以借鉴新加坡的“分阶段撤销法”，对发起人自上市交易日起1年内不得转让，在此后的12个月内不得出售50%以上的股份。对于参与新股配售的机构投资者则规定公司上市后3个月内不得出售所持有的股份。至于参与新股配售的国有企业和国有资产控股企业，则为了与现有的法律法规相一致，禁售期相应地规定为6个月。公司章程可以对限售股份持有人作出更严格的约束。随着我国证券市场的逐步成熟和规范，禁售期可以适当放宽。

信息披露贯穿着限售股份上市流通的全过程。信息披露主要包括：(1) 提示性公告。上市公司应当在限售股份可上市流通前3个交易日内披露提示性公告，提示性公告包括：限售股份可上市流通的时间或数量；限售股份持有人所做出的各项承诺及履行情况；保荐机构的结论性意见；交易所要求披露的其他内容。(2) 交易台阶信息披露。持有、控制上市公司股份总数5%以上的限售股份持有人出售限售股份，每累计达到该公司股份总额的1%时，应当在该事实发生之日起2个交易日内作出公告。公告内容至少包括以下内容：出售的数量、平均价格；出售前后持股变动情况；交易所要求的其他内容。(3) 停止买卖的信息披露。限售股份持有人出售股份出现以下情形之一时，应当按照《上市公司股东持股变动信息披露管理办法》的要求提交持股变动报告书并予以公告，自以下情形发生之日起作出公告后2个交易日内，限售股份持有人应当停止买卖公司股份：持股变动超过公司股份5%时；持股变动预计超过公司股份5%时；出售后持有、控制公司股份低于5%时。(4) 定期报告。上市公司应当在定期报告中披露限售股份持有人是否遵守有关规定、公司章程及承诺，出售限售股份的，公司应当说明拟对限售股份持有人采取的措施。(5) 涉及上市公司收购和控股权发生变动的有关信息披露。控股股东、实际控制人出售限售股份导致或可能导致上市公司控股股东或实际控制人发生变更的，

① 姚文平：“二板市场发起人股份应设禁售期”，载《中国证券报》2000年7月10日。

控股股东、实际控制人应当兼顾上市公司整体利益和其他股东的合法权益，并按照《上市公司收购管理办法》等有关规定履行相应的审批程序和信息披露义务。控股股东、实际控制人出售限售股份出现以下情形之一时，应当及时向上市公司董事会和交易所报告，并对进一步出售或增持股份计划做出说明并予以公告。上市公司董事会和独立董事应当就其对上市公司的影响分别发表意见并予以公告：出售后导致持有、控制上市公司股份低于50%时；出售后导致持有、控制公司股份低于30%时；出售后导致其与第二大股东持有、控制的比例差额少于5%时。在发布公告前，控股股东或实际控制人应当停止出售股份。(6) 公平披露。限售股份持有人需采取向特定投资者配售形式出售限售股份的，应当获得有权部门的批准，并严格遵守公平信息披露原则，不得向特定投资者披露未经公开披露的信息。限售股份持有人应当在与特定投资者签署意向书或协议后2个交易日内通知上市公司和向交易所报告。(7) 提前泄露或股价异动相关信息的披露。有关限售股份出售情况尚未依法披露前，相关信息已在媒体上传播或者上市公司股票价格出现异常，上市公司董事会应当及时向有关限售股份持有人进行查询，有关限售股份持有人应当及时将有关情况报告上市公司并予以公告。

为了防止利用信息披露规则内幕交易或操纵股价，控股股东、实际控制人在下列情形下不得出售股份：(1) 上市公司定期报告公告前15日内；(2) 上市公司业绩快报公告前10日内；(3) 上市公司发布对公司股票价格有重大影响的其他公告前5日内。

(三) 限制交易

限制交易要比禁售期的范围更为广泛，禁售期主要是限制现有股东的卖出行为，而限制交易则限制某些主体的买卖行为，它包括了禁售期的规定。

新《证券法》第38条规定："依法发行的股票、公司债券及其他证券，法律对其转让期限有限制性规定的，在限定的期限内不得买卖。"《证券法》第43条规定："证券交易所、证券公司、证券登记结算机构从业人员、证券监督管理机构工作人员和法律、行政法规禁止参与股票交易的其他人员，在任期或者法定期限内，不得直接或者以化名、借他人名义持有、买卖股票，也不得收受他人赠送的股票。任何人在成为前款所列人员时，其原已持有的股票，必须依法转让。"此规定完全适用于创业板市场，这类人员从事股票交易破坏了证券市场的秩序，他们或者从事证券经营行为，或者对证券行业实施监管行为，很可能了解公司的内幕信息，也可能利用自己证券公司经营的股票信息，获取暴利。《证券法》第45条规定："为股票发行出具审计报告、资产评估报告或者法律意见书等文件的专业机构和人员，在该股票承销期内和期满后6个月内，不得买卖该种股票。除前款规定外，为上市公司出具审计报告、资产评估报告或者法律意见书等文件的专业机构和人员，自接受上市公司委托之日起至上述文件公开后5日内，不得买卖该种股票。”此规定也完全适用创业板市场，因为这些机构也提前掌握了公司尚未公开的信息，在未公开之前属于内幕信息，但法律对他们的限制性规定不是永久的，当这些信息成为公开信息之后一段时间即可从事股票交易。新《证券法》对短线交易的限制性规定较原《证券法》有明显的改进，《证券法》第47条规定：“上市公司董事、监事、高级管理人员、持有上市公司股份5%以上的股东，将其持有的该公司的股票在买入后6个月内卖出，或者在卖出后6个月内又买入，由此所得收益归该公司所有，公司董事会应当收回其所得收益。但是，证券公司因包销购入售后剩余股票而持有5%以上股份的，卖出该股票不受6个月时间限制。公司董事会不按照前款规定执行的，股东有权要求董事会在30日内执行。公司董事会未在上述期限内执行的，股东有权为了公司的利益以自己的名义直接向人民法院提起诉讼。公司董事会不按照第一款的规定执行的，负有责任的董事依法承担连带责任。”①《证券交易所交易规则》又进一步限定了董事、监事、高管人员不得买卖本公司股票的期限：（1）上市公司定期报告公告前30日内；（2）上市公司业绩预告、业绩快报公告前10日内；（3）自可能对本公司股票交易价格产生重大影响的重大事件发生之日或在决策过程中，至依法披露后2个交易日内；（4）证券交易所规定的其他期间。

（四）禁止的交易

新《证券法》第5条规定：“证券的发行、交易活动，必须遵守法律、行政法规；禁止欺诈、内幕交易和操纵证券市场的行为。”禁止的交易行为是违反法律的强制性规定的交易行为，其行为种类、要件、方式和法律责任直接由法律和行政法规规定，中国证监会和证券交易所无权规定。这些行为包括内幕交易、编造传播虚假信息扰乱证券市场、操纵市场、证券公司欺诈客户、非法利用他人账户从事证券交易、法人出借自己或者他人账户、资金违规流入股市、挪用公款买卖证券等。

三、集中交易

集中交易与分散交易相对立，它是众多的证券的买者和卖者集中于一个固定的场所进行证券买卖的行为。既然创业板市场采取交易所模式，而传统的证券交易所实行集中交易，创业板也一般实行集中交易。但深圳创业板市场一旦进行公司制改革后，就可以进行一系列收购行为，收购其他交易系统。未来的证券交易所的形式也可能更加多样化，可以像美国那样，一个独立的交易系统也可以申请注册为证券交易所。不过，这恐怕需要更长的时间。集中交易有利于证券交易所规模的扩大和

---

① 相对于原《证券法》第42条的规定，增加了对管理层短线交易的限制性规定，股东的催告权，股东代表诉讼权以及负有责任的董事承担连带责任的规定。

走向国际化，可以实行信息的统一、公开和规范化披露制度，形成更加具有可信度的价格。但集中交易也有副作用，比如很容易被操纵，而且一旦被操纵，危害性很大，可以把风险迅速传播和放大。因此，对集中交易要实行有效监管。

由于集中交易涉及众多的买者和卖者，因此，必须要有中介机构作为买卖的中介，使交易能够迅速进行和有序进行。除了专门的登记结算机构之外，还应当有证券商充当买卖的中介。证券商或者是经纪人，或者是做市商。新《证券法》修改了原《证券法》第 33 条规定的证券交易所实行集中竞价交易的规定，改为实行集中交易，集中竞价交易只是集中交易的一种形式。《证券法》第 40 条规定："证券在证券交易所上市交易，应当采用公开的集中交易方式或者国务院证券监督管理机构批准的其他方式。""国务院证券监督管理机构批准的其他方式"似乎更为广泛，即除了集中交易之外，获得证监会批准，也可以采用其他非集中交易方式，比如大额交易的非公开交易或者协议交易。《证券法》第 110 条规定："进入证券交易所参与集中交易的，必须是证券交易所的会员。"第 111 条规定："投资者应当与证券公司签订证券交易委托协议，并在证券公司开立证券交易账户，以书面、电话以及其他方式，委托该证券公司代其买卖证券。"第 112 条规定："证券公司根据投资者的委托，按照证券交易规则提出交易申报，参与证券交易所场内的集中交易，并根据成交结果承担相应的清算交收责任；证券登记结算机构根据成交结果，按照清算交收规则，与证券公司进行证券和资金的清算交收，并为证券公司客户办理证券的登记过户手续。"从我国现行规定看，我国目前是证券公司作为经纪商，投资者委托证券公司代其买卖证券。但我国现行法律也没有否定做市商制度。

集中交易市场通常采用的是竞价交易方式。竞价（Auction）方式，是拍卖市场的组织方式，是买卖双方通过公开竞争喊价的方式进行价格竞争，并最终确定成交价格，一般而言最低的卖价和最高的买价作为成交价格。在交易所开盘前的竞价为集合竞价（确定开盘价）和开市后的连续双向拍卖方式。在证券交易所，投资者一般要通过具有会员资格的证券商的经纪行为进行证券买卖，投资者不得直接参与证券交易。证券经纪商不得低于投资者委托的价格卖出证券，不得高于投资者委托的价格买入证券。随着技术的进步，特别是计算机网络技术的运用，交易所的竞价拍卖过程由计算机统一进行处理，包含证券名称、价格和数量的交易指令信息输入计算机交易系统后，竞价过程表现为计算机的自动撮合并形成市场价格，因此，竞价交易系统又被称为指令驱动系统（order-driven system），而竞价交易制度，又被称为委托驱动交易制度。在这种制度中，经纪商仅仅是名义的卖者和买者，实际上是投资者的行为决定证券的价格，投资者对证券价格具有直接的决定权。

集中交易市场也并不排斥做市商制度和其他交易方式，包括大额交易方式。做市商（Market Market）也称柜台方式，来源于柜台交易组织形式，在场外交易市场大多采用这种方式。做市商制度也叫报价驱动（Quote-driven ）交易制度，是指证券交易的买卖价格均由做市商给出，买卖双方的委托不直接配对成交，而是从市场上的做市商手中买进或卖出证券。做市商买卖报价的价差就成为做市商的经营收入，作为其提供做市服务的补偿，做市商决定证券交易价格。① 做市商制度有两种形式：（1）多元做市商制（Multiple Dealer System）。美国的纳斯达克市场和伦敦股票交易所是典型的多元做市商制，每一种股票同时由很多个做市商来负责。在纳斯达克市场，活跃的股票通常有30多个做市商，最活跃的股票有时会有60个做市商。做市商通常也是代理商，他可以为自己、自己的客户或其他代理商进行交易。做市商之间通过价格竞争吸引客户订单。（2）特许交易商制（Specialist System），又称专家经纪人制度，为纽约证券交易所采用。在纽约证券交易所里，交易所指定一个券商来负责某一股票的交易，券商被称为特许交易商。交易所有将近400个特许交易商，而一个特许交易商一般负责几个或十几个股票。与纳斯达克市场相比，纽约股市特许交易商制有三个特点：第一，一个股票只能由一个特许交易商做市，可以被看做是垄断做市商制。第二，客户订单可以不通过特许交易商而在代理商之间直接进行交易。特许交易商必须和代理商进行价格竞争，所以纽约交易所是做市商制和竞价制的混合。第三，特许交易商有责任保持“市场公平有序”。②

集中交易模式为交易系统的技术进步提供了前提，反过来，交易系统的技术进步也大大促进了交易效率。纳斯达克市场采用高效的电子交易系统（Electronic Communication Networks，ECNs），它没有设置证券交易大厅，这个市场在世界各地一共装置了40多万台计算机销售终端，向世界各地的交易商、基金经理和经纪人传送多种证券的全面报价和最新交易信息。电子计算机屏幕交易系统使证券交易市场可以进行高效的实时证券交易。纳斯达克市场由于采用计算机化交易系统，因此其管理与运作的成本低、效率高，增加了市场的公开性、流动性和有效性，使上市的公司与投资者均可从中获益。但是，这些销售终端并不能直接用于证券交易。如果美国以外的证券经纪人/交易商进行交易，一般要通过计算机销售终端取得纳斯达克市场的信息，然后用电话通知在美国的全国证券交易所协会会员进行有关交易。③ 2006年10月，纳斯达克CEO罗伯特·格雷菲尔德来到中国访问。他指出，20年前纳斯达克还主要是个电话交易市场，交易员、经纪商等通过电话接受订单、指令，而现在，纳斯达克已经转型为一个完全的电子交易市场，彻底改变了过去以

① 冯巍：深圳证券交易所综合研究所研究报告“做市商制度研究”，载http：//www.sse.org.cn，2002年5月22日访问。

② 胡明：“创业板市场及其模式选择”，载陶广峰、张宇润等：《金融创新与制度创新》，中国政法大学出版社2006年版，第293～294页。

③ 张松岭等：“遥看纳斯达克（中），市场运营机制铸就成功”，载《中国证券报》2004年9月9日。

交易员为基础的纳斯达克市场结构。电子交易不仅彻底改变了纳斯达克，也改变了交易员和经纪商的命运。电子交易使交易员的作用下降，许多交易员（包括做市商）含泪而去，20年前，纳斯达克有超过500个做市商，但是目前，纳斯达克只有250个做市商。

纳斯达克股票市场公司新推出的144A股票集中交易与议价系统于美国时间2007年8月15日开始投入运营。该平台基于网络并完全自动化，延伸了纳斯达克17年历史的PORTAL系统，也是第一个集中式电子系统来展示和了解144A股票交易场所。这一新的PORTAL系统向所有符合要求的用户开放。此系统旨在改善私募市场的效率和透明性，从而鼓励资本形成。纳斯达克执行副总裁约翰·雅各布表示："纳斯达克PORTAL交易平台的推出是美国融资变革过程中的重要里程碑。36年前，纳斯达克为美国的公开股票交易带来了效率和透明性；今天，这一PORTAL平台将同样为144A市场带来效率和透明性。"

市场质量是证券市场竞争力的综合表现。交易所改革的核心内容除了公司化和兼并联盟外，就是通过完善市场微观结构（交易机制）和技术系统来提升市场质量。市场质量是包含多方面因素的综合体，国际上很多证券交易所都计算或定期发布市场质量报告或披露相关指标，其中市场流动性是最重要的指标。流动性是迅速执行交易且不造成大幅度价格变化的能力，是代表交易间接成本的综合指标。上证所创新实验室2006年6月公布了首份《市场质量报告》，向市场各方展示了上证所市场质量发展状况。该实验室负责人刘逖博士回答了记者的提问（《中国证券报》2006年6月13日）。近十年来，我国的市场质量显著提高。与国际主要证券市场相比，我国小额订单的流动性成本较低，但市场深度不足。对较大额（如10万元）订单而言，我们的流动性成本与德国、东京、纽约、泛欧、伦敦、纳斯达克等成熟市场和印度、墨西哥等新兴市场还存在一些差距。从国际经验看，提升市场质量主要有三种途径：一是交易机制创新，二是产品创新，三是扩大市场规模。从交易机制看，流动性成本、波动性、透明度等与交易机制密切相关，比如连续竞价交易比较适合散户市场，但对大额交易成本就非常高。从产品创新看，如果与现货市场对应的衍生品市场非常发达，通过套利和风险对冲交易，就能大幅度提高现货市场的定价效率和流动性。从市场规模看，研究表明，公司市值越大，其流动性成本就越低，因此，吸引大量大型公司上市，壮大市场规模也是提升市场质量的重要途径。这一点是创业板市场的劣势之一。交易所最能发挥作用之处就是交易机制的创新。基于此，上证所开发了新一代交易系统，并于2007年年初上线。新系统是一个支持多交易市场的国际化系统，有可配置的交易模型（如竞价机制、报价机制、协商交易），多样化的订单形式（限价、市价、止损、多日有效、一揽子等）和完备的风险控制手段，是现货和衍生品一体化的交易平台。上海新一代交易系统峰值订单撮合能力达到每秒2万笔，成交容量达到每天6300万笔，交易品种容量为1万个。利用PBU概念（参与者交易业务单元）及相关的先进技术手段，新一代交易系统实现了多市场、多品种、多时段、多交易机制等复杂的交易机制，除能够支持几乎所有的现货和衍生产品交易外，还可配置多种交易模型。PBU具有丰富的权限控制能力，交易所和券商通过PBU，可以控制到某个账号的买卖权限，强化风险控制能力。新一代交易系统还可以实现跨境业务的连接和支持会员业务国际化。

交易系统需要适应时代的发展。2005年12月8日，瑞穗证券公司在接受委托卖出日本嘉克姆公司股票的交易中，操盘手错误地将“以每股61万日元的价格卖出1股”的指令输入成“以每股1日元的价格卖出61万股”。在发出错误指令1分25秒钟之后，瑞穗证券公司虽然利用公司的电脑连续三次发出撤销指令，但毫无作用。此后，瑞穗证券公司又通过东证所的终端再次发出撤单指令，依然被交易系统拒绝，撤单彻底失败，导致瑞穗证券公司损失惨重，东京股市出现剧烈动荡，日经股指暴跌300多点。

四、交易制度与市场流动性

从发达国家的证券市场看，其股票交易制度体系主要包括以下几个方面：电脑撮合系统、大宗交易、做市商制度、做空机制等。电脑撮合交易、大宗交易制度已经在我国应用，而做市商和做空机制暂时还没引入。

（一）市场流动性

市场流动性的最普遍的定义是格拉肆和斯蒂格勒给出的，他们认为流动性是测量交易机制对价格影响程度的指标，如果价格受到交易的严重影响，市场流动性就低，相反则具有高度流动性。但这难以量化和比较。列维斯（Levis，1992）发展了一个可以量化和比较的定义，该定义从四个方面定义流动性：①（1）可交易性。指证券资产变现的速度和便捷程度。（2）可逆性。可逆性是指证券市场价格与实际实现价格的差异。市场价格与实际实现价格的差异越小，可逆性越高，表明流动性越强。（3）可细分性。交易可细分性是指证券资产可交易的最小单位。（4）可预测性。可预测性是指交易者对证券未来的预测价格与实际价格的差异，如果差异过大，表明流动性越差，反之，则流动性越强。

通常，证券市场交易制度应能满足流动性、透明性、稳定性和有效性四大目标的要求，而对创业板市场来说，流动性更为重要，这是由创业板市场的特殊性决定的。这种特殊性表现在：一是该市场的投资高风险性。由于降低了企业的上市条

---

① Bay，Kinsella，1992. New Issues In Financial Services. Blackwell Publishers，p. 12. 参见吴风云、赵静梅：“流动性、交易制度与‘庄家现象’”，载《经济评论》2003年第4期。

件，监管部门不对企业的发展前景和盈利能力进行评估和审查，因而投资只能依靠投资者自己进行判断和决策，作为投资者首先考虑的是其所投资证券的变现速度与交易成本即证券的流动性。二是市场服务对象的特殊性。上市交易的企业主要是一些具有发展潜力的中小高科技企业，这些企业的发展前景并不明朗，投资者具有一定的风险偏好性和风险承受能力。三是市场目的特殊性。创业板市场建立的主要目的是促进高新技术企业的发展和现代企业制度的建立，这些企业极具增长潜力，增值前景又不明朗，交易制度的设计必须考虑高新技术企业的特点。从国际类似市场发展状况来看，因市场流动性不足而关闭或没能达到设立目的的市场不乏其例，因此，近年来证券市场交易制度的改革已成为证券市场的普遍现象，充分满足市场流动性的要求而使交易所的交易制度多元化是改革的主要趋势。如 NASDAQ 是以报价驱动即以做市商提供连续报价为价格发现机制的市场，为增强市场的流动性和一部分愿意承担投资风险的小额投资者的需要，1984 年建立了小额交易自动委托系统 SOES。而 NYSE 则引入了专家交易（特许做市商）制度。有学者认为，我国拟建中的创业板市场以做市商制度为主，辅之以自动委托交易系统。① 但笔者认为，我国创业板市场应当以自动委托系统为主，并引进做市商制度，因为前者在我国运行比较成熟，效果也很好。而且，我国散户投资者在若干年内仍然是主要投资人群，就是在香港创业板市场，也主要是散户投资者进行交易行为，一些稳健型机构投资者在其章程中就明确规定不准在创业板市场进行证券买卖行为。不过，笔者还认为，我们可以在创业板交易所的初级市场提高做市商的作用。

创业板市场的公司业绩一般不如主板市场稳定，投资者对其信心并不是十分充足，对其未来的预期往往处于模糊状态。因此，增加创业板市场的人气十分重要，也就是增加其流动性，使投资者感觉到这个市场充满朝气、充满活力。一个一潭死水的市场不会吸引投资者和融资者。根据国际类似市场 NASDAQ、EASDAQ、AIM 等市场的发展与运作经验，创业板市场要取得成功，其交易制度安排应利于保障市场流动性。集中交易将众多投资者的交易行为聚集于交易所，为提高流动性提供了条件，但并不必然增加流动性。证券市场的流动性可通过做市商提供连续报价的报价驱动制度和以经纪商为中介的指令驱动制度两条实现途径，前者以 NASDAQ 为代表，而后者则以 NYSE 为代表。在我国，恐怕要更多地吸收 NYSE 的制度成分，并有所创新，因为这种制度在我国有实践基础。日内回转交易制度（T+0）对市场流动性也具有积极的意义，它是国际证券市场上一项通行制度，有助于活跃市场和提高市场定价效率。创业板市场完全可以实行这种制度，创业板市场的公司股本比较小，在竞价交易条件下，市场流动性在正常状态下不会很高。

---

① 聂祖荣、雷泽、高怡暄："创业板市场流动性与交易制度选择"，载《中国证券报》2000 年 9 月 14 日。

（二）集中竞价交易与市场流动性

竞价交易有集合竞价和连续竞价交易两种形式。集合竞价主要用于交易暂停后再恢复时（如开盘）和收盘时的价格确定。从信息披露角度看，集合竞价可分为两种情况，即开放式集合竞价和封闭式集合竞价。前者指在集合竞价过程中，即时显示买卖信息和指示性集合竞价价格；后者指在集合竞价过程中不披露任何信息，仅仅在集合竞价过程结束后披露价格和成交情况。我国过去长期采取封闭式集合竞价，上证所（2002）曾对封闭式集合竞价的弊端进行了透彻的分析，深交所在2004年6月开始在中小板推行开放式集合竞价机制，效果较好。2006年7月1日，随着新交易规则的实施，我国沪深主板市场开始引入开放式集合竞价机制。新制度规定，在开盘集合竞价时段前5分钟（9：15～9：20），投资者可以下单，也可以撤单，但在集合竞价时段后5分钟（9：20～9：25），只能下单，不能撤单；系统在集合竞价期间显示虚拟开盘参考价格，虚拟匹配量和虚拟未匹配量等信息。上交所研究报告指出，实施开放式集合竞价后1个月与前1个月相比，委托笔数平均增加了4.3%，成交量比率增加了20.8%，成交金额比率增加了14.5%，集合竞价零交易比率下降了53.7%。对以上指标计算结果显示，改革集合竞价制度后，市场定价效率得到了很大幅度的提高。与6月相比，7月份开盘定价效率指标上升了5.8%，投资者风险补偿指标下降了9%，买入委托价格标准差下降了7.2%，卖出委托价格标准差下降了1%，开盘价对数收益率方差下降了13.8%。开放式集合竞价提高了市场透明度，有助于降低市场操纵行为，加大市场操纵成本。实证结果显示，由于实施开放式集合竞价，投资者参与愿望增强，使得影响集合竞价价格难度增加。上交所研究报告也认为，现有开放式集合竞价制度也有一些不足，需要改进：首先，应改革集合竞价时段最后5分钟不得撤单机制为集合竞价随机结束机制①。不得撤单制度的基本目的是避免投资者下达虚假的买卖单但在实际撮合之前的“策略性撤单行为”。但事实上，在临近不得撤单阶段时，“策略性撤单行为”大量存在，且在不得撤单阶段，投资者（特别是散户）的撤单意愿非常强烈。集合竞价随机结束既可抑制交易者的虚假下单行为，也不限制投资者的撤单意愿。第二，改革集合竞价成交价算法，引入市场压力原则和参考价格原则，即按最大成交量原则确定的价格有多个时，依次按最小剩余原则（未能成交的数量最少）、市场压力原则（买单多时取较高价，反之取较低价）和参考价格原则（取最接近参考价的价格）确定集合竞价的成交价。我国目前没有市场压力原则和参考价格原则。实证研究结果显示，这两个原则更加有利于增加价格的连续性，提高集合竞价的定

---

① 在国际证券市场，为抑制部分投资者的虚假下单行为，通常采取集合竞价随机结束制度，如规定在集合竞价时段在最后1分钟内随机结束。

价效率。①

讨价还价是代理买卖的主要特征。在连续交易竞价制度下，买方和卖方将各自的交易指令传递给证券中介机构，证券中介机构作为买卖双方的代表在证券交易所交易厅完成交易配对，以最合适的条件（即价格优先、时间优先）将买卖指令完成。指令配对有几种不同的方式，在一些股票交易所和大多数期货交易所，配对通过公开叫价或双向拍卖方式进行，经纪人同时给出买价和卖价，一旦价格合适即成交。在另一些交易所，例如纽约股票交易所，配对通过专门的机构和人员（专家经纪人）完成，专家经纪人在各自负责的股票交易中，选择最高的买价和最低的卖价进行配对，完成交易。在最近十多年，一些国家建立起电脑自动完成配对的交易制度，这就是电脑撮合制度。电脑撮合与专家经纪人制度没有本质的区别，由电脑代替专家经纪人完成交易，提高了市场交易的速度和准确性。需要注意的是，电脑自动撮合的交易制度在流动性方面存在着结构性缺陷，电脑撮合下的市场流动性往往处于两个极端，当市场行情看好的时候，电脑撮合可以非常容易和迅速处理大量涌入的买卖指令，市场流动性极高；但行情看淡时，市场可能只有大量的卖单而没有买单，极小的卖单也可能导致价格的大幅下跌，市场流动性顷刻陷入危机。②

2006 年 5 月，经中国证监会批准，沪深证券交易所发布了《上海证券交易所交易规则》和《深圳证券交易所交易规则》，新的交易规则引入了异常波动停牌、特别停牌等多项机制和制度，并为股市 T+0 做准备。新规则将自 2006 年 7 月 1 日起实施，相关的业务细则另行公布。此次制定的新规则引入了差异化的交易机制、提供市价申报、完善大宗交易制度、吸收并完善了在中小企业板行之有效的开盘、收盘集合竞价制度、交易公开信息披露制度和异常波动停牌制度等；明确了交易所对异常交易行为进行重点监控的各种情形和相关监管措施，引入特别停牌机制，并为 T+0 回转交易制度、融资融券制度留下了制度接口。新的《交易规则》共分十一章，分别对交易市场、证券买卖、交易信息、交易行为监督、交易异常情况处理、交易纠纷、交易费用、纪律处分以及包括转托管、开盘价与收盘价、除权与除息等在内的其他交易事项，作出了详细规定。新《交易规则》规定，证券竞价交易采用集合竞价和连续竞价两种方式，并规定不同证券在集合竞价期间不同的有效竞价范围。

从规则章节看，新《交易规则》将“交易信息”独立成章，对即时行情、证券指数以及证券交易公开信息作出了明确规定；删除了原规则中“证券经纪业务和自营业务”一章，在“证券买卖”一章中重点突出委托方面的内容。新规则增

① 上海证券交易所创新实验室报告“进一步完善开放式集合竞价机制”，载《中国证券报》2006 年 8 月 17 日。

② 吴风云、赵静梅：“流动性、交易制度与‘庄家现象’”，载《经济评论》2003 年第 4 期。

添了“交易行为监督”一章，列明可能影响证券交易价格或证券交易量的异常交易行为，深交所对此进行重点监控。此外，新规则还列出了“本所规定的其他方式”或“其他类型”一项，为未来根据市场的需求推出更具差异性的创新的交易机制留了口子。对涨跌幅限制，新规则规定，根据市场需要，交易所可以调整申报价格限制的规定；经证监会批准，交易所可以调整证券的涨跌幅比例。新规则增加了有关大宗交易的条款，并设定了大宗交易的相关条件。与原有《交易规则》相比，新规则特别强化了对交易特别是异常交易的监管及相关的停牌制度、信息披露要求等监管手段，对所谓异常波动和异常交易行为作了更明确的定义和详细的列示。新规则还对防范异常风险做了安排。新规则还规定，有涨跌幅限制的证券集合竞价期间有效竞价范围与涨跌幅限制范围一致，中小板企业股票连续有效竞价范围则为最近成交价的3%上下。

深交所新《交易规则》于2006年7月1日起实施，境外市场普遍实行的市价委托①开始在境内市场实行。在深交所推出市价申报的第一天，采用市价委托方式进行交易的投资者近4000人。市价委托常见的方式为“对手方最优价格委托”和“本方最优价格委托”。其中，对手方最优价格委托是指以申报进入交易主机时集中申报簿中对手方队列的最优价格为其申报价格的委托方式。② 本方最优价格委托是指以申报进入交易主机时集中申报簿中本方队列的最优价格为其申报价格的委托方式③。这两种市价委托方式成交快捷，能够满足投资者及时成交的需求，适合中小散户操作。2006年10月，深交所发布通知，将于10月16日起实施《交易规则》规定的“最优五档即时成交剩余撤销申报”方式。所谓最优五档即时成交剩余撤销申报，是指以对手方价格为成交价格，与申报进入交易主机时集中申报簿中对手方最优五个价位的申报队列依次成交，未成交部分自动撤销的市价申报方式④。

---

① 市价申报是按当时市价买卖证券的申报方式，也可以称为不指定委托价格的申报，其可以有多种实现形式。与原有限价申报方式相比，市价申报方式在一定程度上可以保证投资者买卖指令即时成交，有利于提高市场效率。但同时，市价申报方式在下单前投资者无法预知其交易价格，存在一定程度的不确定性。市价申报的成交效率越高，行情波动越剧烈，其价格的不确定性风险也越大。

② 简言之，对手方最优价格申报相当于在不考虑行情信息差异的情况下，买入时以“卖一”为限价，卖出时以“买一”为限价的申报方式。

③ 本方最优价格申报相当于在不考虑行情信息差异的情况下，买入时以“买一”为限价，卖出时以“卖一”为限价的申报方式，当本方最优价格申报进入交易主机时，在原有的“买一”或“卖一”队列中排队。

④ 最优五档即时成交剩余撤销申报是在不考虑行情信息差异的情况下，依次以“买一”到“买五”价格作为卖出价格或依次以“卖一”到“卖五”价格作为买入价格，如申报无法全部成交，剩余未匹配量自动撤销的申报方式。

与现有两种市价申报方式相比，新增的最优五档即时成交剩余撤销申报的成交效率更高，但同时申报执行价格的不确定风险也更高，投资者在采用市价申报进行证券交易前，必须注意不同市价申报方式之间的区别，充分了解采用市价申报方式进行交易可能产生的风险。① 2007 年 1 月 15 日，深交所正式实施“即时成交剩余撤销申报”和“全额成交或撤销申报”两种新市价委托方式，至此，深交所新《交易规则》中规定的五种市价委托方式已经全部推出。市价申报是按当时进入交易主机的本方或对手方的实时申报价格买卖证券的申报方式，也可以称为不指定委托价格的申报②。市价申报可以有多种实现方式，共有五种市价申报方式，分别是“对手方最优价格申报”、“本方最优价格申报”、“最优五档即时成交剩余撤销申报”、“即时成交剩余撤销申报”和“全额成交或撤销申报”。即时成交剩余撤销申报是指以对手方价格为成交价格，与申报进入交易主机时集中申报簿中对手方的所有申报队列依次成交，未成交部分自动撤销③。全额成交或撤销申报是指以对手方价格为成交价格，如与申报进入交易主机时集中申报簿中对手方的所有申报队列依次成交能够使其完全成交的，则依次成交，否则申报全部自动撤销的市价申报方式④。

（三）做市商制度与市场流动性

始建于 1971 年年初的 NASDAQ 市场采用竞争性做市商制度⑤。至 1997 年底，有近 6000 只证券和 400 多个做市商参与交易，交易量约为 4.5 万亿美元，平均每只股票有近 10 家做市商为其提供报价，每只股票至少两名做市商提供报价，以寻求股票市场合理价格。根据美国证券交易委员会（SEC）的规定，NASDAQ 市场的

① 根据 2006 年 7 月 1 日施行的深交所新《交易规则》，国内投资者首次接触了境外市场广受欢迎的对手方最优价格申报和本方最优价格申报两种市价申报方式。据对手方最优价格申报和本方最优价格申报两种市价申报实施 3 个月的相关统计资料显示，接受投资者采用市价申报方式进行证券买卖极大地提高了市场的成交效率，特别是对手方最优价格申报，其在撮合等待时间、撮合效率等方面都比原有限价申报优势明显，受到了投资者尤其是个人投资者的欢迎。

② 按照《交易规则》的规定，投资者只能在有价格涨跌幅限制证券的连续竞价期间采用市价委托方式。

③ 即时成交剩余撤销申报相当于在不考虑行情信息差异的情况下，从“买一”价格开始依次作为卖出价格或以“卖一”价格开始依次作为买入价格，如申报无法全部成交，剩余未匹配量自动撤销的申报方式。

④ 全额成交或撤销申报是指在不考虑行情信息差异的情况下，如申报能与对手方队列完全成交的，则从“买一”或“卖一”开始依次配对，直至完全成交，如不能完全成交，则申报被全部撤销的申报方式。

⑤ 我国香港创业板市场也实行做市商制度，在我国港台地区就把这种制度翻译成“庄家制”，这种“庄家制”与我国目前市场上流行的“庄家”用语不同，我国目前市场上所谓的“庄家”是不合法的，而做市商是合法的“庄家”。

做市商有如下责任和义务：提供所负责证券的连续报价、随时准备以自有资金购买交投不活跃的股票而为交易对象造市、稳定市场价格和保证市场交易的公正有序、督促上市人遵守市场规则、为上市申请人和市场投资者提供咨询服务、接受 NASDAQ 的监督管理以及协助监管当局对市场进行管理等。做市商可选择经纪或者自营的方式完成委托，但必须履行最佳交易规则，同时应通过向其他三名做市商进行询价来确定公正的市场报价。NASDAQ 规定了加价和减价原则，规定加价和减价的幅度不得超过 5%，并告知投资者同意以及自己担当的角色，否则要承担民事责任。有研究表明，在提供流动性方面，报价驱动市场要优于委托驱动市场。① 与一种证券只有一个专家造市的纽约股票交易所不同的是，任何交易商可以成为纳斯达克市场某种证券的做市商，只要他们遵从全国证券交易商协会规则。②

做市商储备的证券和资金具有“保险功能”，做市商制度在价格稳定性和流动性方面具有不可比拟的优势。欧洲国家的二板市场的失败虽然与宏观经济因素有关，但最主要的还是来自于市场微观结构设计上的缺陷。大部分国家的二板市场同主板市场一样采用的是竞价方式的“指令驱动系统”，即使采取做市商制度，竞争也不够，如阿姆斯特丹证券交易所的“平行市场”是由两个负责报买卖价的经纪公司组成，一旦经济走下坡路，市场流动性不足很快就会显现。③

做市商为维持市场的流动性和价格的稳定性所提供的服务，会产生一些成本，并出现一定的风险甚至是极端的风险，在上述情况下，需要政府或者中央银行提供强大的支持或援助。如果市场不断下跌，为了维持流动性，做市商不得不大量买入证券以减少或消除蜂拥而来的卖出压力。在这种情况下，做市商为其履行做市义务不仅在持有的证券上遭受损失，而且可能会因储备资金消耗殆尽，不能履行做市义务，从而只能放任市场下跌。以 1987 年美国 10 月股灾为例，在这次股市暴跌中，在 1 天之内（10 月 19 日）美国几乎所有的证券公司都因大量接盘遭受重大亏损，耗尽了所有的储备资金，已无力履行做市义务。最终，美联储宣布了紧急援助计划，承诺其不惜代价保证市场的流动性，这一措施成功地让那些逼近破产边缘的证券公司起死回生。值得注意的是，做市商制度在价格稳定和流动性方面的优势要受到一些外生因素的影响。例如，由于做市商与机构投资者、特别是内幕信息交易者相比，必然处于信息劣势，当做市商同这些内幕交易者交易的时候，比较被动，做

① 聂祖荣、雷泽、高怡暄：“创业板市场流动性与交易制度选择”，载《中国证券报》2000 年 9 月 14 日。

② ［美］哈威尔·E. 杰克逊、小爱德华·L. 西蒙斯编著，吴志攀等译：《金融监管》，中国政法大学出版社 2003 年版，第 720 页。

③ 王开国等：《中国证券市场发展与创新研究》，上海人民出版社 2002 年版，第103～104 页。

市商为了防止上述风险，可能采取人们不愿意的措施：第一，它很可能不是按照连续的方式降低买卖价格，而可能采取一种激烈的、一步到位的方式调整买卖价格，以最大限度规避可能出现的、做市商目前暂时还不能遇见的风险，例如，做市商很可能将卖出的价格调整为7元，而买入的价格调整为6.5元。第二，做市商的每一个行为都将完全被社会公众所观察到，一旦做市商进行价格调整，社会公众就会猜测市场可能有什么他们还不知道的事情已经发展，这一猜测将使做市商的价格调整不是唤醒了更多的需求，而是激发了更多的供给（卖压），从而增加价格的波动。①此外，做市商还有其他一些负面作用：一是做市商有时扭曲市场机制，制造虚假的价格，影响市场公平交易。二是做市商可能合谋欺诈客户，部分做市商不遵循最优成交原则，甚至通过在报价时相互协商达成有利于做市商的市场报价、拖延成交回报导致不合理的价差以及泄露客户信息等方式合谋欺诈客户。三是垄断交易。由于做市商拥有资金和信息方面的优势，为获取较大的利益，会有迟延成交回报的时机的冲动，营造较大的买卖差价，同时做市商也尽量少披露或者不披露有关交易信息，从而做市商有可能利用自己特殊地位进行市场操纵和内幕交易。四是加大监管成本。做市商往往模糊自己的角色，同时为自己的最大利益，通过拖延披露成交回报、拒绝报价承诺和披露自己的买卖数量等方式牟取私利，而市场监管当局要取得这些确切的信息并实施惩罚性措施，必然要投入相当的力量。②

纽约证券交易所（NYSE）的专家经纪人制度有做市商的某种功能。纽约股票交易所是一个拍卖市场，有物理交易大厅，其中有负责某一证券造市的专家（specialist）进行交易。专家席是所有对某一股票感兴趣的经纪人碰面的场所。由专家负责股票的供需，专家还可保存设定限额的指令簿，客户可提出他们持股待价的指令。③ 专家经纪人制度也有缺陷：专家虽有保持交易的连续性的责任，但由于专家数量有限，资金和证券也有限，应对市场突变的能力自然受到限制。另一方面，专家经纪人的实力方面的限制，使其为市场流动性作出的贡献难以使中小企业股票活跃起来，这与竞争性做市商制度相比是大为逊色的，这是许多NASDAQ的上市公司不愿意转到NYSE上市的重要原因。

我国股票市场目前还没有推出做市商制度，但在金融市场中正在开展创新实践。2005年11月24日，国家外汇管理局宣布，决定在银行间外汇市场引入做市

---

① 吴风云、赵静梅："流动性、交易制度与'庄家现象'"，载《经济评论》2003年第4期。

② 聂祖荣、雷泽、高怡暄："创业板市场流动性与交易制度选择"，载《中国证券报》2000年9月14日。

③ ［美］哈威尔·E. 杰克逊、小爱德华·L. 西蒙斯编著，吴志攀等译：《金融监管》，中国政法大学出版社2003年版，第719页。

商制度。外汇局同时还决定从2006年第一个交易日起，在即期外汇交易中推出询价交易方式。美元做市商制度的推出，将改变人民银行被动买入美元的局面，相应的责任分散到各个做市商，人民币汇率形成更加市场化。外汇局发布了《银行间外汇市场做市商指引（暂行）》及《关于在银行间外汇市场推出即期询价交易有关问题的通知》两项规定。从《指引》发布之日起，凡符合条件的外汇指定银行可持规定的申请材料，向国家外汇管理局申请做市商资格，经核准后，履行做市商义务，并接受定期评估。做市商应履行的义务包括：在银行间即期竞价和询价外汇市场上，在规定的交易时间内，连续提供人民币对主要货币（含美元）的买、卖双向价格；在银行间即期竞价和询价外汇市场上，报价不得超过中国人民银行规定的银行间市场交易汇价的浮动幅度等。其权利则包括：适度扩大结售汇综合头寸区间，实行较灵活的头寸管理；具有参与外汇市场新业务试点的优先权等。

做市商不同于我国证券市场的“庄家”。应该肯定，“庄家”对我国证券市场的流动性作出了一定的贡献，连一般股民都知道要买卖有“庄”的股票。但庄家在某种程度上是市场的操纵者，它们的主要目的是制造市场气氛，以便获取暴利。庄家在背后进行操作，信息和交易程序都是不公开的，庄家的目的一旦达成，就撤出战场。当大多数庄家撤出市场，证券市场就进入了漫漫熊途。而做市商的做市义务却是法定化、程序化和公开化。做市商在某种意义上是庄家的天敌，它们对抑制庄家的内幕交易行为和操纵市场行为具有很大的作用。但做市商的行为也具有获取利益的动机，有时并不一定考虑市场的道德因素，因为做市商可能比一般投资机构更有条件掌握内幕信息，更有条件操纵市场，所以设计做市商制度一定要坚持科学和理性的原则，使做市商的行为公开、透明和程序化。

在创业板市场引进做市商制度，一定要进行科学设计，明确其权利、义务和责任，加强对做市商的监管，注重保护投资者利益。美国纳斯达克的做市商的行为和监管制度的经验值得借鉴。在美国，要成为做市商，必须使交易商豁免适用不是做市商时适用的证券法的一些条款，比如证券交易法第16条（b）的禁止短线交易的规定。同时，做市商的行为受到证券交易委员会和全国证券商协会的严密审查。全国证券商协会的《公平交易规则》为做市商确立了行为标准，以确保做市商以适当方式进行交易。做市商的首要义务是对客户负责，不得接受客户的报酬，否则影响其中立性。做市商有责任对其做市的证券进行双向报价，证券交易委员会规则要求做市商有履行这些义务的能力，必须保持对其做市的每种证券的一个账户不少于2500美元的净资本，同时累计净资本不少于25000美元，尽管不要求多于10万美元。证券交易委员会也赋予全国证券商协会监管权，包括收回做市商资格的权力。做市商也可以根据客户的指令或其他经纪人/交易商的指令进行无风险的交易，做市商自行交易的单独风险与其作为零售客户的代理人的责任有潜在的利益冲突。如果经纪人/交易商在推荐某种股票时没有披露其是做市商，构成严重的错误陈述，导致因违反证券交易委员会规则10b－5而产生的私法上的诉权。一般认为，从客户手中以低于市场的价格购买股票的做市商将承担交易欺诈的责任。除了对与推荐相联系的重大遗漏承担民事责任外，证券交易委员会规则要求披露做市商的身份。证券交易委员会规则10b－10规定，经纪人或交易商为客户达成交易，或诱使购买或销售证券而未披露经纪人是否作为客户的代理人或其他人的代理人，包括经纪人是否作为做市商或本人，这种行为是非法的。尽管规则10b－10规定了证券交易确认相联系的披露义务，符合要求也并不能完全免除欺诈责任。一般认为符合规则10b－10并不能免除做市商过高标价披露不能的责任。除了联邦法律结构外，做市商也可能违反蓝天法（州证券法），经纪人在一州内可能因为对做市行为不充分的披露而被中止营业。做市商一般由全国证券商协会和证券交易委员会的重要法规调整，包括对记录的审查以确保它们不得滥用做市商的地位。全国证券商协会密切监管以确保做市商有效维持市场流动性和秩序。[①] 在我国，做市商的资格条件和基本行为规则应当由中国证监会制定，具体的做市规则主要由创业板交易所的自律规则确定，中国证监会和创业板交易所有权对做市商进行监管，前者主要监管做市商的重要行为，后者主要对做市商的做市行为实施具体监管和实时监控。

（四）总结

由于委托指令驱动与做市商报价驱动两种交易制度都有非常明显的优缺点，因此创业板市场交易制度设计应该充分利用两种制度的优点，尽量避免其缺点。中国设立创业板市场初期不会有流动性问题，因此可延续主板市场的委托指令驱动交易方式。同时还应当以正常规模交易的交易制度为基础，对大宗交易的撮合方式、价格确定和信息披露等方面采取特殊的处理方式。

其实，多种交易方式制度是可以并存的，而且交易方式和技术可以进行完美的融合。纳斯达克市场通过两种途径为客户完成交易：一是做市商；二是电子自动撮合系统。多年来，大约500～600家符合要求的会员公司担任着纳斯达克市场的做市商，他们通过持续报价和买卖未能成交的证券为市场提供充分的流动性。信息和通讯技术飞速发展催生了电子撮合系统，也被称为“电子通讯网络”（ECN）。与占用资金和人员的做市商体系相比，电子系统成本更低，成交速度和质量明显改善，投资者也不必透露自己的真实身份；1997年，美国SEC批准群岛公司等4家ECN提供网上证券交易服务，短短3年时间，ECN完成的纳斯达克市场交易额就达到了30%。为了将这些专有交易系统和网络技术留在自己的市场上，同时将原先支付给ECN的费用变为自己的收入，维护和发展市场份额，纳斯达克开始收购

---

① ［美］托马斯·李·哈森著，张学安等译：《证券法》，中国政法大学出版社2003年版，第404～407页。

联系密切的ECN。2004年5月，纳斯达克以1.9亿美元的现金收购了BRUT ECN，该公司当时处理着纳斯达克市场14%的交易。2005年4月，纳斯达克宣布以18.8亿美元现金从路透集团收购极讯ECN。极讯公司近年来一直在和大宗交易（单笔1万股以上）领域保持成交速度和质量上的优势，为客户节约成本7～17个基点，这一水平高出竞争对手2～6倍。2004年该公司的交易费用又下降了5.4%，其纳斯达克交易量所占份额达到30%。它同时还拥有24个境外交易所的会员资格，在36个国际市场上从事交易活动。

既然我国实行交易所制度，已经实行的行之有效的竞价交易制度应当继续实行，并在此基础上引进相关的能够刺激市场流动性的制度，如纽约交易所的专家经纪人制度①。但是，随着上市企业的增多，对部分交易不活跃、流动性差的股票，在合适时间应考虑引入做市商制度，以增加其流动性，尤其是在创业板交易所的初级市场可以引进做市商制度。

有学者建议将保荐人制度和做市商结合起来，规定保荐人必须为其保荐上市证券提供不少于3年的做市服务。一方面，做市义务可以督促保荐人在遴选和推荐上市企业时勤勉尽责，发现真正具有成长性的企业，减少创业板市场的泡沫；另一方面，对于交易清淡、知名度不高的上市公司的证券，保荐人的强制性做市义务可以保证该证券至少有一名做市商提供流动性服务。② 笔者持赞同态度。由于做市的风险较大，所以对做市商的资格和标准，在资产规模、业务实力、人才配备、内部风险控制要严格进行规范，按照我国《证券法》的规定，做市商的注册资本至少应在5亿元人民币以上，而且还具有融资融券的便利条件，可以进入同业拆借市场获得资金，在紧急情况下（比如股市崩盘），中央银行可以通过商业银行进行注资。

---

① 2006年5月，经中国证监会批准，深圳证券交易所发布《深圳证券交易所交易规则》，规定深交所可以根据市场需要，实行主交易商制度，具体办法另行规定。

② 吴珊："我国创业板宜采取混合交易制度"，载《中国证券报》2001年5月25日。

第八章　创业板市场信息披露制度

投资者对其手中的股票价值的判断，唯一的途径就是了解其背后的真实资本的运行，否则证券投资与赌博没有什么两样。上市公司的信息披露是投资者确信股票价值的桥梁。创业板上市公司的经营风险本来就很大，只有一定的风险承受能力的投资者才愿意投资这个市场，如果上市公司及时、准确、完整、公平地披露其应当披露的信息，这些投资者投资失败，不会把怨恨施加于上市公司头上。创业板市场信息披露包括三个方面：一是发行人或上市公司及相关中介服务者（如保荐人、承销机构、会计事务所、律师事务所、资产评估机构等）的信息披露；二是证券交易所的交易信息披露①；三是特定情况下投资者信息披露②。这里，笔者探讨的是证券发行人和上市公司的信息披露制度问题。

一、证券市场的有效性和正义性离不开信息披露

（一）证券市场有效性的经济理论基础

1. 有效市场理论。美国芝加哥大学教授法玛认为，如果股票价格都充分地反映了全部相关信息，股票市场就进入了有效状态。有效的证券市场有三个特点：一是价格围绕价值波动；二是股价对新信息的反应是灵敏的；三是价格对价值的反映是无偏差的。如果反应过度，就有投资者反向操作，最终达到均衡。但有效市场理论的模型只是一种理想状态的设计，任何证券市场都不是完全有效的市场，只是有效程度的差别而已。证券市场的内在缺陷是证券市场自身不能克服的，它使证券市场依靠自身的自我调节不能实现完全有效状态。这里，我们仅从信息的非有效分布的角度加以分析。证券市场主体间的信息分布是不对称的：一是股东与公司之间的

---

① 包括两个方面：一是交易前委托信息的披露，主要包括委托的价量、种类、到达时间、委托单的来源及当前买卖价等信息；二是交易结果的信息披露，包括买卖双方名称、成交价量、开盘价、最高最低价、大额交易结果信息等内容。

② 比如大股东的股份变动信息，收购人所公布的收购要约及其相关信息等。

信息分布不对称，公司实际控制着公司财产的经营状况，因而垄断经营活动的信息；二是大股东与中小股东的信息分布不对称，大股东由于控制着公司的董事会和公司经营决策的权力，公司的经营管理者与大股东很容易有内幕信息的传递行为；三是证券市场的大垄断者（如证券公司、投资咨询机构、投资银行、机构投资者）与一般中小投资者之间的信息不对称，发行公司可能与证券公司等大垄断者形成紧密联系，公司要发行股票，需要保荐、承销、大比例的投资行为等，公司为了保持证券价格维持在一个相对高的位置上以利于发行新股或其他融资活动，如果没有证券公司等大垄断者的合作，很难成功。这样，发行公司就可能向证券市场的大垄断者传递内幕信息。[①] 要实现市场有效运行，必须克服阻碍有效市场的各种因素，信息的公平占有是有效性的一个基础性条件，但证券市场本身的局限性使公平占有遇到了强大的阻碍，因此需要一种外部的强制力量，尽量消除信息的非对称性占有。这个强制力量在法治社会自然就交给法律了。

2. 博弈理论。[②] 证券市场是个多方博弈的市场，其核心博弈关系有两类，一是发行人与投资者的博弈；二是投资者与投资者的博弈。如果从单个的投资或买卖行为看，是一个简单的一次性博弈，如果从证券市场的整体和长期的连续性角度看，证券市场是长期的重复博弈市场。对博弈当事人之间长期互动的性质进行考察后发现，博弈的不同阶段是相互依赖的，其结果是理性博弈当事人的决策不仅受到其过去经历的影响，而且还要受未来潜在可能性的影响。现实生活中的许多行为模式，比如奖励、惩罚、传送与泄露信息等都可以被看做是多阶段动态博弈。在动态博弈理论中，最重要的是重复博弈，即同样结构的博弈重复多次，其中的每次博弈称为“阶段博弈”。作为动态博弈的重要内容，重复博弈既可以是完全信息的重复博弈，也可以是不完全信息的重复博弈。在重复博弈领域中，关于完全信息博弈的最早结

---

① 张宇润等：《中国证券法：原理·制度·机制》，中国经济出版社2002年版，第74～75页。

② 博弈论始于1944年。数学家约翰·冯·诺伊曼（John von Neumann）和经济学家奥斯卡·摩根斯坦（Oskar Morgenstern）合作出版了《博弈论与经济行为》一书，概括了经济主体的典型行为特征，提出了策略型与广义型（扩展型）等基本的博弈模型、解的概念和分析方法，奠定了博弈论大厦的基石，也标志着经济博弈论的创立。1994年诺贝尔经济学奖获得者纳什（John）、泽尔腾（Reinhard Selten）、海萨尼（John Harsanyi）在非合作博弈方面的贡献进一步增加了博弈论的适用范围和预测能力。2005年诺贝尔经济学奖获得者罗伯特·奥曼（Robert J. Aumann）和托马斯·谢林（Thomas C. Schelling）又进一步发展了非合作博弈理论，并开始涉及社会学领域中的一些主要问题。谢林指出，许多人们所熟知的社会交互作用可以从非合作博弈的角度来加以理解；奥曼也发现一些长期的社会交互作用可以利用正式的非合作博弈理论来进行深入分析。参见何德旭、王朝阳、应寅锋：“博弈论使他们获得2005年诺贝尔经济学奖”，载《南方周末》2005年10月13日。

果出现在20世纪50年代，但确切出自何人之手却无从得知，这被称为“佚名定理”（the Folk Theorem）。该定理认为，重复博弈的策略均衡结局与一次性博弈中的可行的个体理性结局恰好相一致。重复博弈的另一种类型是非完全信息重复博弈。与完全信息不同的是，在非完全信息条件下，行为人不会拥有被重复着的一次性博弈所具有的相关信息。在这种情况下，博弈进行重复的关键在于行为人能从其他行为人的活动中获取和了解信息。其中一个参与者比另一个参与者拥有更多的信息（即所谓的单边不完全信息），拥有更多信息的参与者所使用的（或披露的）信息数量是被精确地决定的。① 在信息不完全的情况下，单个博弈和重复博弈不能实现有效均衡，因为信息优势一方明显地处于心理的强势地位，而有效均衡应该是一种主观和客观上共同的均衡，是博弈双方买也不愿和卖也不愿状态下的均衡。可见，信息的完全有效的披露对博弈的均衡具有基础性意义。

信息披露对市场的影响十分巨大。尽管2002年美国经济呈现增长的势头，世界通信公司在2002年7月1日提交给美国证券交易委员会的报告中表示，它已扩大了对财务虚假问题的调查范围，显示最终结果比6月25日公布的情况（6月25日公布虚增收益38亿美元）还要糟糕，这更增添了投资者对企业财务问题的担心。由于投资者信心不足，华尔街股市在小幅波动后一路下滑，纳斯达克的指数跌幅高达4%，纳斯达克指数重挫59.41点，以1403点收盘，为1997年以来新低。6月27日停牌3日的世界通信7月1日开盘，该股暴跌77美分，跌幅达93%，创下单只股票单日最大跌幅，成交15亿股。投资者对公布收益预警或披露不利消息的公司股票的抛售近乎疯狂。纳斯达克市场，软件供应商Talx的股票跌4.59美元，收于14.37美元，此前公司承认，美国证券交易委员会正在调查该公司2001年进行大股东转售情况。网络试验设备制造商Catapult Communications下跌51%。小型科学软件制造商Tripos跌幅达60%，此前该公司称目前不再认为第二财政季度能扭亏为盈。② 好的信息对证券权利的价值起支撑作用，坏的信息自然起抑制作用。但坏信息的及时公布，对消除市场泡沫，使之回归真实具有积极意义。如果对坏信息隐瞒不报，甚至发布虚假信息，就会使泡沫越来越大，一旦问题暴露，就可能引起连锁反应，使投资者丧失信心，引发证券市场的危机。

（二）证券市场的正义性

正义是法律的最高追求，包含平等、自由、公平和信用等诸种要素，它反映了社会主体对社会行为、社会关系以及由此产生的社会规则的最高程度的认同。证券

① 何德旭、王朝阳、应寅锋：“博弈论使他们获得2005年诺贝尔经济学奖”，载《南方周末》2005年10月13日。

② 晓章：“纳指暴跌创新低”，载《中国证券报》2002年7月3日。

市场的正义是社会正义原则在证券市场的具体表现。其实质要求是：证券市场的主体的行为符合社会公正的标准，私人意志与参与者的共同意志取得了平衡，私人利益与社会利益取得了平衡，参与者对证券市场的规则和结果表示满意，即使遭受亏损也不会抱怨规则及其实行。民法正义的核心要素是自由，主体平等是基本的前提。民法的正义精神在抽象的一般领域，有无限伸展的空间，在具体生活实践中，它的适用空间只局限于一般自然人之间的关系领域。稍稍超越这个领域，就发生民法的社会化问题，民法抽象的正义理念就要发生具体化的解释，或被社会化因素补充。在证券市场中，交易主体的平等身份自然是交易的前提，自由也是交易的必要要素。但由于交易双方的信息不对称，证券发行人垄断体现证券内在价值的信息，与发行人关系紧密的人就占有了信息上的优势，而这些优势并不是依靠垄断者及其关系人的智慧和付出的努力而取得的，而是因为他们的身份和地位取得的，这是主张民法的抽象意义上的平等显然是不公正的。只有通过对证券发行人和关系人实施强制信息披露，降低发行人及其关系人因为垄断信息对交易双方造成的不平衡的影响。如果是自己的预测、判断和操作能力造成的不公平的交易结果，符合正义的要求；如果是因为信息披露不及时、不规范、不完整或者误导性陈述等原因所造成的不公平的交易结果，则为证券法的正义所否定。①

对于广大投资者来说，据以判断一家公司是否具备投资价值的主要依据是该公司公开披露的各项信息，因此披露是否充分、及时和真实至关重要。而对此香港证监会和联交所可谓深得个中要领，早在Summers海外有限公司及其董事朱耀铭被诉一案和腾达智能（0691. HK）主席和执行董事造假一案中，证监会就意识到信息披露监管任重道远。Summers公司拥有中策集团（0235. HK）5. 97%权益，但未向中策集团和联交所进行披露，其于2003年7月11日出售该项权益后，也直至2003年9月26日才做出申报。证监会根据《证券及期货条例》对二者作出起诉。腾达智能（0691. HK）主席和执行董事造假一案也震动了香港证券市场。该公司主席许培新及执行董事蔡雅娟串通职员捏造虚假业务及财务记录，将当年营业额及股东应占纯利分别改写为超过2. 12亿元及4300万元。为了实现证券市场正义，香港证监会关注大股东质押行为。大股东由于往往身兼企业的管理者，其言行与股价波动息息相关。2004年香港市场上因为大股东行为而导致股价大幅跳水的场景此起彼伏，监管机构于是打算添加要求大股东披露股权质押情况的规定。在一系列跳水事件中，真正引起市场和监管机构广泛关注，并一度导致市场对民营企业风声鹤唳的是远东生物制药（0399. HK）及随后的系列民企股价跳水。远东生物股价在6月17日一日之内下跌了92%。事后调查显示，股价下跌的直接原因在于该公司主席蔡崇真的股权质押。没过几天，又有浙江玻璃（0739. HK）、东大照明

① 张宇润等：《中国证券法：原理·制度·机制》，中国经济出版社2002年版，第76页。

(8229. HK) 等一日之内股价跳水 70%、42%，且事后调查表明，均与大股东行为有密切关系。所有这些跳水事件，不仅让监管机构考虑要求大股东披露相关事宜，也让他们研究引进停板机制的可能性，以便更好地保护中小投资者利益。①

2006 年 9 月，深交所发布《上市公司公平信息披露指引》。《指引》规定："当上市公司（包括其董事、监事、高级管理人员及其他代表上市公司的人员）、相关信息披露义务人发布非公开重大信息时，必须向所有投资者公开披露，以使所有投资者均可以同时获悉同一的信息；不得私下提前向特定对象单独披露、透露或泄露。"《指引》在相当程度上削弱了证券分析师、机构投资者和新闻媒体等在选择性信息披露时期所具有的信息优势。该《指引》要求对于包括分析师在内的特定对象在对上市公司及相关人员进行调研、沟通时不得要求透露非公开重大信息，中小板的指引还要求特定对象签署承诺书。从国外制度及其实践看，主动打探非公开重大信息会使分析师面临两难境地：无法使用该信息、无法写进分析报告；使用该信息会涉嫌内幕交易行为。虽然国内法律尚未对分析师获取内幕信息问题作出明确规定，但法律原则肯定是持否定态度的。强调公平信息的披露，抑制选择性信息披露，有助于市场价值的发现和市场信心的稳定。证券市场价值的有效确立在很大程度上取决于投资者决策所依据的信息质量，即发行人发布的信息质量。证券监管部门和证券交易所都是把信息披露监管作为核心，积极专注于提高上市公司质量，完善强制性信息披露制度，鼓励上市公司自愿性信息披露。从深交所 2006 年 9 月以来的监管思路看：一是扩大和延伸监管范围，开始着手强化上市公司控股股东②和最终实际控制人信息披露义务，制定了《信息披露工作指引第 2 号：股东和实际控制人信息披露》。根据现有的《上市公司收购管理办法》、《上市规则》等有关规定，上市公司股东和实际控制人须披露有关收购及股份权益变动等信息，工作指引第 2 号中再次予以明确，同时要求将所有与其相关且可能影响上市公司股票及衍生产品交易价格的信息及时告知上市公司。二是加强市场监控与停牌披露机制，出台了《信息披露工作指引第 3 号：股票交易异常波动》对股票交易异常波动时上市公司信息披露作出了明确规定，并通过停牌手段，强制存在重大信息而又拒不披露的公司披露相关信息。指引第 3 号列出了股票异常交易波动的三大监控指标：连续 3 个交易日内收盘价格涨跌幅偏离值累计达到 20%；ST 和 *ST 股票连续 3 个交易日内日收盘价格涨跌幅偏离值累计达到 15%；连续 3 个交易日内日均换手率与前 5 个交易日内的日均换手率的比值达到 30 倍，并且该股票连续 3 个交易日内的累积换手率达到 20%。达到上述指标，上市公司需要发布公告，说明是否存在应披露而未披露信息。

① 黄立锋："香港市场频吹'监管风'"，载《中国证券报》2004 年 9 月 3 日。

② 指引第 2 号将股东界定为持有或拟持有上市公司 5% 以上股份的股东或潜在股东。

正义性所蕴涵的不仅是现实的经济成本，而且是整个社会及其制度的综合成本。在某种意义上它超越了简单计算的现实的经济成本。2001年以来，安然公司、世通公司造假丑闻曝光，美国参众两院迅速出台了公司改革法案——《公众公司会计改革和投资者保护法案》（即《萨班斯－奥克斯利法案》）。从2006年7月15日开始，所有在美上市的外国企业，都必须执行《萨班斯－奥克斯利法案》。该法加强了上市公司内部约束体系和经营控制者（首席执行官和首席财务官）的自我约束机制，一旦财务报表被证实存在违规不实之处，首席执行官将面临10年到20年的刑期和100万美元到500万美元的罚款。404条款是该法中最难操作、最复杂、耗费成本最高的条款。该条规定，在美国上市的公司必须建立内部控制体系，内部控制活动的记录不仅要细化到产品付款时间这样的细节，而且对重大缺陷要予以披露。即使其操作成本很高，美国政府的态度也是坚决的，可见其对信息披露的重视程度。① 如果一个市场体系垮台，投资者对证券市场失去信心，其损失又是何其巨大。比如，安然事件所引发的股市暴跌和对整个世界股市的影响以10万亿美元损失代价计算。

二、创业板市场比主板市场更强调信息披露

（一）信息披露的地位

从证券法的规范内容和监管者的态度，信息披露制度是证券法大厦的基础。

美国证券法是世界上最发达和最完备的证券法，也是世界各国创建证券市场和发展证券市场学习的楷模。其法律的基本精神就是信息公开主义。美国1933年《证券法》规定，初次公开发行的公司必须登记注册，并公布招股说明书。1934年《证券交易法》对此又作了补充，并规定了持续公开义务。这种持续公开义务的范围在1964年《联邦证券法》的修正案中更扩及到场外店头市场股票交易的公司。美国信息公开制度主要包括三个方面的内容：（1）初次发行的公开；（2）继续的公开；（3）内部关系人交易的公开。2001年以来，安然公司、世通公司作假丑闻曝光后，引发连锁反应，造成了300多家上市公司申请破产保护。美国参众两院2002年迅速出台《公司会计改革法案》（即《萨－奥法案》）。这一法案法律效力适用于在美国证券交易委员会注册的约1.4万家公司。在2005年纳斯达克中国论坛上，纳斯达克中国首席代表劳伦斯·潘指出，由于IPO或者后续信息披露时存在虚假陈述和误导，已有7家中国概念股公司在美国成为被告，概率差不多为30%

① 据国际财务执行官组织对321家企业的调查，美国大型企业第一年实施404条款的平均成本超过460万美元，其中包括3.5万小时的内部人员投入、130万美元的外部顾问或软件费用及额外审计费用。

(23 家公司)。其中网易和空中网分别花费了 450 万美元和 350 万美元来达到和解，其诉讼成本相对较高。①

我国的证券法的信息披露制度借鉴的主要是美国经验。我国《证券法》和相关法律法规对强制性信息披露制度作了比较充分和具体的规定：一是规定了证券发行信息公开制度，如预披露制度、招股说明书、发行公告，其中招股说明书最为关键；二是规定了信息公开的保荐人监督制度；三是规定了公司上市信息披露制度，如上市公告书；四是规定了持续信息公开制度，如临时报告、季度报告、半年度报告、年度报告等②；五是规定了上市公司收购的信息披露制度；③ 六是规定了违反信息披露的行为的法律责任。涉及信息披露的规范性文件不仅有《证券法》、《公司法》等正式法律，还包括国务院的行政法规，尤其是中国证监会的关于信息披露的行政规章和大量的格式准则，证券交易所也有大量的自律性规则涉及信息披露的规范。这个信息披露制度框架体系从原则性规范到操作性规范，从信息披露的内容、形式到手段，都作出了较为合理的规定，并参考了国际通行的规范，披露标准较高。基本上达到了国际一般水准，并适应了几个不同证券市场的特殊性要求。

---

① 劳伦斯·潘还指出，深圳中小板对纳斯达克来说，有很多借鉴的地方，作为门类齐全的综合平衡的交易所，纳斯达克不仅满足了高科技企业的需要，同时又是创新经济的需要。

② 中国证监会发布并多次修订《公开发行证券的公司信息披露内容与格式准则第 1 号——招股说明书》、《公开发行证券的公司信息披露内容与格式准则第 2 号——年度报告的内容与格式》、《公开发行证券的公司信息披露内容与格式准则第 3 号——中期报告的内容与格式》、《公开发行证券的公司信息披露编报规则第 13 号——季度报告内容与格式特别规定》等规范性文件。比如 2007 年 3 月底，中国证监会发布《公开发行证券的公司信息披露编报规则第 13 号——季度报告内容与格式特别规定》(2007 年修订)，对相关内容作了提示。公司季度报告中的财务报告可以不经审计，但如果经审计被出具带强调事项段的无保留意见、保留意见、否定意见或无法表示意见的审计报告，季度报告须在“重要提示”一节中有提醒的字样：××会计师事务所为本公司出具了带强调说明段的无保留意见（或保留意见、否定意见、无法表示意见）的审计报告，本公司董事会、监事会对相关事项也有详细说明，请投资者注意阅读。13 号文还列示了季度报告须披露的重要事项，如主要会计报表项目、财务指标发生大幅度变动的，应当说明情况及主要原因。公司如果预计年初至下一报告期期末的累计净利润可能为亏损或者与上年同期相比发生大幅度变动，应当予以警示并说明原因等。

③ 中国证监会 2006 年 8 月发布与《上市公司收购管理办法》配套的信息披露内容与格式准则第 15 号至第 19 号。这 5 个信息披露准则包括《权益变动报告书》、《上市公司收购报告书》、《要约收购报告书》、《被收购公司董事会报告书》、《豁免要约收购申请文件》。上述信息披露内容与格式准则于 2006 年 9 月 1 日起与《收购办法》同步施行。这些重新修订的信息披露规则，适当减少了以往过于繁杂的收购人财务信息的披露，代之以财务顾问对收购人的实力进行核查。经过修订的这些配套文件，根据重要性原则，突出强调了收购人披露信息的实用性和有效性，强化了上市公司控制权变化的透明度。

（二）创业板市场比主板市场更强调信息披露

与主板市场相比，创业板市场的风险更大。主板市场的公司已经形成规模，运作的时间较长，经营的规范化程度较高，有较好的市场占有率，抵抗风险的能力较强，在相当长的时期内具有相对的稳定性。而创业板市场的公司一般处于创业阶段的中后期和成长阶段的初期，企业的规模较小，市场的适应能力和公司治理方面相比主板市场的公司，总体上要逊色。处于创业时期的公司，风险比较大，而且创业板公司有不少是高新技术公司，有可能跟不上技术的更新换代而被淘汰，创业板市场公司的淘汰率要远高于主板市场的公司。有关监管机构对上市申请人的评估能力有限，也不试图对上市申请人的经营能力和发展前景进行评估。市场监管的重点是上市申请人或上市公司有关信息的详尽、准确和及时地披露，要求披露的内容更加全面和深入。强化信息披露的目的是让投资者对创业板公司的风险性和成长性作出正确而及时的判断。投资者投资失败，不会怪罪发行人和监管者，只怨自己的运气不好或判断失误。创业板市场是个很容易被操纵的市场，由于企业发行的股份数量较少，公司股价很容易被操纵，而操纵股价的一个前提是占有优势信息，如果信息公平披露，一个理性的投资者的意志不容易被操纵行为所控制。

香港创业板市场的监管理念是强调“买者自负”，不同于主板市场的公司本身条件为本和信息披露为本相结合的监管取向，创业板市场实行的是更加以信息披露为重的监管机制。申请创业板上市的公司尚处于成长期，未来的发展和盈利不确定性很大。同时对投资者本身的素质也提出了更高的要求，要求投资者能对创业板市场上市或即将上市的公司的经营能力和成长潜力进行自行评估，并有一定的风险承受能力。监管机构不提出投资价值和风险程度的任何建议，不对利弊作出判断。创业板市场监管的重点在于通过立法和强化监管方式尽可能消除市场信息的不对称分布，以规范市场行为。特别强调股票发行人及时、完整地向公众披露有关的信息，减少不公平利用信息优势的机会。使投资者有足够的信息，充分权衡利弊，作出自己的投资决策。①

保荐人制度是创业板市场信息披露系统中至关重要的组成部分。保荐人制度是国际上创业板市场通行的上市人制度。保荐人的作用在于指导和帮助上市公司的行为符合有关法律的规定。在信息披露方面，保荐人对上市公司的保荐期为 2 至 3 年，在此期间，保荐人要协助上市公司正确披露信息，一旦上市公司出现信息披露方面的问题，保荐人负连带法律责任。保荐人的基本职责：一是负责发行人的上市辅导和推荐，核实公司发行文件与上市文件所载资料的真实、准确和完整，协助公司建立严格的信息披露制度；二是在公司上市后的规定时间内继续协助和督促公司

---

① 姚铮：“我国股票二板市场的制度设计”，载《金融与保险》2001 年第 3 期。

遵守上市规则，完成招股计划书中提出的目标，履行持续信息披露义务。①

我国中小企业板市场可以说是创业板的预演，从其建立以来，就更加重视信息披露制度建设。比如，2004年7月1日，沪深交易所分别发布了《上市公司2004年半年度报告的通知》，布置了主板上市公司以及中小企业板上市公司2004年半年报披露工作。2004年半年报的编制和披露工作是中小企业板块上市公司首次履行定期报告披露义务。2004年半年报中小企业板公司被要求披露的内容与主板上市公司大体相同。考虑到未来中小企业板的发展趋势，中小企业板上市公司首次定期报告披露的内容与主板公司还是存在某些差距。具体比如：上市公司半年报业绩预测方面，主板公司要求必须在7月15日以前完成，而对中小企业板公司没有这样的要求；上市公司需要在与交易所确定的披露期限前公布半年报，如遇特殊情况，不能在确定的期限前披露的，主板公司应当至少提前3个交易日向交易所提出申请，而中小企业板则需要至少提前5个工作日。最大的区别在于，中小企业板公司半年报必须披露公司开展投资者关系管理②的情况，促进上市公司与投资者之间的交流。中小企业板上市公司被要求增加披露投资者关系管理负责人的姓名、地址、投资者关系管理咨询电话和电子信箱，在半年度报告全文以及摘要的"重要事项"中增加披露公司开展投资者关系管理的具体情况。交易所特别制定了披露内容比主板公司更为详细的"公司基本情况简介"和"其他重大事项及其影响和解决方案的分析说明"。

事实上，针对中小企业板的创立及其肩负着未来发展为创业板的任务，监管部门从其开设之初，就将加强投资者关系管理作为各项工作的重点。2003年10月，深交所率先推出《深圳证券交易所上市公司投资者关系管理指引》，对投资者关系管理负责人、自愿性信息披露、投资者关系活动等方面作出详细的规定。随后，深交所于2004年5月份发布《中小企业板块上市公司特别规定》明确规定：中小企业板块上市公司应当在定期报告中新增披露公司开展投资者关系管理的具体情况。显然，对于中小企业板上市公司来说，不仅仅是在半年报，在两次季报以及年报中，都需要披露其开展投资者关系管理的情况。借中小企业板正式推出之际，深交所又发布《中小企业板块上市公司诚信建设指引》，更为详细地指出，中小企业板上市公司可以采取诸如"指定一名高级管理人员担任投资者关系管理负责人，全面负责公司投资者关系管理工作，并由具体部门承办投资者关系管理的日常工作……设立专门咨询电话接待投资者的咨询……在公司网站设立投资者关系管理专

① 刘彩晖："创业板市场需建立完善的信息披露制度"，载《中国改革》2001年第5期。

② 投资者关系是指上市公司的股权、债权投资人或潜在投资者之间的关系。投资者关系管理，则是指上市公司通过各种形式的投资者关系活动，加强与投资者和潜在投资者之间的沟通，增进投资者对上市公司了解的管理行为。

栏，并开设论坛……设立投资者关系管理专用信箱……进行各种形式的公开路演、分析师会议、投资者说明会等”措施。①

（三）信息披露的基本原则

1. 真实、准确、完整的原则

上市公司及相关信息披露义务人应当严格遵守法律、行政法规、部门规章和交易所业务规则，真实、准确、完整地披露可能对股票及其衍生品种交易价格或投资者决策产生较大影响的信息，不得有虚假记载、误导性陈述或者重大遗漏。

创业板市场的信息披露制度在强调真实、准确和完整性方面更强调自己的特色。真实性是信息披露的首要原则，真实性要求发行人披露的信息是客观真实的事实，而且披露的信息必须与客观发生的事实相一致，发行人要确保所披露的重要事件和财务会计资料有充分的根据。完整性原则又称充分性原则，要求所披露的信息在数量上和性质上能够保证投资者形成足够的投资判断意识。准确性原则要求发行人披露信息必须准确表达其含义，引用的数据应有资料来源，不得使用模糊性语言或广告式语言。创业板公司属于创新类公司，本来就存在很大的不确定性和风险性，在真实性、完整性和准确性方面应有更严格的要求，要结合自身特点对其当前的业务活动和未来的业务目标作出全面、详细的表述，包括技术开发、技术引进、技术更新、相关技术的国内外动态、技术骨干的情况、产品生产、市场开拓、对外合作、盈利情况等。业务目标的表述要具体说明实现有关目标的步骤、所需的条件和存在的不确定因素，在不确定性较大的情况下，应如实地说明各种可能的结果，并说明各种可能结果的大致概率。为此，有学者建议，对二板市场制定专门的《公开发行股票公司信息披露的内容与格式标准》。②

2. 及时原则

任何信息都具有时效性，过期的信息不再具有价值。及时披露信息可以保证即期的证券价值的真实性。及时披露信息也是公平信息披露的一个重要方面，可以防止内幕交易行为或减少内幕交易行为的危害后果，创业板市场信息披露的及时性更为重要。及时性原则又称时效性原则，包括两个方面：一是定期报告的法定期间不能超过；二是重要事实的及时报告制度，当原有信息发生实质性变化时，信息披露责任主体应及时更正和补充，使投资者对证券价值能够准确把握其变化。香港《创业板上市规则》第17.06条规定：“与本章所载有关披露的持续责任旨在确保在《创业板上市规则》第17.10条所述情况下即时发放资料。指导性的原则是：预期属股价敏感的资料必须在有所决定后即时发放。在此之前，发行人及其顾问务

① 田磊：“投资者关系管理，中小板的必修课”，载《中国证券报》2004年7月3日。

② 姚铮：“我国股票二板市场的制度设计”，载《金融与保险》2001年第3期。

必严守秘密。"《创业板上市规则》第17.10条规定："一般而言，除遵守《创业板上市规则》的特定要求外，发行人须在合理可行的情况下让本交易所、发行人的股东及其上市证券的其他持有人尽早获悉与集团有关的任何资料（包括有关并为众所周知的集团业务范围的任何主要新发展的资料），而该等资料：（1）乃属可令彼等及公众人士评估有关集团状况所需者；或（2）乃属避免为其证券建立一个虚假市场所需者；（3）乃属可合理预期将会重大影响其证券的市场活动及价格者。"

过去，只有美国上市公司实行季度报告披露制度，西欧大陆国家只有半年度和年度报告制度，但创业板市场则推行季度报告制度，德国证券交易所决定自2001年第3季度起，加大二板上市公司信息披露的力度，在二板市场挂牌的公司必须依据市场规则，按国际财务IAS或US—GAAP标准公布季报。新标准不仅要求季报必须披露季度内的财务结算、盈利和损益以及资本流动的情况，还必须披露公司订单的情况、收益的分配、合作项目和合作方的数量、季内分红、研究和发展的状况，以及投资项目等翔实内容。同时季报对核心数据要采取统一的表述。① 香港在推出创业板时，主板市场没有季度报告制度，但创业板市场则实行季度报告制度。② 我国在2000年开始酝酿创业板市场时，主板市场也没有季度报告，但当时的创业板咨询文件则规定了季度报告制度。我国主板市场的季度报告制度当初还是人们设计深圳创业板市场的时候提出的，后来由于各种原因创业板市场没有推出，才开始引进主板市场的。当初引入主板市场的季度报告制度，也是从风险较高的ST类公司开始的，后来扩展到所有的上市公司。

如今，我国主板市场已经建立了年报制度、半年度报告制度、季度报告制度和重大事项的及时公告制度，及时性的效果比以前有很大改观。创业板市场信息披露应比主板市场更强调及时性原则，因为创业板市场的公司受到市场不确定性影响的因素更多，自身抵抗风险的能力也比主板市场的成熟大公司弱，为了保护投资者的利益，应让投资者及时掌握影响公司价值的信息。根据及时性原则，信息披露越及时和越相关，投资风险就越低。风险越大，就应当更注重及时披露信息。2004年12月27日，深交所在发布《关于做好上市公司2004年年度报告工作的通知》的同时，还就中小板块试行年度业绩快报制度专门发出通知，要求年报预约披露时间在2005年3月和4月的公司应当在2005年2月28日之前披露年度业绩快报，主要内容包括2004年度及上年同期主营业务收入、主营业务利润、利润总额、净利润、总资产、净资产、每股收益和净资产收益率等数据和指标，同时披露比上年同

① 参见《中国证券报》2001年7月25日。

② 港交所于2007年8月31日刊发《有关定期财务汇报的咨询文件》，建议缩短主板发行人刊发半年度及年度业绩报告及报告的汇报期限；引入主板发行人披露季度业绩报告的规定；及修订《创业板上市规则》中的季度报告规定以与主板新规定一致。

期增减变动的百分比，对变动幅度超过30%以上的项目，公司还应当说明原因。如果年度业绩已经提前泄露，上市公司应当立即披露年度业绩快报。

2007年7月24日，深交所发布《关于在中小企业板实行临时报告实时披露制度的通知》，决定自2007年8月6日起在中小企业板实行临时报告实时披露制度。上市公司履行临时报告信息披露义务时，应当将临时报告文稿和相关备查文件通过中小板网上业务专区和深交所认可的其他方式在第一时间报送深交所，经深交所登记确认后通过中国证监会指定信息披露网站——巨潮资讯网（www.cninfo.com.cn）对外披露。深交所规定，上市公司报送的临时报告在上午11：30前获得该所确认的，于当日中午11：30~13：00期间在指定网站披露；在上午11：30后获得该所确认的，于当日下午15：30后在指定网站披露。中小板公司在中午休市期间通过指定网站披露的临时报告涉及深交所《股票上市规则》规定的停牌事项的，相关证券从当日下午开市时起停牌。公司在下午15：30之后通过指定网站披露的临时报告涉及停牌事项的，相关证券在次一交易日的停复牌参照深交所《股票上市规则》有关规定执行。

3. 公平披露原则

公平披露（Fair Disclosure，FD），是指当上市公司及其相关信息披露义务人发布未公开重要信息时，必须向所有投资者同时公开披露，其对应的概念是选择性信息披露，即有些信息只向某些特定的对象（如大股东、机构投资者、证券分析师等）披露。香港《创业板上市规则》第17.08条规定："为信守本章所载与披露有关的持续责任，发行人的董事必须确保不会在一方没有掌握股价敏感资料而另一方则管有该等资料的情况下进行买卖。"为了保证中小投资者能够充分获得信息，美国证券交易委员会（SEC）在2000年8月通过了一项新规定，从2000年10月23日起，美国上市公司公开财务信息时，对证券分析师和中小投资者一视同仁，即以往上市公司与证券分析师和机构投资者之间的先行沟通不复存在，中小投资者将与他们一同分享相关信息。此即为同年10月美国正式生效的公平披露（FD）规则法案。①

2006年8月17日，深交所发布《中小企业板上市公司公平信息披露指引》规定，上市公司与机构投资者、新闻媒体等特定对象进行直接沟通前，应要求特定对象签署承诺书。特定对象应承诺，不打探未公开的重大信息，不利用无意获取的未公开重大信息，投资价值分析报告、新闻稿等文件对外发布或使用前知会上市公司。承诺书应明确违反承诺的责任。《指引》就中小板公司如何保证公平信息披露提出8项原则性要求，并针对各种可能发生的选择性披露或重大信息泄密的情形作出详细规定，对上市公司内部管理的制度建设和执行提出要求。在监管方面，《指

① 谢盐："信息公平是各方博弈的结果"，载《中国证券报》2006年9月26日。

引》明确交易所可调阅上市公司投资者关系活动档案，将监管措施情况及公平信息披露的考核情况记入中小企业板诚信档案，并视情况向社会公开。

2007年8月15日，中国证监会发布《关于规范上市公司信息披露及相关各方行为的通知》，《通知》要求上市公司及相关信息披露义务人应当严格按照《证券法》、《上市公司信息披露管理办法》（证监会令40号）的相关规定，切实履行信息披露义务，公平地向所有投资者披露可能对上市公司股票交易价格产生重大影响的重大事件，以使所有投资者均可以同时获悉同样的信息，不得有选择性地、提前向特定对象单独泄露。特定对象包括（但不限于）从事证券投资、证券分析、咨询及其他证券服务业的机构、个人及其关联人等。而对于上市公司计划中的重大事项已经泄露的，应及时向证券交易所主动申请停牌，直至真实、准确、完整地披露信息。在停牌期间，上市公司应当至少每周发布一次事件进展情况公告。《通知》规定，剔除大盘因素和同行业板块因素影响，上市公司股价在股价敏感重大信息公布前20个交易日内累计涨跌幅超过20%的，上市公司在向中国证监会提起行政许可申请时，应充分举证相关内幕信息知情人及直系亲属等不存在内幕交易行为。上市公司涉及行政许可及无先例、存在重大不确定性、需要向有关部门进行政策咨询、方案论证的重大事项的，上市公司应当向中国证监会提交内幕信息知情人员以及直系亲属在事实发生之日前6个月内有无持有或买卖上市公司股票的相关文件，并充分举证相关人员不存在内幕交易行为。

4. 诚实信用原则

诚实信用原则是信息披露的活的灵魂，上述信息披露原则都体现了诚实信用原则的精神。信息披露义务人应当遵循诚实信用原则，及时、准确、真实和完整地披露应当披露的信息，自愿披露法律、行政法规、部门规章和本所业务规则规定应披露信息以外的其他信息。信息披露应保证所有投资者有平等的机会获得信息，不得进行选择性信息披露。信息披露存在前后不一致的情形，信息披露义务人应及时说明原因并披露，情节严重的，信息披露义务人应向投资者公开致歉。

关于预测性信息的披露，即“软信息”的发布，它是相对于事实性的、客观上可以核实的资料的“硬信息”而言。美国法律中曾经一度禁止发布“软信息”，到1979年才有所改变。根据香港《创业板上市规则》，上市文件无须刊载盈利预测；如上市文件刊载盈利预测，则须说明该项预测所根据的各项主要假设（包括商业假设）；上市文件内的盈利预测所根据的各项假设，必须为投资者提供有用的资料，协助他们决定该项预测是否合理可靠；有关假设应使投资者注意该等会严重影响预测的最终结果的不明朗因素，并在可能范围内计算出有关影响；该等假设应为具体而明确的假设。① 根据中国证监会和证券交易所对信息披露的要求，预测性

① 参见香港《创业板上市规则》第14.28条、第14.29条、第14.30条。

信息披露已从过去的强制披露、自愿披露两类趋向于均应强制披露的方向转变。预测性信息包括公司发展的预测性信息和盈利预测的预测性信息两类，前者如公司发展规划披露制度，后者为包括年度业绩和中期业绩在内的业绩盈亏预告制度，其包括预亏公告、预警公告（含风险提示性公告、风险警示性公告）、业绩大幅上升公告三种，证券交易所对此也进行检查，而发行人在发布盈利预测时应当向投资者说明存在不确定性的特征。披露预测性信息，披露人应根据诚实信用、合理原则加以披露并在此基础上获得免责。① 沪深交易所在2006年5月份发布新的《股票上市规则》，取消了在季度报告和中期报告中预计下一报告期业绩的规定，改为及时通过临时报告对年度业绩进行预告，鼓励公司披露年度和中期业绩快报。业绩预告公司的刊登时间最迟不得晚于该报告期结束前一个月。

诚信披露义务是上市公司及相关责任主体对投资者的基本义务之一，其对应的是投资者的知情权，上市公司及相关主体应充分满足投资者的知情权。2006年1月12日，深圳证券交易所发布《中小企业板投资者权益保护指引》，其中第三章标题为“强化信息披露，维护投资者知情权”。《指引》的相关规定都是诚信披露原则的具体体现。

《指引》第13条规定，上市公司在自愿披露预测性财务信息时，应当履行内部审计程序，并向投资者作出风险警示，说明预测所依据的假设和不确定性，并根据实际情况及时修正先前披露的信息。

《指引》第14条规定，控股股东或实际控制人出现下列情形之一的，引起上市公司股票及其衍生品种交易发生异常波动或出现市场传闻，应及时通知上市公司报告交易所并予以披露：对上市公司进行重大资产重组的；与上市公司进行提供大额财务资助、签订重大合同、转让重要技术等交易的；与特定对象进行旨在变更、转让上市公司控制权的谈判的；自身经营状况恶化的；对上市公司股票及其衍生品种交易价格有重大影响的其他情形。

《指引》第18条规定，上市公司应当加强与中小投资者的沟通和交流，建立和投资者沟通的有效渠道，定期与投资者见面。公司应当在年度报告披露后10日内举行年度报告说明会，公司董事长（或总经理）、财务负责人、独立董事（至少1名）、董事会秘书、保荐代表人应出席说明会，会议包括以下内容：公司所处行业状况、发展前景、存在的风险；公司发展战略、生产经营、募集资金使用、新产品和新技术开发；公司财务状况和经营业绩及其变化趋势；公司在业务、市场营销、技术、财务、募集资金投向及发展前景等方面存在的困难、障碍或有损失；投资者关心的其他问题。上市公司应至少提前2个交易日发布召开年度报告说明会的通知，公告内容包括日期及时间（不少于2个小时）、召开方式（现场/网络）、召开地点或网

① 宋一欣：“对三证券民事赔偿案的法律思考”，载《中国证券报》2002年7月24日。

址、公司出席人员名单等。

《指引》第44条规定，上市公司应当定期对投资者权益保护工作进行自查。存在下列情形之一的，上市公司应在年度报告中详细说明具体事项，对公司的影响及采取的措施：违规为控股股东、实际控制人及其关联人提供资金或担保的；擅自挪用、改变募集资金用途的；信息披露存在虚假记载、误导性陈述或重大遗漏的；董事、监事、高级管理人员严重失职或滥用职权的；控股股东、实际控制人、上市公司董事、监事、高级管理人员损害投资者权益的其他情形。保荐机构和保荐代表人须就上市公司对上述事项披露的真实性、准确性、完整性发表独立意见。

三、信息披露监管

创业板市场的信息披露监管的重点是保证信息披露的公正性，尽力消除信息的不对称分布，消除利用信息优势从事内幕交易、操纵市场或其他不正当证券行为，保障投资者合法的知情权，使投资者充分了解投资风险和投资收益，在公平、公正和公开的交易基础上作出自己的投资决策，使投资者增加安全感和对市场的信任感。在创业板信息披露的监管体系中，政府（中国证监会）监管处于主导地位，创业板交易所处于基础地位和一线监管地位，上市公司自我约束以及新闻媒体的社会监督也发挥了十分重要的作用。

（一）政府监管

中国证监会是全国证券市场的统一监管机构，信息披露监管是其重要职责之一。中国证监会的监管包括两个方面：一是规则监管；二是行为监管。

规则监管是政府监管的基本构架，监管规则是政府行为的前提和依据。中国证监会是证券监管规章的制定者，大量的信息披露文件的格式和准则都是由中国证监会制定的。中国证监会应当时时关注市场是否缺乏行为的必要准则，现有的规则体系是否符合市场的运行规律，如果不利于市场的良性发展，应当及时地加以修订或调整。近年来，中国证监会在信息披露监管规则的制定和调整方面，很好地协调了稳定性、适时性和灵活性的关系，对中报准则、年报准则等比较重要的规则，都围绕证券法的修订以及根据证券市场的新变化进行了新的调整或修订。财务信息是信息披露的核心内容，因为其专业性的特征，中国证监会只能在外围进行监管，而财政部对财务会计报表的监督却具有直接的意义，这就存在两个政府机构的协调与配合关系。对信息披露中反映的会计准则、审计准则、信息披露规范不到位、不详尽、不合理的方面，应及时加以完善和提请财政部、中国注册会计师协会等加以完善。

2007年1月30日，中国证监会发布《上市公司信息披露管理办法》。《办法》规定，信息披露义务人应当同时向所有投资者公开披露信息。在境内外市场发行证券及衍生品种并上市的公司在境外市场披露的信息，应当同时在境内市场披露。在全面规定上市公司内部信息事务的管理流程和相关人员的责任义务的基础上，《办法》明确了应披露的信息包括招股说明书（募集说明书)、上市公告书、定期报告和临时报告四大类。其中临时报告应披露对证券交易价格可能产生影响的重大事件，并以列举方式规定了20种重大事件的类别和触发披露义务的标准。《办法》确立了持续信息披露的原则，在有关各方形成相关决议或报告之前，发生该重大事件难以保密，该重大事件已经泄露或者市场出现传闻，公司证券及其衍生品出现异常交易情况这三种情形的任何一种时，上市公司都应当及时披露相关事项的现状、可能影响事件进展的风险因素。另外，《办法》强调了股价异动时的信息披露行为。由于在实践中，上市公司有时需要他人的配合下才能完成披露行为，因此，《办法》规范的对象不仅包括上市公司、发行人，还包括股东、实际控制人和收购人，同时还包括公司的董事、监事、高级管理人员及与信息披露相关的市场各方，以及为信息披露事宜出具专项文件的证券服务机构、保荐人及其从业人员，利用或可能利用上市公司内幕信息进行交易的机构和个人，散布传播虚假信息的机构和个人。为适应监管需要，提高法规的针对性和实用性，《管理办法》对披露质量作出了五方面的规定：一是原则性规定，即信息披露义务人应真实、准确、完整、及时、公平地披露信息；二是对信息披露的及时性作出了具体规定；三是规定信息披露义务人的保密义务；四是明确了上市公司必须建立信息披露内部管理制度；五是强调了重大事件分阶段披露原则。为保证披露的真实性、准确性、完整性、及时性和公平性，《管理办法》对信息披露相关各方如何履行职责提出了具体的行为规范要求。

至于行为监管，证券发行要向中国证监会报送有关申请文件，经中国证监会核准后方能向社会公开披露。中国证监会对上市公司的信息披露有权力进行监督检查。对信息披露违法违规行为进行调查和处理。中国证监会应将重大违规行为作为重点，对于一般违规行为，应当交给证券交易所进行一线监管。在这方面，美国的经验值得我们学习。美国政府监管很严格，而且注重效率和公正。美国世界通信公司自2001年以来违规计入38亿美元费用，美国证券交易委员会对世界通信采取了强制措施，就在该公司于2002年6月28日宣布高估38亿美元利润后24小时内就对其提出欺诈诉讼，其速度极快。美国SEC主席哈维·皮特表示，SEC是一个独立的监管机构。他们不会让任何违法的人逃之夭夭。皮特以世界通信为例说明，SEC在知情后几个小时内就起诉了世界通信。SEC打算任命一个公司监察官，以确保世界通信没有给管理人士提供奖金或解雇补偿金。此外，它还要求世界通信在股市开市前就其会计问题发表一份报告，并立誓属实。皮特说，世界通信的誓言将公诸于众，以防公司内部人士因知道特别信息而从中牟利。虽然SEC没有司法权，但可以通过进行罚款、禁止担任公司领导人或禁止在董事会任职等方式对涉案人员进行惩罚。

近年来我们看到中国证监会在信息披露监管方面加大了力度，许多信息披露违规的公司被频频曝光，其涉案人员有的受到行政处罚，有的移送司法机关追究刑事责任。2006 年 7 月 5 日，科龙电器（000921）发布公告称于近日收到中国证监会处罚决定书，由于 2002 年至 2004 年虚增利润 3.77 亿元、隐瞒多项重大关联交易和其他众多信息披露违规行为，中国证监会对科龙电器处以 60 万元罚款，对顾雏军给予警告并处以 30 万元罚款；而对刘从梦等其他董事会成员及相关负责人也给予警告和不同金额的处罚。

（二）证券交易所

虽然目前我国尚未建立创业板市场，但既然创业板采取交易所模式，目前主板市场和中小板市场的交易所对上市公司信息披露的监管制度及其实践为未来的创业板交易所监管制度提供了很好的经验。创业板市场的交易所应该感到责任更大，因为创业板公司的风险比较大，需要更加有效的信息披露制度制约风险的压力，它应当睁大眼睛关注上市公司的信息披露行为。

1. 自律规则

证券交易所可以制定自律性规则①，这些规则对具体的信息披露往往具有直接的针对性，由于这些规则是建立在合同基础上的，自愿性的意志较为强烈，其实施往往更加具有主动性。

在公平披露方面。2006 年 1 月 12 日，深圳证券交易所发布《中小企业板投资者权益保护指引》，其中第三章标题为“强化信息披露，维护投资者知情权”。该《指引》的目的是保证投资者尤其是中小投资者平等地获取信息的权利。2006 年 8 月，深交所集中发布了《上市公司公平信息披露指引》（1 号指引）、《信息披露工作指引第 2 号：股东和实际控制人信息披露》、《信息披露工作指引第 3 号：股票交易异常波动》三项信息披露工作指引。1 号《指引》明确规定上市公司、相关信息披露义务人进行信息披露时，必须向所有投资者公开披露，不得有选择性地、私下向证券分析师、咨询机构、机构投资者、上市公司大股东、新闻媒体等具有信息优势的特定对象披露、透露或泄露非公开重要信息；对于在调研、沟通、采访活动中了解到的非公开重要信息，证券分析师等特定对象不得在任何调研报告、沟通会纪要、新闻报道等中披露或引用该信息，除非上市公司同时公开披露该信息；上市公司董事、监事、高级管理人员及其他代表上市公司的人员、相关信息披露义务人、特定对象不得利用上市公司非公开重要信息进行证券买卖。2 号《指引》规

① 根据 2005 年修订的《证券法》第 118 条的规定，证券交易所依照法律、行政法规制定上市规则、交易规则、会员管理规则和其他有关规则，应报中国证监会批准才能生效。

定，上市公司股东以及实际控制人应将已经发生或拟发生的所有可能对上市公司股票价格产生重大影响的信息及时告知上市公司，及时回复上市公司的问询，及时通知上市公司刊登提示性公告，详细披露并严格执行承诺事项。对交易所及其通过上市公司所进行的调查，上市公司股东和实际控制人应在要求的期限内给予回复，提供相关资料，确认或澄清有关事实，并按交易所的要求履行或配合上市公司履行信息披露义务。3 号《指引》中明确规定，股票交易发生异常波动时，上市公司应当关注，核实前期披露的信息是否存在需要更正、补充之处，公共传媒是否存在对公司股票及其衍生品种交易价格可能产生较大影响的传闻，公司及其有关人员是否泄露了未公开的重大信息，公司或与公司有关方面是否已经发生或预计将要发生重要变化。上市公司只有在核实且确信不存在上述问题后，方可作出“不存在应披露而未披露信息”的声明，否则交易所将认为上市公司、董事会秘书及相关人员未能履行忠实勤勉义务，并将对其予以处分。

交易所的规则具有及时的针对性。我国证券交易所在每次公布年报和中报前都出台相应的通知，规范定期报告行为，并提示应当注意的事项。交易所通过信息披露的制度化和规则化实现对信息披露的有效监管。比如 2006 年 1 月 6 日深交所发布《关于中小企业板上市公司 2005 年年度报告工作有关补充事项的通知》规定：本所《关于做好中小企业板上市公司 2005 年年度报告工作的通知》（深圳上［2005］106 号）已于 2005 年 12 月 28 日发布，为切实贯彻《国务院批转证监会关于提高上市公司质量意见的通知》（国发［2005］34 号）中有关“严禁侵占上市公司资金”的要求，现对公司在 2005 年年度报告中披露清理资金占用情况通知如下：一、公司如果存在大股东及其附属企业非经营性占用上市公司资金情况的，应在 2005 年年度报告正文的重要事项部分“关联债权债务往来”中增加披露 2005 年年底大股东及其附属企业非经营性占用上市公司资金的余额、资金占用的形成的原因（如 2005 年年底相对 2004 年年底有新增占用额的，应予以特别说明）、公司清理资金占用的具体措施（应列明现金清偿额、红利抵债清偿额、股权转让清偿额、以股抵债清偿额和以资抵债清偿额等）和按月份列出的清欠方案实施的具体时间进度。公司应按附件的格式在年度报告摘要重要事项部分的“关联债权债务往来”项下增加披露前款内容。二、公司董事会在审议 2005 年年度报告时，应当将清理资金占用事项作为单独议案表决，全体董事必须签字。三、公司制订的清欠方案不能确保在 2006 年年底前彻底解决资金占用问题的，我所将要求公司重新制订方案。

又比如 2006 年 9 月 28 日，沪深证券交易所就上市公司第三季度报告披露工作发出通知，要求未完成清欠工作和股改的公司增加披露清欠进展和计划股改时间等方面的信息。通知强调，2005 年年底存在大股东及其附属企业非经营性占用公司资金的上市公司，应当增加披露资金占用额、清欠进展、方案实施时间表等情况，以确保在年底前彻底完成资金的清理工作。已完成股改的公司，应详细披露原非流通股东在股改过程中做出的特别承诺及其履行情况；尚未进行股改的公司，应当说明具体原因、存在的主要障碍或困难以及计划股改时间。通知要求上市公司在季报中增加披露前10名流通股东持股情况。中小板公司应披露报告期内限售股份持有人持股变动情况及其原因。深交所还规定，中小板公司业绩预告和业绩预告修正公告的披露时间不得迟于10月15日。鼓励预计净利润与上年同期相比上升或下降30%以上的公司也进行业绩预告。中小板公司募集资金投资项目发生变化的，应予以详细披露。

2. 一线监管

我国2005年修订的《证券法》第115条规定："证券交易所对证券交易实行实时监控，并按照国务院证券监督管理机构的要求，对异常的交易情况提出报告。证券交易所应当对上市公司及相关信息披露义务人披露信息进行监督，督促其依法及时、准确地披露信息。证券交易所根据需要，可以对出现重大异常交易情况的证券账户限制交易，并报国务院证券监督管理机构备案。"

证券交易所可以有效地利用停牌、暂停上市和退市机制处理信息披露违规的上市公司。在纳斯达克上市的网易公司就是因为公司没有正常披露而被纳斯达克市场长时间停牌，直至公司出具具备法律效力的财务报告。在股份全流通的时代，市场主体对股价变动高度关注，相关的市场传闻对市场的影响很大，这加大了交易所的一线监管的责任。实际上，我国证券交易所比以前更加关注信息披露。据统计，2006年全年上海证券交易所对股价异常波动的上市公司停牌434次，对有重大事件未公告的公司共停牌241次，仅2006年下半年就对37家因媒体传闻需进行澄清的公司在股票开盘前实施紧急停牌。此外，上证所上市公司部还就50家公司涉嫌股价异常与信息披露不及时、不公平有关的情况提请上证所监察部核查，并给相关证监局发出25份联合监管函。在做好信息披露审核工作的同时，交易所上市公司监管人员每日均会关注所负责公司股价的变化；一旦出现异动，监管人员即会致电公司董秘，询问并提醒公司关注是否存在应披露而未披露的信息；必要时（特别是媒体出现并购重组等传闻时）则会要求公司致函控股股东或实际控制人了解情况，并取得其书面回函后公告说明有关情况；若公司无法及时取得控股股东回函或并购重组等重大事件细节尚不明朗，交易所会要求公司以重大事项未公告为由申请股票停牌，直至公告之日复牌。此外，交易所监管人员每日会对主要财经媒体的信息搜索，如有公司未曾以公告形式公开的信息出现，交易所将判断其是否属于股价敏感性信息，并结合前期公司股价是否异动等情况，决定是否因媒体报道需澄清而对公司实施紧急停牌，以保证信息的对称性和公平性。针对证券公司研究报告对股价影响日益严重的新情况，交易所与证券公司的研究部门建立有效的沟通渠道，以便在第一时间取得报告，对相关研究的基础性资料是否涉嫌上市公司不公平信息披露作出判断，以便下一步采取监管措施。对于少数被交易所停牌后仍拒不披露有关重大信息的公司，为保证流通股股东利益不受损害，交易所将按照上市规则的规定，以交易所公告形式向市场披露有关情况，并对公司股票强制复牌。①

交易所还可以提示风险，引起投资者注意。比如深圳证券交易所2006年7月5日关于内蒙古兴发股份有限公司股票复牌的公告：就内蒙古草原兴发未及时刊登重大事项公告导致公司股票连续停牌一事，本所三次向草原兴发发出监管函，要求公司收到相关函件2日内就有关问题提交专项说明并按照《深圳证券交易所股票上市规则》的规定予以公告。草原兴发未在规定的期限内予以回复，也未按照《上市规则》作出公告。为此，本所根据《上市规则》2.8条就草原兴发有关问题公告如下：草原兴发除了已经披露的伪造银行凭证虚构禽流感赔付问题外，还存在对没有实际发生的交易行为编造虚假的入库单、销货单、银行单据、凭证、账簿记录等财务单据和会计报表，虚构采购和销售业务以编造业绩，虚列巨额银行存款，虚构购买巨额草地使用权资产业务等涉嫌违法违规行为。草原兴发第一大股东赤峰市银联投资有限公司存在抽逃配股资金的问题。为充分保护投资者权益，根据《上市规则》12.18条的规定，本所决定草原兴发股票自2006年7月5日开市起复牌，并提请投资者注意风险。

证券交易所应对上市公司股价波动情况进行密切关注，发现上市公司股价异常波动的，要及时对其控股股东及关联方、高管人员持股变动情况进行核查，明确有无内幕交易、操纵市场行为发生，并对上市公司配合控股股东操纵市场的虚假披露行为进行查处，对选择性信息披露行为，根据具体情节，按内幕交易性质进行查处。2007年4月下旬以来，随着威尔科技股价大幅上涨，市场出现了关于威尔科技的多种传言，引起了深交所的关注，并立即启动了上市公司股价异动与信息披露联动监管快速反应机制，对威尔科技信息披露和股票交易实施重点监控。深交所针对2007年5月8日上午公共媒体关于威尔科技资产重组的报道，对威尔科技股票实施了临时停牌，督促上市公司发布澄清公告，并及时联合约见了威尔科技董事长。与此同时，深交所对威尔科技股票交易实施严格监控，该所监察部门从5月8日起，先后对有关证券公司及其营业部采取了一系列监管措施，并对珠海地区的相关营业部进行了现场检查，要求相关营业部密切配合交易所的自律监管措施，严格规范投资者的交易行为。针对5月16日上午威尔科技股票交易出现的异常波动及涉嫌违规行为，深交所立即决定，从当日下午起对威尔科技股票实施紧急停牌，督促相关信息披露义务人履行信息披露义务，并对威尔科技股票交易异常和涉嫌违规行为进行全面调查分析。5月18日，深交所信息披露监管和市场监察部门联合约见威尔科技董事长和珠海经济特区西海集团有限公司主要负责人，进一步了解有关

① 周松林："上证所加强股价异动与信息披露联动监管"，载《中国证券报》2007年2月3日。

事项，并要求上市公司及信息披露义务人严格遵守相关法规，规范信息披露行为和交易行为。

3. 事后审核和信息考评

证券交易所对上市公司信息披露负有事后审核的责任。事后审核具有重要意义，自2001年实行年报事后审核以来，每年在看到成就的时候，都发现了不少问题，并提出了建设性的合理化建议。以深交所2005年年报事后审核为例，深交所2005年年报事后审核工作显示，深市年报整体质量稳步提高。年报审核的效果表现在三个方面：（1）六大变化凸显进步。一是在“管理层讨论与分析”部分，上市公司普遍注重定量信息与定性信息的有效结合，增强了前瞻性信息的披露，增加了自愿性信息的披露，初步呈现了个性化披露的特色。二是上市公司股权结构逐步分散化。深交所上市公司独立性相对增强，股权激励有所突破。三是上市公司均按照要求严格履行了股改承诺事项，其中索芙特成为第一家因业绩未能达到承诺水平而触发承诺条款履行追送程序的公司。四是深交所上市公司清欠解保工作初显成效。五是上市公司收购行为日趋频繁。2005年深市122家主板公司涉及收购行为。232家公司涉及资产重组行为，资产重组金额合计达355.4亿元，占重组公司净资产合计的15.1%。六是利润分配意愿增强，“不良派现”行为有所减少，已股改的公司成为2005年利润分配的主力军。（2）五大问题值得关注。不过，深市上市公司年报披露过程中所暴露出来的问题依然值得关注：上市公司资产安全性存在隐患，表现为控股股东采用资金占用、违规担保、非公允关联交易等方式掏空上市公司；缺乏合理决策机制的投资决策失误导致上市公司发生重大损失。2005年度深市上市公司90家发生大股东资金占用，占用资金年末余额合计165.51亿元，占全部上市公司当年净利润总额比例的63.17%。2005年度深市38家公司发生募集资金项目变更，涉及募集资金139.9亿元，占全部募集资金的21.5%。部分公司募集资金项目与计划进度不符和未达到预计收益，对未达到计划进度和预计受益的解释不够充分，也有公司剩余募集资金的管理较混乱。存在选择性信息披露现象。为了吸引机构投资者，上市公司往往会将部分重大的未公开信息事先向机构投资者透露；受大股东控制的上市公司管理层为配合大股东的资本运作，根据大股东的意图对上市公司的资产、业绩、经营环境进行倾向性披露。关联交易重要要素的披露避实就虚，投资者无法了解具体内容和交易实质，也没有一家公司对关联交易是否公允方面发表反对意见，关联交易公允性披露流于形式。非标审计意见增多，少数公司滥用重大会计差错，涉嫌调节利润。2005年共有81家公司被出具了非标准无保留的审计意见，比2004年的73家又有所增加。部分公司混淆会计估计、非重大会计差错以及重大会计差错的区别，有滥用重大会计差错的趋势。也有公司利用会计差错追溯调整以前年度已经披露的财务成果，将当期经营过程中出现的异常情况人为调节到以前年度。少数公司会计处理涉嫌违背会计准则、制度，随意调节利润。

(3)“质疑式审核”有成效。在此次年报审查过程中，深交所就上市公司执行法规的情况进行了严格审查，并进一步推广“年报合理怀疑”和“质疑式审核”，会同会计和法律专家，借助“利润操纵识别系统”等电子化工具，对年报中重大问题进行了集中会诊。年报审查期间，深交所共发出各类问询函226份、关注函134份、监管函70份。由于加大年报事前纠正力度，年报“补丁”现象大大减少，36家公司刊登了年报补充或更正公告。深交所对7家未如期披露年报的公司作出公开谴责，并就2家公司的问题作出专项报告上报中国证监会。①

2007年6月7日，深圳证券交易所完成了对中小企业板上市公司2006年度信息披露的考评工作，考核结果显示，2006年中小板公司信息披露质量整体较好，伟星股份等18家公司考核结果优秀，除霞客环保外，所有上市公司考核结果均在合格以上，合格率达到99%。深交所此次考评是对中小板公司2006年度信息披露工作进行的综合性考评，主要包括上市公司2006年全年的临时报告及2006年第一、三季报、半年报和年报的披露质量。对于中小板上市公司每一份公告的质量，深交所有关部门均从及时性、准确性、完整性和规范性等方面进行评分，同时为了确保信息披露考核结果能够综合反映上市公司信息披露工作水平，深交所还将考核期间对上市公司采取的监管措施纳入了考核范围。

（三）社会监督

1. 审计监督

证券市场是所有权和经营权高度分离的市场形态，在这种形态下，注册会计师行业得到了充分的发展。其主要功能就是通过注册会计师的审计，提高企业财务报表的公信力，其最终产品体现的就是诚信。注册会计师行业与其他中介机构服务行业的本质区别，在于其最终的服务对象是社会公众，而不单纯是审计对象或客户本身。特别是在资本市场越来越发达的情况下，会计审计的重要作用在于判断融资主体经营状况和会计信息的真实性，进而决定着资本市场上企业和投资者信息的对称性，并直接引导和影响着市场投资者的决策行为。江平教授说：“在信用社会化的社会中，需要良好的信息服务机制和信息监督机制，需要注册会计师、注册资产评估师发挥辅助市场主体发现信息、识别信息和公示信息的功能。”② 在美国，1933年《证券法》和1934年《证券交易法》为注册会计师的独立审计职能奠定了需求，向公众报告的财务报告必须经过独立的验证。

就上市公司的信息披露而言，关键的信息资源的价值主要集中在经营财务方面，公司的利润实际上就是收入减去成本的差价，因此信息的核心就是财务会计信

① 吴铭：“深市年报整体质量稳步提高”，载《中国证券报》2006年6月6日。
② 参见《中国证券报》2002年7月16日。

息。法律设计出一种社会力量——会计师事务所，一个与上市公司相对立的组织，来审计上市公司的财务会计信息。通过会计师事务所财务的专业性把关，使会计信息按照一定的标准和严格的程序反映出来，让投资者判断该企业未来的经营能力和发展前景。同时，产生一定公信力。上市公司作为发行人的信息披露的公信力要差得多，投资者有什么理由完全信任一个说自己好话的人呢？但会计师事务所属于第三者，而且本身又是熟悉会计信息的专业性人员组成，投资者有理由相信。事实上，会计师事务所及其从业人员为了自己的声誉，使大量的上市公司的信息披露真实地反映出来，就信息披露有问题的公司而言，许多会计师事务所拒绝签署意见，有的签署了有保留说明段的意见。美国前证券交易委员会主席阿瑟·莱维特说："我为这一伟大的职业而骄傲，这个国家会计师们高质量的工作，共同编织了财务报告系统的真正结构。特别要指出的是，正是美国一个个的会计师，包括小从业者，站在为投资者服务的第一线，成为投资者保护的最后一道防线。"①

2. 媒体监督

我们还需要一个强有力的社会监管体系。要从根本上保证信息披露的有效性、真实性，保证信息对称性，树立投资者的信心，必须解决"利益冲突"这一焦点问题，否则再好的制度也会因为执行人的利益冲突而影响其约束力。当独立性的要求与利益发生冲突时，靠行业规范和法律规范平衡道德风险的制衡机制可能失灵，因此必须有一股超脱的力量在制衡所有可能发生离经叛道的地方进行制约，使得违法乱纪的企图难以得逞。在社会监管体系中，重要的一环是媒体所扮演的角色，媒体可以利用其敏感的触角，追根求源的职业习惯，深入大众和民间的职业优势，以及法律所赋予的特别权利，监督中介机构的独立性，把第一时间得到的消息传递给社会以促进信息的对称，特别是把消息传递给社会监管体制的各个层面，使这一制衡机制有效运转。② 我国的银广夏造假事件就是媒体首先揭露的。新闻媒体以其独特的魅力唤醒公众的觉悟，将丑恶暴露在阳光之下，更有利于监管部门的监管。美国副总统切尼及其曾担任首席执行官的哈利伯顿能源公司 2002 年 7 月 10 日刚被法律机构诉控虚报公司收入欺骗股票持有者，当天美国《华尔街日报》又公布了显示切尼吹捧安达信会计师事务所的录像带。《华尔街日报》获得的这盘摄于 1996 年的录像带，在互联网上公布，在公众中反响很大。切尼在录像带中说，"我从他们（安达信职员）那里得到了一些如何用超常规审计方法进行商业经营和运转的良好建议。"切尼于 1995 年至 2000 年任哈利伯顿公司的首席执行官，据此，美国

① 阿瑟·莱维特著，陈为译："独立审计是会计业的生命"（上），节译自 2000 年 9 月 18 日在波士顿马萨诸塞州会计师委员会全国协会会议上的演讲，载《中国证券报》2002 年 4 月 19 日。

② 左小蕾："从安然崩塌透视社会监管"，载《中国证券报》2002 年 3 月 5 日。

证券交易委员会对该公司在切尼任期内的统计收入方法立即进行调查。

需要注意的是，社会监督角色和新闻媒体的特性，使媒体有抢新闻的天然要求，揭示尽量多的信息为投资者服务又是新闻媒体的使命，这样，很可能新闻媒体挖走了一些重大的非公开信息或内幕信息，提前泄露给投资者，有些还可能涉及商业秘密。因此，监管部门把握其中的“度”十分关键。

第九章　创业板市场监管制度

我国主板市场的监管制度及其实践已经运行了近18年，从产生到发展，从不成熟到逐渐成熟，从不完善到逐渐完善。主板市场的制度和规则大部分就其内容应该适用于创业板市场，不过自律性规则需要转化，比如上海证券交易所的自律规则不能直接适用，只有创业板交易所的自律规则才能对创业板市场有效。创业板市场监管应当更加发挥交易所的作用，交易所为了自身的信誉和发展，面对着创业板的风云变化，会不断地创新监管机制，使监管更加有效。

一、证券市场离不开监管

2002年以来，尽管美国经济显露出明显的复苏迹象，但美国上市公司陆续传来财务做假丑闻后，投资者信心遭受沉重打击。在全球资金陆续撤出美国资本市场以及美元持续下跌的影响下，纳斯达克市场再遭重创，创下1997年6月以来新低。纳斯达克指数从2000年3月以来到2002年7月回落了75%左右。仅2002年上半年纳斯达克指数累计下跌25%，为该指数有史以来的最差成绩。美国企业会计问题层出不穷给股市带来了巨大震荡。2002年6月披露的World Com财务欺诈案和施乐事件冲击了金融市场并沉重地打击了投资者的信心。2002年6月魏斯评级公司在调查7000家公司发布的报告说，有多达1/3的美国上市企业可能存在捏造盈利报告的问题。美国证券交易委员会等政府机构以及行业组织因此扩大了对上市公司财务报告和投资银行分析师违规行为的调查，导致更多的丑闻浮出水面。6月初，泰科国际公司首席执行官科兹洛夫斯基因偷逃艺术品销售税而受到司法部门的调查和起诉，并因而辞职。25日，美国第二大长途电话公司世界通信公司宣布，公司内部审计机构发现在过去5个季度中有38亿美元的费用被记为资本开支，并因此将公司原本的亏损状况虚报为盈利15亿美元。同日，美国第六大有线电视企业阿德尔菲亚公司因一项交易没有入账等问题而向纽约破产法院申请破产保护。28日施乐公司又宣布，该公司过去5年内虚报了14亿美元的税前利润。投资者对美国金融市场的形势感到担忧，对美国企业的不信任情绪高涨。为恢复投资者信心，美国证券交易委员会要求世界通信公司就财务问题提交一份详细的报告，陈述其存在的欺诈行为。证券交易委员会还于6月28日进一步要求945家上市公司的首席执行官和财务主管担保今后公布的财务报告的准确性和完整性，不漏报任何重要信息。证券交易委员会提议建立独立的公共责任委员会，推出新的上市公司信息披露规则，包括提供更多与合作伙伴的交易内容，详细说明盈利报告中的潜在风险，讨论所用会计方法的影响，缩短公布季报和年报的时间等。尽管美国政府以及金融监管当局都采取措施，加强金融监管以恢复投资者信心。但信心摧毁易，重建难。①美国的教训给我们提了一个醒，等出来问题才来加强监管，会付出巨大的市场成本。但如果政府不加以监管，将一发不可收拾。我们看到证券市场是多么脆弱！

证券市场是高度发达的商品市场：一是它具有高度的关联性，它将众多的不同的利益主体的命运通过证券市场连接在一起。将众多的发行股票和债券的公司汇集在同一地点，而它们之间有众多的关联公司，此公司可以通过收购股票控制和影响另一公司，在发行人的背后有控股大股东，公司通过发行证券使投资者成为证券持有人，在这个过程中，有保荐人、投资咨询机构、资信评级机构、银行、证券交易所等各种主体以不同的身份参与其中或提供服务。二是它具有高度的集中性。证券市场尤其是证券交易所市场汇集几千家上市公司的股票，成千上万的投资者通过证券经纪商在那里进行交易。比如我国的股民有1亿多人集中在上海和深圳两个证券交易所，进行证券的买卖活动，每天的交易金额达到数百亿元甚至数千亿元。三是它具有高度的技术性和规则性。由于证券交易高度的集中性，每天要处理巨大的交易量，面对着成千上万的投资者的买卖活动，证券交易要能顺利进行，必须遵循特殊的程序。普通投资者必须通过证券经纪商的中介活动，才能进行证券买卖活动。证券登记过户都是由登记结算机构提供服务的。现代证券交易大都通过计算机联网，有特殊的技术处理系统。四是它具有高度的虚拟性。证券市场是虚拟资本市场，它是纸与纸的转让，或者是电子符号的转移（电子证券），它的价值判断无法从表面上进行。证券的内在价值是由它所反映的真实资本在社会再生产领域中的运行状况决定的，主要通过信息披露的纽带被投资者感知。但证券市场又相对独立于它的真实资本的运行，具有自己独立的行情。

从上述特征看，证券市场放大了市场的能力，但同时也放大了风险，证券市场的风险不仅个别风险很大，更容易形成系统性风险，甚至爆发金融危机，20世纪以来的世界性金融危机都是从证券市场崩溃开始的。另外，它也同时放大了邪恶的运作空间，也就是所谓的加大了道德风险的几率。由于上述特征，证券市场很容易被操纵，控股大股东通过证券市场剥削中小投资者，上市公司虚假陈述，资金大户和证券大户操纵市场，证券公司欺诈客户，内幕交易等，这些病毒很容易滋生，甚

① 童第轶："纳指将归何处"，载《中国证券报》2002年7月3日。

至引发一场可怕的瘟疫，比如2001年美国安然公司等一系列的丑闻的爆发，在美国证券市场引起了一场大地震，引起了对证券市场和上市公司的信任危机。在我国证券市场虚假陈述、内幕交易、操纵市场等丑恶现象更是屡见不鲜，给投资者造成了重大的经济损失。

因此，证券市场如果像普通商品市场那样实行放任主义和松散性监管，肯定是不行的。证券市场的特性以及投资者的呼声要求要对证券市场实行严格监管。世界各国一般对证券市场的监管都实行专门监管，成立了专门的监管机构，并充分利用自律组织的力量，对证券市场实行有效监管。创业板市场是证券市场的一个重要组成部分，对它的监管属于证券市场监管体系的一个重要的子系统。而且创业板市场的上市公司的素质比主板市场的成熟公司的风险更大，经营失败的风险发生的几率更高，同时，创业板公司的股份规模较小，其股价比较容易被人为操纵。因此，对创业板市场的监管应当更加严格，但严格不是僵死地监管，要严格而有效，保证创业板市场的自由秩序和宽松环境是创业板监管的一个重要目的，但“门槛较低”不意味着监管放松。1998年10月以后，美国纳斯达克指数急剧上扬，市盈率一路飙升，原因固然是多方面的，但机构投资者（包括众多投资基金）的轮番恶炒的确起着推波助澜的作用。在中国创业板市场设立和运行以后，证券监管部门应当特别加强对机构投资者的交易行为监管，避免过度热炒现象的发生。

高科技股泡沫导致其市值跌幅很大。从2000年情况看，美国股票市值损失12000亿美元，日本损失4000亿~5000亿美元，香港股市损失900亿美元，投资者损失惨重。香港创业板股价大跌最大的经验和教训在于，在上市公司还未达到股份类别多元化的情况下，很多问题出在了监管方面。沈联涛先生认为，创业板成功和失败的先决条件有三个：第一是市场的透明度，有可靠、公开的信息。透明度表现在，以产权适当的组织发挥价格发现的功能；为有效的资源配置资金；协助企业和投资者的风险管理；帮助企业改善经营、减少操纵市场的行为。第二是激励机制，奖罚要分明。及时向投资者提供真实和准确的信息，令他们可以作出公平和有根据的决定，这是任何公平和有效率的市场的支柱，这需要建立一个具有激励性质的监管制度，其设计必须能够奖励信任及惩罚欺诈行为。上市酬资是市场对企业的奖励，但是上市有其负面的影响，企业家可轻易地操纵市场，利用内幕消息来欺诈小投资者。这种行为如果没有受惩罚，激励机制无法发挥作用。应严格执行法规，平衡赏罚。从监管者角度，不应阻止有信誉的企业上市筹资，但是从大众中筹资，就要对大众有交代，违规和内幕交易应受到打击。防止市场行为失当，有赖于证券市场的公开性和监管的效率，但不应完全靠证监会一方的努力，打击市场违规要靠媒介、投资者、会计师、中介人、执法者等多个部门。第三是法规框架，要有清晰、完整的游戏规则。法规框架方面，硬件里应有一套列明有关各方权利和义务的共同规则，提供一套适合于所有中介人的清晰一致的操守指令；加强对合并、收购的监管，很多事情发生在公司上市后的购买，其中很容易出现内幕交易、操纵市场的情况；推行投资者教育计划，设立帮助投资者分散风险的指数基金。①

监管创业板的构架，一定要配合国际证监会的监管原则。第一，信息披露，应确保披露完整、及时、准确，确保投资者得到公平的待遇，确保会计、审计符合国际准则。第二，创业板参与者的责任：发行人向公众集资，必须对公众负责，诚实、透明地进行披露；对于服务商、交易所和中介人，要配备适当的软件和传送途径；作为监管机构，政府、证监会、交易所必须指定适当的监管架构，必须为投资者提供更好的保障；对于投资者，必须明白风险和回报，必须认识游戏规则。② 第三，在规范和发展中取得平衡。美国财政部长亨利·保尔森说："平衡是监管的关键，为此我们需要考虑监管政策的经济含义。过度监管将延缓创新、增加投资人不必要的成本并阻滞竞争力和创造就业。正确的监管平衡应该是高标准的诚实、责任与强大的创新、成长、竞争力基础的结合。"③

二、证券监管及其模式选择

（一）证券监管的特性和监管理念

监管（regulation）一词，是外来词，不仅仅包含监督和管理的含义，它更是一种制度规范和约束。所谓证券监管是特定的组织和社会机制在一定的法律制度条件下对证券市场主体及其行为所进行的规范、约束、监督和管制。证券监管的特征可以从以下几个方面进行分析：（1）证券监管的主体一般是法律规定的或者是法律允许的。各国一般规定了专门的证券监管主体，还有一些政府机构在其职权范围内涉及证券监管，还经常与证券主管机关产生配合作用，如美国联邦贸易委员会和美国司法部对证券违法行为在自己的职权范围也进行干预，常与美国证券交易委员会进行配合。在我国，公安机关在打击证券犯罪的过程中往往也需要中国证监会和证券交易所的配合。证券业自律组织如证券业协会和证券交易所是证券市场的合法监管主体，为证券法所规定和允许。会计师事务所、律师事务所、中介机构等中介服务机构在履行自己的职责需要时对服务对象负有监督的责任。新闻媒体和社会公众在法律的允许下也有权对证券市场进行监督，尤其是新闻媒体的作用，被称为"第四种权力"，许多证券大案都是新闻媒体揭露的，如美国的安然、世界通信和我国的银广夏、蓝田股份、东方电子等一系列丑闻最先都是媒体揭露的。（2）证

① "创业板成功重在监管——香港证监会沈联涛在'中国证券市场十年论坛'上的讲演综述"，载《证券市场导报》2001 年第 1 期。

② "创业板成功重在监管——香港证监会沈联涛在'中国证券市场十年论坛'上的讲演综述"，载《证券市场导报》2001 年第 1 期。

③ 付强："美国基金业面临方向性选择"，载《中国证券报》2007 年 3 月 7 日。

券监管的对象是证券市场主体及其行为。证券市场的主体主要包括证券发行人、证券服务主体和证券投资者。证券发行人和证券投资者是证券市场的两极，一方是需要资金的人；另一方是提供资金的人。由于证券市场的特性决定了证券市场中必须有中介机构和服务主体，如保荐人、资产评估机构、资信评估机构、证券承销商、证券经纪商、会计师事务所、律师事务所、投资咨询机构、商业银行、登记结算机构、证券交易所等，这些市场主体所进行的发行行为、买卖行为和服务行为，都有可能超越法律的界限，具有被监管的可能。证券监管包括对市场主体自身的监管和市场行为的监管，前者主要是准入监管和退出监管，后者的监管范围十分广泛，因为市场行为是千变万化的。（3）证券监管的方法包括规范、约束、监督和管制。（4）证券监管的目的是保护投资者利益和维护证券市场秩序。

证券监管理念即其目标价值追求。到底是效率优先，还是公平优先呢？其实在法律上应当同等对待。它们是矛盾的两极，应当是效率最大化，同时效果最公平。只不过在不同的时期，侧重点不同。既要公平也要效率，既不损害公平也不损害效率是监管的理想追求。这对矛盾是监管者不断思考的根本性问题，并在实践中谨慎而行。西方国家在这方面的实践值得我们思考和借鉴。美国 SEC（证券交易委员会）2006 年 2 月 27 日宣布，已经同中国网络股网易公司（NTES）及其前首席财务长何海文、网易前总会计师兼代理首席财务长卫捷就财报作假问题达成和解。① SEC 此前曾指控网易"夸大营收，并通过错误认定营收少报亏损"。网易已经同意和解，并承诺今后将制止错误行为，但既没有承认，也没有否认这项指控。由于网易公司在 SEC 对其调查的过程中，合作诚意明显，SEC 没有对网易施加罚款。

公平和效率的实现集中于证券权利的实现方面，如何保证投资者的证券权利能够有效实现，是创业板市场监管者的行为的目的所在。

综观全球的证券市场，传统意义上不外乎两种哲学指导，一种是所谓的"披露主义"基础（disclosure-based），这是以美国、英国为代表的成熟市场的制度特征。但美国发生"安然事件"后，单纯的"披露主义"监管面临保护"弱势投资者"权益的挑战。为此，整个西方市场都在反思如何找到一种旨在保护识别信息能力不足的投资者的机制。另一种哲学就是所谓的优劣判断规则（merit-based），即监管部门做实质性判断，将可能危害投资者的信息和行为拒绝在门外。但监管者具有自己的偏见，同时自身能力有限，往往事与愿违。全球性的反思和制度性改革的逻辑殊途同归，就是致力于培育和构筑起强有力的"中介屏障"（intermediaries barriers）。保荐人制度就是一种很好的选择。过去，只有证券监管部门在做"审批

① SEC 指责网易公司在 2000 年财务报告中多报营业收入 430 万美元，同时少报了净亏损。此外，网易还涉嫌在 2000 年 6 月提交的上市申请登记表中夸大业绩。2001 年 8 月，网易重新提交了 2000 年财务报告，并对 2001 年第一季财务报告作了修正。

关口控制”（approval control）和实质性判断（merit-based judgement）。[①] 但市场主体那么聪明，监管者深锁于高墙之内，如何应付层出不穷的反监管策略。监管者付出了那么多的成本，往往效果不佳。在多次博弈之后，监管者体悟到，要实行有效监管，就应当利用保荐人的力量。监管者只做形式审查，而保荐人做实质审查，保荐人在获取收益的同时责任加大，保荐人的义务变成一种动力对证券发行人进行监督和制约。保荐人与发行人、保荐人与发行人聘请的律师、会计师等中介服务机构是一种专业化的服务和协作关系，其联系的纽带是合同，各自具有自己的独立性。证券市场就是这种矛盾统一体，法律要求客户花钱请一个或多个专业机构，指导和服务自己的行为，使之合规，减少因违法而导致的成本，制约自己的不正当的行为。这对现代公司治理产生一种外在的辅助功能，它是股东治理、独立董事治理、银行信贷治理等制约力量之外的一种有效的公司治理因素。

保荐人制度最先是创业板监管制度实践的创新，后来逐渐向主板市场监管制度延伸。在美国虽然没有形式保荐人制度，但有实质性的保荐人制度，它的主承销商就具有保荐人的制度功能。保荐人制度的创新实践，使监管理念发生了微妙的变化：“披露主义 + 市场约束”。通过提高上市公司的质量回报投资者，这是监管的目的。

由于证券欺诈行为比较隐蔽，违法行为往往披上合法交易的外衣，证据很难搜集。国外证券市场往往采取辩方举证责任规则，一般而言，违规交易者很难举证自己清白无辜。目前，我国证监会在上市公司涉及并购重组等行政许可重大事项期间，证监会如果发现信息披露与股价异常联动，或存在澄清公告与其后申报材料表述不一致时，要求上市公司及相关责任方进行充分说明，对不能充分说明的，证监会在审核时实行冷淡处理。

（二）监管模式

判断一国的证券监管模式的形态，主要根据事物的性质是由矛盾的主要方面决定的原理，对谁在监管活动中处于主导方面进行判断。

1. 统一集中型监管体制。又称政府法定型监管模式，它是指证券市场监管以政府监管为主，证券交易所与证券业协会等自律管理为辅的监管方式，代表国家是美国和日本。其特点是：（1）以法律法规为基础。美国证券法在世界上最为发达，如《1933 年证券法》、《1934 年证券交易法》、《1940 年投资公司法》、《1940 年投资顾问法》、《1970 年证券投资保护法》等，还有州政府也制定州《证券法》（蓝天法）。（2）政府设立全国的专业性监管机构。这种全国的专业性监管机构可分为两种：一种是专门机构。该机构专职监管证券市场。如美国的证券交易委员会，它

---

① 李行微：“理性透视保荐制的本质”，载《中国证券报》2003 年 7 月 22 日。

主要对全国的证券发行、证券交易所、证券商、投资公司等进行监督管理。另一种是兼管机构，该机构是政府某部门（如财政部、中央银行），在日本，大藏省证券局承担监管职能①，在法国，证券交易所管理委员会从属于财政部。统一集中型监管体制，也十分重视自律组织的作用，在美国证券交易所和全国证券商协会可以制定自律性规则，对经纪商或交易商的行为进行监管。

2. 自律型监管体制。政府除了某些必要的国家立法外，较少干预证券市场，对证券市场的管理主要由证券交易所及证券商协会等组织进行自律管理。自律组织主要通过其章程和规则对其成员的行为进行引导和制约。自律组织有权拒绝接受某个证券商为会员，并对会员的违章行为进行制裁，直到开除其会籍。② 英国是这种模式的代表。（1）通过一些间接的法规监管证券市场。英国证券市场监管由《公司法》中有关公开说明书的规定、证券商的登记、防止欺诈条例和证券发行的管理等法规组成。（2）依靠证券市场及其参与者进行自我管理，其监管主体由以下三个部分组成：英国证券交易所协会、企业收购和合并专门研究小组、证券业理事会。其中，证券交易所协会实际上负责整个英国证券市场的监管，而1978年成立的证券业理事会是英国自我监管体系的核心，它主要负责制定、执行有关证券交易的各项规章制度。

3. 中间型监管体制。③ 中间型监管体制既强调立法管理，又注重自律管理。德国是这种模式的典型代表。（1）证券市场的法律多，但没有统一的证券法。德国证券市场监管法律、法规在《交易所法》、《证券交易条例》、《银行法》、《投资公司法》、《外国投资公司法》、《联邦储备银行法》、《贸易法》和《刑法》等法律中都能找到，但没有建立统一的证券法来规范证券市场的运作。（2）没有建立相对独立的法律实体统一监管证券市场的运作。德国没有对证券市场进行全面、广泛管理的联邦机构和州权力机构，德国的证券交易所的市场和组织实际上由“全能银行”所控制，所以又称“银行交易所”。德国中央银行——联邦储备银行根据《联邦储备法》有权干预证券市场。

我国属于第一种监管模式。我国《证券法》第7条规定：“国务院证券监督管理机构依法对全国证券市场实行集中统一监督管理。国务院证券监督管理机构根据

---

① 1998年之后，日本金融体制进行了一系列重大改革。改革将金融监管权从大藏省分离出来，大藏省的金融检查部对银行、保险公司、证券公司的金融检查职能及大藏省的银行局、证券局中对个别金融机构的监督职能交给金融监督厅。大藏省的银行局、证券局合并为“金融局”。2000年7月1日，金融厅合并了金融监督厅和原大藏省的金融系统计划局后正式成立。大藏省（改名为财务省）只负责管理国家财政的金融破产处理制度以及金融危机的计划应对立案，金融监管主要由金融厅负责。

② 江晓薇：“关于证券市场监管的探索”，载《中国人民大学学报》1999年第4期。

③ 江晓薇：“关于证券市场监管的探索”，载《中国人民大学学报》1999年第4期。

需要可以设立派出机构，按照授权履行监督管理职责。”第 8 条规定：“在国家对证券发行、交易活动实行集中统一监督管理的前提下，依法设立证券业协会，实行自律性管理。”《证券法》还规定了证券交易所的自律监管地位。

中间型监管模式与统一集中型监管模式的差距本来就不大，从 20 世纪 90 年代开始，单纯的自律监管模式和中间型监管模式都逐渐向统一监管模式过渡，同时加强自律组织的功能和作用。德国 1994 年颁布《有价证券交易法》，并在 1998 年对该法进行了修改。该法第二章专章规定了“联邦有价证券交易监督局”，联邦有价证券交易监督局（联邦证券监督局）作为联邦财政部业务范围内的独立的联邦高级机关而设立，联邦证券监督局的局长经联邦政府提名由联邦总统任命。该法第 4 条规定：“（1）联邦证券监督局依照本法的规定进行监督。它在为其所指派的任务范围内制止有损于规范实施有价证券交易、有价证券服务或有价证券附加服务或者可能严重损害有价证券市场的弊端。联邦证券监督局可以发布为消除或阻止此种弊端而适宜和必要的命令。（2）联邦证券监督局只为公共利益而行使依照本法指派给它的任务和职权。”联邦证券监督局建立一个有价证券委员会。委员会由州的代表组成。成员的身份与成员本人相关。每州选派一名代表。联邦财政部、司法部和经济部、德国联邦银行和联邦信贷业监督局可以参加会议。有价证券委员会尤其是可以听取来自交易所行业、市场参与人、经济界和科学界的专家的意见。有价证券交易委员会协助监督，它为联邦证券监督局提供咨询。德国 1998 年对 1896 年《交易所法》进行了修改，根据该法，交易所监督机关是获得主管的州最高行政机关，该行政机关有权批准交易所的设立或撤销现有的交易所，对交易所进行监督，与股票交易有关的机构也接受其监督，监督扩及是否遵守交易所法规定和命令以及在交易所进行正常交易和交易所业务经营。交易所应遵守交易所监督机关的规定，设立一个交易监督处作为交易所的一个机构，使其对在交易所进行的交易及交易所业务经营进行监督。交易所组织机构有义务支持交易所监督机关完成任务。

英国在 20 世纪 90 年代末期经历了一次金融大爆炸，1998 年政府推出了《金融服务及市场改革法案》（Financial Services and Markets Acts），该法案于 2000 年 6 月得到了皇室的批准。1997 年 5 月，英国宣布将银行监管权和投资服务监管权合并到证券投资委员会（SIB），同年 10 月将证券投资委员会更名为金融服务局，即 FSA（Financial Services Authority）。FSA 是合并了英格兰银行监督管理部、证券与投资理事会成立的，到法案正式获得批准时，金融服务局将把其他 6 个监管组织——个人投资管理局、投资管理监督组织、建房互助委员会、互助会委员会、互助会登记处以及证券及期货管理局的权力和职责纳入其中。FSA 是一个非政府的私营监管部门，通过法律的授权对金融机构进行监管。其经费来源于被监管企业的会员费，但又不是自律组织。FSA 的理事长、理事由英国财政部直接任命，但不是公务员。法案赋予金融服务局前所未有的权力和责任，法案执行后，FSA 成为英国金融服务业唯一的立法者。与法案同时公布的咨询文件指出："政府希望监管的范围应当包括目前金融业务的所有方面"，金融服务局"在其认为必要时有权介入，并有权采取其认为合适的措施"。这样，英国传统上以自律为主的金融监管体制逐步淡化，取而代之的是单一的巨大金融监管机构。①

不过，前述监管指的是对证券市场的整体监管体系而言，具体到创业板市场的微观层面，不同的国家和地区，由于创业板的设立者的不同，其监管的主导者也有区别。比如，美国纳斯达克市场主要由全美证券商协会（NASD）监管，香港创业板市场主要由香港联交所监管，不过，它们仍然需要服从监管当局的意志。美国全国证券商协会是一个自律组织，根据1934年《证券交易法》第15节的规定，在证券交易委员会（SEC）的监督下设立和管理。② SEC对全美证券商协会的自律规则和自律行为进行监督。而香港联交所的重要规则需要证监会的批准，证监会有权对香港联交所的行为进行监督。

在我国，未来的创业板市场有两种选择：一种是深圳证券交易所分为主板市场和创业板市场，在这种情况下，创业板市场由深交所内部设立，自然由深交所监管；另一种是深圳证券交易所作为一个独立的创业板市场，分为高级层次和低级层次，类似于纳斯达克全国市场和纳斯达克小型资本市场，在这种情况下，对内部各个板块的监管主要由深交所负责，对创业板整体市场的监管实际上就是对深圳证券交易所的监管，这样其监管的层次就上升到与对上海证券交易所监管的同一的位置上。对证券交易所的监管，在我国，自然是证监会为主导，这是因为虽然证券交易所设立的最终决定权属于国务院，但审核机关是证监会，而且，证监会是我国证券市场的统一主管机关。

（三）我国证券监管的法律基础

"依法治国，建设社会主义法治国家"是我国宪法所确立的治国方略和政治目标。《立法法》、《行政许可法》、《行政处罚法》、《行政复议法》、《行政诉讼法》、《行政强制法》、《行政收费法》和《国家赔偿法》等法律，以及《规章制定程序条例》等行政法规基本确立了依法行政的制度框架。

以《公司法》、《证券法》、《证券投资基金法》为核心，大量的中国证监会的监管规章为具体的实施规则，我国逐步建立了证券发行与交易及相关机构管理的制度体系。

① 黄运成、申屹、刘希普：《证券市场监管：理论、实践与创新》，中国金融出版社2001年版，第120页。

② ［美］托马斯·李·哈森著，张学安等译：《证券法》，中国政法大学出版社2003年版，第3页。

新《证券法》完善了中国证监会的监管职责。一是明确了中国证监会对公开发行行为以及公开发行股票等证券的公司的监管职责。《证券法》第10条对公开发行行为进行了界定，中国证监会对除公司债券以外的其他证券的公开发行行为进行监管，并按照第188条的规定会同县级以上地方人民政府对相应的非法公开发行行为予以取缔。证监会对公开发行行为进行核准，并对公开发行公司进行监管。二是规定了证监会与银监会、保监会、中国人民银行、财政部等国务院其他金融监管机构建立监管信息共享机制的职责。三是确立了证监会跨境监管的职责。《证券法》第179条明确规定，中国证监会可以和其他国家和地区的证券监管机构建立监管合作机制。

新《证券法》改进了监管方式：（1）对行政许可事项进行结构性调整。一是取消证券上市行政许可项目，授权证券交易所进行上市审核，这是回归市场的一种举动，上市本来就是证券交易所自己的事情，证券交易所为了自身的名誉和利益，有动力去监管上市行为，而且其又参与证券上市的整个过程，更容易监管。二是不再保留上市公司收购、重大重组等行政许可项目，将事前监管转变为事中、事后监管。三是增设证券公司主要股东、董事、监事、高级管理人员资格管理的行政许可事项，规定证券公司设立、收购或者撤销分支机构，变更业务范围或者注册资本，变更持有5%以上股东、实际控制人，变更公司章程中的重要条款，合并、分立、变更公司形式、停业、解散、破产，在境外设立、收购或者参股证券经营机构，必须经中国证监会批准。（2）授权证监会补充立法。《证券法》第13条规定了公司公开发行新股的条件，并授权中国证监会补充规定其他条件，第12条授权中国证监会对公开募股设立股份有限公司在《公司法》之外补充规定其他条件，第13条还授权中国证监会对上市公司向特定对象发行新股规定条件，但是，同时规定中国证监会就上述发行事项规定的条件，均应当经国务院批准。可见，修法时充分考虑到了授权中国证监会根据企业融资的需求和市场发展情况，对法定条件作出补充规定或者直接设定条件的重要性，同时，为了加强对此类行政许可活动的监管，确保法律授权不被滥用，明确赋予国务院进行监督的职责。这样，中国证监会就可以根据我国国情具体规定创业板市场公开发行股票和上市的条件。这种授权立法类型，是对《立法法》所确立的法律渊源在资本市场上的一种创造性发展。由于上市公司收购的情况比较复杂，随着金融创新和市场的演进，其变化可能较大，法律规则需要较强的应变性。因此，《证券法》第101条规定，中国证监会应当依照法定原则制定上市公司收购的具体办法。①

《证券法》修改的重要内容之一，是赋予证券监管机构一些准司法权，这在我

① 中国证监会法律部："完善证券市场监管制度，强化市场主体约束机制——新《证券法》完善证券市场监管制度的法理解读"，载《中国证券报》2006年1月5日。

国行政执法部门是比较少的。立法机关的这一授权，是根据证券执法的现实需要，在总结经验和教训的基础上，参照其他国家行之有效的做法，经过反复比较、权衡、讨论之后做出的，其根本目的在于，提高执法效能，有效保护投资者，维护市场秩序。证券违法犯罪案件的特点，表现为危害易于扩大、蔓延，证据容易毁损、灭失，资金容易隐匿、转移，如不及时制止和控制，不仅案件本身难于查证、难于处罚，还可能引发系统性风险，危及市场的安全运行。基于这些考虑，绝大多数国家和地区都赋予证券监管部门必要的行政执法权，使其在监管中实施必要的强制措施。《证券法》第108条主要增加了五项执法权力：一是现场检查权。中国证监会可以对证券发行人、上市公司、证券公司、证券投资基金管理公司、证券服务机构、证券交易所、证券登记结算机构进行现场检查；二是财产权登记、通讯记录的查阅、复制权，可以查阅、复制与被调查事件有关的财产权登记、通讯记录等资料；三是银行账户的查询权，可以查询当事人和与被调查事件有关的单位和个人的银行账户；四是冻结、查封权，对有证据证明已经或可能转移或者隐匿违法资金、证券等涉案财产或者隐匿、伪造、毁损重要证据的，经中国证监会主要负责人批准，可以冻结或查封，不再需要申请司法机关予以配合；五是限制证券交易权，在调查操纵市场、内幕交易等重大违法行为时，经中国证监会主要负责人批准，可以限制被调查事件当事人的证券买卖，但限制的期限不得超过15个交易日，案情复杂的，可以延长15个交易日。

三、监管的主要内容

监管的内容方面可以从两个阶段进行判别：一是入门监管；二是公司上市后的监管。

（一）入门监管

入门监管包括两个环节的监管：一是公开发行监管；二是公司上市监管。

公开发行入门监管以政府监管为主导，在世界上有两种模式，一是注册制或登记制；二是核准制。注册制是指发行人在公开发行前按照法律规定向主管机关报送与发行有关的文件，在一定期限内，主管机关未提出异议的，即给予注册登记，允许发行人公开发行证券。这种制度对发行人行为的监管比较宽松，但在宽松的同时对发行人附加了一种严格性的责任，一旦投资者主张发行人虚假披露信息或者主管机关发现发行人披露虚假信息时，对发行人的处罚也是相当严厉的，包括民事责任和刑事制裁。这种审核制度的优点在于：一是可以简化审核程序，减少监管成本；二是让投资者自己去判断企业的未来成长性，有利于具有发展潜力而目前又具有较高风险的企业通过证券市场募集资金；三是更加体现了权利的私人性的本质特征，证券权利本质上是私人权利，是投资者自我做主的意志评价，政府和法院只能从外围进行保护。[①] 实行注册制最具代表性的国家是美国和日本。美国《证券法》和《证券交易法》规定，凡是在证券交易所公开挂牌上市的证券，必须向证券交易委员会和证券交易所办理发行登记，对在场外交易市场进行的证券发行，只要证券发行人公司的资产超过100万美元，股东人数超过750人，必须向证券交易委员会办理发行登记。发行登记的基本内容有：公司所经营的事业，包括公司开始营业日期、过去5年内的重大发展、对主要顾客的依赖、重要国内外市场、同业竞争市场；财务资料，包括净营业收入、所付利息、总资产、负债总额及其变化及有关会计资料；财产详细情况；主要证券持有人名单，即在申报前90天以内持有公司证券10%以上者的名单；董事及主要职员及其报酬；法律规定或者主管部门要求的其他有关事项。[②]《证券法》规定，证券发行人公司的发行登记申请通常在提交申请书后的20天之后生效，从第21天开始，证券可以进入一级市场。证券交易委员会有权使某一登记申请提前生效也可以使没有按照要求修改的登记申请直到申请完毕才生效。

与注册制相对应的是核准制，证券主管机关对证券发行不仅进行形式审查，而且在必要时进行实质审查。核准制条件下的证券主管机关不仅关注证券发行的程序合法性和信息披露的合法性，而且关注发行人行为与投资者利益的保护关系以及国家的经济政策等因素。如果审核机关是公正的审查者，通过严格的实质审查，确实可以避免一些公司的虚假发行行为。然而，监管者本身并不是市场，对市场的判断不一定正确，往往注重一些静态指标，而忽视了一些目前盈利状况不是很理想却有很好的未来成长性的公司，尤其是对中小型创业性公司认识不足。另一方面，核准制使投资者对监管者有一种依赖心理，一旦监管者把关不严，投资者就会埋怨监管者。[③] 实行核准制的主要是一些欧陆国家，如德国、法国、瑞士等，美国的一些州也实行核准制，还有东南亚一些新兴市场国家。核准制审查的因素主要有：发行公司的营业性质，管理人的资格和能力；发行公司的资本结构是否健全；高管人员所得报酬是否合理；各类股的权利、义务及出资是否公平；公开的资料是否充分和真实；公司的成长性等。欧洲国家的核准制的层次和境界都比较高，监管机构保留实质审核的权力，但一般不使用，这种核准制与注册制差距不大。比如德国，1994年德国颁布了《有价证券交易法》，成立了联邦证券监督局，作为联邦财政部业务范围的独立的联邦高级机关而设立。根据该法和1998年修改的《招股说明书法》，德国目前的审核制度实质上与注册制差距不大，但仍保留着核准制的形式，"……联邦证券监督局可以要求发行商提供情况和提交文件。该局的工作人员和受该局委

① 张宇润等：《中国证券法：原理·制度·机制》，中国经济出版社2002年版，第107页。
② 徐东根等编著：《美国证券法律与实务》，上海社会科学院出版社1997年版，第63页。
③ 张宇润等：《中国证券法：原理·制度·机制》，中国经济出版社2002年版，第108页。

托的人员——在为执行其任务所必需的范围内——得在通常的工作时间进入发行人的地界和业务区域。"①

我国1998年《证券法》确立了股票发行的核准制度，经过一个过渡时期，2001年正式实施。当时设计的新型的核准制模型是：政府监管部门不再唱"独角戏"，法律制度将看门人的责任由过去政府监管部门的审核向发行前的改制辅导和发行后的回访、保荐延伸，证监会的审核转向以合规性审查为基础，在合理质疑的前提下，通过强制性信息披露，使发行人和中介机构，作出真实、准确、完整的回答和专业判断。2004年起开始实施保荐人制度，对发行人的实质性审查、监督、辅导、保荐的责任落在了保荐人身上，政府主管部门节约了大量的监管成本，同时也提高了监管的效率，而保荐人因为利益动机，有动力做好上市公司的看门人。新证券法界定了公开发行的范围和方式，明确证券监督管理机构对公开发行的监管职责，为更为广泛的投资者提供保护，同时将保荐制度法定化，既可以发挥中介机构对证券发行上市的担保作用，发挥市场对发行人质量的约束作用，又可以强化监管，进而从源头上为提高上市公司质量提供制度保证；为充分发挥社会监督作用，还建立了发行股票预披露制度。

上市门槛监管不是以政府监管为主导，而是一般以交易所监管为主。公司上市实际上就是与交易所签订上市协议，只有交易所才有权决定是否允许其上市。香港《创业板上市规则》第2.09条规定："是否适合上市须视乎多项因素而定。上市申请人应了解到符合《创业板上市规则》并不保证本身适合上市。本交易所保留酌情接纳或拒绝申请的权利，而于作出决定时，本交易所会特别考虑《创业板上市规则》第2.06条所列的一般原则。欲知上市申请建议是否符合要求，可以向本交易所寻求非正式及保密的指引。"第2.10条规定："无论是新申请人或上市发行人，任何其证券在创业板上市一律须获得本交易所批准。"第2.17条规定："如发现违反《创业板上市规则》的情况，本交易所会采取适当措施强制履行责任及/或作出适当的纪律处分。"

按照我国1998年《证券法》第43条的规定，证券上市的审核机构是中国证监会和其授权的证券交易所。2005年修订的《证券法》第48条规定："申请证券上市交易，应当向证券交易所提出申请，由证券交易所依法审核同意，并由双方签订上市协议。证券交易所根据国务院授权的决定安排政府债券上市交易。"除政府债券之外，新《证券法》把证券上市的审核权赋予了证券交易所，这是效率监管原则的一个体现。此外，1998年《证券法》规定证券上市暂停和终止行为的决定权由中国证监会行使，而新《证券法》则将该权力赋予了证券交易所。证券交易所作为一线监管者，应当比政府更熟悉上市公司的情况，是否符合上市条件。尤其

① 《德国有价证券交易法》第15条第5款。

是创业板上市公司，风险较大，不确定性因素较多，其法律标准相对于主板市场的公司有更大的宽松性，政府在实际监管中不容易把握，相比而言，创业板证券交易所则具有更多的经验和智慧。

（二）公司上市后的监管

公司上市后的监管比入门监管更加重要，公司在发行和上市过程中出现的问题还会留在股票上市后，成为股票上市后的问题，而且股票上市后，对投资者的影响更大，投资者不断地变动，不诚信的公司将会影响越来越多的人。股票上市后，股票作为虚拟资本在交易过程很容易被操纵，内幕交易和虚假陈述行为对证券市场秩序的破坏十分恶劣。公司上市后的监管主要包括三个方面：一是对上市公司本身的监管；二是对信息披露的监管；三是对证券交易的监管。

对上市公司的监管。首先应明确监管的底线，实行适度和有限监管原则，不以牺牲市场主体的本位功能和中介机构的制约功能为代价，也不以牺牲市场创新为代价，还要防止和约束随机的不当的监管干预行为以及监管者的道德风险，防止过度监管。其次，充分发挥市场的力量。上市公司监管要调动和发挥包括投资者、上市公司董事会高管、中介专业人士、自律协会和新闻媒体等多元市场主体参与者的作用，监管不是替代市场，而是释放市场或私权的能量，顺应市场的共同和长远利益。对于中介服务机构，除强化传统的审计机构功能外，要加大对保荐机构、法律顾问、财务顾问的监管要求，创造条件让这些中介服务主体发挥专业功能以制约公司违规和决策的风险。

在时间和监管资源相对有限的条件下，应突出重点，抓住矛盾的主要方面。要规范和监管上市公司重大事项。这些重要事项主要包括关联交易和同业竞争，信息披露，重大资产、债务、业务、股权、资产重组、收购行为等。对这些重大事项，要细化规范标准，明确禁止底线。

信息披露监管是核心。信息披露是联结上市公司、交易所和投资者的最重要的环节，是了解企业情况、进行投资决策的基本依据。因为高新技术企业经营的不确定性，信息披露是否及时、真实、准确、完整是创业板市场运作是否有序的关键。在我国香港创业板市场，凡《创业板上市规则》提及知会或通知交易所的文件和资料必须按照交易所规定的地点和程序送交。如资料属迫切性，发行人的获授权代表或发行人或其保荐人的其他主管负责人员、财务顾问或法律顾问应以电话通知创业板上市科执行总监或其代表有关事宜，并须于电话联络后立即以书面确认有关资料，并根据《创业板上市规则》的要求以专人、电子形式或传真交付。交易所可不时决定和公布有关交付资料和文件予本交易所的程序及程序上的任何转变或增加。[1] 为了令资料披露维持在高水平，交易所认为需要时，可要求上市发行人发表进一步的资料及向其施加额外规定，唯就施加任何并非一般对上市发行人施加的规定前，发行人可作申述。发行人必须遵守该规定，如未能遵守，则交易所可于获悉该项资料时自行公布该项资料（如果该等规定与公布资料有关）。相反，交易所可因应个别事例的情况豁免、修改或免除发行人遵行《创业板上市规则》第十七章所载任何特定责任条款，但可要求有关发行人订立一份协议或承诺，作为该项豁免的附带条件。[2] 发行人须迅速回应交易所就其上市证券的价格或成交额的不寻常变动或任何其他事项而向发行人作出的查询，提供发行人所获得的有关资料或（如适用）发表陈述，说明发行人对有关其上市证券的价格或成交额不寻常变动的任何事项或发展毫不知情，并须迅速回应交易所向发行人作出的任何其他查询。[3]

我国新《证券法》在完善上市公司信息披露监管方面，一是增加了上市公司控股股东或实际控制人、上市公司董事、监事、高级管理人员诚信义务的规定和法律责任[4]；二是引入预披露制度，要求首次公开发行的申请人预先披露申请发行上市的有关信息，以拓宽社会监督渠道，防范发行人采取虚假手段骗取发行上市资格。

提高执法效率，合理配置执法资源。我国监管部门执法效率较低，蓝田公司造假4年后才被查出，亿安科技股票操纵案中证监会罚款4.9亿元，但受罚公司早已人去楼空。在我国，执法资源配置不当。对于一项违法行为，存在多种惩戒手段，如公开批评、警告、罚款、市场禁入、责令关闭等。由于不同惩戒措施成本不一，执法者必须在查证违法行为与查证后予以惩戒之间合理配置资源。如实施罚款非常便利，成本低，执法者应加大罚款数额和较低的查证概率的组合，一旦被查证，被罚者即可能因此倾家荡产。反之，由于责令关闭等惩戒措施的执行成本较高，往往需要其他社会资源的配合，执法者一般采取较轻缓的惩戒（如限期关闭、停业整顿）和较高的查证可能性的组合，主要是体现出一种威慑力。但在我国，因执行成本低而屡屡启用罚款，但罚款数额却很低，如ST啤酒花因信息披露违规被证监会罚款60万元，而投资者因此受损失22亿元，两者相差如此之大。再看美国安然事件曝光后，公司前董事长肯尼斯·莱被判175年的监禁外加570万美元的罚款，公司也因此破产。网易刚在纳斯达克上市，因无意中将100万美元的合同误报成收

---

① 参见香港《创业板上市规则》第2.21条、第2.22条、第2.23条、第2.24条。

② 参见香港《创业板上市规则》第17.09条。

③ 参见香港《创业板上市规则》第17.11条。

④ 新《证券法》将上市公司实际控制人的情况作为法定披露内容，增强了信息披露内容的有效性和透明度，缓解了信息不对称问题，强化了对实际控制人的监管；明确董事、高管人员对定期报告的确认义务和监事对定期报告的审核义务，提高定期报告的真实性、准确性和完整性。

入，被美国法院判决赔偿中小投资者435万美元，几乎被纳斯达克摘牌。①

(三) 对证券交易行为的监管

证券交易行为的监管，主要是对违规行为的监管。证监会负责对重大违规行为的查处，自1999年至2005年3月底，中国证监会共立案调查各类证券违法行为472起，结案411件，其中做出行政处罚的227件，移送公安机关立案侦查79件，不予处罚的39件。做出其他处理的66件，行政处罚涉及机构187家，个人320人。对一般违规行为和有违规倾向的行为交易所有实时监控和管理的责任。

在打击非法股票交易行为方面，各国创业板市场也是不遗余力。如德国新市场加强了市场监管和对违规的处罚。增加对拟发行公司不履行或拖延履行交易所规则的行为的处罚，罚金最高可以达10万欧元；对严重的非法股票交易行为，交易所有权取消其上市资格。高斯达克市场在2002年加强了监管力量，对上市公司采取系统化的市场监管措施，成立法律顾问中心，为非法股票交易中受到损失的投资者提供法律咨询。②

在2007年上半年上市公司杭萧钢构、基金公司“老鼠仓”的调查告一段落后，证监会于2007年5月23日出台《限制证券买卖》实施办法。限制证券买卖是指证监会在调查操纵证券市场、内幕交易等重大证券违法行为时，对被调查事件当事人受限账户的证券买卖行为采取的限制措施。受限账户包括被调查事件当事人及其实际控制的资金账户、证券账户和与当事人有关的其他账户。限制证券买卖措施包括：不得买入指定交易品种，但允许卖出；不得卖出指定交易品种，但允许买入；不得买入和卖出指定交易品种；不得办理转托管或撤销指定交易；调查部门认为应采取的其他限制措施。《办法》规定，调查部门限制证券买卖的时间不得超过15个交易日。但案情复杂的，经批准可延长15个交易日。《办法》为了保证证监会执法的公正性，规定调查部门在具体实施过程中，必须严格遵守法定程序，须制作《限制/解除限制证券买卖申请书》，并报证监会主要负责人批准。调查部门还应当向证券交易所、证券登记结算公司、证券经营机构等协助实施限制证券买卖的机构发出通知，限制期满，相关各方应及时解除。实施限制证券买卖措施时，调查部门应告知当事人或托管受限账户的证券经营机构，并且当事人有权申请复议。但复议期间，限制证券买卖措施不停止执行。

行政处罚执法是证券期货监管工作的核心组成部分。行政处罚执法是指证监会根据法律的规定和授权，依法对证券、期货市场上涉嫌违反法律、法规和规章的行为进行立案、调查和进行处罚、教育或者对当事人实施非行政处罚监管措施的行政

① 罗培新：“证监会应拥有怎样的司法权”，载《南方周末》2005年9月8日。

② 参见《中国证券报》2003年7月24日。

执法活动。自1992年成立以来，证监会通过行政处罚执法工作，查处了大量证券违法违规活动，处罚了大批违法机构和个人。据统计，从证监会成立以来至2005年6月底，共公布了438个行政处罚决定，涉及536家单位，1066名个人，包括上市公司高管人员497名，证券公司高管人员近98名，期货公司高管人员32名，其他中介机构56名。从受处罚的行为类别看，违反信息披露行为共计110件，操纵市场行为共计19件，内幕交易行为7件，期货违法行为44件，其他证券违法行为198件，移送司法机关查处的案件共86件。在上述查处和移送的案件中，有很多在证券市场引起巨大的影响，如中科创业操纵案、通海高科虚假上市案、蓝田股份虚假陈述案、东方电子虚假陈述和内幕交易案等。近年来，证监会在规范行政处罚工作，加强协调，提高办案效率方面不断取得新进展，陆续推出行政处罚案件调查、审理案卷管理办法、法律文书送达办法，并启用案件管理系统对案件的办理进行全过程管理。

但证券交易所对证券交易行为的监管更加直接，对大宗交易行为和操纵行为、内幕交易行为的监控更加直接。深圳《中小企业板投资者权益保护指引》第42条规定："上市公司应当对内幕信息的知情人买卖公司股票情况定期检查并及时报告本所，防止上市公司内幕信息知情人利用内幕信息从事证券交易活动。"2006年沪深交易所新订《交易规则》增添了"交易行为监督"一章，列明可能影响证券交易价格或者交易量的异常交易行为，对此进行重点监督。《交易规则》对可能影响证券交易价格或者证券交易量的13类异常交易行为进行了明确的界定：可能对证券交易价格产生重大影响的信息披露前，大量买入或者卖出相关证券；以同一身份证明文件、营业执照或其他有效证明文件开立的证券账户之间，大量或者频繁进行互为对手方的交易；委托、授权给同一机构或者同一个人代为从事交易的证券账户之间、大量或者频繁进行互为对手方的交易；大笔申报、连续申报或者密集申报，以影响证券交易价格；频繁申报或者频繁撤销申报，以影响证券交易价格或其他投资者的投资决定；巨额申报，且申报价格明显偏离申报时的证券市场成交价格；一段时期内进行大量且连续的交易；在同一价位或者相近价位大量或者频繁进行回转交易；大量或者频繁进行高买低卖交易；进行与自身公开发布的投资分析、预测或者建议相背离的证券交易；在大宗交易中进行虚假或者其他扰乱市场秩序的申报；本所认为需要重点监控的其他交易行为。根据《交易规则》的规定，一旦会员及其营业部发现投资者的证券交易出现上述异常交易行为之一，且可能严重影响证券交易秩序的，应当及时向交易所报告。对于交易异常的行为和现象，交易所可采取现场调查和非现场调查措施，并且要求相关会员及其营业部提供投资者开户资料、授权委托书、资金存取凭证、资金账户、相关交易情况等资料；如异常交易涉及投资者的，交易所还可以要求会员直接提供有关材料。《交易规则》对情节严重的异常交易行为，根据具体情况，可以采取下列措施：口头或书面警告；约见谈话；要求相关投资者提交书面承诺；限制相关证券账户交易；报请证监会冻结相关证券账户或资金账户；上报证监会查处等①。

四、政府、自律及社会监督体系

(一) 权力回归与自律

与政府相对的是市场，市场的一般主体是理性人，理性人虽然其行为出于自己私人的目的，但他有长远的目标，并非完全出于短期利益。而且每个人的利益方向不同，甚至相互之间有冲突和矛盾，因此一个理性人为了自己的利益有动力去监督他人的行为，只要他人的行为与自己的利益有关。为了共同的长远的利益，他们可能结成联盟或团体，建立一个共同遵守的规则。既然市场自身有自我约束的能力，政府为什么不让市场充分发挥这种能力呢？而且政府监管往往成本很大，对微观市场主体及行为的监管效果并不一定很好。美国 SEC 对类似安然这样的公司难以进行直接监管，这不仅因为这些行政与执法机构对之没有直接利益关系，而且也因为政府行政部门不可能有足够多的人力、物力去实现事前核查。就拿美国 SEC 来说，每年要审阅 1.7 万家上市公司的相关文档和信息；掌握和监督大量在过去 10 年以 4 倍速度增长的对冲基金的情况；保证交易所的正常运转；阻止无数潜在的操纵市场、内部交易事件的发生，并且当市场出现任何差错时，负责进行调查工作。当交易所的交易量愈来愈多，并且交易情况越来越复杂时，SEC 根本就没有足够的人力和物力去处理。2001 年一名在 SEC 的首席会计师承认，在 2000 年每 15 份年报中的 1 份才有可能被审阅。而能够破译安然公司的财务资料的人更少。SEC 支付给员工的工资比上市公司少得多，它每年从上市公司收取的大笔收入被国会分配到其他方面去了。由于薪水低，经费不足，人员流动性大，给监管工作带来了很多不利因素。②

我国 2005 年 10 月证券法修订，对政府监管职能的一个重大调整就是放权，将政府监管职能回归市场，强化市场主体的约束机制，赋予证券经营机构、证券中介服务机构、证券市场自律组织、证券投资者等市场主体一定的监督职能。这一转变体现在证券发行、上市、交易、结算、上市公司和证券公司规范运营等各个方面和环节。在发行、上市制度中，增加了保荐制度、确立了首次公开发行股票预披露制度与发行失败制度；进一步发挥证券交易所的自律功能，扩大交易所制定交易规则

---

① 根据《交易规则》的规定，如果对限制相关证券账户交易的措施有异议，受处罚者可以向交易所提出复核申请，但是复核期间交易所不停止相关措施的执行。

② 王清丽：“华尔街系统失灵——探询美国股市财务丑闻形成根源”，载《中国证券报》2002 年 4 月 2 日。

的范围，赋予其限制证券买卖的监管手段；扩展了证券交易所会员的范围，而非局限于证券公司，便于更多机构为投资者提供更好的服务；同时为发挥证券交易所的自律监管职能，赋权交易所监管上市公司控股股东、实际控制人等信息披露义务人和限制异常交易，提高信息披露的有效性，制止有损市场秩序和交易公平的交易行为，维护交易所作为自律组织对市场主体和市场秩序的监管权威，等等；健全和完善证券公司客户交易结算资金存管制度；完善证券结算制度，确立货银对付、净额结算的原则和制度；完善上市公司信息披露制度；严格董事、监事、高级管理人员的信息披露义务，补充了对控股股东、实际控制人、收购活动一致行动人的监管制度；健全证券公司内控制度，加强日常监管，完善风险处置措施等。

政府监管组织是离市场较远的组织体，它站在市场之外，即使它是非常公正的，但不能保证它非常熟悉市场，如果它胡乱干预市场，很可能扰乱了市场内在的秩序。而且政府的代表者和执行人往往是有自己本位利益的个人和集体，而不是那种抽象的代表公益的团体，因此，政府的执行者有可能滥用权力，损害市场利益。这些政府监管的缺陷可以由自律组织弥补，自律监管始终是证券市场监管体制不可替代的组成部分。国际证监会组织（IOSCO）所制定的《证券监管的目标和原则》，将自律监管作为证券监管的八大原则之一，指出“监管体制应充分利用自律组织，并根据市场的规模和复杂程度，使自律组织在各自擅长的领域内负起一线监管的责任”。

最能体现市场自我管理和协调的组织就是证券交易所。证券交易所作为证券集中交易场所，只有通过自律性的市场管理和监管，才能提供一个公平、透明且有效管理的市场给发行人、投资人和其他市场使用人，这是维系市场高效运行的基础。新《证券法》确立了证券交易所作为市场组织者和监管者应当享有的自治权，重要意义在于划分了证券交易所作为自律组织的权力和政府权力的边界，通过法律的形式明确对交易所享有自律权的认可。

我国创业板市场的模式是交易所，因此创业板市场的自律组织应当主要是证券交易所。政府监管和交易所分别承担不同的职能，其中政府更多地作为宏观调控者、制度提供者、法律执行者和违法行为的查处者，而交易所更多地作为市场组织者、市场秩序维护者、违法行为的发现者和违规行为的纪律处分者。交易所作为证券集中交易的场所，通过自律性的市场监督和管理，提供一个公平、透明且富有效率的市场给证券发行人、投资人和其他市场参与者。交易所身处交易当事人的关系之中，了解交易运行的方方面面，把握市场风险，预感市场危机。交易所可以在法律之外施加道德要求和行业标准，并将之纳入交易所章程和业务规则中，约束交易当事人和各方中介服务者。证券交易所可以直接提醒投资者注意投资风险。活力门公司（Livedoor）和子公司 Livedoor Marketing 因涉嫌违反日本《证券交易法》在 2006 年 1 月 16 日被东京地方检察官强制搜查。就此，东京证券交易所 2006 年 1 月

20日对外宣布，将于21日把两家公司在创业板市场——东证所Mothers市场上市的股票列为“公开注意股”。东京证券交易所提醒投资者：上述两家公司没有公开必要的信息。

加强市场诚信方面，交易所也可以发挥重要作用。交易所可以建立上市公司及其高管人员诚信档案系统，向中国人民银行征信局提供上市公司及其高管人员的诚信记录，供征信局通过全国联网系统向金融机构防范信贷风险的决策支持信息。征信局也将根据交易所的监管需要，依法提供相关信息。① 在这个基础上，交易所可以逐步将交易所对会员公司的监管信息也纳入共享信息的范畴，并加强与执法部门的信息系统联网，探索更深更广领域的合作。

未来创业板市场的风险主要是市场风险而不是政策风险或其他风险。监管也要最大程度地采用市场手段。因此，其监管格局的基本思路是：证监会的宏观性监管为主导，交易所的一线监管为基础；更多地采用信息技术手段，增强监管效率和解决问题的能力；加强对保荐人和做市商的监管；严格信息披露制度；实时跟踪各种交易行为，控制市场的过度投机气氛。

在新《证券法》颁布之后，深交所积极做出了相应的行为。主要表现在以下几个方面：一是加强市场准入监管。依照发行上市审核相分离的规定，修改交易所上市委员会工作办法，扩充并调整其职能权限，研究制定首次公开发行股票上市申请审核程序，审慎行使上市审核权。根据《证券法》修改的相关内容，发布新的《上市规则》，依法由证券交易所办理有关上市、暂停上市、恢复上市、退市的具体业务，建立完善的上市、退市制度，切实维护投资者权益。在交易所内依法设立上市复核委员会，并制定相应的复核规定和工作流程。对交易所作出的涉及上市、暂停上市、恢复上市、退市的有关决定不服的，可以向交易所上市复核委员会申请复核。二是强化对上市公司信息披露监管。强化上市公司信息披露监管，提高信息披露的透明度。加强对上市公司董事、监事、高级管理人员的培训力度，提高信息披露意识。促使上市公司建立健全有关信息披露的内部控制制度。对不按规定披露信息的上市公司实施强制停牌制度。加强对上市公司规范运作的指导，促使上市公司完善法人治理结构。推出《上市公司内部控制指引》和《上市公司社会责任指引》等指引性文件，引导上市公司建立完善的内控制度并及时披露内控制度的执行情况，严格规范上市公司行为，促使上市公司形成股东大会、董事会、监事会和高管层之间权责分明和有效制衡的法人治理结构。同时由有关部门和机构联合推出公司治理评价体系和治理指数，并向社会发布评级结果和指数。推出《上市公司高管诚信再教育制度》，通过董事培训、董事会秘书资格培训、专题培训、座谈会和经验交流会等方式进行诚信教育活动，进一步健全和完善上市公司、董事、监

① 截至2005年12月，我国主板市场的交易所这方面的基础性工作已经做好。

事、高管诚信信息数据库，强化上市公司及其董事、独立董事和高管的诚信意识。对存在资金占用等违规行为的上市公司，督促上市公司及时披露相关的解决措施和进展情况。三是强化对证券公司会员的自律监管，依法要求证券公司建立健全内部控制制度，采取有效隔离措施，防范公司与客户之间、不同客户之间的利益冲突。并不定期进行检查，对于违反规定的，严格按照会员规则予以处罚。在财务分析和信息披露审查的基础上，结合交易异常情况，根据会员的不同风险类别采取分类监管措施，对风险较高的会员及时进行风险提示并采取必要的监管措施。四是强化证券交易所的交易监控和市场监察机制。完善实时监控机制，在统一监管架构和监管理念下，根据主板、中小企业板和股份代办转让系统等多层次市场交易的不同特点，构建职责分工明确、运作相对独立、协调配合顺畅的多层次市场监察机制。完善违规调查机制，不断强化对市场规律、交易特点和违规模式的分析和把握，研究和探索更具有针对性的调查手段和调查途径。深化联合监管，以强化对涉嫌违规行为的调查、分析、制止为核心，构建“职责明确、沟通便捷、反应迅速”的联合监管机制。①

（二）交易所自律监管权力及其制衡

从法律属性看，交易所自律监管具有权利和权力的双重属性。按照民法理论，交易所属于社团法人，其自律管理权属于一般意义上的社团自治权。② 在社团自治权中，权力和权利的界限并不十分清晰，不能用传统的公权和私权的划分标准来加以界定。交易所相对于政府和外部独立的主体，是权利主体，相对于内部成员和与之签订上市协议的上市公司，则是权力主体。但这种权力的根据是交易所成员所订立的章程和上市协议，是市场主体权利让渡后形成的管理性质的权力，由于其权力只在内部有效，而且其根据又是章程或协议，以及交易所自身制定的规则，并不是法律的真正确定和赋予，仅仅是法律的承认而已，因此其强制力自然不如国家和政府的公共权力。交易所的强制力仅仅是纪律处分而已。根据我国证券交易所的业务规则和管理实践，针对上市公司的强制性措施有通报批评、公开谴责、暂停或终止股票上市交易，针对会员公司的强制措施有通报批评、公开谴责、限制交易、取消会员资格等。证券法对交易所自律权力的确认，强化了交易所的监管的权威。

新证券法实行发行和上市审核分离的制度。新证券法规定，申请证券上市交易，应当向证券交易所提出申请，经其审核同意后签订上市协议；暂停上市、终止

---

① 深圳证券交易所法律部：“两法实施开辟投资者权益保护新篇章”，载《中国证券报》2005年12月30日。

② 卢文道：“交易所自律管理的法律特征”，载《中国证券报》2005年12月8日。

上市，也由交易所作出决定。[①] 这些规定比过去证券法明显先进，恢复了交易所的本来面目，以前上述权力最终要由证监会决定，很明显是对市场自治的一种不当行政干预。新证券法还在明确证券上市、暂停上市和终止上市的法定条件的同时，允许交易所以上市规则规定更高的上市条件以及补充规定暂停上市、终止上市的其他条件。[②] 新证券法还授权交易所根据需要对出现重大异常交易情况的证券账户限制其交易，并将上市公司控股股东、实际控制人等“相关信息披露人”纳入交易所信息披露监管范围。[③] 将证券交易所的权力法定化，同时也使之具有法定职责的内涵，因为监管不仅是权力的行使，也是对市场的必要干预，具有必要性。新证券法扩大了合理划分证券法律与交易所业务规则的调整范围，丰富了交易所组织和监督证券交易的权限，使相关规定更具有弹性，并将技术性和操作性的规则创新交由交易所解决。

证券交易所可以制定自己的自律性规则，包括上市规则和交易规则。其中上市规则最为关键。香港联交所就制定了香港《创业板上市规则》，其中第 2.06 条规定：“《创业板上市规则》旨在确保投资者维持对市场的信心，尤其是下列各项：(1) 申请人适合上市；(2) 证券的发行及销售是以公平及有秩序的形式进行，而可能投资的人士可获得足够资料，从而对发行人及（如属担保发行）担保人正寻求上市的证券作出全面的评估；(3) 上市发行人及（如属担保发行）担保人须向投资者及公众人提供可能影响其利益的各项资料，尤其须即时公布任何可合理相信会对上市证券的买卖活动及价值有重大影响的资料；(4) 上市证券的所有持有人均受到公平及平等对待；(5) 上市发行人的董事在整体上本着股东的利益行事(尤其公众人士只属少数的股东时)；及 (6) 除非现有股东另有决定，否则上市发行人新发行的股本证券须首先以供股形式售予现有股东。在上文最后四项内，《创业板上市规则》旨在为证券持有人（持有控股权者除外）取得其法定地位可能未有向其提供的保证或平等待遇。”

创业板制度的特色是创业板的发行上市规则，而这些都是交易所制定的，交易所为了创业板自身的改进和发展，会不断地改进发行上市规则。比如，香港创业板不断修改完善上市规则。自从 1997 年 7 月创业板正式公布上市规则以来，已作了多次修改。1999 年 9 月第一次修订，对创业板上市委员会人员组成作了更改，增强了上市委员会的代表性。1999 年 11 月 17 日，作了第二次重大修订，将原规则的第 11.23 条规定的“公司须由公众人士持有的股份至少占其股本的 20% ~25%，其中涉及金额至少须达港币 3000 万元”，更改为“A. 若公司在上市时的市值不足

---

① 参见《证券法》第 48 条、第 55 条、第 56 条、第 60 条、第 61 条。

② 参见《证券法》第 50 条、第 55 条、第 56 条。

③ 参见《证券法》第 115 条。

港币10亿元，则最低公众持股量须为20%，涉及金额至少达港币3000万元；B. 若公司在上市时的市值为港币10亿元以上，则最低公众持股量须为15%或使公司在上市时由公众人士的股份的市值至少达港币2亿元的较高百分比。”另外，将原规定中申请上市企业的财务报表须符合香港的会计准则或《国际会计准则》的规定，更改为“已在或同时在纽约证券交易所或NASDAQ上市的申请人，可根据美国的《公认会计准则》的规定编制其财务报表”。2000年3月，由于香港联交所的合并改组，从而对规则做了第三次修订，主要对一些名词作了技术性修订。① 2001年，香港联交所加紧修订新的创业板上市规则，尽量平衡市场需求以及公司的前景。联交所的这一举动的目的是改善创业板公司的质地，增强创业板公司的吸引力。一直以来，香港创业板在会计准则、公司监管方面均与国际接轨。经过1年向各方人士广泛咨询意见后，香港监管机构对联交所《创业板上市规则》中一些有争议的条文的修改大致有了定论。这些有争议条文包括公司活跃业务记录、管理层及股东的禁售期、新上市后再次发行新股时间的规定、新上市股份的发售形式等。修订后的条文中，拟恢复公司上市条件之一的“活跃业务记录为24个月”的要求。原《创业板上市规则》规定，公司申请上市其中的一个条件是至少有连续24个月的活跃业务记录，但在《豁免准则》中，被豁免公司的这一要求被降低到12个月。出于“提高整体市场素质，加强投资者保障”考虑，监管机构打算收紧上市条件的有关活跃业务记录的规定，把2000年《豁免规则》中的“同意豁免减至12个月”，恢复为《创业板上市规则》中要求24个月的记录。但是，如果申请上市的公司有形资产值或收入达到某一水平，仍需要提交12个月记录。

不受约束和制衡的自律在世界上是不存在的，即使是以前的英国的自律监管模式，也是在“法律框架下的自律”。我国属于新兴市场经济国家，经济体制还处于转轨阶段，对自律更要进行外部法律约束和行政监管，防范和制止自律过程中出现的利益冲突现象。新证券法在强化交易所自律管理职责的同时，也进一步明确了交易所接受行政监管的法定义务。如交易所制定的章程、上市规则、交易规则、会员管理规则等，应经中国证监会审批；交易所采取技术性停牌、临时停市、限制异常交易证券账户的证券交易等措施，应及时报告中国证监会；交易所对不符合条件的证券上市申请予以审核同意的，中国证监会可以作出警告、罚款等处理。②

对证券交易所的监管行为能否实行司法制衡？由于交易所属于自治性社团法人，在国外，司法介入非常慎重。以美国为例，在证券交易所监管市场行为是否具

① 梁之平、余长明：“香港创业板市场发展回顾与展望”，载《投资与证券》2000年第5期。

② 上海证券交易所法律部：“强化证券交易所自律管理，完善证券市场监管体制”，载《中国证券报》2005年12月8日。

有可诉性的问题上，美国法院的立场经历了从可诉到相对不可诉的转变。在1975年前，法院一般支持对交易所的诉讼。在1975年，美国修改《证券交易法》，强化了证券交易委员会（SEC）对证券交易所监管职责的监管和监管活动的审查。此后，法院依照该规定，在相关案件审理中，确立并普遍坚持“内部救济用尽原则”，原告就交易所的监管活动向法院寻求救济，必须用尽证券交易所规定的救济机制，否则不予受理。由此确立了一个尊重市场自律、相信SEC行政监管的有限司法政策。其价值取向在于：对交易所监管活动，法律已经确立了足够多的矫正机制和救济渠道，SEC的行政监管应优先于司法活动发挥作用，司法过早介入已无必要。在我国，针对证券交易所自律管理的诉讼，数量十分有限。2005年1月，最高法院颁布了1号司法解释，初步确立交易所自律管理不可诉原则。有学者提出，我国可借鉴美国制度经验，进一步确立交易所自律管理活动相对不可诉原则，交易所还应借鉴境外交易所自律管理的成功经验，进一步吸收会员公司及其他市场主体参与自律管理，完善交易所自律管理的市场化机制和正当性程序（纪律处分程序、复审程序等），为被监管对象提供权利内部救济渠道。①

在制定规则方面，证券交易所虽然可以制定上市规则和交易规则，但由于是一般性规则，不是具体的行为，其影响的范围很大，不仅涉及会员之间的利益，而且还涉及众多投资者的利益以及证券市场秩序，因此，证券监管部门应该享有审核权。我国的上海证券交易所和深圳证券交易所虽有权制定和修订上市规则和交易规则，但要经过中国证监会批准才能生效。在香港，依据证监会《证券交易所合并条例》制定《创业板上市规则》，此等规则包括证券上市前须符合的规定，以及发行人及（如属适用）担保人于证券获准上市后仍须履行的责任。证监会依据该条例第35条批准《创业板上市规则》。如依据《证券交易所合并条例》第35条而获得证监会的批准，证券交易所可以不时地对《创业板上市规则》作出修改。《创业板上市规则》第2.07条规定：“谨此重申，《创业板上市规则》并非包罗一切可能情况，本交易所于其认为适当时可增订附加规定，或规定上市申请须符合若干特别条件。相反，由于在许多情况下本交易所需作出暂时决定，因此本交易所可在个别情况下豁免、更改或免除遵守《创业板上市规则》（以因应不同个案的情况）。然而，任何豁免、更改或免除遵守某项规则的决定，如拟产生一般影响（即会同时影响超过一名发行人及其附属公司），事先必须获得证监会同意。本交易所不会经常批准按个别情况豁免、更改或同意免除遵守某项规则，致令出现一般豁免的后果。因此，欢迎新申请人及上市发行人及（如属担保发行）担保人随时向本交易所寻求非正式及保密的指引。”第2.08条规定：“如依据《证券交易所合并条例》第35条而获得证监会的批准，本交易所可不时对《创业板上市规则》作出修改。”

① 陆文山：“交易所自律管理的优势和作用”，载《中国证券报》2005年12月6日。

（三）公司化改革对交易所监管的影响

我国证券交易所不是真正意义上的会员制组织，也不是公司组织。《证券法》第 102 条规定：“证券交易所是为证券集中交易提供场所和设施，组织和监督证券交易，实行自律管理的法人。”《证券交易所管理办法》第 3 条规定“证券交易所是指依本办法规定条件设立的，不以营利为目的，为证券的集中和有组织交易提供场所、设施，履行国家有关法律、法规、规章、政策规定的职责，实行自律性管理的法人。”

证券交易所本质上是金融服务企业，它提供证券交易以及与交易有关的服务，并对这些服务收取相应的费用。因此，公司制交易所是证券交易所的最佳组织形式。交易所公司化改革之后，交易所在对上市公司和证券交易行为进行监管方面就会有新的问题产生，具体表现如下：① 第一，加剧原来交易所固有的商业角色和监管角色之间的利益冲突。在非营利的目标下，交易所在收入方面可能仅关注满足预算，但在营利目标下，交易所收入除满足预算外，还要为投资者提供较高的回报率。第二，交易所上市带来新的利益冲突。当转为公司制的交易所为提高公司知名度和筹集资金等目的而上市时，会出现新的利益冲突。这种冲突的严重性可能会超过交易所本身固有的利益冲突。交易所上市可能会使其对其他上市公司的监管更加复杂，歧视性的监管待遇可能会出现。在交易所对自己进行上市监管时，需重新审视监管行为。第三，交易所的公益性质，一个高效、公平和透明的证券市场对公众利益至关重要，一个良性运作的交易所具有公益性质。而一个以营利为目的的公司制交易所则可能会有损于交易所的这一公益性质。

但另一方面，公司制交易所比会员制交易所具有更大的提供更好监管产品的动机和能力。市场经济又是信用经济，信用可以形成庞大的无形资产，具有很大的吸引力。如果交易所公开、透明和秩序，具有信用的公司就会到这里来上市，并获得发展空间，公司股价会真实地反映其内在价值。而由于交易秩序规范，劣质公司会自动被驱逐市场。投资者对市场就会产生一种信任力，会源源不断地将资金投入到这个市场。投资者与上市公司就会形成良性互动关系，公司制交易所就会获得更多的利润。盈利性动机将促使公司制交易所改善监管环境，创造公开、公平和公正的市场秩序。交易所会通过合同制度约束上市公司和证券经纪商的行为，对违约者追究合同责任。同时，交易所会投入更多的监管资源，吸收优秀人才，增加先进的技术设备。随时关注市场的变化，及时修改监管规则。如果交易所变成上市公司，其标准会更加严格，尤其是信息披露标准。

---

① 上海证券交易所研究中心：“从会员制到公司制——证券交易所的发展趋势”，载《中国证券报》2002 年 5 月 13 日。

有效的公司治理结构可以消除潜在的目标冲突。一般地，为化解利益冲突，公司制交易所的治理结构应满足以下基本要求：一是设立有公共董事，以增强董事会认真履行监管职责的可能性；二是对持股比例予以适当限制，如在澳大利亚交易所曾规定个人所拥有的交易所股份不得超过5%（2000年10月扩大到15%），多伦多证券交易所规定，除非获得安大略证券委员会的批准，所有持有的未偿付股份不得超过5%；三是加强交易所决策的透明度，如要求公布有关规则、行动和决策等；四是交易所的商业活动和监管职能相互独立，如在交易所内部设立独立的评估机构，评估和监督交易所的监管职能。如澳大利亚证券交易所成立了一个新公司——ASX监管评估有限责任公司，负责加强交易所监管活动的透明性和可解释性；伦敦证券交易所设立有独立的纪律委员会、纪律上诉委员会和执行委员会等。公司治理结构要与选择适合的自律监管模式相结合。目前公司制交易自律监管模式主要有以下4种：（1）内部分离模式，即交易所设立一家控股公司，下设两个分支机构，一个负责市场运作，另一个是非盈利的监管机构，如纳斯达克改制上市方案中就将其监管部门分拆组成一个专门的机构；（2）监管分工模式，如Euronext，将监管分为会员监管和交易监管两部分，把与市场无关的所有自律功能集中到一个单一的机构，而各个市场则负责本市场的运作监管；（3）分拆模式，将交易所监管职能分拆出去，成立一个全国性的独立的自律监管机构；（4）部分自律监管功能转移模式，即将交易所对上市公司的部分或全部监管权限，或将对上市交易所的监管权限移交给政府的证券监管机构，如英国将其上市审核权转移到金融服务局，香港证监会设立专门的部门把香港交易所作为一个上市公司来监管，同时在香港交易所面临利益冲突时，监管其他上市公司。以上4种模式各有利弊，交易所需要根据本国实际情况，调整自律监管模式，以最大限度地化解交易所自律监管过程中的利益冲突。①

不可否认，交易所公司化后会带来自身利益和社会利益的冲突，在监管方面也要进行相应的改革。美国纽约证券交易所（NYSE）和纳斯达克交易所的监管机构——美国全国证券商协会（NASD）2006年11月28日宣布，将双方的会员监管业务进行合并。这是美国上市公司监管体系72年来的最大的一次变革，将会节省数亿美元的监管成本，一个全美5100家证券经纪/交易商统一的监管组织将浮出水面。新成立的机构将是世界上最大的证券管理机构，在2007年第二季度开始运行。各公司股票仍在各自的证券交易所单独上市，对投资者没有任何影响。

① 上海证券交易所研究中心："从会员制到公司制——证券交易所的发展趋势"，载《中国证券报》2002年5月13日。

(四) 中小企业板的监管实践

20世纪90年代末期，世界各国看到纳斯达克的辉煌，纷纷根据自己的国情，仿效纳斯达克建立自己的创业板市场。我国监管部门注意到这股潮流，也想在中国建立自己的创业板市场，最后选定了要在深交所建立创业板市场。从1999年到2001年间深交所做了大量的前期准备和对未来的监管规划：(1) 深交所面对全球范围内创业板市场的成功经验与失败教训，并加以借鉴、提炼，在此基础上整体规划在未来若干年内中国创业板市场所需要的上市公司的数量规模、行业与质量结构。(2) 深交所为更好地对各承销、保荐机构做好咨询、服务，结合拟上市公司的实际情况，组织编写《创业板发行上市指引》，有计划、有步骤地在全国各地举办以市场宣传和市场推介为目的的专题讲座、专题研讨会及培训班等活动。(3) 深交所与主承销商（保荐人）建立常规性的联络关系，定期召开各主承销商（保荐人）参加的拟上市企业辅导、培育工作联系会议，以强化对上市工作的服务力度，并定期对保荐人的推荐情况进行跟踪和评价。深交所与有关部门一起，以保荐人制度为重点，形成覆盖所有市场中介机构及其业务人员的评价和奖惩机制，确保中介机构的职业操守和专业水准。(4) 深交所协助筹建以市场人士构成的发行审核委员会，并制定一整套审核标准、工作程序和管理制度，确保发行审核委员会公正审慎地履行职责。(5) 深交所协助建立创业企业技术咨询委员会，根据行业分类聘请3~5名技术专家，为创业板的发行审核提供技术咨询，帮助发行审核委员会成员更好地把握企业的成长性与风险因素。(6) 切实抓好上市公司的信息披露。为此，首先，在信息披露内容上，创业板根据高新技术企业的特点，在主板市场年报、中报的基础上特别增设了季报制度，对公司发生的重大事件要分时点披露。其次，在信息披露程序上，增加了保荐人事前审阅制度，交易所对信息公告实行事前登记事后审查。为强化上市公司责任，创业板要求上市公司必须按期披露，不得延期，否则实行停牌处理。在信息披露渠道上，创业板实行指定报刊和指定网站并举的方式，深交所建立了与所有证券营业部相连的专用信息披露网络，逐步过渡到信息适时披露。(7) 严格实行监管。重点强化上市公司行为和市场交易行为的监管，同时，研究并争取尽快形成一套切实可行、实施有效的制约机制。在监管技术方面，深交所按照国际标准，加紧开发一套新版监控系统，建成后，可同时监控3000只证券，每日监控2000万笔交易，并可根据需要缩小监控范围，重演交易过程，辅之以多种统计分析手段，使创业板的一线监管更为灵敏有效。①

2000年下半年以后，由于纳斯达克和世界创业板市场暴跌，我国监管层担心

① 黄铁军："创业板市场的定位与上市企业的选择"，载《中国证券报》2000年10月17日；胡继之："创业板市场与深交所使命"，载《中国证券报》2000年10月17日。

创业板市场风险太大，暂停了创业板市场的计划。2003年开始启动了中小企业板试点，通过中小企业板的制度建设，为创业板提供经验和智慧。在监管制度方面，目前我国主板和中小板市场的监管制度的经验可以移植到创业板市场，并有所创新。

《中国证券报》2005年5月27日“中小企业板一周年全记录”一文报道了深圳中小板开办一年来自律监管及其创新实践。

1. 大力开展诚信教育，促进中小板公司诚信建设。深交所自中小板首批八家公司上市以来，坚持在上市首日开展“诚信教育第一讲”活动，连续进行了26期诚信教育，43家公司的董事长、总经理以及其他高管人员共500余人接受了培训；深交所还研究编写了《中小企业诚信与规范运作手册》，指导上市公司深入了解有关法律法规知识；举办董事、董秘培训班3期。为使社会公众投资者及时了解中小板上市公司诚信状况，于2004年7月22日在深交所网站和中小企业板块网页正式推出了中小企业板块上市公司诚信档案系统（一期）。

2. 积极进行制度创新，探索自律监管新手段。在现行法律法规基础上，深交所探索自律监管新手段，先后颁布三项指引，即《中小企业板块上市公司诚信建设指引》、《中小企业板块上市公司保荐工作指引》、《中小企业板块上市公司董事行为指引》，分别从上市公司及其董事的行为规范、保荐机构保荐责任和义务、交易所自律监管等方面进行探索，丰富辖区监管责任制下交易所自律监管的手段。通过上述指引，以鼓励的方式推出了“募集资金专户存储制度”、“保荐人定期现场调查及报告制度”、“独董现场调查制度”、“董事长引咎辞职制度”等制度创新，收到了良好的效果。

3. 实施募集资金专户存储制度，进行年度募集资金专项审计，加强中小板募集资金使用监管。为了加强上市公司募集资金使用的监管，深交所鼓励上市公司建立“募集资金专户存储制度”，并要求实施“募集资金年度审计制度”。中小板上市公司募集资金设专户管理，上市公司与银行、保荐机构签订三方协议，授权保荐机构随时查询募集资金使用情况，在年度审计的同时进行募集资金审计并公告。

4. 坚持从严监管，有质疑必有反应，有违规必有查处。在日常信息披露监管中，严格要求上市公司规范运作，除对信息披露有关文件进行严格审核外，充分关注各媒体质疑，并进行深入调查，一旦发现违规行为，及时按照《上市规则》进行惩戒。开板不久就严肃查处了江苏琼花国债投资信息披露违规事件，对有关责任人员进行了公开谴责，随后又对威尔科技募集资金违规行为进行了内部通报批评。

5. 试行年度业绩快报制度，提高中小板信息披露及时性。为提高上市公司年度业绩信息披露的及时性，深交所在2004年年报中实行了年度业绩快报制度，要求年报预约披露时间在3月和4月的公司在2月28日前披露经内部审计的主营业务收入、主营业务利润、利润总额、净利润、总资产、净资产、每股收益和净资产收益率等数据和指标，取得圆满成功。

6. 构建年度业绩网上说明会平台，促进中小板上市公司投资者关系管理工作。在总结2004年三季度网上业绩说明会分批召开的经验后，深交所对中小板2004年年度网上业绩说明会进行了规范化要求，要求公司在年报公告后10个工作日内，采用临时公告的方式，发出召开业绩说明会的通知，并预告参加会议的高管人员名单，并规定董事长、总经理、独董（至少一名）、董秘、保荐代表人必须参加会议，深交所对业绩说明会内容进行事后审查。通过深交所构建的年度网上业绩说明会平台，上市公司在年报公布后及时就年度业绩情况与公众投资者充分交流，解答投资者关心的问题。

7. 建设“中小企业板业务专区”，探索信息实时披露新模式。2005年4月29日，“中小企业板业务专区”正式上线运行。该系统的运行实现了上市公司、深交所发审监管部、各媒体之间文件报送、审查、披露的全程电子化，上市公司不再需要多次向交易所发送传真、不再需要向媒体发送传真，避免了文件多次往来传送、接受及由此导致的内容丢失、差错等问题，简化了上市公司信息披露工作，降低了上市公司信息披露成本，向上市公司实时信息披露的崭新模式迈出了实质性步伐。

8. 充分调动了社会各界的力量，发挥新闻媒体和社会舆论的监督作用。深交所在日常监管中引入了每日读报会和网上搜索等措施保障对媒体报道的及时关注和快速反应。同时，深交所建立了新闻媒体通气会制度，主要向媒体通报和解释中小企业板有关情况，实现与媒体的互动。

9. 寓监管于服务。在深交所对中小板从严监管的过程中，也始终注重对上市公司的服务，在发行上市环节提供发行上市一站式服务，印制了详尽的发行上市业务指引、须知、上市申请材料清单等，力求给拟上市公司办理发行上市业务提供明确无误的指导；上市后为上市公司免费安装IP电话，实现上市公司与深交所进行“零成本”电话交流，利用深交所信息公司网站为中小板上市公司“网上业绩说明会”和“投资者接待日活动”提供服务；定期为上市公司董秘进行培训，监管人员随时回答上市公司业务咨询等。

10. 引导和敦促保荐机构加强上市资源培育服务工作，推动市场约束机制的建立与完善。深交所在一年内举办了两届保荐机构联席会议，为保荐机构提供了交流中小企业培育与保荐工作经验的平台，引导保荐机构建立和完善中小企业发行人质量评价体系，倡导“诚实守信、勤勉尽责”的保荐原则，强化“尽责推荐、持续督导”以及培育服务的意识。

11. 加强与国家部委、各地政府部门的合作，形成中小企业培育服务的沟通协作机制。深交所与科技部、国家开发银行等共同发起了“科技型中小企业成长路线图计划”，集聚和整合推进科技型中小企业成长的资源。针对不同类型科技企业的特性，以创业基金为引导，通过自主、投资、担保、培训、对外合作等对中小企业进行全方位支持、分阶段实施，建立从天使投资、创业抚育、政策性贷款到企业上市的投融资协同机制，为中小科技企业与中小企业板块搭建对接平台；与发改委中小企业司共同就中小企业发展的国际经验与中小企业融资难问题进行了研究探讨，提出政策建议；在中小企业上市资源调研过程中，与40多家证监局、地方政府部门签订中小企业上市培育工作备忘录；和各地主管改制上市工作的政府部门建立了联络人制度，形成了良好的沟通协作机制；通过举办改制上市工作经验交流会议，加强深交所与各地上市办、金融办、中小企业局等之间的联系与交流机制，向各地改制上市主管部门通告中小企业板块最新情况和最新政策法规变化情况，交流各地政府发展中小企业的有关措施，协助政府部门解决中小企业改制上市中的实际问题。

为切实保护投资者特别是中小投资者的合法权益，提高上市公司规范运作水平，促进中小企业板健康稳定发展，根据《公司法》、《证券法》等法律、行政法规、部门规章及《深圳证券交易所股票上市规则》、《深圳证券交易所中小企业板块上市公司特别规定》，2006年1月12日深圳证券交易所颁布《中小企业板投资者权益保护指引》。按照《指引》的规定，交易所坚持“公开、公平、公正”原则，强化以信息披露为核心的公司监管，积极推动上市公司完善公司治理，提高规范运作水平，全面致力于保护投资者的合法权益。交易所建立上市公司实际控制人和关联人档案信息库，跟踪、掌握实际控制人和上市公司关联人的基本信息和对外投资情况。上市公司应当向本所及时报送公司实际控制人和关联人的基本信息及变化情况。交易所开通投资者维权信箱，建立中小企业板投资者维权网站，提高投资者维护自身合法权益的意识和能力。交易所鼓励广大投资者、新闻媒体、有关人士对损害投资者合法权益的行为进行检举，并根据有关线索对举报事项进行调查。交易所为投资者维护合法权益提供必要的协助。交易所组织董事及独立董事培训、董事会秘书资格培训、投资者关系管理研讨会等活动，对上市公司及其董事、监事、高级管理人员进行投资者权益保护教育。交易所不定期对上市公司投资者权益保护的实施情况进行评价，将评价结果记入上市公司诚信档案并向社会公开。上市公司及其控股股东、实际控制人、上市公司董事、监事、高级管理人员违反《指引》有关规定，交易所根据《深圳证券交易所股票上市规则》和《深圳证券交易所中小企业板上市公司特别规定》对其采取约见上市公司董事、监事和高管人员、通报批评、公开谴责、公开认定不适合担任上市公司董事、监事等措施，情形严重的，对投资者进行风险提示。

2006年7月，深交所发布《中小企业板上市公司募集资金管理细则》，以进一步规范中小企业板上市公司募集资金管理，提高募集资金使用效率。《细则》就募集资金专户存储、使用、变更和监督等环节提出了明确要求。根据《细则》的规定，上市公司董事会应当制定募集资金管理制度，根据《细则》对募集资金管理各环节进行规定。如果募集资金投资项目通过子公司实施的，子公司应当遵守上市公司募集资金管理制度。《细则》明确要求上市公司健全专户存储制度，对专户数量提出了明确要求，要求上市公司签署三方监管协议；上市公司负有积极督促商业银行履行协议的责任，并应当采取有效措施保证协议的执行。《细则》更加注重募集资金使用的过程监督，加强信息披露，注意防范常见的重大违规行为，要求动态调整募集资金投资计划。《细则》规定了募集资金投资项目进展不正常时的及时披露义务。

深交所2007年5月18日发布的《中小企业板上市公司控股股东、实际控制人行为指引》，《指引》从控股股东、实际控制人恪守承诺、善意行使控制权、买卖公司股份行为规范、信息披露等方面对控股股东、实际控制人行为予以规范。控股股东、实际控制人与上市公司董事承担同等的忠实勤勉义务是目前海外证券市场的通行做法，《指引》借鉴了这一做法。《指引》明确规定控股股东、实际控制人对上市公司和中小股东承担忠实勤勉义务。《指引》提出了“善意行使控制权”概念，明确控股股东、实际控制人应当善意使用其控制权，不得利用其控制权从事有损于上市公司和中小股东合法权益的行为。为提高中小股东在重大事项表决中的作用，《指引》还鼓励控股股东、实际控制人在增发、重大资产重组、重大资产购买、重大担保、分拆上市、利润分配等重大事项的表决中将其表决权限制在表决权总数的30%以内，并在上市公司章程中予以规定。市场非常关注控股股东、实际控制人通过证券交易系统出售股份，尤其是关注其大比例出售股份或上市公司出现危机情况下出售股份。为此，《指引》规定，当出现控股股东、控制权在短期内出售比例较大、控股股东或实际控制人最近一年被交易所公开谴责或两次以上通报批评处分或上市公司被实施退市风险警示等情形，控股股东、实际控制人拟通过证券交易系统出售股份的应在出售前两个交易日刊登提示性公告，就拟出售的数量、时间、原因等事项说明。《指引》强化了控股股东、实际控制人买卖公司股份的信息披露的要求，充分保护中小股东知情权。《指引》除了要求特定控股股东、实际控制人出售前进行预披露外，还要求控股股东、实际控制人增持或减持公司股份达到公司股份总数的1%时，应当及时作出公告；在出售后导致持有、控制公司股份低于50%、30%或出售后导致其与第二大股东持有、控制的比例差额小于5%时应对出售的原因、进一步出售或增持股份计划等事项及时作出公告。

在公司监管方面，深交所奉行“有质疑必有反应，有违规必有查处”的观念，在2004年开板之初就严肃查处了江苏琼花国债投资信息披露违规事件，2006年对天奇股份选择性信息披露、德豪润达发生重大会计差错的违规行为进行了通报批评。因存在连续3年关联交易未及时披露问题，霞客环保及相关当事人遭深交所公开谴责。深交所有关负责人在2007年4月26日接受记者采访时强调，中小企业板坚持从严监管不动摇的理念，并将最终落实到四个方面，包括防范虚假报告、防范操纵市场、防范内幕交易、完善公司治理结构，将中小企业板打造为诚信之板。根据中小板最新监管思路，深交所2007年将出台多项监管制度、规则与指引，对中小板公司实施分类监管、弹性保荐人制度①，并实施网上实时信息披露，对中小板公司董事、监事和高管人员配偶及未成年子女买卖股票行为进行强制披露②。

深交所依据《深圳证券交易所交易规则》和《关于加强中小企业板股票上市首日交易风险控制的通知》的有关规定，对上市首日盘中异常波动的新股实施了临时停牌等风险控制措施。同时，对存在通过大量集中申报、连续申报、高价申报等方式影响股价的账户，深交所向相关会员发出了限制账户交易警示函，要求相关会员及其营业部切实采取措施，对客户异常交易行为进行规范。对列入拟限制交易账户名单的账户，一旦再次发生类似异常交易行为，将依规定对其实施限制交易。针对新股上市首日涨幅过高的现象，深交所2007年8月10日发布《关于进一步加强中小企业板股票上市首日交易监控和风险控制的通知》，同时废止2006年9月14日发布的《关于加强中小企业板股票上市首日交易风险控制的通知》。与之前的规定相比，新《通知》有三大革新：一是增加了临时停牌次数，延长了停牌时间。除原有的盘中波幅达到±50%和±90%各停牌15分钟外，增加规定盘中涨幅与开盘涨幅之差首次达到±150%和200%时，深交所对其分别实施临时停牌30分钟的风险控制措施。二是强化了交易监控的手段。深交所市场监察部门密切监控上市首日的委托和交易，对出现通过大笔集中申报、连续申报、高价申报等方式影响证券交易价格或者证券交易量的重大异常交易情况的账户，将采取限制交易、上报中国证监会查处等措施，并对盘中限制交易措施规定了特殊的实施程序。三是强化了证券公司在控制相关风险方面的责任。

---

① 对于目前已脱离保荐期的中小板公司，深交所拟采取弹性保荐人制度。如果公司在日常运作中发生重大违规行为，深交所将要求其重新聘请保荐人，督促其规范运作。

② 深圳证券交易所和中国证券登记结算有限公司2007年5月9日联合发布《深圳证券交易所上市公司董事、监事和高级管理人员所持本公司股份及其变动管理业务指引》，对上市公司董事、监事和高级管理人员的信息申报、所持本公司股份的加锁解锁、交易行为的披露等作出了具体规定。该指引首次将上市公司董事、监事和高级管理人员的配偶、父母、子女、兄弟姐妹，董事、监事和高管人员控制的法人或其他组织，以及其他根据实质重于形式的原则认定的可能获知内幕信息的自然人、法人或其他组织买卖本公司股票及其衍生品种的行为纳入应公开披露的范围。

第十章　创业板市场制度王国的支柱

对投资者的权利的保护，通常通过三个方面进行，一是对投资者的权利进行张扬和健全保护机制，给予积极性保护，防止侵害投资者的行为发生；二是对投资者权利的相对人的侵害行为进行压制和处罚，给予消极性保护；三是对投资者的损失给予补偿和救济。由于保护投资者利益是证券法律机制的核心和宗旨，证券法的一切制度规则都是围绕保护投资者利益而展开，比如发行制度、保荐人制度、公司治理制度、信息披露制度、交易制度、监管制度、法律责任制度、保护基金制度等都离不开保护投资者利益的主线。

一、投资者是证券市场的支柱

投资者是证券市场的源泉。在证券市场上的主体构成中，有一个对立的两极，即发行人和投资者。发行人是资金需求者，投资者是资金供给者。投资者是证券的持有人或者是持有现金准备购买证券的人，因此，投资者的信心构成证券市场大厦的基石。如果投资者的权利得到有效的保护，就会激发投资者购买证券的欲望，投资者的资金到了发行人那里，就被投入到现实的生产经营活动中，转化为现实的生产力。但投资者尤其是中小投资者在获取信息和开展交易方面，处于相对弱势地位，如果他们的利益没有得到公正有效的保护，丧失了投资信心，就会纷纷撤离资金，融资者只能单相思了。

证券市场的主体构成有证券发行人、证券普通投资者、证券经营服务者（证券公司、证券投资基金、证券交易所、证券登记结算机构、证券中介服务机构如会计师事务所、资产评估机构和律师事务所等），在这几类群体中，证券普通投资者的力量最弱，它们是一般的自然人和法人，在信息、资金和经营能力方面都弱于其他种类主体，在交易活动中最容易受到侵害，而其他主体都垄断资源或者易结成联盟。在这样的市场主体构成条件下，如果法律提倡充分自由竞争，实行民法中合同自由原则，交易结果难保公平，这违背了法律的公平、正义的理念。①

对创业板市场而言，更加需要重视保护投资者利益。香港《创业板上市规则》第2.06条规定："《创业板上市规则》旨在确保投资者维持对市场的信心，尤其是下列事项：(1) 申请人适合上市；(2) 证券的发行及销售是以公平及有秩序的形式进行，而可能投资的人士可获得足够资料，从而对发行人及（如属担保发行）担保人及正寻求上市的证券作出全面的评估；(3) 上市发行人及（如属担保发行）担保人须向投资者及公众人士提供可能影响其利益的各项资料，尤其须即时公布任何可合理相信会对上市证券的买卖活动及价格有重大影响的资料；(4) 上市证券的所有持有人均受到公平及平等对待；(5) 上市发行人的董事在整体上本着股东的利益行事（尤其公众人士只属少数的股东时）；及 (6) 除非现有股东另有决定，否则上市发行人新发行的股本证券须首先以供股形式售予现有股东。在上文最后四项内，《创业板上市规则》旨在为证券持有人（持有控股权者除外）取得其法定地位和可能未有向其提供的保证或平等待遇。"

总体而言，我国证券市场是个新兴市场，既面临着进一步完善体系的任务，又面临着市场逐步开放随之而来的竞争和挑战。我国证券市场的法律制度还不完备，市场监管效率还有待进一步提高，市场自律能力还比较欠缺，投资者的权利意识和风险意识还比较淡薄。况且，创业板市场本身的风险系数就较高，由于公司的股本规模较小，股价容易操纵，创业板公司群体中有众多家族式企业，公司治理结构不太规范，有可能存在大量的内幕交易行为。因此，在创业板市场中，投资者自我保护能力更加脆弱。在证券市场中，投资者的选择决定了资金的流向。只有能够有效保护投资者合法权益的市场，才有助于投资者在追求自身利益最大化的同时实现资金优化配置。相反，如果证券市场上存在大量的违法违规行为和虚假信息，误导投资者的决策，市场配置资金的效率必然降低，风险也相应加大。我国的创业板市场的最终目标，也像纳斯达克一样发展为全球性资本市场，让外资和境外企业进入我国证券市场。但国外资金不会对一个对投资者合法权益缺乏有效保护的市场感兴趣；也不能设想一个投资者没有信心的市场，能够吸引更多的海外企业来上市。Simon Johnson 等人在研究了 1997 ~ 1998 年亚洲金融危机期间 25 个国家的股市和汇市暴跌情况后，得出了投资者保护程度与金融稳定之间存在密切关系的结论。②

建立市场信心的关键是有一个健全的法律机制。我们都知道，证券权利是一种私人权利，其内容取决于私人的判断，法律只是在性质上、效力上加以确认或承

① 张宇润等：《中国证券法——原理·制度·机制》，中国经济出版社 2002 年版，第 42 页。

② 广东证监局课题组："重构中小股东合法权益保护伞"，载《中国证券报》2006 年 9 月 26 日。

认，使之具有一种约束力，法律也限制其过分的扩张性。既然权利是私人的，如果私人对其毫无信心，那能称为法律的权利吗？当投资者都不相信法律能够保障其权利时，权利就会名存实亡。市场规范和防范风险，应建立在保护投资者合法权利的基础上。规范是市场发展的前提，规范的目的是保障市场的有序运行，其实质是保障投资者的合法权利。市场的不规范，必然导致市场风险，而一旦市场风险变为现实的危害，直接遭受损失的不是别人，正是广大投资者。早在20世纪30年代，美国总统罗斯福在建议国会通过《证券法》时就强调了立法目的是在尽可能不干预商务的情况下保护公众。此法基本原则至今没有改变。其他国家的证券法均将保护投资者合法权益作为证券法的宗旨，放在第一条加以明确。美国证券交易委员会历任主席的国会证词，最常见的主题就是保护投资者利益。

二、中小投资者利益保护的制度机制

在未来的我国创业板市场中，中小投资者在数量上仍然占绝对多数。中小投资者利益的保护是保护投资者权益的关键。在全流通时代下，上市公司控股股东、实际控制人股份可上市流通，少数控股股东、实际控制人为牟取自身利益，有可能利用其地位进行内幕交易、操纵市场或滥用控制权通过非公平交易等方式进行利益转移，从而损害上市公司和中小股东的合法权益。2004年4月新通过的《OECD公司治理原则》在“股东平等待遇”一节中引入了股东实质平等原则，这是对原来的股东形式平等原则的超越。股东实质平等原则与股份平等原则不同，前者是指股东不论大小，都是平等的经济行为主体，都享有由出资带来的完整的权益，而后者是从资产角度出发，它所引申出来的是资本多数决原则。股东实质平等原则的引入，目的是要在坚持资本多数决的原则的同时对其施加合理的限制。①

（一）权利实体制度机制

权利实体制度包括基础性权利制度安排以及权利的救济性制度安排。新《公司法》在完善股东合法权益保护制度方面，扩展了知情权，明确了质询权、提案权、股东大会召集权、异议股东股份收买请求权、股东强制出售权和累积投票制度，确立了关联股东回避表决制度、股东代表诉讼制度等。在此基础上，新《证券法》进一步确立了上市公司董事、监事、高级管理人员违法短线交易的归入权和股东代表诉讼制度等。此外，《证券法》还确立了证券投资者保护基金制度，完善了证券公司客户结算资金的安全保护制度，补充了证券发行、交易活动的一系列民事法律责任制度。

---

① 广东证监局课题组：“重构中小股东合法权益保护伞”，载《中国证券报》2006年9月26日。

法律责任机制是保护投资者权益的最后一道防线，给证券违法者以制裁，从另一个角度就是保护投资者权益。法律责任包括民事责任、行政法律责任和刑事法律责任。其中，民事责任是对投资者权益的直接性救济措施，其目的是使投资者的受损失的利益恢复到未受损失状态。新法第69、75、76、77、79、171、173、190、191、210、212、214、232条等条款都规定了对受害投资者的民事责任。其中涉及虚假陈述的民事责任、内幕交易的民事责任、操纵市场的民事责任、欺诈客户的民事责任、投资咨询机构违规行为给投资者造成损失的民事责任、利用上市公司收购行为给被收购公司及其股东造成损失的民事责任等。法律制度构成一个完整的规范体系，从权利和义务的设定到法律责任形成一个环形的规范体系，实现其规范目的。这个体系也是自我完善和螺旋形演进的体系。如2005年10月修订的《公司法》新增了第148条的规定，第1款为"董事、监事、高级管理人员应当遵守法律、行政法规和公司章程，对公司负有忠实义务和勤勉义务。"2006年6月《刑法修正案（六）》第9条规定，在原《刑法》第169条后增加一条，作为第169条之一。这在我国《刑法》中是第一次作出这样的规定，形成了背信罪的新罪种，它既是原《刑法》对第169条的补充、完善与界定犯罪主体范围的拓展，也是原刑法中规定的行为对象和行为样式的扩展和重新界定，① 刑法修正案完成了刑法、民法、行政法三位一体的制度规范格局。

不过，我国行政责任和刑事责任的追究力度不够，违法成本不大。香港《证券及期货条例》规定，为更为有效地打击证券或期货的虚假信息或披露具误导性的资料，最高的刑事制裁为10年监禁及罚款1000万港元。美国劳工部2006年11月16日表示，正寻求和安然公司前首席执行官杰弗里·斯基林达成民事和解协议，协议的核心是斯基林同意支付8500万美元赔偿金。作为美国历史上最大商业欺诈案的主角之一，斯基林在2006年10月23日因犯有欺诈、共谋、内部交易等一系列罪行，被判入狱24年零4个月，他同时被判罚1800万美元。检方表示，要追缴斯基林从安然公司盗取的1.8亿美元的财产。美国政府此前已冻结了斯基林名下的约6000万美元的现金和资产。

民事责任制度是一项重要的保护投资者的制度，因为投资者最关心的是自己的损失问题，而这个损失又是因为侵权或违约行为造成的，如果得不到赔偿，显然是不公平的。

根据最高人民法院2003年1月出台的《关于审理证券市场因虚假陈述引发的民事赔偿案件的若干规定》中第17条对证券市场的虚假陈述定义为：信息披露义务人违反证券法律规定，在证券发行或交易过程中，对重大事件作出违背事实真相

① 原《刑法》限于国有企业及上级主管部门负责人将国有资产低价折股或者低价出售致使国家利益遭受重大损失的行为。

的虚假记载、误导性陈述，或者在披露信息时发生重大遗漏、不正当披露的行为。在 1998 年《证券法》和最高法院的两个司法解释的基础上，2005 年《证券法》对虚假陈述证券民事责任的主体、责任类型和归责原则进行了系统的整理。证券虚假陈述主体可分为直接与发行人相关的主体，以及与发行人不是直接相关的主体，前者是法定信息披露义务人，后者不是法定信息披露义务人①。

根据在虚假陈述行为中各有关主体的地位和身份的不同，其归责后果不同：(1) 发行人、上市公司。它们对虚假陈述行为承担严格责任。实际上，虚假陈述本身就是一种故意或疏忽行为，属于本身过错行为，或者说是客观过错行为。②(2) 发行人、上市公司的董事、监事、高管、直接责任人。他们对虚假陈述承担过错推定的连带责任。(3) 保荐人、承销商。它们对虚假陈述承担过错推定连带责任。(4) 证券服务机构。它们对虚假陈述承担过错推定的连带责任。(5) 控股股东、实际控制人。它们对虚假陈述承担过错连带责任。在这种情况下，由原告人举证控股股东和实际控制人，在发行人、上市公司虚假陈述行为中与发行人、上市公司存在共同过错，应承担连带责任。

《关于审理证券市场因虚假陈述引发的民事赔偿案件的若干规定》第 18 条规定，投资人具有以下情形之一的，人民法院应当认定虚假陈述和损害后果之间存在因果关系：(1) 投资人所投资的是与虚假陈述直接关联的证券；(2) 投资人在虚假陈述实施日及以后，至揭露日或者更正日之前买入该证券；(3) 投资人在虚假陈述揭露日或更正日及以后，因卖出该证券发生亏损，或者因持续持有该证券而产生亏损。

内幕交易行为是指内幕信息的知情人员或者非法获取内幕信息的人员，在涉及证券的发行、交易或者其他对证券的价格有重大影响的信息尚未公开前，买入或者卖出该证券，或者泄露该信息，以获取利益或者减少损失的行为。《证券法》第 76 条规定："证券交易内幕信息的知情人和非法获取内幕信息的人，在内幕信息公开前，不得买卖该公司的证券，或者泄露该信息，或者建议他人买卖该证券。持有或者通过协议、其他安排与他人共同持有公司 5% 以上股份的自然人、法人、其他组织收购上市公司股份，本法另有规定的，适用其规定。内幕交易行为给投资者造成损失的，行为人应当依法承担赔偿责任。"投资者因内幕交易造成的损失如何计

① 例如国家工作人员、传播媒介从业人员、证券交易所、证券公司、证券登记结算机构、证券服务机构及其从业人员、证券业协会、证券监督管理机构及其工作人员，他们虽然不是法定信息披露主体，但负有不得虚假陈述的义务，否则要承担相应的民事和行政责任。

② 我国证券法回避了其行为本身的性质分析，似乎只要是不真实的信息披露行为就是虚假陈述行为，如果严格按照字面逻辑，公司不能发布预测性信息，因为预测性信息很可能与结果不一致。

算、内幕交易时间点如何确定，这些关系到投资者切身利益的问题，也需要在司法解释中明确加以规定。我国台湾地区《证券交易法》规定，违法进行内幕交易者，应就消息未公开前买入或卖出该股票的价格，与消息公开后10个营业日收盘平均价格之差额限度内，对善意从事相反买卖的人，负损害赔偿责任，其情节重大者，法院得信善意从事相反买卖之人请求，将责任提高至3倍。① 笔者认为，损失计算方法可以考虑比较内幕交易获利和投资者损失，以数额较大者为准，也可以考虑引进英国、美国、澳大利亚和我国台湾地区的惩罚性赔偿金制度，把投资者视为金融消费者。设立举证责任倒置原则，让内幕交易行为人自己举证证明自己没有参与内幕交易行为。

还有操纵市场行为，《证券法》第77条也规定，操纵证券市场给投资者造成损失的，应当承担民事责任。但《证券法》也没有作出具有可操作性的规定，因此，也需要最高人民法院作出相应的司法解释。至于操纵市场行为，要求行为人主观上具有故意，但举证责任比较困难。有学者认为，可实行举证责任倒置，如果被告不能证明自己实施交易的行为不是为了操纵市场，就必须承担法律责任。对于操纵市场的赔偿额如何计算，可以拟定一个真实的价格，即操纵市场前半个月股票的收盘平均价格，并给予加倍赔偿。②

（二）诉讼保障机制

在法治社会，法律纠纷的解决以法院审判为核心，法院的公正审判具有法律的公信力，成为社会认定法律事实和后果的依据。中小投资者因为发行人、控股股东、中介机构、内幕交易者、市场操纵者等的违法行为和不履行合同的行为而遭受损害，通过法院审判并获得赔偿，法律的公正才最终实现。

保障中小投资者受侵害时的诉讼便利性是诉讼保障机制的目的。诉讼便利性是LLSV指标体系衡量中小股东权益保护的一项指标，是对中小股东权益进行保护的事后机制。所谓诉讼便利性是指中小投资者受到侵害后，能以较低的成本、较快的时效、较大的获胜概率通过民事诉讼对侵害人进行追偿，从而保护自己的利益。保障诉讼便利性需要从两个方面进行努力：第一个方面是在法律规定上要给予中小投资者充分的法律支持，明确规定证券侵权行为的民事责任。大陆法系国家便利性较差，例如，德国2001年以前，法律禁止私人起诉上市公司，2001年第四部金融市场促进法颁布之后也只允许持股10%或100万欧元以上的股东起诉。我国起诉上市公司须以刑事判决或证监会处罚为前置条件，这也限制了投资者的诉讼权利的实现。第二个方面是降低中小投资者诉讼成本。单个中小投资者的支付能力有限，且

---

① 徐兆宏：《证券法案例评析》，汉语大词典出版社2003年版，第45页。

② 徐颖慧："上市公司退市的中小股东权益之保护"，安徽大学2007届硕士学位论文。

胜诉收益相对较少。这种情况在日本、韩国、我国台湾地区都相当普遍，即使在美国，这一问题也曾经相当突出，但经过改革，美国证券市场建立起了两种机制较好地解决这一问题：一是证券类案件中的“风险代理机制”，即由原告律师垫付诉讼费用，并承担诉讼风险。二是美国证监会拥有较多的立法和司法权力。SEC 有权针对市场变化对相关法律法规进行及时的修订，从而减少了法律时滞；它可以自行对上市公司及其相关责任人员进行调查和起诉，简化了诉讼程序。在这些机制下，上市公司违法行为有较高的概率被投资者追诉，20 世纪 60 年代到 90 年代，有 20% 的美国上市公司被投资者起诉。日、韩及我国台湾地区的做法则不相同，它们发展起一些非营利组织来代理中小股东进行集体诉讼，如韩国的 PSPD（People's Solidarity for Participatory Democracy），日本的 Shareholder Ombudsman，这些组织通过会员费和其他渠道积累资金，代理中小股东发起集体诉讼，并代为支付诉讼费用。①

我国中小投资者因证券发行人和有关主体虚假陈述行为、内幕交易行为、操纵市场行为和欺诈客户行为遭受损害的现象比比皆是，但受害投资者获得的赔偿少之又少。我国法院长期以来不受理不正当证券行为给投资者造成损害的纠纷的案件。2001 年 4 月，中国证监会对亿安科技操纵股价案作出了行政处罚，8 月，银广夏公司造假的情况被北京《财经》杂志揭露，这两个案件的发生引起广大证券市场投资者的巨大反响，部分当事人当即委托了律师要求提起民事赔偿诉讼。同年 9 月，当全国第一批 363 名亿安科技投资者、28 名银广夏投资者分别在北京一中院、广州中院和无锡崇安区法院起诉亿安科技、银广夏时，9 月 21 日，最高人民法院公布《关于涉证券民事赔偿案件暂不予受理的通知》（即《9·21 通知》），称因法院尚不具备受理及审理的条件，要求各地法院暂不受理证券市场中涉及虚假陈述、内幕交易、操纵市场等三方面的民事赔偿案件，此通知违反《民事诉讼法》的规定。2002 年 1 月 15 日，最高人民法院颁布了《关于受理证券市场因虚假陈述引发的民事侵权纠纷案件有关问题的通知》（即《1·15 通知》），涉及证券市场虚假陈述的民事赔偿案件受理难的情况才得以改变。其后，有 10 家上市公司被投资者起诉，被起诉的 10 家上市公司分别为各地 9 家中级法院所受理，即哈尔滨中院受理的诉大庆联谊案和诉圣方科技案，上海一中院受理的诉 ST 同达案，上海二中院受理的诉嘉宝实业案，济南中院受理的诉渤海集团案，厦门中院受理的诉 ST 九州案，深圳中院受理的诉三九医药案，成都中院受理的诉红光实业案，银川中院受理的诉银广夏案，武汉中院受理的诉 ST 天颐案。第一起投资者获赔的案件是彭淼秋诉嘉宝实业案。2002 年 9 月 10 日，彭淼秋同嘉宝实业公司、部分董事签订了《和解协议书》，彭淼秋获得补偿款 800 元。接着，11 月 25 日，吴振扬等 11 人诉红光实业案

① 广东证监局课题组：“重构中小股东合法权益保护伞”，载《中国证券报》2006 年 9 月 26 日。

中，投资者与上市公司、承销商之间达成了和解。嘉宝案、红光案的和解，成为中国证券民事赔偿诉讼的标志与成功范例。然而，《1·15通知》中过于简略的规定，对审理过程中涉及的程序性和实体性法律内容没有规定，导致各地法院在立案、审理后无法作出判决。2003年1月9日，最高人民法院颁布了《关于审理证券市场因虚假陈述引发的民事赔偿案件的若干规定》（即《1·9规定》），《1·9规定》使法院审理虚假陈述民事赔偿诉讼案件有了初步的规范体系，它也是涉及虚假陈述民事赔偿诉讼案件的第一个系统性司法解释。《1·9规定》的颁布，不仅为已受理案件的审理、和解或判决提供了法律依据，而且也为其他案件的全面受理和审理创造了条件。《1·9规定》不但作出了涉及诉讼方式的程序性规定，而且解决了一系列证券民事赔偿制度中亟须解决的实体性法律问题。2003年，根据法院刑事判决文书，投资者在青岛中院对东方电子提起了民事赔偿诉讼。同时，B股投资者依据财政部处罚决定，在沈阳中院对锦州港、毕马威会计师事务所（包括境内和境外的）提起了民事赔偿诉讼。另外，沈阳中院还受理了投资者诉沈新开案。但审理并不是一帆风顺的，具体反映到证券民事赔偿本身，除了证券市场一般性规律外，还有它的特殊性，这种特殊性表现为：许多案件法院设置种种障碍不愿受理；法院在受理案件时，对共同诉讼的人数和诉讼费的收取作出种种限制；法院受理的案件并不全面审理，反而要等到诉讼时效结束后再作安排，如东方电子案；法院审理的案件并不偏重于投资者的保护，让投资者的诉讼发生败诉，如渤海集团案，或者，让投资者的诉讼标的大打折扣，如三九医药案；法院判决或调解生效后，胜诉的投资者由于执行的缘故使赔偿款项不能及时到位，如大庆联谊案和圣方科技案。①

关于证券欺诈的侵权案件的改革建议：（1）取消证券欺诈民事诉讼的前置程序。证券欺诈民事诉讼的前置程序有很多弊端。“前置程序”是投资者提起有关证券纠纷的民事赔偿诉讼时，必须依据证监会或其他行政部门作出的行政处罚决定，或者是人民法院的刑事裁判文书。前置程序妨碍了当事人的诉权的实现，2006年4月，上海市黄浦区人民法院不受理科龙一位股东起诉德勤案，其原因就在于此。如有的公司已经承认发布虚假信息，沪深交易所对于虚假陈述行为人的公开谴责，已足以说明事实真相；而行政机关作出行政处罚一般要经过立案、调查、听证、对外公布等多个环节，不仅时间拖得长，而且对很多虚假陈述行为仅仅下达“责令整

① 宋一欣：“证券民事赔偿七年之痒”，载 http://finance.sina.com.cn 2006年5月8日18：54。

改通知”而非行政处罚，令投资者维权难以继续。[①]（2）就内幕交易和操纵市场民事赔偿案件出台具有操作价值的司法解释。虽然提起内幕交易和操纵市场民事赔偿诉讼已无法律障碍，但《证券法》并没有给出具体的操作性规定，需要出台司法解释使法院能够真正审理此类案件。如确定损失额的计算方法和计算依据，具体的赔偿标准，使法院判决具有相对的确定性。又如诉讼管辖问题，究竟由上市公司所在地法院还是由内幕交易行为人所在地法院受理、由基层法院受理还是中级法院受理？需要司法解释加以明确。可以考虑上市公司所在地法院比较方便，同时，也合法理，因为内幕交易的真正受害人是上市公司，上市公司的内幕信息也是上市公司的财产，被内幕人员非法利用。关于法院的受理级别，可以借鉴虚假陈述民事赔偿诉讼，由中级法院受理。（3）建立中小投资者保护协会，发挥社会组织的投资者维权中介作用。中小投资者保护协会的主要功能是在发生利益纠纷时代表中小投资者说话和行动。同时，中小投资者保护协会可以实行“诉讼担当”制度，代表中小投资者群体利益起诉欺诈行为人。（4）引进英美法系国家的集团诉讼制度。有学者认为，目前民事诉讼法所适用的共同诉讼制度，无论人数确定可以合并审理的共同诉讼制度，还是人数不确定需要公告和诉讼代表人的共同诉讼制度，都不适应现行证券民事赔偿实务的需要，也不能加大违法违规者的违法成本。有必要引进集团诉讼制度，最大限度维护投资者的合法权益。[②] 需要说明的是，集团诉讼制度在英美国家有很深的法律文化土壤，其发达而自然的信托制度为其提供坚实的制度文化支撑。某些大陆法国家的律师对美国的集团诉讼有一个否定的观点，典型的论点是集团诉讼的费用太高，浪费资源，它们提供过高的律师费用，巨大的补偿和惩罚性赔偿，以及允许法院创造公众政策，掠夺立法机关对社会规则的立法功能。批评者没有明白的是这些方面并不必然地与集团诉讼有关，而是与美国特殊的法律文化、民事程序以及它的法官的体制上的作用有关。[③] 的确，集团诉讼制度在大陆法系中只有少数几个国家（如意大利、巴西等）实行，而且效果不如美国。但我们可以创造性地移植这项制度，只要此项制度取得的社会效果大于其负面影响，就是比较成功的移植，就如我们当初移植信托制度一样。

民事赔偿机制不能缺少律师的作用，律师往往起到核心作用。在华尔街活跃着

---

① 在2006年6月举行的“证券欺诈行为的民事责任研讨会”上，来自最高人民法院、中国证监会及学术界的专家们表示，取消证券欺诈诉讼中的行政诉讼中的行政前置程序时机已经成熟。有关人士透露，最高法院正就新《证券法》起草一部“证券民事侵权纠纷的司法解释”，有可能取消前置程序。

② 宋一欣：“证券民事赔偿七年之痒”，载 http：//finance. sina. com. cn 2006 年 5 月 8 日 18：54。

③ Antonio Cidi, Class Actions in Brazil – A Model for Civil Law Countries, The American Journal of COMPARATIVE LAW, Vol. 51 Spring 2003. p. 216.

一批专门代理投资者进行诉讼的“原告律师”，他们每天关注上市公司的信息披露情况和股票的市场表现，一旦发现上市公司信息披露文件存在疑点或股价出现异常波动，就会以专业方式展开调查、号召投资者发起诉讼并代理之。安然事件发生后，就有十几家律师事务所发表声明，邀请所有在特定时段内购入安然股票的个人和企业与他们联系，进行集团诉讼。① 在目前我国还没有建立集团诉讼制度之前，律师在维护群体性投资者权益方面也能够发挥很大的作用。2007 年 5 月 14 日，杭萧钢构公布了中国证监会对公司的行政处罚决定。中国证监会最终认定杭萧钢构公司存在未按规定披露信息以及披露的信息有误导性陈述两项违法违规行为，同时对杭萧钢构给予警告并处 40 万元罚款，对杭萧钢构的高级管理人员和主要责任人也给予了相应处罚。上海新望闻达律师事务所宋一欣律师、张瑜律师，北京大成律师事务所陶雨生律师，河北功成律师事务所薛洪增律师明确表示，他们要共同征集委托代理，为杭萧钢构投资者维权。四位律师认为，权益受到损害的杭萧钢构投资者可以提起虚假陈述民事赔偿诉讼，要求杭萧钢构公司、单银木、周金法、潘金水、陆拥军、罗高峰及有关责任人作出侵权民事赔偿。

自 2006 年 4 月 10 日，在证监会结束对科龙电器、德勤的行政处罚听证后，全国 12 个省市的 22 个律师事务所及其 30 名律师，共同组成“科龙、德勤虚假陈述民事赔偿案全国律师维权团”，并通过《上海证券报》和新浪财经向社会公开发布《行动宣言》。不久，律师团规模扩大到 50 人。律师团通过媒体向全体流通股股东发出倡议书，要求起诉科龙和德勤，以及通过电话和电子邮件等形式沟通对案件的看法，协调彼此立场。在维权律师团的高调介入下，作为科龙案最大受害者的股民索赔问题，成了业界关注的焦点。对司法审判也形成了良好的外部制约，法院审判案件也许会考虑到中小投资者利益受到损害后的社会影响。

除律师组织之外，还有其他一些民间公益性组织在投资者维权活动中也能发挥重要作用。比如，2007 年 4 月，由国内 13 所著名高校法学院的 22 位法学专家共同发起设立的民间公益性组织——证券诉讼高校法律援助中心成立。该中心重点关注证券市场的违法违规行为，并为权益受损的投资者提供法律咨询服务。

（三）监管制度机制

有效监管能够打造一个健康秩序的市场。监管者通过制定规则，规范市场秩序；监管者通过入门监管和信息披露监管，保证上市公司质量，同时也为投资者提供权利安全机制；监管者通过打击和制止违法行为，把丑恶驱除出去，实现市场的良性循环。监管的目的就是保护投资者利益，尤其是中小投资者的利益。

---

① 广东证监局课题组：“重构中小股东合法权益保护伞”，载《中国证券报》2006 年 9 月 26 日。

三、证券投资者保护基金制度

证券投资者保护制度有广义和狭义之分，广义的证券投资者保护制度是涉及证券投资者权益保护的所有法律法规和制度的总称。狭义的证券投资者保护制度又称证券投资者补偿制度，类似于存款保险制度，是资本市场发达国家和地区普遍建立的一种保护证券投资者的基本制度。它是投资者权益保护的最后屏障，是为了担心证券公司关闭、破产等重大风险而设置的预防性制度，因为投资者的资金和证券都由证券公司直接控制，投资者委托证券公司进行买卖行为，所以证券公司的信用状况与投资者利益直接相关。证券投资者补偿机制的实施主要依靠证券投资者保护基金运作。证券投资者保护基金是依法筹集形成的、在防范和处置证券公司风险中依据国家法律和政策用于保护证券投资者利益的资金。作为投资者保护体系的重要组成部分，保护基金的设立，一是可以在证券公司出现关闭、破产等重大风险时，通过简捷的渠道快速地对投资者特别是中小投资者予以保护；二是有助于稳定和增强投资者对我国金融体系的信心，有助于防止证券公司个案风险的传递和扩散；三是对现有的国家行政监管部门、证券业协会和证券交易所等行业自律组织、市场中介机构等组成的全方位、多层次监管体系的一个重要补充；四是有助于我国建立国际成熟市场通行的证券投资者保护机制。发达国家的证券市场普遍建立了投资者保护制度。

在美国，投资者可以从三个渠道获得补偿，一是 SIPC 对“系统性破产”的证券商客户给予补偿；二是违法的上市公司败诉后通过司法程序提供补偿；三是美国 SEC 在督察审核过程中发现证券商的问题通过罚款，为投资者找回的补偿。SIPC 明确写道，不为“欺诈”（Fraud）保险。美国投资者保护公司（Securities Investors Protection Corporation，SIPC）管理的 SIPC 基金成立于 1971 年。当时正是 NASDAQ 开盘的时候，因为市场引入了高风险机制，早期 NASDAQ 上市公司破产率近 90%，存活 10 年以上的公司寥寥无几，美国国会提出了防止券商破产问题，当时美国国会批准 3100 万美元的特别准备基金作为 SIPC 的发起资金。SIPC 是 NASD（美国全美证券商协会）的一个关联机构，但是一个独立法人。它有四个资金来源：第一是发起资金，即国会批的特别准备金；第二是从 NASD 成员缴纳的会费中划出一部分；第三是财政部给 10 亿美元信用额度；最后，美联储也给 10 亿美元信用额度。SIPC 基金为每一位投资者提供补偿的最高限额是 50 万美元现金。起初，SIPC 基金没有纽交所成员参加，但强制纳斯达克成员参加。后来纽交所承认了纳斯达克市场，该基金就涵盖了美国所有的证券商。①

---

① 杨哲宇：“规避系统风险，维护市场诚信——金岩石博士谈投资者补偿基金”，载《中国证券报》2004 年 5 月 31 日。

我国新《证券法》第134条规定："国家设立证券投资者保护基金。证券投资者保护基金由证券公司缴纳的资金及其他依法筹集的资金组成，其筹集、管理和使用的具体办法由国务院规定。"国务院批准设立了中国证券投资者保护基金有限责任公司，2005年8月，注册资本63亿元的中国证券投资者保护基金有限公司登记成立，具体负责证券投资者保护基金的筹集、管理和使用，按国家政策使用基金弥补客户证券交易结算资金和收购个人债权①。

国际上，投资者赔偿基金的运作模式可分为两种：一种是独立模式，即成立独立的投资者赔偿（或保护）公司，由其负责基金的日常运作，美、英、爱尔兰、德国等采用这种模式；另一种是附属模式，即由证券交易所或证券商协会等自律组织发起设立基金，并负责其日常运作，加拿大、澳大利亚采用这种模式。美国SIPC是一家非营利性的会员制公司，其会员是证券经纪商和自营商。截至2004年12月31日，它共有8045家会员。该公司担负了所有会员清算、邀请受托人及其律师和会计师、检查索赔要求、审计财产分配等相关事宜。而澳大利亚的投资者赔偿计划则附属于证券交易所。②

在国外，投资者赔偿基金的来源包括以下几类：一是会员缴纳的会费，其为最主要的来源。二是投资收益。如澳大利亚1987年建立的国家担保基金时，资产规模仅为6040万澳元。而随着投资收益的增加，截至2004年12月底，该基金的资产价值约为2.14亿澳元。三是借款。许多国家规定赔偿基金有权向政府、银行或其他金融机构借款，并用将来会员缴纳的会费来偿还。如在美国，证券交易委员会有权向美国财政部申请额度高达10亿美元的借款，然后再出借给投资者保护公司，以解决燃眉之急。四是罚金。违规的会员将受到罚金处罚，罚金归入赔偿基金。如法国投资者赔偿计划就规定，违规的投资公司将向基金支付罚金。五是政府拨款。如荷兰投资者赔偿计划的成立就得到金融监管部门提供的初始资金。③

经国务院批准，证监会、财政部、人民银行已于2005年6月30日联合出台《证券投资者保护基金管理办法》，并自7月1日起施行。三部委在2005年9月28日正式对外发布了《管理办法》。④《管理办法》规定，证券投资者保护基金是指在防范和处置证券公司风险中用于保护证券投资者利益的资金。《管理办法》第7条规定了基金公司的职责：筹集、管理和运作基金；监测证券公司风险，参与证券

---

① 在2005年12月召开的"中国养老金投资、监管与资本市场发展研讨会"上，中国证券投资者保护基金副董事长芮跃华透露，目前投资者保护基金的规模已经达到680亿元，其中包括财政部一次性拨付的63亿元注册资本金以及人民银行提供的617亿元贷款额度。

② 罗培新："解读证券投资者保护基金公司"，载《南方周末》2005年9月15日。

③ 罗培新："解读证券投资者保护基金公司"，载《南方周末》2005年9月15日。

④ 对外公布时间比实施日晚了几个月，是因为国有独资的中国证券投资者保护基金有限责任公司在2005年8月31日完成登记注册，2005年9月29日正式开业。

公司风险处置工作；证券公司被撤销、关闭和破产或被证监会采取行政接管、托管经营等强制性监管措施时，按照国家有关政策规定对债权人予以偿付；组织、参与被撤销、关闭或破产证券公司的清算工作；管理和处分受偿资产，维护基金权益；发现证券公司经营管理中出现可能危及投资者利益和证券市场安全的重大风险时，向证监会提出监管、处置建议；对证券公司运营中存在的风险隐患会同有关部门建立纠错机制；国务院批准的其他职责。近年来，部分证券公司出现经营风险，危及客户交易结算资金安全。① 为保护中小投资者合法权益，同时也为了培养投资者的风险意识，中国证券投资者保护基金公司按照“依法清偿，适当收购”的原则，在证券公司被撤销、关闭和破产或被证监会实施行政接管、托管经营等强制性监管措施时，对客户证券交易资金缺口予以弥补，对个人债权予以收购。

《管理办法》第12条明确了基金的来源：上海、深圳证券交易所在风险基金分别达到规定的上限后，交易经手费的20%纳入基金；所有在中国境内注册的证券公司，按其营业收入的0.5%～5%缴纳基金；② 发行股票、可转债等证券时，申购冻结资金的利息收入③；依法向有关责任方追偿所得和从证券公司破产清算中受偿收入；国内外机构、组织及个人的捐赠；其他合法收入。第13条规定：“基金公司设立时，财政部专户储存的历年认购新股冻结资金利差余额，一次性划入，作为基金公司的注册资本；中国人民银行安排发放专项再贷款，垫付基金的初始资金。专项再贷款余额的上限以国务院批准额度为准。”第14条规定：“根据防范和处置证券公司风险的需要，基金公司可以多种形式进行融资。必要时，经国务院批准，基金公司可以通过发行债券等方式获得特别融资。”第15条规定：“证券公司

① 客户证券交易结算资金，俗称“保证金”，根据《个人债权及客户证券交易结算资金收购意见》的有关规定，是指经纪业务的客户为保证足额交收而在证券公司存入的资金，以及出售有价证券所得到的所有款项（减去经纪佣金和其他正当费用）、持有证券所获得的股息、现金股利、债券利息等。对于正常经纪业务客户而言，无论是机构客户还是个人客户，其客户证券交易结算资金应得到保护。

② 经营管理、运作水平较差、风险较高的证券公司，应当按较高比例缴纳基金。各证券公司的具体缴纳比例由基金公司根据证券公司风险状况确定后，报证监会批准，并按年进行调整。证券公司缴纳的基金在其营业成本中列支。

③ 2006年7月，中国证监会发出通知，强调各交款单位不得以任何理由拒绝或故意拖延缴纳基金，否则将按每日0.03%的比例向保护基金公司支付滞纳金。这次通知进一步明确，上海、深圳证券交易所在风险基金分别达到规定的上限后，应将自2005年7月1日以后产生的交易经手费的20%划入保护基金公司指定的账户；证券交易所、结算公司及各主承销商应将自2005年1月28日以后产生的申购冻结资金利息收入划入指定账户。中国证券登记结算公司应当设立专用账户，存放股票、可转债等证券网上发行申购冻结资金的利息收入。担任股票、可转债等证券发行的主承销商，应当按照有关要求设立验资专用账户，存放股票、可转债等证券网下发行申购冻结资金及其利息收入。

应当缴纳的基金，按照证券公司佣金收入的一定比例预先提取，并由中国证券登记结算有限责任公司代扣代收。证券公司应在年度审计结束后，根据其审计后的收入和事先核定的比例确定需要缴纳的基金金额，并及时向基金公司申报清缴。不从事证券经纪业务的证券公司，应在每季后10个工作日内按该季营业收入和事先核定的比例确定需要缴纳的基金金额，并及时向基金公司申报清缴。”根据第16条的规定：“结算公司、证券交易所应于每季后10个工作日内，将证券发行申购冻结资金利息收入及交易经手费中应纳入基金的部分划入基金公司指定的账户。”中国证监会于2007年4月4日发布《证券公司缴纳证券投资者保护基金实施办法》，规定证券公司应按其营业收入的0.5%～5%向中国证券投资者保护基金公司缴纳保护基金。《实施办法》规定，证券公司缴纳保护基金实行差别缴纳比例。保护基金公司根据证监会监管分类，确定各证券公司缴纳保护基金的具体比例。《实施办法》规定，证券公司采用当年预缴、次年汇算清缴的方式缴纳保护基金。证券公司全年分两次预缴保护基金，每年7月15日之前将上半年应缴纳的保护基金划入指定账户，次年1月15日之前补充缴纳全年度应缴纳的保护基金。证券公司应按照年度审计报告或营业收入专项审计报告或营业收入及核定缴纳比例确认年度应缴纳的保护基金金额，并于次年4月30日，即汇算清缴申报截止日前向保护基金公司申报汇算清缴，保护基金公司应于5月31日，即汇算清缴核实工作结束日前完成汇算清缴核实工作。对于那些未足额缴纳保护基金的公司，保护基金公司对其欠缴金额从滞纳日起按每日万分之三比例计收滞纳金。

《管理办法》要求，为处置证券公司风险需要动用基金的，证监会根据证券公司的风险状况制定风险处置方案，基金公司制定基金使用方案，报国务院批准后，由基金公司办理发放基金的具体事宜。基金公司使用基金偿付证券公司债权人后，取得相应的受偿权，依法参与证券公司的清算。基金的运用限于银行存款、购买国债、中央银行债券（包括中央银行票据）和中央级金融机构发行的金融债券以及国务院批准的其他资金运用形式。

《管理办法》规定，证监会负责基金公司的业务监管，监督基金的筹集、管理和运用。财政部负责基金公司的国有资产管理和财务监督。人民银行负责对基金公司向其借用再贷款资金的合规使用情况进行检查监督。

不过，由中国证监会等三部委发布的《证券投资者保护基金管理办法》只是一个部门规章，法律位阶层次较低，与《证券法》第134条不太符合。而国际上比较重视保护基金制度建设，比如美国1970年颁布了《证券投资者保护法》，德国1998年颁布了《存款保护和投资者赔偿法案》，澳大利亚1987年颁布了《澳洲证券交易所国家保证基金法》，有鉴于此，我国也应由国务院制定和出台《证券投资者保护基金管理条例》，以完善证券投资者保护基金制度，使之更具有权威性和实效性。2007年5月证监会已基本完成对《证券投资者保护基金条例》的起草，需要报送国务院审批，以国务院的名义发布。从部门规章到国务院的行政法规，《条例》相对于2005年的《证券投资者保护基金管理办法》提升了一个立法层次。笔者认为，可以在《条例》中确立保护基金的诉讼主体资格。证券市场上大多数投资者信息不对称，在投资决策中往往处于弱势，他们的行为往往具有一定的公共性，当他们因种种原因难以维护权利时，保护基金可以作为诉讼主体，维护投资者权益。如果在证券公司出现流动性风险时，保护基金可以提前介入提供紧急救助，减少财富浪费和社会风险。

四、证券法律机制

"机制"一词源于希腊文 mèchahè，意指机械的构造和动作原理。机制本意是机械运转过程中各个零部件之间的相互联系、互为因果的联结关系及运转方式。后来生物学界和医学界使用了生物机制、病理机制概念。经济学界也引用了经济机制概念。首先使用法律机制概念的是前苏联学者。①

法律机制是一个统一的整体，其元素是法律制度、人、法律客体（行为、物、知识产权等），法律机制实际上就是由上述元素所组成的功能系统。法律机制是一种生命组织系统。证券法律机制是指在规范调整证券发行、证券交易的过程中，诸种证券法律、法规、司法解释相互联系、作用的制约关系及其功能。证券法律机制包括制度机制和实施机制，进一步细分为证券立法系统、证券执法系统、守法系统和法律文化系统，每个系统都是一个整体，都包含着法律机制的各自目的性组合。生物体、人、社会本质上都是由原子、分子形成的不同层次的组织、无生命的元素一旦形成组织就会产生新的性质和能力。组织系统越复杂，功能越高级。19世纪末20世纪初，法国生理学家贝纳德发现，一切生命组织都有一个奇妙的共性，就是它们的内环境在外界发生改变时能够保持不变。② 证券法律机制如同生命组织系统，之所以能够发挥功能和作用，也就是存在相对稳定的内环境，立法系统能够产生切实可行的证券法律规范，修改不合时宜的证券法律规则；法律实施系统中管理主体能够依法管理证券市场的消极行为，而证券市场主体在法律条件下自由活动，审判机关对证券纠纷案件公正审判；法律文化系统能够造就一个对证券法的信仰、对证券权利的正确认识、对证券市场的充分信心的文化环境。内环境各系统相互耦合、相互反馈，保持着连续性、协调性、稳定性，内环境的稳定和畅通可以对抗和克服外力的侵害。

法律机制目标和成熟程度的层次性对证券市场的作用效果是不同的。就保护投

① 刘瑞复：《新经济法论》，中国政法大学出版社1991年版，第208～210页。

② 金观涛：《整体的哲学——组织的起源、生长和演化》，四川人民出版社1987年版，第7页。

资者利益而言，在普通法系国家中，法官发挥着重要作用，他们能够灵活地根据通用法律哲学原则和以往判例对案件作出判决，即使某些行为并未在法律中载明。在投资者权益方面法官多依据诚信原则处理控股股东、管理层、市场操纵者和小股东的关系。这种特点加上普通法发展过程中较少受到政府的公法干预，法律倾向于保护私人出资人的利益，法律实施的效率较高。而民法体系中法律条文起决定作用，法官难以超越法律条文的规定作出自己的解释，因此“内部人”和市场操纵者可以选择法律没有明文禁止的手段掠夺小股东。而且在法律形成过程中，政府起了重要作用，法官更倾向于维护政府和管理部门的利益，因而对投资者的利益保护较少，法律实施的效率也较低。① 其实，民法法系和普通法系法律机制的结果不同，恰恰不是在于它们的模式选择方面，而是在于其立足点和法律作用动态成熟程度的差异。普通法系国家属于法官造法，而大法官都是由在法律方面具有很高理论素养和长期实践经验的人才能胜任的，大法官在一个国家具有崇高的地位和声誉，法官通常对自己的行为负责，在审理证券纠纷案件时，他们会从一个投资者的心情和利益出发，遵循先前的判例，考虑某种案件的特殊性，作出符合受害人利益的判决。在普通法系国家，证券监管机构的立场也是很鲜明的，如美国证券交易委员会是独立的机构，对国会负责，它处于中立的立场，对证券市场实施监管，把砝码放在投资者的保护一方。在民法法系国家，法治效率低于普通法系国家，主要原因在于其法治能力方面和法律的价值中心的定位方面，民法法系国家是制定成文法传统，属于法学家造法，而法学家往往脱离法律实践，他们经常闭门造车，其制定的法律往往落后于法律实践活动，而其法官的素质决定了法律不能把造法的权力赋予法官。社会现实的需要迫使政府立法，而政府组织法学家立法，往往加上了自己的本位利益，这就影响了民法法系国家证券法治的效果。②

两种法律机制模式并不是截然分开的，而是呈现相互借鉴、相互融合的趋势。美国属于普通法系国家，但美国证券法在世界上却是最发达的制定成文法，美国对证券市场的监管也是属于政府法治主导模式。美国经验成为世界各国学习的楷模，尤其是美国的保护投资者利益的制度取向被世界许多国家根据自己的国情和制度文化环境所吸收和消化。法国和德国等大陆法系国家也在20世纪以后大量地通过判例弥补制定法僵硬和不全面的缺陷，此外，在制度实施上吸收美国的保护投资者主义。德国 Duetsche Borse 公司在法兰克福证券交易所（FSE）下组建新市场（Neuer Market），该市场在现有的公司法、证券法和破产法的框架下实行了新的更严格的保护投资者的规定，如引入国际会计准则，对挂牌企业实行严格的信息披露制度要

① 裴武威：“小股东保护、公司治理与资本市场发展”，载《金融与保险》2001年第3期。
② 张宇润：“论证券法规则理念和制度机制”，载《法律科学》2004年第2期。

求等，从而促进了新企业的融资活动和德国的风险投资的发展。① 德国新市场虽然后来被主板吸收合并，但有过辉煌的过去，成为当时欧洲创业板市场的典范。只是因为德国国家不大，企业总数不多，更重要的是，德国的制度文化并不重视证券市场，德国人重视储蓄，而不重视风险投资。如果再加上一些企业并无真实的发展前景和个别公司的造假行为，投资者就更加担忧了。它合并到主板去，这是历史的选择。

我国虽然属于大陆法国家法律传统，但是，只要我们把法律制度的准绳确定为投资者利益，我国的证券法律机制一定会打造一个比欧陆证券市场前景更为广阔的证券市场。在大西洋东岸，美国有一个非常发达的层次分明的证券市场体系；在太平洋东岸，中国一定会有一个从场外市场到创业板市场再到主板市场的层次分明的发达和完美的证券市场体系，这一天的到来不会太长久。

① 裴武威："小股东保护、公司治理与资本市场发展"，载《金融与保险》2001 年第 3 期。

参考书目

1. 金观涛:《整体的哲学——组织的起源、生长和演化》，四川人民出版社 1987 年版。
2. 刘瑞复:《新经济法论》，中国政法大学出版社 1991 年版。
3. 陶广峰主编:《经济法原理》，中国政法大学出版社 2005 年版。
4. 郑立、王益英主编:《企业法通论》，中国人民大学出版社 1993 年版。
5. 朱大旗:《金融法》，中国人民大学出版社 2000 年版。
6. 陶广峰、张宇润等:《金融创新与制度创新》，中国政法大学出版社 2006 年版。
7. 徐学鹿主编:《商法学》，中国财政经济出版社 1998 年版。
8. 刘俊海:《股份有限公司股东权的保护》，法律出版社 1997 年版。
9. 叶林:《证券法》，中国人民大学出版社 2000 年版。
10. 韩松:《证券法学》，中国经济出版社 1995 年版。
11. 吴弘主编:《证券法论》，世界图书出版公司 1998 年版。
12. 周民源:《创业板证券市场研究》，中国金融出版社 2002 年版。
13. 王开国等:《中国证券市场发展与创新研究》，上海人民出版社 2002 年版。
14. 陈学斌、阎鸣:《创业板市场的上市条件》，经济科学出版社 2001 年版。
15. 李光荣、黄育华:《中国二板市场——创业板市场》，中国金融出版社 2000 年版。
16. 戴长春、李锦学:《走进创业板：解读中国“纳斯达克”》，沈阳出版社 2001 年版。
17. 郭峰、卢春泉、姚铮:《创业板市场的制度创新》，经济科学出版社 2001 年版。
18. 王一军:《创业板市场的运行秩序》，经济科学出版社 2001 年版。
19. 王力:《中国创业板市场运行制度》，中国金融出版社 2003 年版。
20. 李嘉华等:《保险学概论》，中国金融出版社 1983 年版。
21. 庄咏文:《保险法教程》，法律出版社 1986 年版。
22. 袁宗蔚:《保险学概要》，台湾三民书局 1987 年版。

23. 魏润泉:《国际保险通论》，中国金融出版社 1991 年版。
24. 汤俊湘:《保险学》，台湾三民书局 1984 年版。
25. 黄运成、申屹、刘希普:《证券市场监管：理论、实践与创新》，中国金融出版社 2001 年版。
26. 徐东根等编著:《美国证券法律与实务》，上海社会科学院出版社 1997 年版。
27. 徐兆宏:《证券法案例评析》，汉语大词典出版社 2003 年版。
28. 张宇润等:《中国证券法：原理·制度·机制》，中国经济出版社 2002 年版。
29. 郑顺炎:《证券市场不当行为的法律实证》，中国政法大学出版社 2000 年版。
30. ［美］罗伯特·考特、托马斯·尤伦著，张军等译:《法和经济学》，上海三联书店、上海人民出版社 1994 年版。
31. ［苏］弗兰西茨:《为垄断资本服务的资产阶级民法》，中国人民大学出版社 1956 年版。
32. ［美］托马斯·李·哈森著，张学安等译:《证券法》，中国政法大学出版社 2003 年版。
33. ［美］哈威尔·E. 杰克逊、小爱德华·L. 西蒙斯编著，吴志攀等译:《金融监管》，中国政法大学出版社 2003 年版。
34. ［美］大卫·D. 弗里德曼著，杨欣欣译:《经济学语境下的法律规则》，法律出版社 2004 年版。
35. 卞耀武主编:（外国证券法规译丛）《德国证券交易法律》、《日本证券法律》、《美国证券发行与交易法律》、《美国证券交易法律》、《法国证券期货交易法律》，法律出版社 1999 年版。

后 记

本书的初稿早在3年前就已成形，只是自己懒懒地不想整理。导师陶广峰先生说做事情要有终始，以不负自己的追求。于是，今年3月份以后就把其他事情放下，集中心力做这件事。真要做这件事，却发现好多资料已经过时，有的地方改动幅度较大。陶老师说，创业板市场制度建设应当立足于我国本土制度资源，我国主板市场已经积累了深厚的制度和监管的经验，我国主板市场经过股权分置改革，其基本的制度已经与国际接轨。既然我国管理层选择了交易所模式作为创业板的运行模式，那么，我国现行主板市场交易所的运行规则应该对创业板具有基础性借鉴意义。陶老师的意见对我写作和修改本书启发很大，我的一个基本思路是根据我国现实的主板市场（包括中小板）的制度和监管架构思考和设计我国的创业板的制度王国，所选用的案例或事例不少都来自于目前主板市场实践。

本书借鉴、参考了许多他人的智慧成果，我衷心地表示感谢。我尤其要感谢的是《中国证券报》，这家报纸让我感觉到创业板市场的脚步的临近，不断地向我传来我国创业板的风声，那些记者和学者提供的报道和论文，让我受益匪浅。

《中国证券报》虽然有点贵，却值得订阅，它教会了我如何投资证券。1996年，我开始投资证券，当时本金是9000元(4000元+5000元)，2000年上证指数涨到2100点时，又追加了10000元，这一点本金到2007年5月8日已到42万元，不过，到6月30日，回落到34万元。此时，我退出了市场，把钱交给了同学，委托理财，我的一个要求是获得同学的交易记录，以便将来写点什么。我虽然没有让《中国证券报》这个老师十分满意，但也不是最差的学生，平均年收益率高于30%，及格分总可以算吧。我之所以退出市场，主要是怕自己的心被股票和金钱套住，成为其奴隶。当我看到一个个新股民蜂拥进入股票市场，编织着一个个美丽的梦想，想使自己的财富获得100%和200%的上涨，我就知道他们被股票和金钱套住了，股票的涨跌牵动着他们的神经，牵动着他们的喜怒哀乐。这就是资本拜物教和金钱拜物教的神力。然而，这种物控制着人的现象仅仅是表象。

投资经历使我对权利的本质有了更深的了解，权利本质上是一种支配力。物权是一种直接的支配权。债权的本质力量也是一种支配力，资本的力量——获得财富增值的力量主要是通过债权债务关系实现的。能力强的人支配能力弱的人，或者意志力强的人支配意志力弱的人，强者或者是处于债权人位置，或者是处于债务人位置，这主要取决于观察者的角度。中央银行是货币持有人的债务人，它却控制着整个社会的经济，货币持有人的命运就掌握在中央银行手里。美国是世界上最大的债务人，却控制和影响整个世界的经济，它向世界发行美元。资本家要向工人支付工资，但工人却为资本家创造剩余价值。证券发行人是证券持有人的债务人，但证券权利的价值却取决于证券发行人履行义务的事实，即生产经营活动。投资者在二级市场上买卖证券，实际上是能不能支配对方的问题，其目的是把对方的钱转移到自己的手中。

据有关媒体报道，《创业板发行上市管理办法（草案）》于2007年8月22日获得国务院批准，中国证监会将于9月召开会议，部署有关创业板的具体工作，筹划10年之久的创业板可能将很快登陆深圳证券交易所。这是一个充满机会和风险的市场，是一个让股民大悲大喜、心惊肉跳的市场。如果是能力弱，或者判断错误，或者老天不保佑，吃亏了，只怪股民自己运气不好。可恨的是有些人发布虚假信息，操纵市场，内幕交易，引诱股民上当受骗，从而掌握股民的命运，获取股民的财产。我唯一的希望是，让那些垄断信息和资源的人与一般的股民站在同一起跑线上，让公开、公正和公平的阳光照耀着创业板市场。这要靠谁呢？自然需要法律和政府，也要靠市场的垄断者自我约束。

本书部分内容是安徽大学经济法制研究中心基地项目“经济稳定增长与金融法律制度”的研究成果，感谢安徽大学“经济法前沿问题研究”创新团队对本书出版的部分资助。

2007年9月18日

于安徽大学天鹅湖边快活林